사회복지현장실습

김연옥 • 박근양 • 정명섭 • 박민경 지음

도서출판 파란마음

머리말

사회복지현장실습은 사회복지실천 윤리를 기반으로 학교에서 배운 사회복지 이론과 기술을 사회복지현장에서 적용해봄으로써 예비 사회복지사로서의 전문적 수준에 도달할 수 있도록 한다. 또한 사회복지현장실습은 교육적 역할과 학교와 실천현장을 연결하는 교량 역할을 담당할 뿐만 아니라 사회복지사로서 자신의 역량을 키우는 중요한 교과목이기도 하다.

사회복지현장실습을 강의하며 학생들이 가장 어려워하는 부분들을 알게 되었으며, 실습생들에게 알기 쉽게 전달하기 위해 사회복지현장실습을 집필하게 되었다. 특히, 사회복지 과목들을 들으며 무엇을 어떻게 해야 하는지 방향을 모를 때가 많았을 것이다. 그 방향이 바로 사회복지현장실습과목이다. 이 과정을 통해 사회복지사가 일하는 사람이 아니라 대상들을 선정하고, 그들의 욕구를 파악하고, 문제 · 사회 · 제도 · 정책을 만들고, 변화시키고, 적응시키는 사람임을 알게 될 것이다. 실습을 통해, 슈퍼바이저 · 동료 · 사회복지사를 통해 사회복지사로서의 전문성을 키울 것이다. 법 개정으로 인해 실습시간이 120시간에서 160시간으로 늘어났다. 법 개정으로 연장된 실습시간에 맞추어 실습 일정을 보충하였고, 이에 따른 실습 방향을 제시하고 있다.

본 서는 총 2부로 나누어 제1부는 사회복지현장실습 이해, 제2부는 사회복지실천과정 이해로 구성되어 있으며, 자세하게 살펴보면 다음과 같다. 제1장은 사회복지현장실습의 개요, 개념, 목적과 목표, 과업, 필요성과 기대 효과, 실습과정, 교과목의 이해, 제2장은 윤리와 철학, 제3장은 실습과정, 제4장은 슈퍼비전, 제5장부터 제9장까지는 사회복지현장실습의 실제를 수록하여 현장실습에서 꼭 필요한 내용들을 예시로 실습생들의 이해를 돕고자 하였다. 제10장은 평가 및 서류, 제11장은 실천현장에 대한 개념, 분류, 종류, 내용, 가치와 윤리, 교육기관의 요건과 역할, 제12장은 사회복지실천의 관계 형성, 특징, 7대 원칙, 장애 요인, 과정, 기록, 제13장은 사회복지실천과정에 대한 이해, 제14장은 프로그램 및 프로포절, 제15장은 사례관리에 대해 다루었다.

이 책이 현장실습을 진행하는 실습생들에게 꼭 필요한 길잡이가 되기를 바라는 마음으로 집필하는 동안 노력을 아끼지 않았다. 하지만 미흡한 부분이 많음을 알고 있다. 부족한 부분에 대해서는 독자 여러분의 애정 어린 조언과 비판을 기대한다. 이는 독자 여러분의 관심과 애정에서 우러나오는 것임을 알기에 하나하나 소중히 여길 것이다. 그리고 집필하는데 함께 하신 교수님들, 여러 가지로 도움을 주신 기관장님들과 학생들에게도 감사의 마음을 전한다. 그리고 이 책이 출판될 수 있도록 지원해 주신 도서출판 파란마음 황호철 사장님과 편집과정에서 애써주신 편집부 과장님 및 직원분들께도 마음 깊이 감사를 드린다.

저자 대표 김연옥

차례

제1부_사회복지현장실습의 이해

제1장 사회복지현장실습의 개요

제2장 사회복지현장실습의 윤리와 철학

제3장 사회복지현장실습의 과정

제4장 사회복지현장실습 슈퍼비전

제5장 사회복지현장실습의 실제 1

제2부_ 사회복지실천과정 이해

제11장 사회복지실천현장에 대한 이해

제12장 사회복지실천의 전문적 관계 형성과 기록

제13장 사회복지실천과정에 대한 이해

제 1 부

사회복지 현장실습의 이해

제1장

사회복지현장실습의 개요

1 사회복지현장실습의 개념

2 사회복지현장실습의 목적과 목표

3 사회복지현장실습의 주요 과업

4 사회복지현장실습의 필요성과 기대 효과

5 교육기관의 사회복지현장실습 과정

6 사회복지현장실습 교과목의 이해

사회복지현장실습은 사회복지사 자격을 갖추기 위한 필수 과목 중 하나로 「사회복지사업법」에 준하는 사회복지교육을 실시하는 것이다. 한국사회복지교육협의회(2020)에 의하면 사회복지현장실습의 목적은 대학 및 대학원, 평생교육원 등에서 학습한 이론 및 기술들을 사회복지실천현장에 실제로 적용해봄으로써 전문가로 정체성을 형성하고, 사명감과 실천 능력을 겸비한 사회복지사로 양성하고자 교육 · 훈련하는 사회복지교육의 핵심과정 중 하나이다.

1 사회복지현장실습의 개념

현장실습(現場實習)의 사전적 의미는 학교에서 배운 이론을 사회복지실천현장에서 실제로 응용하는 학습이다. 즉, 실습은 여러 가지 기술을 습득하기 위하여 직접 경험을 해봄으로써 익히는 활동을 말한다. 김윤나(2012)는 사회복지현장실습의 개념을 예비 사회복지사가 실습 과정을 통해 클라이언트와 사회복지실천 분야의 동료들 그리고 지역사회와의 만남과 경험을 통해 전문 사회복지실천의 문화, 규범, 가치를 경험하는 과정이라 했다. 포춘(Fortune, 1994)은 실습생이 사회복지에 대한 사명감을 가지고 타인과 함께 일할 수 있는 능력을 시험해 보고, 지식을 적용하면서 새로운 기술을 터득하며, 사회복지와 관련한 여러 과목을 통합하여 유능한 실천가가 되도록 교육하고 훈련하는 것을 사회복지현장실습이라고 말하고 있다.

사회복지현장실습은 현장실습을 통한 실천 현장에서의 현장학습으로 이론과 실천을 결합하는 의미 있는 교육으로 사회복지학에서 교육의 핵심을 이루고 있으며, 사회복지학을 다른 유사학문과 차별화시키고 사회복지의 응용과학적 특성을 잘 반영한다고 볼 수 있다. 이에 사회복지 실습생은 현장실습을 통해 사회복지사로서 전문가의 소양을 쌓고 변화하는 계기가 될 수 있고, 더 나아가 사회복지사가 현장학습을 통해 자신의 능력의 한계에 대한 통찰력과 자기인식을 할 수 있고, 사회복지사로써 자신의 진로를 결정하는 기회를 갖는다(오혜경·하지영, 2010).

사회복지현장실습은 사회복지 전공 및 부전공 학생들을 위한 현장교육 교과목의 하나로써 아동, 청소년, 노인, 장애인, 다문화, 성폭력, 가정폭력 등과 관련된 기관에 학생들을 실습 및 실습 세미나를 통하여 이론과 실천을 연결시키고, 기관의 슈퍼바이저와 대학의 실습 지도교수의 지도를 받으며 사회복지사로서의 전문적 자질과 능력을 연마하는 것이다. 즉, 사회복지현장실습은 예비 사회복지사로서 실무 경험 및 사회복지실천현장에 대한 이해를 도모하는 기초 실습에 해당되며, 전문적인 교육을 실시하는 분야에서 이루어지고 있는 중요한 교육 과정의 하나로 볼 수 있다(이원주 외, 2017).

정리해보면 사회복지현장실습은 사회복지 철학 및 윤리에 입각하여 학교에서 배운 지식과 기술을 현장실습 체험을 통해 구체적인 사회복지실천과정을 습득하고 지역사회 속에 잠재되어 있는 자원을 발굴하고, 사례관리(case management) 과정에서 클라이언트가 갖고 있는 복지 욕구를 바르게 인식하여, 클라이언트와 기관 및 지역사회 속의 자원을 연계시켜서 효과적으로 활용할 수 있는 방법을 배우는 데 있으며, 직접적인 실천을 통해 실습생 자신의 능력, 한계에 대한 통찰력과 자기 인식을 통해 사회복지 전문직에 대한 이상과 동기를 확고히 하여 자질 향상의 기회를 갖고자 하는 데 있다.

2 사회복지현장실습의 목적과 목표

사회복지현장실습은 대학 및 교육원에서 학습한 사회복지실천의 가치 및 윤리, 지식 그리고 사회복지실천과정 및 기술을 사회복지실천현장에 실제로 적용하는 현장실습을 통해 전문직의 사명감과 실천능력을 겸비한 사회복지사를 교육, 훈련하는 것을 목적으로 하는 사회복지교육의 핵심 과정이다(한국사회복지교육협의회, 2020).

1) 사회복지실습의 기본 목적

사회복지실습의 기본 목적은 기대하는 결과나 바라는 미래에 대한 일반적 기술이다. 큰 틀에서 세 가지 측면으로 논의될 수 있다. 첫째, 실습생이 나아가야 할 방향, 둘째, 교육기관이 나아가야 할 방향, 셋째, 실습기관이 나아가야 할 방향이다. 실습생과 교육기관은 양질의 이론적인 교육을 통해 방향을 설정하며, 실습생과 기관은 훈련의 도구를 통해, 교육기관과 기관은 연계를 통해 기본 목적을 설정한다. 세부적인 목적은 다음과 같다.

(1) 실습생의 기본 목적

실습생은 기관에서의 현장실습을 통해 실천 지식과 기술을 습득하는 기회를 가지며, 학교에서 배운 학문적 지식과 실천 기술을 기관의 실습 현장에서 적용하도록 하고, 사회복지실천에 대한 적성 테스트의 기회로 인식한다. 그리고 개인과 가족 및 집단과 지역사회의 욕구를 바르게 인식하여 관련 클라이언트가 가지고 있는 욕구를 파악하는 기술을 익히며, 자신의 능력과 한계에 대한 통찰력을 향상시키고, 사회복지사로서의 자아인식을 증진시키며, 전문직 정체감을 형성하도록 한다.

(2) 교육기관의 기본 목적

교육기관은 사회복지기관 및 시설과의 산학협력을 통하여 학교 교육과 사회복지실천현장의 교량적 역할을 하고, 실습 지도교수들 통하여 실천 현상에서의 구체적이고 실제직인 사례들을 이해하며, 현장의 소리를 학습에 반영할 수 있도록 접촉의 기회를 가진다. 또 실습생이 직·간접적으로 다양한 사회복지실천현장에 대한 이해를 증진시킬 수 있는 기회로 활용할 뿐만 아니라 학생들의 졸업 후 취업 기회의 문을 넓힌다.

(3) 실습기관의 기본 목적

실습기관은 학교에서 습득한 지식과 기술을 실천 현장에 접목시킬 수 있는 기회를 학생에게 제공하며, 대학과 협력하여 미래 사회복지사 양성에 기여할 뿐만 아니라 전문사회복지사 양성을 위한 교육 프로그램 개발 기회로 활용해야 하며, 학교와의 지속적인 연계를 통하여 이론과 실무에 대한 정보를 교류하고 산학협력의 기회를 갖는다.

한국사회복지교육협의회(2020)는 사회복지현장실습 시 실습 지도를 수행할 때 다음과 같은 목적 하에 진행하도록 하고 있다.

첫째, 실천 현장의 문제해결 및 서비스 제공 과정에서 사회복지 가치 및 윤리강령의 내용, 지식 및 기술을 적용할 수 있는 능력을 향상시킨다.

둘째, 클라이언트 체계의 문제 확인, 정보 수집, 사정, 개입 계획 및 개입 수행 그리고 평가 과정을 통해 문제해결에 대한 적합한 지식과 기술을 습득하도록 한다.

셋째, 지역사회 내 위험집단 및 표적 집단의 특성, 강점 그리고 자원에 대한 지식을 활용할 수 있는 능력을 배양하도록 한다.

넷째, 사회복지시설, 기관 및 조직의 사명, 정책 및 행정에 대한 이해를 높이도록 한다.

다섯째, 실천 현장 관련 국가 및 지역사회(지방자치단체)의 사회복지정책 및 전달 체계를 분석하고 실천에 적용할 수 있도록 한다.

여섯째, 사회복지사로서의 자아인식을 증진시키고 전문직의 정체감을 형성한다.

일곱째, 클라이언트인 개인, 가족, 집단, 지역사회를 대상으로 실천가로서의 전문적 기술과 능력을 개발하도록 한다(한국사회복지교육협의회, 2020).

2) 사회복지현장실습의 기본 목표

교육기관(대학)에서 습득한 사회복지에 관한 지식과 기술을 실천 현장에 적용하여 실질적인 유용성을 측정하며, 클라이언트 체계의 문제를 확인하고 다양한 정보를 수집하여, 조직화하고, 분석하며, 계획의 수립과 이행, 개입 노력에 대한 평가 과정을 경험한다. 그리고 지역사회 대상의 특성과 자원에 대한 지식을 활용하여 수치화하여 분석할 수 있으며, 사회복지시설과 기관의 조직, 정책, 절차에 적응할 수 있는 경험적 이해를 통해 대상 시설과 기관에 대해 설명을 통해 표현할 수 있고, 사회복지시설에 대한 자신의 적성을 점검하여 만족할 만한 결과를 도출한다.

3 사회복지현장실습의 주요 과업

사회복지현장실습 실천 현장의 실습에 주요 내용은 ① 사회복지기관에 대한 이해, ② 지역사회에 대한 이해, ③ 사회복지실천과정의 적용, ④ 사회복지사로서의 전문적 가치관과 의식 함양 등을 이해해야 한다. 주요 내용을 자세하게 살펴보면 다음과 같다.

① 사회복지기관에 대한 이해

사회복지기관의 구조 및 운영과 실습을 통하여 기관이 제공하는 복지서비스에 대해서 이해하게 된다.

② 지역사회에 대한 이해

실습기관이 위치해 있는 지역사회에 대한 이해를 바탕으로 지역사회 문제를 규명하고 이를 해결하는 데 활용 가능한 지역 자원 체계를 파악하여 활용한다.

③ 사회복지실천과정의 적용

사회복지실천에서 사회복지사는 클라이언트 체계(예 개인, 가족, 집단, 조직, 지역사회 등)에 직접적인 서비스를 제공하게 되는데, 실습을 통해 문제를 확인하고, 이와 관련된 정보를 수집하고 분석할 수 있으며, 개입 계획을 수립 · 실천하고 개입 노력을 평가하는 사회복지 실천과정을 경험한다.

④ 사회복지사로서의 전문적 가치관과 의식 함양

실습생의 실습 과정 기록을 토대로 기관의 실습 지도자와 학교의 실습 지도교수가 제공하는 현장학습 지도를 받으면서, 사회복지사로서 전문적 가치관과 역할, 지식, 기술, 자아인식과 복지 마인드를 가지게 되며, 기관 내 다른 직원 및 타 학교 실습생과의 유대 관계를 통하여 인적 · 사회적 자원을 연계할 수 있다(오혜경·하지영, 2010).

4 사회복지현장실습의 필요성과 기대 효과

1) 사회복지현장실습의 필요성

현장실습이란 효과적으로 사회복지를 실천하기 위한 장소를 제공해 줄 수 있는 현장이라 할 수 있다. 효과적인 프로그램 및 서비스를 제공하고 개인 및 가족, 지역과 사회의 복합적인 복지를 실현하려는 실천학문으로 사회복지 교육의 본질을 살리고 전문적인 사회복지사가 되기 위한 훈련을 실천할 수 있는 장이다. 이에 사회복지사에게 필요한 필수능력은 교과과정만으로 익힐 수 없으며, 사회복지실천현장에서의 경험을 통해서 얻을 수 있다. 따라서 실습생은 이론으로 배운 것을 실습을 통해 직접 실천할 수 있는 기회를 가지며, 자신의 진로 및 한계, 자아인식을 경험할 수 있다. 그리고 실천과정을 통해 사회복지에 대한 지식을 얻을 수 있을 뿐 아니라 기초적인 제반 사무능력을 배양할 수 있는 기회를 갖게 된다.

2) 사회복지현장실습의 기대 효과

사회복지현장실습 학습 과정의 실습 주체인 실습생, 실습기관 및 시설 그리고 학교는 사회복지현장실습을 통해 다음과 같은 이점을 얻을 수 있다(서진환, 2001).

사회복지 이론 적용의 기회와 전문적 역할에 대한 간접적인 학습 기회 그리고 전문직으로서의 사회화 과정에 참여하는 기회, 미래 직업 계획을 위한 기회, 예비 사회복지사로서 정체성 확립을 위한 기회를 가질 수 있다.

5 교육기관의 사회복지현장실습 과정

사회복지현장실습의 과정은 사회복지 철학과 윤리 기준에 입각하여 학교에서 배운 사회복지 이론과 실천 기술을 사회복지현장에서 적용하는 방법을 배우는 과목으로 실습 전 준비 단계와 실습 진행 단계, 실습 종결 및 평가 단계로 나누어지는데 단계별 내용을 살펴보면 다음과 같다.

1) 실습 전 준비 단계

첫째, 실습 시작 전 준비 사항으로 먼저 기관 선정을 한다. 기관 선정을 위해 한국사회복지협회의 자격 관리 사이트에서 현장 실습기관의 검색을 통해 적합한 기관을 선정할 수 있다. 기관이 선정되면 학교에서는 기관에 실습 의뢰서(공문)을 발송한다.

둘째, 학교에 제출해야 할 서류는 실습생이 제출해야 할 서류와 기관에서 보내주어야 할 서류로 나누어진다. ① 실습생이 제출해야 할 서류는 실습 신청서(학교 제출), 실습생 서약서(실습기관), 실습생 프로파일(학교 및 기관), 실습생 개인정보 동의서(학교 및 기관)가 있다. ② 기관이 제출해야 할 서류는 사회복지현장 실습기관 선정 확인서, 실습 지도자 프로파일, 실습 의뢰 회신서, 실습 계획서(세부 일정 반드시 포함, 기관이 실습생에게 일지 제본 시 반드시 첨부)가 필요하다.

2) 실습 진행 단계

첫째, 실습이 시작되면 실습 일지를 작성해야 한다. 실습 일지는 사회복지실습의 계획, 준비, 실시 등 실습일 하루 동안 일어난 일련의 상황에 대한 고찰 및 평가를 기입하는 것이다. 그러나 일기나 수필 형태가 되지 않도록 조심하여야 한다. 하루의 목표를 세우고 그에 맞추어 실습하면서 관찰하고 체험했던 것과 느꼈던 점을 사실에 근거하여 빠짐없이 정확하게 기록하고, 실습생의 의견란에는 배운 점, 의문점, 건의 등을 기록한다. 또한 실습일지는 정해진 일지 양식에 작성하게 되며, 매일 작성해야 하고, 수기나 워드로 작성한다. 그리고 매일 한 장씩 사진촬영을 해서 일지에 부착을 하게 되어 있다. 실습기관에서 클라이언트에 대해 피해가 가지 않는 범위 내에서 사진촬영을 하고 일지에 부착을 해야 한다. 뿐만 아니라 실습생 출근부 작성(지도자와 실습생 함께), 실습 지도 계획서(기관 슈퍼바이저)에도 작성해야 한다.

실습 일지 작성 시 주의 사항은 다음과 같다.

- 시간대 별로 활동 사항을 중심으로 객관적으로 작성
  예 14:00~15:00 주요 활동 내용과 설명
  예 15:00~16:00 주요 활동 내용과 설명

- 제출 시기
  다음 실습날 아침 실습기관의 슈퍼바이저에게 제출

사회복지현장실습의 전체 진행 과정은 | **그림 1-1** | 과 같다.

3) 실습 종결 및 평가 단계

사회복지현장실습 종결 및 평가 단계에서는 종결을 하게 되면 학교에 제출할 서류가 있다. 서류로는 사회복지현장실습 확인서 2부, 실습평가서(기관), 사회복지 실습 일지 원본(책 제본), 분석 보고서, 중간평가 보고서, 종결평가 보고서, 이론 보고서, 실천과제, 실습생 소감문 등을 제출하게 된다. 이때 지도교수는 실습평가서와 일지, 보고서 등을 통해 실습기관 지도자와 실습 지도교수의 평가 결과를 합산하여 산정한 점수를 실습 지도교수가 최종적으로 부여한다.

그림 1-1 사회복지현장실습의 전체 진행 과정

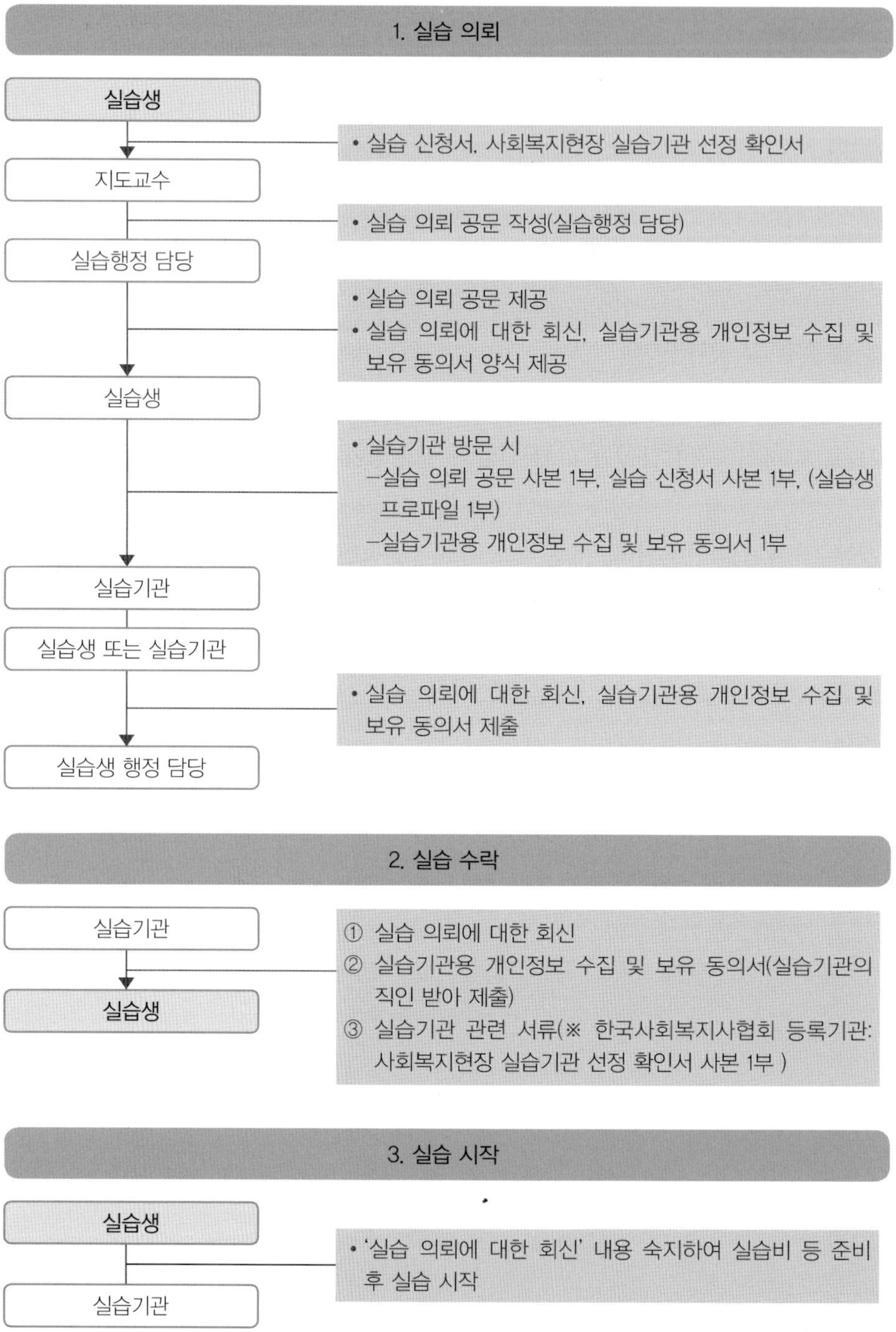

| **출처** | 한국사회복지사협회(2010). 사회복지현장실습 안내서. p. 7. 재구성.

6 사회복지현장실습 교과목의 이해

사회복지현장실습의 교육과정은 먼저, 사회복지실천현장에 학생을 배치하여 일정 기간 동안 실제로 클라이언트 체계(개인, 가족, 집단, 지역사회, 조직)의 욕구충족 및 문제해결을 위해 미시적, 중시적, 거시적 수준에서 사회복지사로서 어떤 역할을 수행해야 하는지를 경험하고, 이에 대해 실습기관의 실습 지도자로부터 슈퍼비전을 받도록 한다. 그리고 학교에서 현장실습에서의 자신의 경험을 공유하며 실습 지도교수의 슈퍼비전과 동료의 피드백을 받으며, 자신의 실천을 점검하고 발전시키는 실습 세미나를 병행한다. 이 과정에서 학생은 사회복지현장에서 이루어지고 있는 서비스를 기획, 전달, 평가하는 과정에 참여하고, 자신의 업무수행에 대한 실습 지도자, 실습 지도교수의 슈퍼비전을 통해 사회복지사로서의 전문적 정체성을 수립하고 실무역량을 강화할 수 있다. 실습학생에게는 현장실습 일지, 사례기록, 과정기록, 기관 분석 보고서, 중간평가서, 최종평가서 등 실습활동과 관련된 다양한 과제물을 제출해야 하는 책임이 있다. 실습기관은 실습 지도자를 지정하여 실습학생에 대한 행정적, 교육적, 임상적, 정서적, 지지적 슈퍼비전(카두신(Kadushin)의 슈퍼비전 기능 참고)과 더불어 실습 일지 및 각종 기록에 대한 개별적인 슈퍼비전을 제공하여야 한다. 대학에서는 실습 지도교수가 사회복지현장실습의 전 과정을 지도하기 위해 실습기관 및 실습 지도자와 긴밀한 관계를 유지한다(한국사회복지교육협의회, 2020). 이를 위해 사회복지학 전공 교과목과 사회복지 관련 교과목(제3조 관련)에서 제시한 사회복지현장실습에 필요한 선수 교과목과 선수 교과목 이수 지침서 그리고 법적 기준, 실습기관 범주, 사회복지현장실습 유형을 살펴보고자 한다.

1) 사회복지현장실습에 필요한 선수 교과목

사회복지학 전공 교과목과 사회복지 관련 교과목(제3조 관련)에서 제시한 「사회복지사업법」 시행규칙 일부개정에 따라 2019년 8월 12일 공포되어 2020년 1월 1일부터 시행하는 추가 신설된 교과목은 가족상담 및 가족치료, 국제사회복지론, 복지국가론, 빈곤론, 사례관리론, 사회복지와 문화 다양성, 사회복지와 인권 등 7과목이다. 그 내용은 | **표 1-1** | 과 같다.

표 1-1 사회복지현장실습에 필요한 선수 교과목

구분	교과목	이수 과목(학점)	
		대학, 전문대학	대학원
필수 과목	• 사회복지개론, 인간행동과 사회환경, 사회복지정책론, 사회복지법제와 실천, 사회복지실천론, 사회복지실천기술론, 사회복지조사론, 사회복지행정론, 지역사회복지론, 사회복지현장실습	10과목 30학점 (과목당 3학점) 이상	6과목 18학점 (과목당 3학점) 이상
선택 과목	• 아동복지론, 청소년복지론, 노인복지론, 장애인복지론, 여성복지론, 가족복지론, 산업복지론, 교정복지론, 사회보장론, 사회문제론, 자원봉사론, 정신건강사회복지론, 사회복지지도감독론, 사회복지자료분석론, 사회복지역사, 복지국가론, 사회복지와 문화 다양성, 사회복지윤리와 철학, 가족상담 및 가족치료, 국제사회복지론, 빈곤론, 사례관리론, 사회복지와 인권, 의료사회복지론, 정신건강론, 프로그램 개발과 평가, 학교사회복지론	7과목 21학점 (과목당 3학점) 이상	2과목 6학점 (과목당 3학점) 이상

※ 교과목의 명칭이 동일하지 아니하더라도 교과의 내용이 동일하다고 보건복지부장관이 인정하는 경우에는 동일 교과목으로 본다.

표 1-2 실습 선수 교과목 이수 지침

<table>
<tr><th>구분</th><th>한국사회복지사협회</th><th>국가평생교육진흥원</th><th>비고</th></tr>
<tr><td rowspan="2">선수 과목 이수 지침</td><td>• 교육기관에서 지정하는 실습 전 선수 과목을 이수하되, 아래 과목 중심으로 4과목 이상 이수 권장(사회복지개론, 사회복지실천기술론, 사회복지실천론, 사회복지정책론, 사회복지조사론, 인간행동과 사회환경, 지역사회복지론, 사회복지윤리와 철학, 프로그램 개발과 평가 등)</td><td>• 사회복지 기초 과목 4과목 이상 이수자만 수강 가능(사회복지개론, 사회복지실천기술론, 사회복지실천론, 사회복지정책론, 사회복지조사론, 인간행동과 사회환경, 지역사회복지론, 사회복지윤리와 철학, 프로그램 개발과 평가 등의 과목 중 4과목 이상을 선수 과목으로 이수해야 함)</td><td>• 평생교육진흥원의 실습 선수 과목 이수 지침은 필수적으로 지켜야 하며, 한국사회복지사협회의 지침은 실습기관 및 실습 교육기관의 상황에 맞춰 활용할 수 있다.</td></tr>
<tr><td>• 실습기관의 기준에 따라 아래 과목 중심으로 2과목 이상 이수 권장(노인복지론, 장애인복지론, 아동복지론, 청소년복지론, 가족복지론, 여성복지론, 학교사회복지론, 의료사회사업론, 정신건강사회복지론 등)</td><td>• 실습기관의 요구가 있을 시 실습생으로 하여금 실습기관의 성격에 따른 선수 과목(예 노인복지론, 장애인복지론, 여성복지론, 아동복지론, 청소년복지론 등)을 이수하도록 하여야 한다.
※선수 과목 이수 현황 관련 서류(실습생 프로파일 등)는 2년간 보관한다.</td><td></td></tr>
</table>

| 출처 | 이원주 · 우병훈(2020). 사회복지현장실습. pp. 58-59.

2) 법적 기준

「사회복지사업법」 시행규칙 제3조에서 명시하고 있는 사회복지현장실습 교과목에 관한 기준은 실습기관, 실습 지도자, 실습 시간에 관해 별도 규정하고 있다. 실습기관은 「사회복지사업법」 제2조 제1호에 따른 사회복지사업과 관련하여 법인, 시설기관 및 단체 등에서 사회복지현장실습을 할 수 있다. 실습기관은 반드시 법적 기준에 의한 실습 지도자가 두 명 이상 상근을 하여야 하고, 실습기관의 실습 지도자 자격 기준은 사회복지사 1급 자격증 소지자로 실무경력이 3년 이상 있어야 하며, 사회복지사 2급 자격증을 소지한 지도자는 실무경력 5년 이상 경력을 소지해야 한다. 또, 기간 실습이 실시되는 연도의 전년도에 8시간 이상의 보수교육을 이수해야 사회복지현장실습 지도자 자격을 갖춘 것이라 볼 수 있다. 그리고 한국사회복지협회에 실습기관 등록의 절차를 거쳐야만 실습기관이 될 수 있다.

기관실습은 실습 지도자의 근로 시간 내에 실시하며, 하루에 이수 가능한 시간은 최소 4시간 이상 최대 8시간 이하로 한다.

「사회복지사업법」 시행규칙 제3조 [별표 1] 제2호 나목 1)의 후단에 따른 온라인으로 진행하는 실습 중 대면방식의 세미나는 총 3회 이상 진행해야 하는 데 이 세미나는 주 1회를 초과하여 실시할 수 없으며, 정리하면 다음과 같다.

- 1급 사회복지사 자격증을 취득한 이후 3년 이상의 사회복지사업 실무 경험이 있거나 2급 사회복지사 자격증을 취득한 이후 5년 이상의 사회복지사업 실무 경험이 있을 것
- 기관실습이 실시되는 연도의 전년도에 8시간 이상의 보수교육을 이수한 사회복지사로 한정
- 기관실습 지도자 1명이 동시에 지도할 수 있는 학생 수는 5명 이내일 것

3) 한국사회복지사협회 제시 실습기관 범주

한국사회복지사협회에서 제시한 실습기관 범주는 다음과 같다.

첫째, 「사회복지사업법」에 따른 사회복지법인, 사회복지시설이어야 한다.

둘째, 사회복지사업과 관련된 기관 및 단체이어야 한다. 관청의 허가를 받은 단체로 사회복지사업을 목적으로 하는 비영리 단체인 사단법인과 재단법인 그리고 공공기관으로 지방자치단체와 자원봉사센터 등을 들 수 있다.

셋째, 사회복지서비스를 제공하는 병원, 상담소, 학교, 교정기관, 조사연구기관, 시민사회단체 등을 들 수 있다. 관할 관청의 인 · 허가를 받은 상태 또는 신고된 상태여야 하며, 설치 뒤 1년이 지나지 않은 경우 등록 불가하며 심사 시 정관, 실습 계획서 등 추가 서류를 요청할 수 있다. 실습기관은 반드시 법적 기준에 따른 실습 지도자가 있어야 한다.

4) 사회복지현장실습 유형

사회복지현장실습은 세 가지 유형으로 나누어 설명할 수 있는데 첫째, 학기 중 실습, 둘째, 방학 중 실습, 셋째, 시간제 실습으로 나누어 설명할 수 있다. 자세한 유형은 제3장에서 살펴보도록 한다.

첫째, 학기 중 실습은 일반적으로 주 1회씩 총 20주 동안 실시하며, 중간 및 기말고사 기간은 20주에 포함할 수 있다. 학기 중 실습은 교육기관마다 조금씩 다르나 대개 매주 화요일에 실시하고, 대학원생은 보통 주 2회 실습을 하기도 하고, 의료 및 정신의료 분야에서는 학부 학생에게도 주 2회 실습을 권장하기도 한다. 학기 중 실습은 실습과 세미나가 동시에 이루어지기 때문에 다른 기관에서 실습한 학생들과 실습하는 중 경험한 것들을 나눌 수 있다는 장점이 있다. 그러나 1주일에 한 번씩 실습하고 수업도 병행해야 하기 때문에 실습에 전념할 수 없다는 어려움과 업무가 단절되어 지속적으로 할 수 없다는 단점도 있다. 즉, 최종 이수 시간이 160시간 중 하루에 8시간씩 20주 이상을 실습할 수 있다.

둘째, 방학 중 실습은 수업과 병행하지 않고 실습을 한 학기동안 할 수 있어서 실습기관에서는 좋아하지만 다른 기관에서 실습하는 내용들을 나눌 수 없다는 단점과 수업을 하면서 어려운 부분들을 실습 지도교수로부터 슈퍼비전을 받을 수 없다는 단점이 있다. 최종 160시간으로 하루에 8시간씩 주 5일 40시간을 실습할 수 있다.

셋째, 시간제 실습은 직장을 다니면서 야간으로 강의를 듣고 학위 취득을 할 수 있는 프로그램으로 제공한다. 시간제 실습은 기관에 고용된 실습생들이 월급을 받으면서 해당기관에서 실습 업무의 일부분을 수행하도록 하기 위한 특별한 제도이다. 자신이 기관에서 하고 있는 고유 업무를 그대로 인정하는 것이 아니고, 업무내용 중 특정한 부분을 선정하여 실습 지도교수와 상의하여 실습 목표를 세우고, 슈퍼비전을 받으면서 실시한다. 시간제 실습은 최종 이수 시간 160시간 이상 10주 이상으로 주당 2일에 16시간씩 실습할 수 있다. 이 내용을 정리하여 표로 나타내면 **| 표 1-3 |** 과 같다.

표 1-3 사회복지현장실습 유형

실습 유형	주당 이수 시간	실습 최종 이수 시간
학기 중 실습	8시간	160시간 이상(20주 이상)
방학 중 실습	40시간(5일)	160시간 이상(20일 이상)
시간제 실습	16시간(2일)	160시간 이상(10주 이상)

※실습 세미나는 1회당 2시간 이상의 실습 세미나를 총 15회 이상 실시하여야 한다. 이 경우 정보통신망을 이용한 온라인 교육을 실시하는 교육기관은 대면방식의 세미나가 총 3회 이상(주 1회 이상을 초과할 수 없다.) 포함되어야 하며, 세미나 참여 실습생 수는 30명 이내여야 한다.

제2장

사회복지현장실습의 윤리와 철학

1 사회복지사의 윤리와 철학

2 사회복지현장 실습생의 자격 및 역할

3 슈퍼바이저의 자세와 자격

4 사회복지현장 실습기관의 선정 기준

1 사회복지사의 윤리와 철학

'철학'은 그리스어 '필로소피아(philosophia)'에서 유래되었으며 필로는 '사랑하다', '좋아하다'라는 뜻의 접두사이고 소피아는 '지혜'라는 뜻이다. 필로소피아는 '지(知)'를 사랑한다는 의미이다. 결국 철학은 지혜를 배우는 학문으로 자연과 인간 만상의 궁극적 원리를 찾는 학문적 작업이다. 사회복지에 대한 철학적 이해는 실천(응용)학문으로서 인간의 존엄성과 사회정의의 가치를 추구하며, 사회복지사의 엄격한 도덕적 판단과 성찰을 중요시하기 때문에 철학과 깊은 연관이 있다. 또한 철학은 클라이언트에 대한 인식을 새롭게 해준 뿐만 아니라, 사회복지사에게 생각하는 힘의 중요성을 일깨워주며, 사회복지의 이론과 실천이 순환적으로 관련되어 있음을 드러내기도 한다. 또한 '윤리학(ethics)'이란 철학의 한 분야로서 인간이면 마땅히 행해야 하는 도리 내지 규범을 연구하는 것이며, '윤리(thics)'라는 말은 그리스어 'ethos'에서 유래된 관습, 사용, 습관을 의미하기도 한다. 즉, 윤리는 사람과 사람이 함께 어울려 살면서 마땅히 행하여야 하는 노리이나. 윤리학과 사회복지의 관계성은 세 가지가 있는데 기술윤리학, 메타윤리학, 규범윤리학이 있다. 그 중에 규범윤리학(normative ethics)은 사회복지와 가장 밀접한 관련이 있다. 그 내용을 살펴보면 사회복지가 가치 지향적이고, 강한 규범적 특성이 있다는 점에서 윤리학과 관련이 있으며, 사회복지사는 인간에 대한 존엄성과 사회정의의 가치를 토대로 클라이언트를 도울 때 법적인 의무와 도덕적 의무를 요구받는다는 점에서 윤리학과 관련이 있다. 윤리학이 사회복지실천에 주는 의미는, 철학과 마찬가지로 윤리학은 사회복지의 본질과 소명을 분명히 하도록 '규범적 타당성'을 강조하는 윤리학(특히 규범윤리학)의 이론과 방법으로 도움을 주고 있다. 또한 윤리학은 사회복지실천의 오류(malpractice)를 밝히는 도덕적 근거를 제공하며, 윤리학을 통해 윤리적 민감성(ethical sensitivity)의 중요성을 인식하고 있다(심상용, 2016). 이를 바탕으로 한국사회복지사협회에서 정의하는 사회복지사의 윤리강령 및 윤리 기준과 미국사회복지사협회의 윤리강령을 살펴보고자 한다.

1) 사회복지사의 윤리강령 전문

사회복지사는 인본주의 · 평등주의 사상에 기초하여, 모든 인간의 존엄성과 가치를 존중하고 천부의 자유권과 생존권의 보장활동에 헌신한다. 특히 사회적 · 경제적 약자들의 편에 서서 사회정의와 평등 · 자유와 민주주의 가치를 실현하는 데 앞장 선다. 또한 도움을 필요로 하는 사람들의 사회적 지위와 기능을 향상시키기 위해 그들과 함께 일하며, 사회제도 개선과 관련된 제반활동에 주도적으로 참여한다. 사회복지사는 개인의 주체성과 자기결정권을 보장하는 데 최선을 다하고, 어떠한 여건에서도 개인이 부당하게 희생되는 일이 없도록 한다. 이러한 사명을 실천하기 위하여 전문적 지식과 기술을 개발하고, 사회적 가치를 실현하는 전문가로서의 능력과 품위를 유지하기 위해 노력한다.

이에 우리는 클라이언트 · 동료 · 기관 그리고 지역사회 및 전체 사회와 관련된 사회복지사의 행위와 활동을 판단 · 평가하며 인도하는 윤리 기준을 다음과 같이 선언하고 이를 준수할 것을 다짐한다.

2) 사회복지사의 윤리 기준

(1) 전문가로서의 자세

① 사회복지사는 전문가로서의 품위와 자질을 유지하고, 자신이 맡고 있는 업무에 대해 책임을 진다.

② 사회복지사는 클라이언트의 종교, 인종, 성, 연령, 국적, 결혼상태, 성 취향, 경제적 지위, 정치적 신념, 정신·신체적 장애, 기타 개인적 선호, 특징, 조건, 지위 등을 이유로 차별 대우를 하지 않는다.

③ 사회복지사는 전문가로서 성실하고 공정하게 업무를 수행하며, 이 과정에서 어떠한 부당한 압력에도 타협하지 않는다.

④ 사회복지사는 사회정의 실현과 클라이언트의 복지 증진에 헌신하며, 이를 위한 환경 조성을 국가와 사회에 요구해야 한다.

⑤ 사회복지사는 전문적 가치와 판단에 따라 업무를 수행함에 있어, 기관 내외로부터 부당한 간섭이나 압력을 받지 않는다.

⑥ 사회복지사는 자신의 이익을 위해 사회복지 전문직의 가치와 권위를 훼손해서는 안 된다.

⑦ 사회복지사는 한국사회복지사협회 등 전문가단체활동에 적극 참여하여, 사회정의 실현과 사회복지사의 권익옹호를 위해 노력해야 한다.

(2) 전문성 개발을 위한 노력

① 사회복지사는 클라이언트에게 최상의 서비스를 제공하기 위해, 지식과 기술을 개발

하는 데 최선을 다하며 이를 활용하고 전파할 책임이 있다.

② 클라이언트를 대상으로 연구하는 사회복지사는 그들의 권리를 보장하기 위해, 자발적이고 고지된 동의를 얻어야 한다.

③ 연구 과정에서 얻은 정보는 비밀보장의 원칙에서 다루어져야 하고, 이 과정에서 클라이언트는 신체적, 정신적 불편이나 위험 · 위해 등으로부터 보호되어야 한다.

④ 사회복지사는 전문성을 개발하기 위해 노력하되, 이를 이유로 서비스의 제공을 소홀히 해서는 안 된다.

⑤ 사회복지사는 한국사회복지사협회 등이 실시하는 제반교육에 적극 참여하여야 한다.

(3) 경제적 이득에 대한 태도

① 사회복지사는 클라이언트의 지불 능력에 상관없이 서비스를 제공해야 하며, 이를 이유로 차별대우 해서는 안 된다.

② 사회복지사는 필요한 경우에 제공된 서비스에 대해, 공정하고 합리적으로 이용료를 책정해야 한다.

③ 사회복지사는 업무와 관련하여 정당하지 않은 방법으로 경제적 이득을 취하여서는 안 된다.

3) 사회복지사의 클라이언트에 대한 윤리 기준

(1) 클라이언트와의 관계

① 사회복지사는 클라이언트의 권익옹호를 최우선의 가치로 삼고 행동한다.

② 사회복지사는 클라이언트에 대하여 인간으로서의 존엄성을 존중해야 하며, 전문적 기술과 능력을 최대한 발휘한다.

③ 사회복지사는 클라이언트가 자기결정권을 최대한 행사할 수 있도록 도와야 하며, 그들의 이익을 최대한 대변해야 한다.

④ 사회복지사는 클라이언트의 사생활을 존중하고 보호하며, 직무 수행 과정에서 얻은 정보에 대해 철저하게 비밀을 유지해야 한다.

⑤ 사회복지사는 클라이언트가 받는 서비스의 범위와 내용에 대해, 정확하고 충분한

정보를 제공함으로써 알 권리를 인정하고 존중해야 한다.

⑥ 사회복지사는 문서 · 사진 · 컴퓨터 파일 등의 형태로 된 클라이언트의 정보에 대해 비밀보장의 한계 · 정보를 얻어야 하는 목적 및 활용에 대해 구체적으로 알려야 하며, 정보 공개 시에는 동의를 얻어야 한다.

⑦ 사회복지사는 개인적 이익을 위해 클라이언트와의 전문적 관계를 이용하여서는 안 된다.

⑧ 사회복지사는 어떠한 상황에서도 클라이언트와 부적절한 성적 관계를 가져서는 안 된다.

⑨ 사회복지사는 사회복지 증진을 위한 환경조성에 클라이언트를 동반자로 인정하고 함께 일해야 한다.

(2) 동료의 클라이언트와의 관계

① 사회복지사는 적법하고도 적절한 논의 없이 동료 혹은 다른 기관의 클라이언트와 전문적 관계를 맺어서는 안 된다.

② 사회복지사는 긴급한 사정으로 인해 동료의 클라이언트를 맡게 된 경우, 자신의 의뢰인처럼 관심을 갖고 서비스를 제공한다.

4) 사회복지사의 동료에 대한 윤리 기준

(1) 동료

① 사회복지사는 존중과 신뢰로서 동료를 대하며, 전문가로서의 지위와 인격을 훼손하는 언행을 하지 않는다.

② 사회복지사는 사회복지 전문직의 이익과 권익을 증진시키기 위해 동료와 협력해야 한다.

③ 사회복지사는 동료의 윤리적이고 전문적인 행위를 촉진시켜야 하며, 이에 반하는 경우에는 제반 법률 규정이나 윤리 기준에 따라 대처해야 한다.

④ 사회복지사가 전문적인 판단과 실천이 미흡하여 문제를 야기시켰을 때에는, 적절한 조치를 취하여 클라이언트의 이익을 보호해야 한다.

⑤ 사회복지사는 전문직 내 다른 구성원이 행한 비윤리적 행위에 대해, 제반 법률 규정이나 윤리 기준에 따라 조치를 취해야 한다.

⑥ 사회복지사는 동료 및 타 전문직 동료의 직무 가치와 내용을 인정 · 이해하며, 상호간에 민주적인 직무 관계를 이루도록 노력해야 한다.

(2) 슈퍼바이저

① 슈퍼바이저는 개인적인 이익의 추구를 위해 자신의 지위를 이용해서는 안 된다.

② 슈퍼바이저는 전문적 기준에 의해 공정하게 책임을 수행하며, 사회복지사 · 수련생 및 실습생에 대한 평가는 그들과 함께 공유해야 한다.

③ 사회복지사는 슈퍼바이저의 전문적 지도와 조언을 존중해야 하며, 슈퍼바이저는 사회복지사의 전문적 업무수행을 도와야 한다.

④ 슈퍼바이저는 사회복지사 · 수련생 및 실습생에 대해 인격적 · 성적으로 수치심을 주는 행위를 해서는 안 된다.

5) 사회복지사의 사회에 대한 윤리 기준

① 사회복지사는 인권존중과 인간평등을 위해 헌신해야 하며, 사회적 약자를 옹호하고 대변하는 일을 주도해야 한다.

② 사회복지사는 필요한 사회 서비스를 개발하기 위한 사회정책의 수립 · 발전 · 입법 · 집행에 적극적으로 참여하고 지원해야 한다.

③ 사회복지사는 사회환경을 개선하고 사회정의를 증진시키기 위한 사회정책의 수립 · 발전 · 입법 · 집행을 요구하고 옹호해야 한다.

④ 사회복지사는 자신이 일하는 지역사회의 문제를 이해하고, 그것을 해결하는 일에 적극적으로 참여해야 한다.

6) 사회복지사의 기관에 대한 윤리 기준

① 사회복지사는 기관의 정책과 사업 목표의 달성 · 서비스의 효율성과 효과성의 증진을 위해 노력함으로써, 클라이언트에게 이익이 되도록 해야 한다.

② 사회복지사는 기관의 부당한 정책이나 요구에 대하여, 전문직의 가치와 지식을 근

거로 이에 대응하고 즉시 사회복지윤리위원회에 보고해야 한다.

③ 사회복지사는 소속기관 활동에 적극 참여함으로써, 기관의 성장발전을 위해 노력해야 한다.

7) 사회복지윤리위원회의 구성과 운영

① 한국사회복지사협회는 사회복지윤리위원회를 구성하여, 사회복지윤리실천의 질적인 향상을 도모하여야 한다.

② 사회복지윤리위원회는 윤리강령을 위배하거나 침해하는 행위를 접수받아, 공식적인 절차를 통해 대처하여야 한다.

③ 사회복지사는 한국사회복지사협회의 윤리적 권고와 결정을 존중하여야 한다.

8) 클라이언트에 대한 윤리적 책임

(1) 클라이언트의 이익이 최우선

① 사회복지사는 헌신과 충성, 결단력, 전문적 기술을 최대한 적용시키는 능력을 가지고 클라이언트를 원조할 수 있어야 한다.

② 사회복지사는 개인적인 이득을 위해 클라이언트와의 관계를 이용해서는 안 된다.

③ 사회복지사는 인종, 피부색, 성(性), 연령, 종교, 국적, 결혼 여부, 정치적 신념, 심신장애 또는 어떤 다른 기호나 개인적 취향, 조건, 지위 등에 근거한 어떤 형태의 차별적 대우를 행하여서도, 묵인하여서도, 조장하거나 협력하여서도 안 된다.

④ 사회복지사는 클라이언트에게 잠재적 해를 주거나 이용할 위험이 있는 이전 클라이언트나 다른 클라이언트와 이중 또는 복합적으로 관계하도록 하거나 묵인하여서도 안 된다. 사회복지사는 확실하고 타당하게 문화적으로 민감한 영역을 구분시킬 책임이 있다.

⑤ 사회복지사는 어떠한 일이 있어도 클라이언트와 성적 관계를 가져서는 안 된다.

⑥ 사회복지사는 클라이언트를 원조할 수 있는 서비스의 범위와 본질에 관한 정확하고 완전한 정보를 클라이언트에게 제공해야 한다.

⑦ 사회복지사는 클라이언트에게 제공될 사회적 서비스와 관련된 그들의 위기, 권리,

기회, 의무 등을 클라이언트에게 알려주어야 한다.

⑧ 사회복지사는 클라이언트의 이익에 부합되는 최선의 방안이 마련되는 경우에라도 그에 대한 동료와 관리자의 충고와 조언을 받아야 한다.

⑨ 사회복지사는 더 이상의 서비스와 관계가 필요 없을 경우이거나 더 이상 클라이언트의 욕구와 이해를 위해 원조해 줄 수 없을 경우에 클라이언트에 대한 서비스와 전문적 관계를 종결해야 한다.

⑩ 사회복지사는 예사롭지 않은 상황에 부딪혔을 때 만큼은 그 상황 하의 모든 요인을 주의 깊게 고려하고 역기능을 극소화시킴과 동시에 빨리 서비스를 철회할 수 있어야 한다.

⑪ 클라이언트에 대한 서비스의 중단이나 종결을 예상하고 있는 사회복지사는 즉시 클라이언트에게 그 사실을 통보하고 클라이언트의 요구나 선택에 따라 서비스를 변경하거나 위임하거나 지속할 것을 결정해야 한다.

(2) 클라이언트의 권리와 특권

① 법적으로 무능력자로 선고받은 클라이언트를 대신해서 행동해야 할 때, 사회복지사는 그 클라이언트의 권리와 이해 관계를 보장해 주어야 한다.

② 다른 사람이 클라이언트의 법정대리인일 경우 사회복지사는 항상 클라이언트의 최대 관심사를 염두에 두고 그 사람을 대해야 한다.

③ 사회복지사는 클라이언트의 법적 권리나 시민권을 감소시키거나 침해하는 어떤 행위에도 관여해서는 안 된다.

(3) 비밀보장과 사생활

① 사회복지사는 직무수행의 부득이한 경우를 제외하고는 클라이언트의 승낙 없이 그들의 사적인 문제를 다른 사람에게 이야기해서는 안 된다.

② 사회복지사는 클라이언트에게 그 정보의 필요성과 용도 그리고 주어진 상황 속에서 얼마만큼 비밀을 보장받을 수 있는지에 관해서 완전히 알려주어야 한다.

③ 사회복지사는 클라이언트에게 그들 자신과 관련된 사회복지사의 어떠한 공식 기록이라도 볼 수 있는 합당한 권리를 제공하여야 한다.

④ 클라이언트에게 기록을 보여줄 때, 사회복지사는 그 기록 속에 들어 있는 다른 사람들의 비밀을 보장하기 위해 주의를 기울여야 한다.

⑤ 사회복지사는 그들의 활동을 제3자로 하여금 관찰하도록 허용하거나 녹음하거나 기록하기 전에 공식적인 클라이언트의 승낙을 얻어야 한다.

(4) 수수료

수수료를 정할 때 사회복지사는 그 수수료가 제공된 서비스와 클라이언트의 지불 능력에 합당한지, 공정한지, 일치되는지, 사려 깊게 고려되었는지를 확실히 해야 한다.

사회복지사는 수수료를 조회하거나 수취하기 위해 응분의 다른 대가를 주고 받거나 수수료를 분할(수취)하여서는 안 된다.

9) 동료에 대한 윤리적 책임

(1) 존중, 공정과 친절

① 사회복지사는 직무상의 이해와 관심을 증진시키기 위해 동료와 협조하여야 한다.

② 사회복지사는 그들의 업무 관계와 처리 과정에서 동료로부터 알게 된 비밀을 존중하여야 한다.

③ 사회복지사는 동료가 윤리적으로 훌륭하게 업무를 수행할 수 있도록 상황을 유지하고 만들어가야 한다.

④ 사회복지사는 경의를 가지고 동료의 자격, 관점, 발견 등을 정확하고 공정하게 묘사해야 하며 이 문제에 대한 판단은 적절한 채널을 통해 표현해야 한다.

⑤ 실무를 대행하거나 동료에게 대행시킨 사회복지사는 그 동료의 평판, 성격, 이해를 고려하여 행동하여야 한다.

⑥ 사회복지사는 어떤 이익을 취하거나 지위를 얻기 위해 동료와 직원 간의 논쟁을 이용해서는 안 된다.

⑦ 사회복지사는 업무상 부득이하게 문제해결 방안에 대해 동료와 마찰이 생길 경우 중재나 조정을 구하도록 하여야 한다.

⑧ 사회복지사는 다른 전문직 동료에게도 사회복지사 동료에게와 마찬가지로 존중과 협조를 베풀어야 한다.

⑨ 동료에게 직원으로서 관리자로서 또는 조언자로서 도움을 주는 사회복지사는 그들의 업무 관계를 유지하는 조건에 관해 명확하고 질서 있는 협약을 맺어야 한다.

⑩ 다른 직원들의 업무수행을 평가하고 채용을 담당하고 있는 사회복지사는 명백한 평가 기준에 근거하여 공정하고 사려 깊고 정당한 자세로 그러한 책무를 이행하여야 한다.

⑪ 직원, 관리자, 학생들의 업무수행을 평가하는 책무를 맡은 사회복지사는 그들과 평가작업을 공동으로 하여야 한다.

⑫ 사회복지사는 자신의 이익을 위해 또는 남을 이용하려고 고용주, 관리자, 교사, 상담가와 같은 권한이 주어지는 전문적 지위를 사용하여서는 안 된다.

⑬ 사회복지에 대한 전문적 지식을 지닌 사회복지사 동료가 개인적인 문제들, 심리사회적 요인으로 생기는 곤란, 물질남용, 정신건강의 곤란으로 인한 손상을 입었다면 그 동료와 함께 상의하고 교정 행위를 취함으로써 동료를 지원해야 한다.

(2) 동료의 클라이언트를 대할 때

① 사회복지사는 다른 기관이나 동료와의 적절한 의사소통 없이는 그들의 클라이언트에 대한 업무를 맡아서는 안 된다.

② 동료의 일시적인 부재나 긴급 상황 속에서 동료의 클라이언트를 원조하는 사회복지사는 보통 다른 클라이언트에게 제공했던 것과 같은 정도로 그들의 클라이언트를 원조하여야 한다.

10) 직원과 일하는 기관에 대한 윤리적 책임

(1) 기관에 대한 서약

① 사회복지사는 기관의 정책과 방안, 기관에서 행하는 서비스의 능률과 효과를 향상시키기 위해서 일해야 한다.

② 사회복지사는 클라이언트를 대신하는 업무에 따르는 문제점과 한계 그리고 인사 규정을 침해하는 등의 문제점을 지닌 채(최근 NASW의 공식적인 승인을 받은 기관에서는) 학생을 채용하거나 학생의 현장실습 배치를 허용해서는 안 된다.

③ 사회복지사는 기관의 직원채용 정책과 실제에 있어서나 업무분장에 있어서의 차별

대우를 배제하고 방지해야 한다.

④ 사회복지사는 목적하던 바를 위해서만 세심한 주의를 기울여 기관의 지원을 사용해야 한다.

11) 사회복지 전문직에 대한 사회복지사의 윤리적 책임

(1) 전문직업에 대한 고결한 자세를 유지할 것

① 사회복지사는 이 직업의 고결함과 존엄성을 강화시키고 보호해야 하며, 책임감을 가지고 그에 대한 활발한 토론과 비평을 해야 한다.

② 사회복지사는 이 직업에 종사하는 어떤 사람의 비윤리적인 행위를 발견했을 경우에 적절한 채널을 통해 조치를 취해야 한다.

③ 사회복지사는 자격을 인정받지 못한 사람에 의해 사회복지 실무가 다루어지는 것을 막아야 한다.

④ 사회복지사는 자격, 능력, 서비스, 성과를 거둔 업무에 관한 광고를 할 경우 허위 진술하여서는 안 된다.

(2) 지역사회 서비스

① 사회복지사는 사회복지사로서의 능력과 고결함과 유용성에 대한 인정을 받을 수 있는 모든 활동에 자신의 시간과 전문가적 견해를 쏟아 넣어야 한다.

② 사회복지사는 이 전문직업에 대한 관심과 사회정책, 장치(제도), 법령, 발전, 공식화를 지원해야 한다.

(3) 지식의 발전

① 사회복지사와 관련된 지식을 알고 난 후에 실무에 임해야 한다.

② 사회복지사에 관련된 지식을 표현하고 흐름을 지켜가며 비판을 가해야 한다.

③ 사회복지사는 사회복지의 지식 체계에 기여하여야 하며 조사연구 실적과 실무에 임하는 지혜 등을 동료와 나누어야 한다.

12) 사회에 대한 윤리적 책임

(1) 일반의 복지를 촉진시킬 것

① 사회복지사는 어떤 개인이나 그룹에 대해서 종족, 피부색, 성별, 연령, 종교, 국적, 결혼 여부, 정치적 신념, 심신 장애 또는 다른 선호도나 개인적 성향, 조건, 지위 등에 근거하여 차별대우하는 것을 배제하고 저지시켜야 한다.

② 사회복지사는 누구든지 그들이 필요로 하는 자원과 서비스 기회를 제공받을 권리를 가지고 있다는 사실을 인식해야 한다.

③ 사회복지사는 불만을 가졌거나 반대하는 그룹이나 개인을 포함한 모든 사람들에게 선택과 기회를 넓혀가야 한다.

④ 사회복지사는 사회를 구성하는 다양한 문화에 대한 관심을 높이고 조건을 성숙시켜가야 한다.

⑤ 사회복지사는 공적인 긴급 상황이 발생했을 때 적절한 전문적 서비스를 제공해야 한다.

⑥ 사회복지사는 사회정의를 달성하고 사회여건을 발전시키기 위해 법과 정책에 있어서의 변화를 부르짖어야 한다.

⑦ 사회복지사는 사회정책과 제도를 활성화시키기 위해 사람들의 참여를 장려해야 한다.

13) 미국사회복지사협회 사회복지사 윤리강령

이 강령은 사회복지사들의 행동 지침이 될 것이다. 그리고 사회복지사의 행동이 이 강령에 제시된 규범에서 벗어났다고 생각될 때 윤리적인 측면에서 그 문제를 판정하는 기준이 될 것이다. 그들로부터 원조를 받는 사람, 동료 직원, 그 밖의 개개인 전문가들 그리고 지역사회, 전체 사회와의 전문적인 관계 속에서 사회복지사가 취해야 할 윤리적 행위규범이며 또한 그들로 하여금 사회복지사로서의 지위와 신분에 맞게 처신하도록 명시하고 있는 윤리적 행위규범이다.

이 강령은 개인의 권리와 기회뿐 아니라 가치, 존엄성, 개별성 등 사회복지의 기본가치에 기초하고 있으며 그러한 가치 추구를 위한 분위기를 조성해가는 등 사회복지의 본질에 근거하고 있다.

이 강령에 따르면 사회복지사는 윤리적 판단이 요구되는 상황이나 어떠한 상황에서도 윤리적 책임의식을 가져야 한다. 또한 사회복지사는 윤리적 판정을 내리거나 전문적 개입이나 행동을 계획할 때 그러한 상황과 관련되는 모든 원칙들을 고려해야 한다. 사회복지사가 선택하는 일련의 행동은 이 강령의 문구뿐 아니라 그 정신과 일치해야 한다.

이 강령은 사회복지사의 복합적인 모든 행위를 하나하나 지시하는 규율이 아니라 어떤 윤리적 문제를 내포한 상황 속에서 사회복지사가 어떠한 행동을 취해야 할 것인지에 대한 보편적인 원리를 제공하고 그 행동에 대한 적절한 평가 기준을 제공해준다. 그러한 상황이 발생하기 전후에 취해진 여러 가지 조치에 대해서 윤리적 판단을 내리는 근거를 제공한다. 보통은 개별적인 상황에 따라 적용한 원칙과 적용방법이 결정되는데, 그런 경우에라도 개별적인 원칙뿐 아니라 전(全)강령과 그 정신에 위배됨이 없어야 한다. 각 원칙의 개별적 적용 여부는 그 모든 것이 고려된 상황 내에서 판단되어져야 한다. 주어진 상황 속에서의 윤리적 행위는 사회복지사 개인의 판단뿐 아니라 그 동료들의 편견 없는 견해나 판단에도 어긋남이 없어야 한다. 이 강령은 사회복지사로부터 숙련된 전문가로서 실무에 임하는 자유나 기회를 박탈하는 장치로 이용될 수 없으며 사회복지사의 권리를 보호하려는 최대한의 배려 없이는 어떠한 징계 행위도 이 강령에 근거하여 취해질 수 없다.

사회복지사의 윤리적 행위는 규칙, 즉 강제에 의한 것이 아니라 그 개인의 개별적인 서약에 의해 이루어진다. 이 강령은 사회복지사로서 해야 할 모든 것을 윤리적으로 처리하며 윤리적으로 행하겠다는 모든 사회복지사의 의지와 열정을 담은 것이다.

다음에 나열된 윤리강령의 조항들은 사회복지사가 전문직으로 업무를 수행할 때의 다양한 역할과 관계 속에서, 다양한 책임 한계 위에서 그들을 지도하는 원리이며 또한 윤리적인 문제에 대한 NASW 판단의 근거를 제공해주는 원리인 것이다. 이 강령에 따라 사회복지사는 규칙을 준수하고 강령을 이행하는 데 협조해야 한다. 또한 동료들의 잘못된 행동을 지적하고, 제시하고, 수정하고, 격려하는 데 적절한 방법도 취할 수 있어야 한다. 뿐만 아니라 사회복지사는 부당하게 도의적 책임의 추궁을 당하는 동료들을 도와주고 보호해야 할 의무도 지닌다.

2 사회복지현장 실습생의 자격 및 역할

1) 실습생의 자격

사회복지현장실습을 하기 위해서 학생은 교육기관에서 지정하는 실습 전 선수 과목을 이수하되, 사회복지개론, 인간행동과 사회환경, 사회복지실천론, 사회복지실천기술론, 지역사회복지론, 사회복지정책론, 사회복지윤리와 철학, 사회복지조사론, 프로그램 개발과 평가와 신설 교과목으로 가족상담 및 가족치료, 국제사회복지론, 복지국가론, 빈곤론, 사례관리론, 사회복지와 문화 다양성, 사회복지와 인권 등 7개 과목을 추가하고, 이수해야 하는 학점을 기존 4과목 12학점 이상에서 7과목 21학점 이상으로 2020년 1월 1일 이후 대학, 전문대학 입학생부터 적용되며, 학점인정기관의 경우도 시행일 이후 교과목을 처음 이수하는 학생부터 상향 조정하여 이수할 것을 권장한다. 또한 실습기관의 기준에 따라 노인복지론, 장애인복지론, 아동복지론, 청소년복지론, 가족복지론, 여성복지론, 학교사회복지론, 의료사회사업론, 정신건강사회복지론 교과목을 중심으로 2과목 이상 이수할 것을 권장한다.

2) 실습생의 역할(오혜경 · 하지영, 2010)

- 사회복지실천 분야에 필요한 지식, 가치 및 기술을 연구하고 익힌다.
- 사회복지사의 윤리강령을 준수하는 전문적인 가치관과 태도를 지닌다.
- 사회복지현장실습에 필요한 목적의식을 가지고 적극적으로 참여한다.
- 실습생은 실습기관의 예비 사회복지사라는 생각과 소속감을 가지고 실습에 성실하게 임한다.
- 실습 지도자의 슈퍼비전 및 주어진 업무에 관한 지시 사항에 책임의식을 갖고 임한다.
- 실습기관에 대한 자부심을 가지고 실습에 임하도록 한다.
- 시대감각을 익히고 미래 지향성을 추구한다.
- 기관의 실습 방향, 사업 방향, 사업 계획, 사업 목표를 인지하고 따른다.
- 실습생의 기관 공헌도와 자신의 업무를 스스로 평가하는 감독관이 되고자 한다.
- 실습기관 내에서 인정받는 직장인으로, 가정에서는 자랑스러운 자녀로, 국가에서는 신뢰받는 전문사회복지실천가로서 역할과 긍지를 갖도록 한다.

- 슈퍼바이저의 지도에 따라 클라이언트에게 최선을 다하여 질적인 서비스를 제공한다.
- 실습생이 현장실습 시 알게 된 클라이언트의 개인정보 등 업무내용에 대한 비밀을 지킨다.
- 클라이언트를 기관 이외의 장소에서 만나지 않는다. 그러나 꼭 필요하다고 판단되는 경우 슈퍼바이저와 상의하여 결정하도록 한다.
- 사회복지기관의 구조, 기능 정책, 절차 및 자원을 활용하도록 긍정적이고 적극적인 자세로 전문적 지식과 기술을 익힌다.
- 실습기관에서 요구하는 과업 및 과제물과 보고서 등 기타 업무를 시간 내에 책임성을 가지고 수행한다.
- 실습평가 과정에 자발적으로 참여하여 반성과 발전의 기회로 삼는다.
- 클라이언트의 욕구를 충족시키는 일을 최우선시하고, 이들의 인격을 존중하는 자세로 서비스를 제공한다.
- 슈퍼바이저와 신뢰 관계를 유지하고, 정직하고 열린 의사소통을 실현하도록 열정을 가지고 노력한다.
- 복장, 출석, 행동 등에 관련된 기관의 일반적 업무 규정을 준수한다.
- 실습기관에서 해결하지 못한 당면 과제는 실습 지도교수의 지도를 받도록 한다.
- 실습기관이 요구하는 훈련 프로그램에 적극적으로 참여하여 실습교육 프로그램의 정책과 절차를 준수한다.
- 기관의 특별행사 업무 등 시간 외 근무요청이 있을 때 자발적으로 동참하여 특별 프로그램 운영원리 등을 익힌다.

3 슈퍼바이저의 자세와 자격

슈퍼바이저(superviser)는 슈퍼비전의 업무를 담당하는 특정한 사람이며, 슈퍼비전 지침을 준수하여 수용적이고 협력적인 태도로 슈퍼비전을 제공하여야 한다. 또한 슈퍼바이저는 슈퍼바이지의 상담활동을 지도하고 감독하는 역할을 맡은 사람으로 볼 수 있고, 슈퍼바이지를 한 개인으로서 존중하고 상담에 대한 상담자의 근심, 걱정, 불안을 이해하고, 그의 성장에 대한 믿음을 가져야 한다.

1) 슈퍼바이저의 자세

한국사회복지사협회(2020) 매뉴얼과 윤리강령에서 제시한 슈퍼바이저의 자세를 자세하게 살펴보면 다음과 같다.

(1) 사회복지 윤리 규성을 준수하여 슈퍼바이지에게 본을 보일 수 있는 사람

슈퍼비전의 목적은 슈퍼바이지가 유능한 사회복지사가 되게 하는 것이다. 사회복지사의 정체성을 잘 규정하고, 행동의 표준을 권고하는 '사회복지 윤리강령'은 전문인으로서 모든 사회복지사는 이를 철저히 따라야 한다고 되어 있다. 왜냐하면 슈퍼바이지가 보는 슈퍼바이저의 모습은 하나의 텍스트이기 때문이다. 슈퍼바이저는 슈퍼바이지를 대하는 자세에 대해 질문을 던질 필요가 있는데 그 예를 들면 다음과 같다.

- 슈퍼바이지의 텍스트로서 나는 노력하고 있는가?
- 전문가로서 나는 품위와 자질을 유지하고 업무에 책임지는가?
- 차별하지 아니하며, 성실하며, 정의로운가?
- 다른 동료의 권익을 위해 헌신하고 있는가?
- 슈퍼비전에 있어 자신있게 이점을 강조하며 모범을 보이는가?
- 전문성 개발을 위해 노력했는가?
- 지식과 기술을 개발하며 이를 공유 확산에 전념하였는가?
- 서비스에 충실하였는가?
- 워크숍, 세미나 등에 참석하여 졸거나 딴전 피우지 않았는가?
- 학습 결과를 현장에 적용하는 노력을 적극적으로 하였는가?
- 직장의 동료에게 그 내용을 잘 전달하였는가?
- 클라이언트의 권익, 존엄성, 자기결정권, 비밀보장, 알 권리를 지켜주며, 전문적 관계를 활용한 부당한 이익을 취하지 아니하며, 동료와의 관계가 상호 협조적인가?
- 일상이 업무에서 우리는 슈퍼바이지에게 이 질문에 답하는 행동을 하였는가?

- 혹시 슈퍼바이지의 인격을 무시하거나 지위를 이용하여 비이성적, 비합리적 혹은 불확실한 주장은 하지 않았는가?
- 적절하고 공평한 관계에서 슈퍼비전이 이루어져야 함에도 우리는 억지를 부리지 않았는가?
- 우리는 슈퍼비전 중에 기관, 상관 및 동료, 클라이언트와 지역사회에 대해 교육상 필요하지도 않은 불만, 잘못된 판단, 비밀 등을 무의식 중에 말하지는 않았는가?
- 우리는 사회의 불편부당한 현상에 대해 합리적이고 적극적인 주장을 해야 함에도 불구하고 복지부동하지는 않았는가? 혹은 미온적인 자신의 행동에 그럴듯한 이유를 달아 합리화하거나 불가항력이란 주장을 하지 않았는가?
- 특히 실습교육이 이루어지는 동안에 기관 및 사회의 관행이나 부조리에 적응하는 법은 가르치지는 않았는가?
- 매너리즘에 빠진 유약한 자신의 모습을 보여주지는 않았는가?

(2) 기관 목표와 사업 실천의 근거와 이유를 설명할 수 있는 사람

슈퍼바이저는 자신에게 질문을 통해 자세를 더욱 확립할 수 있는데 그 예들을 살펴보면 다음과 같다.

- 우리 기관의 사명은 무엇인가?
- 운영철학과 핵심가치는 알고 있는가?
- 몸에 배이도록 하루에도 몇 번씩 우리 기관은 우리 클라이언트와 지역사회를 위하여 어떤 일을 해야 하는가를 고민한 적이 있는가?
- 우리 기관의 사업실천의 근거로 제시할 수 있는 법적 기반과 이론적 기반에 대해 슈퍼바이지들에게 잘 설명할 수 있는가?
- 사회복지법과 시행령, 사회복지관 및 기타 시설의 운영 규정, 사회복지 윤리강령, 기관의 규정집, 당해 연도 기관의 사업 구조와 예산, 지역사회실태와 사회인구학적 특성 등은 기본적으로 분기에 한 번 정도는 읽어보아야 한다.
- 실천의 근거들을 철저히 분석하고 그를 통해 전문적인 방법을 찾을 수 있기 때문이다. 슈퍼바이지에게 자료만 주지 말고 자신의 해석을 달아 설명하고 그들로 하여금 체득하도록 도와야 할 것이다.

■ 슈퍼바이저는 슈퍼바이지들이 지적이고, 실천적이며, 인간적으로도 존경받을 만한 실력 있는 사람이 되도록 해야 한다. 또 슈퍼바이저는 늘 생각하며 본을 보이는 사람, 행동의 목적과 방법에 대해 근거와 이유를 설명할 수 있는 실천적인 사람이 되어야 한다.

(3) 사회, 클라이언트, 기관의 긍정적 변화를 위해 끊임없이 도전하며 열심인 사람

매년 같은 종류의 슈퍼비전, 프로그램, 사업, 사회사업가의 활동이 있다면, 아마도 모든 개입이 효과적이지 않거나 사회사업가가 변화를 위해 노력을 하지 않을 것이다.

사회의 변화를 위해 노력하는 사람이 되어야 한다. 슈퍼바이저는 지역사회와 클라이언트를 존중하는 직업적 숭고성을 가진 사람들이다. 슈퍼바이지가 해낼 수 있도록 슈퍼바이저는 돕는 입장에 있다. 간단하게 클라이언트의 욕구에만 부응할 것이 아니라, 클라이언트들이 가지고 있는 것이 무엇이며 지역사회에는 이만한 일을 할 사람들과 자원은 있는가에 대한 고민을 해야 한다. 클라이언트들이 주체가 되는 프로그램을 만들려면, 클라이언트와 지역사회의 긍정적인 변화를 이루도록 하려면, 사회사업가는 끊임없이 있는 그대로의 지역사회를 배우며, 공감해야 한다. 이론과 지식에 대한 갈증으로부터 해방하는 노력을 해야 하며, 사신의 시간과 노력을 과감히 투입해야 한다. 그러한 모습을 슈퍼바이지에게 보여주어야 하며, 슈퍼바이지들이 사회복지사로서 소신과 자신감을 갖도록 독려해야 한다.

시 칸(Si Kahn)은 성공적인 '사회사업가는 다른 사람과 감정이입하고, 자신들이 행동함으로써 모범을 보여주고, 행동을 하면서 배우려고 깨어있는 사람들'로 정의하고 '사회사업가는 다른 사람과 감정이입해야 한다. 즉, 다른 사람들이 느끼는 것이 무엇인지 이유가 무엇인지를 이해하여야' 한다고 언급하고 있다. 감정이입적 이해는 다른 사람들의 신념을 수용하고 이해하는 것이다. 그리고 그것은 다른 사람들과 함께 문제와 목표를 토론하도록 만든다. 감정이입은 다른 의견이 강하게 주장되어도 그 사람의 말에 귀 기울일 수 있게 한다(이문국 외 역, 2002).

(4) 늘 준비되어 어떠한 상황에도 유연하게 대처할 수 있는 사람

마치 어떠한 상황에서도 유연하게 대처할 수 있는 사람이 바로 슈퍼바이저(supervisor)이다. 경륜에 따라 조금씩 지도의 유연성을 달라지겠지만 매너리즘에 빠진 고참보다는 의욕 넘치게 공부하는 신참 사회사업가가 더 실용적이라는 생각을 한다. '어떠한 상황'에 대한 준비와 노력이 필요하다. 사회사업은 다른 분야와는 달리 환경 속의 인간(person in environment)이라는 관점을 가졌기에 보다 넓은 시각과 다양한 해결책이 절충적이고 맥락적이다. 따라서 사회사업의 핵심방법론에도 능통해야 할 뿐만 아니라 수반되는 다른 이론, 지식과 기술을 잘 활용해야 한다. 이 같은 일을 슈퍼바이지가 이해하도록 설명해야 하며, 어쩌면 우리가 하고 싶은 '사회복지'를 제대로 하기 위한 것이기에 이것 또한 체득하도록 독려해야 한다.

또 하나의 '어떠한 상황'에 대한 준비와 노력은 자신들의 정서 관리(emotion management)이다. 따라서 슈퍼바이지로 하여금 지역사회와 클라이언트를 마음으로 수용하고 존중하려는 정서를 키워줄 필요가 있다. 슈퍼바이저의 이론과 지식, 실천과 정서를 슈퍼바이지가 따라하며 체득할 수 있도록 늘 준비하고 숙련하며, 슈퍼바이지가 배울 수 있는 늘 깨어 실천하는 슈퍼바이저가 되어야 한다.

(5) 비전이 장착된 지도력을 가진 사람

오랫동안 사회사업가로 활동하다 보면 위기가 온다. 대략 5년 차 이상이 되면, 자신의 비전이 보이지 않고, 냉소적이며, 무기력한 행동을 보이기 시작한다. 세상은 복지를 원하고 있다. 수없이 사회복지 유사학과가 생겨나고 있고, 사회복지자격증과 유사자격제도가 생기고, 사회복지의 확산(학교사회사업, 교정사회사업, 노인복지, 농촌복지, 군 사회복지, 벤처복지) 등이 생겨나고 있다. 사회복지직은 상호보완적인 관계를 전제한다. 그렇게 원하는 곳과 필요한 일을 찾아 나가면 비전은 더욱 밝아지며 확실해진다. 슈퍼바이지들에게 그러한 가능성을 보여주어야 하며, 가능해지도록 실천적 노력과 결과를 축적하여야 한다. 학교에서 실력 있는 교수들에게 배운 이론과 지식이 현장에 녹아질 수 있도록 슈퍼바이지의 잠재력을 인정해주고 잘 할 수 있도록 도와주어야 한다.

(6) 매너리즘에 빠진 슈퍼바이저의 특징들(자기개발 없이 현재에 안주하려는 사람)

- 적절한 예시를 제시하지 않고, 슈퍼바이지에게 특정한 결과를 산출하도록 강요한다.
- 근무경력과 자신의 지위만을 강조하고, 분명한 이유를 설명하지 않은 채, 마치 노련하고 정통한 전문가처럼 행세한다.
- 자신들의 주장이 관철되지 않았을 경우(이의제기를 받거나 수용되지 않고 있다고 생각하는 경우), 매우 긴장하거나, 분노하며, 타인들의 의견을 무시하는 경향이 있다. 낮은 지

위에 있는 직원이나 슈퍼바이지가 본인의 권위에 도전하는 것이라 생각한다.

- 자신들의 권리와 권위에 대해서는 지나치게 민감하며, 하급직원이나 슈퍼바이지의 권리에 대해서는 진심으로 존중하지 않는다.
- 상황에 대하여 자신들에게 유리한 해석을 하며, 하급직원이나 슈퍼바이지에게는 어려운 상황을 왜 극복하지 못했느냐고 비판한다.
- 대개 슈퍼비전이 시행될 때, 자신의 어려웠던 과거 경험을 이야기하며 '지금 여기'에서 논의할 주제를 벗어나는 경우가 많다. 그때 대단한 경험을 한 것처럼 영웅시하여 이야기하기를 좋아한다. (그랬기 때문에 실력 있는 자신의 모습을 인정해주기를 구걸하는 것처럼 보인다.)
- 지금 자신이 하고 있는 일은 그 어느 누구도 하지 못하며, 흉내 낼 수 없을 정도로 차별되고 많은 양의 일을 하는 것처럼 이야기하는 경우가 많다. (진정 슈퍼바이지들이 마음으로부터 우러나오는 슈퍼바이저에 대한 존경심을 갖게 하려면 겸손하며 지도를 받는 사람들의 능력을 인정할 때이다.)
- 사회사업실천을 묵묵히 잘하는 것이 가장 중요하다고 강조하고, 그것을 따르라고 강요한다. 그러나 슈퍼바이저는 슈퍼바이지가 알 수 있도록 교수방법과 훈련방법에도 능통해야 한다.

(7) 사회복지사로서의 예의

- 사회복지사의 사적 행위는 특별히 그 행위가 직무의 수행을 위태롭게 하는 경우를 제외하고는 보통 다른 사람들의 그것과 같이 개인적인 문제이다.
- 사회복지사는 부정직하거나 기만하거나 속이거나 허위진술하여서는 안 되며 그에 연루되거나 묵인해서도 안 된다.
- 사회복지사는 그 자신의 사적이고 개인적인 언행과 어떤 조직이나 그룹, 사회복지사의 대표로서 행동하거나 말할 때를 명확히 구분할 수 있어야 한다.

(8) 사회복지사로서의 능력과 전문적 성장

- 사회복지사는 그 자신이 갖고 있는 능력을 잘 인식하고 있어야 하며, 더욱 필요한 능력을 획득하고자 하는 생각을 가지고 직책이나 업무를 받아들여야 한다.

- 사회복지사는 자신의 전문가적 자질이나 교육, 경험, 단체가입 여부에 대해 허위진술하여서는 안 된다.
- 사회복지사는 자신의 개인적인 문제들, 심리사회적 요인으로 생기는 곤란, 물질남용, 전문가적 판단과 수행을 방해하는 정신건강의 곤란이나, 전문가적 책임을 가진 사회복지사들의 이익을 추구하고자 하는 위험을 방치하여서는 안 된다.
- 전문가적 판단과 수행을 방해하는 정신건강의 곤란을 지닌 사회복지사는 즉시 상담을 구하고, 전문적 도움에 의한 적절한 치료를 받고, 일의 분량을 조정, 업무를 종결하거나 다른 클라이언트를 보호하기 위해 필요한 단계를 취한다.

(9) 사회복지사의 서비스

- 사회복지사는 그 자신이 맡아서 처리한 서비스의 질과 범위에 대해 근본적인 책임을 져야 한다.
- 사회복지사는 어떤 개인이나 그룹에 대해 비인간적이거나 차별적인 대우를 하지 말아야 한다.

(10) 성실

- 사회복지사는 직무를 수행할 때 공명정대한 판단과 사리분별을 방해하는 어떤 영향이나 압력에 대해 단호하게 대처해야 한다.
- 사회복지사는 그 자신의 개인적 이득을 위해 직업적 관계를 이용해서는 안 된다.

(11) 학문과 연구조사

- 연구조사에 종사하는 사회복지사는 그 조사가 인간에게 미칠 수 있는 결과를 주의깊게 고려해야 한다.
- 연구조사에 종사하는 사회복지사는 연구조사에 참여하는 대상자들의 의사에 벌칙이나 박탈을 가해서는 안 되며, 참여자의 프라이버시와 존엄성을 존중해야 한다.
- 연구조사에 종사하는 사회복지사는 부당한 육체적 · 정신적 불안, 고민, 피해, 위험, 박탈 또는 상실로부터 참여자들을 보호해야 한다.
- 서비스나 케이스를 평가하는 직무에 종사하는 사회복지사는 전문적인 목적을 위해

서만 대상자들을 논할 수 있으며, 오직 그들과 직접적 · 전문적으로 관련이 있는 사람에 한해서 그 문제를 토론할 수 있다.

- 조사에 참여한 사람에 관해 얻어진 정보는 비밀이 보장되어야 한다.
- 사회복지사는 다른 사람들에 의해 이루어진 학문적 연구노력과 성과를 인정할 수 있어야 한다.

2) 슈퍼바이저의 자격

사회복지현장실습 실습 지도자는 다음 기준 중 하나의 기준을 충족한 자로 규정하고 있다. 사회복지사 1급 자격증을 교부받은 후 3년 이상 사회복지 실무 경험이 있거나, 사회복지사 2급 자격증을 교부받은 후 5년 이상 사회복지 실무 경험이 있는 자, 이는「사회복지사업법」시행규칙 제3조〔별표 1〕제2호 나항에 의거한 사항이며, 또한 실습 기간 전년도 8시간 이상의 보수교육을 이수한 자로서 실습 지도자로 담당할 수 있으며, 기관의 실습 지도 시 실습 지도자 1인당 학생 수는 5인 이내로 할 것을 권장한다.

4 사회복지현장 실습기관의 선정 기준

「사회복지사업법」시행규칙 제3조에서 명시된 사회복지현장실습 교과목에 관한 기준은 실습기관, 실습 지도자, 실습 시간에 관해〔별표 1〕에서 별도로 규정하고 있다(보건복지부령 공포일 2019. 8. 12., 시행일 2020. 1. 1.).

실습기관은「사회복지사업법」제2조 제1호에 따른 사회복지사업과 관련된 기관, 법인, 시설 또는 단체 등에서 실습을 진행할 수 있다. 실습기관은 반드시 법적 기준에 의한 실습 지도자가 있어야 하며, 보건복지부장관으로부터 선정되었어야 하며 한국사회복지사협회에 실습기관 등록의 절차를 거쳐야만 실습기관이 될 수 있다.

1) 사회복지현장실습 기준

사회복지현장실습은「사회복지사업법」시행규칙 [별표 1]의 규정에 의거하여 120시간 이상(2020년 1월 1일 전에 교과목을 이수한 학생)의 현장실습에서 160시간 이상(기준은 2020년 1월 1일 시행일 이후 교과목을 처음 이수하는 학생부터 적용하며, 3학점/ 사회복지현장실습 1일 이수 시간은 최소 4시간 이상, 최대 8시간 이하)을 반드시 이수하여야 한다. 일반적으로 1일 실습 시간은

8시간을 초과하지 않아야 하며 20일(160시간)이 기본 실습 기준이 된다. 그리고 실습기관이나 학생의 사정에 따라 학기 중 실습 또는 방학 중 실습 그리고 직장인을 위한 시간제 및 근무지 실습의 형태 중에서 선택하여 이수가 가능하다. 먼저 학기 중 실습은 주당 8시간을 실습기관에 출석하여 최소 160시간(2020년 1월 1일 시행일 이후 교과목을 처음 이수하는 학생) 이상 실습을 하여야 하며, 방학 중 실습은 1일 8시간 주 5회 실습기관에 출석하여 20일 160시간(2020년 1월 1일 시행일 이후 교과목을 처음 이수하는 학생) 이상 실습을 실시하여야 한다. 그리고 직장인을 위한 시간제 및 근무지 실습 과정은 토 · 일요일 주당 16시간을 실습기관에 출석하여 20일 160시간(2020년 1월 1일 시행일 이후 교과목을 처음 이수하는 학생) 이상 실습을 진행하여야 한다.

2) 사회복지현장실습기관의 요건

사회복지현장실습기관은 다음의 요건을 모두 갖추었을 때 가능하다. 첫째, 사회복지사업을 수행하는 기관, 법인, 시설 또는 단체일 것, 둘째, 보건복지부장관으로부터 선정되었을 것, 셋째 다음의 요건을 모두 갖춘 기관실습 실습 지도자가 2명 이상 상근해야 한다. 「사회복지사업법」 시행규칙 [별표 1] 의 2에 의하면 p. 25. '법적 기준'과 같다.

3) 사회복지현장실습 지도교수 자격

사회복지현장실습 지도교수 자격은 학사, 석사, 박사 학위 중 2개 이상 사회복지학을 전공하고 사회복지학 교육경력 또는 사회복지 실무 경력이 3년 이상인 교수가 담당하는 것을 원칙으로 한다. 교육 과정 중 최소 한 학기 이상 실습 경험이 있거나, 사회복지기관에서 1년 이상 근무하면서 슈퍼비전을 제공했던 경험이 있는 자, 실습 경험이 풍부한 전임교수가 실습 지도를 담당하는 것을 권장한다.

4) 사회복지현장실습 교육 조건

사회복지현장실습 교육 시 실습 지도교수 1인당 지도학생수는 학기 기준 30명을 넘지 않는다. 실습 지도교수는 현장실습 전 사전 오리엔테이션을 포함, 현장실습 시 기관 방문, 실습 세미나 운영(강의, 토의, 슈퍼비전) 등을 주 1회 2시간씩 15주를 실시하되 온라인으로 수업을 하는 곳은 반드시 주 1회 총 3회 이상은 오프라인으로 수업을 해야 한다.

「사회복지사업법」 시행규칙 제3조 [별표 1] 제2호
나. 실습 세미나
1) 1회당 2시간 이상의 실습 세미나를 총 15회 이상 실시할 것. 이 경우 정보통신망을 이용한 온라인 교육을 실시하는 교육기관의 실습 세미나에는 대면방식의 세미나가 주 1회 총 3회 이상 포함되어야 한다. (단, 온라인으로 교육을 실시하는 교육기관의 실습 세미나는 주 1회 이상 할 수 없다.)

(1) 사회복지사업법 시행규칙에 따른 사회복지현장실습 시간

「사회복지사업법」 시행규칙에 따른 사회복지현장실습 시간은 | 표 2-1 | 과 같다.

표 2-1 사회복지현장실습 시간

구분	실습 시간	실습기관	실습 세미나
• 2019년 12월 31일까지 일부 교과목을 이수하였거나 수강하고 있고 사회복지현장실습 교과목을 2020년 1월 1일 이후 수강하는 경우	120시간	보건복지부장관 선정기관	15시간
• 2020년 1월 1일 이후 모든 교과목을 수강하는 경우	160시간	보건복지부장관 선정기관	30시간

'수강하고 있는' 교육기관의 해당 교과목 수업 기간을 기준으로 적용됨
※ 사회복지현장실습 교과목의 수강 시작일이 2020년 1월 1일 이후인 경우, 보건복지부장관이 선정하는 기관에서 실습하여야 함(2019년도 사전실습 불인정)
※ 사회복지현장실습 교과목의 수강 시작일이 2019년 12월 31일 이전인 경우 종전 기준에 의한 실습기관에서 기관실습 가능(교과목 개설 기간이 2019년 12월 10일~2020년 2월 10일 경우 변경 전 법령에 따라 기관실습 가능)

제3장

사회복지현장실습의 과정

1 사회복지현장실습의 사전 단계

2 사회복지현장실습의 초기 단계

3 사회복지현장실습의 중간 단계

4 사회복지현장실습의 종결 단계

사회복지현장실습 진행과정(한국사회복지사협회, 2017)을 살펴보면, 사회복지현장실습 프로그램은 기획안에 따라 실습 지도자에 의해 실습을 수행하는 것을 의미하며, 사회복지현장실습 교육 단계를 사전 단계, 초기 단계, 중간 단계, 종결 및 평가 단계로 구분하여 살펴보고 중간, 종결에 관한 작성방법과 작성예시는 제9장(pp. 163~188.)에서 자세하게 살펴볼 것이다.

1 사회복지현장실습의 사전 단계

사회복지현장실습 사전 단계는 사회복지의 새로운 경험과 기술 및 지식을 접하는 기회 제공을 위한 사전 계획을 수립하는 것으로, 실습생에 대한 실습 전 확인 사항을 점검하는 단계이다. 여기서 주요 과제로 실습계약, 실습생 프로파일, 자기 소개, 오리엔테이션, 실습 지도자와의 관계 형성 등을 통해 실습 전 확인 및 점검이 이루어지는데, 현장실습 초기 단계 전에 실습방법에 따른 분류, 실습 기간 설정에 따른 분류, 숙식 여부에 따른 분류, 실습기관 구분에 따른 분류, 실습 지도방법에 따른 분류, 실습 유형에 따른 분류, 실습 진행과정에 따른 분류, 실습교육의 내용에 따른 분류, 실습 분야에 따른 분류를 『사회복지현장실습의 이해』(김영호 외, 2004)를 통해 살펴보고자 한다.

1) 사회복지현장실습방법에 따른 분류

실습방법에 따른 분류에는 생활형 실습, 케이스 담당형 실습, 혼합형 실습으로 나누어지는데 자세하게 살펴보면 다음과 같다.

첫째, 생활형 실습은 클라이언트와 함께 지내면서 시설의 운영 생활 전체 내용을 점검해 보면서 시설 생활의 흐름을 이해하고, 직원들의 업무내용 및 시설 내 생활 과정을 파악해보는 것에 초점을 둔 실습을 말한다. 이 방법은 전문적인 실습 지도에는 한계가 있으며 일반 사회복지기관에서는 전개하기 어려운 방법이다.

둘째, 케이스 담당형 실습은 개별사회사업 서비스(case work service)의 과정을 이해하기 위한 실습으로 담당하는 케이스를 통해 개별사회사업의 초기 과정에서 종결 과정까지의 접근 과정과 사회복지사의 역할을 이해하고 서비스 기술 함양하는 데 초점을 둔 실습을 말한다. 실제 사회복지현장에서는 개별사회사업 서비스만 실시하는 것이 아니라 다양한 업무내용이 전개되고 있는 실정이다. 따라서 케이스 담당만으로 실습하기에는 부적절하며, 단편적인 실습으로 끝날 수도 있다. 그러나 개별사회사업가(case worker)로서의 자세나 역할 등 전문 기술을 배울 수 있는 실습이 될 수 있다.

셋째, 혼합형 실습은 생활형 실습과 케이스 담당형 실습 중 어느 한 분야만 실습하는 것이 아니라 생활형 실습으로 케이스를 담당해보고 기관에서 전개되는 프로그램도 접해볼 수 있도록 다양한 내용으로 실습에 임하는 것을 말한다.

대부분 사회복지시설에서는 이 방법을 활용하고 있으며, 이는 다양한 내용으로 시설생활 현황을 파악할 수 있고, 케이스를 맡아 전문성 있는 개별사회사업(case work) 기술을 함께 배울 수 있는 실습이 될 수 있다. 이러한 광범위한 분야에서 실습을 하다 보면 수박 겉핥기 식의 실습으로 치우치게 되므로 보다 전문적이고 깊이 있는 실습에 도달하기에는 어려움이 있을 수 있다.

2) 사회복지현장실습 기간 설정에 따른 분류

일정 기간 동안 실습을 매일 실시하느냐, 혹은 일정 주기별이나 특정 요일에 매주 1회씩 실습하느냐에 따라 분류하는 방법으로 주간방식과 집중방식으로 나누어 볼 수 있다.

첫째, 주간방식(주간식, weekly system)은 지정된 요일을 실습일로 정하여 보통 주 1회 정도 일정한 실습기관에 출·퇴근하면서 한 학기 동안 혹은 1년간을 실습 기간으로 정해놓고 실습하는 방법이다. 이는 자칫하면 단편적이고 기계적인 실습에 빠질 위험이 있고 사회복지기관에서 전개되는 각종 프로그램의 연결성이 부족하지만, 지정된 요일에만 실습함으로써 케이스를 맡아 상담 지도와 훈련을 하며 클라이언트의 발전적인 측면에 주력하므로 장기적으로는 실질적인 개별사회사업(case work)의 실습을 할 수 있다는 것이 장점이다.

둘째, 집중방식(집중식, block system)은 일정 기간을 정해 놓고 매일 실습하는 것으로 주로 방학 기간을 이용하는 방학 중 실습을 한다. 이 방법은 단기간에 끝나는 실습이기에 케이스를 맡아 장기간에 걸쳐 변화되는 모습이나 발전 속도를 살펴보기는 어렵고, 실습 기간의 연간 계속적인 사업내용과 기관의 동향 파악에는 어려움이 있다. 그러나 캠프 모금 활동과 복지기관의 각종 행사와 같은 단기간에 끝나는 이벤트성 프로그램의 전 과정에 참여하여 살펴볼 수 있다는 것이 장점이다. 또한 실습생도 방학을 효율적으로 활용하여 타 지역 실습기관이나 희망 실습기관을 찾아 실습하는 기회를 가질 수 있다.

3) 사회복지현장 실습기관 숙식 여부에 따른 분류

실습기관에서 숙식하면서 실습하느냐 출 · 퇴근하면서 실습하느냐에 따라 분류하는 방법으로 거주형과 통원형으로 나누는데 이 내용을 알아보도록 하겠다.

첫째, 거주형(숙식형) 실습은 실습기관에서 숙식하면서 실습하는 형태이며, 이는 입소시설에서만 가능하며 시설 내에 숙식에 따른 수용 능력이 우선 갖추어져야만 가능하다. 또한 시설에서 숙식을 하다보면 원내 클라이언트의 생활 리듬을 해칠 수 있는 것이 단점이다. 그러나 클라이언트의 하루 일과 전체를 파악하는 데 도움이 되며 실습기관 운영 전반과 근무 시스템을 점검해보는 데는 유리하다. 따라서 생활형 실습을 하기 위해서는 숙식형 실습이 효과적이라 할 수 있다.

둘째, 통원형(출·퇴근형) 실습은 실습생이 실습기관에 정규 직원과 같이 출 · 퇴근하면서 실습하는 것을 말한다. 현재 거의 모든 사회복지기관에는 통원형 실습을 전개하고 있으며 실습기관에서는 실습생의 숙식에 따른 부담과 야간에 실습생의 통제 및 지도에 따른 부담은 없으나 출 · 퇴근하기에는 먼 시외 지역이나 타 지방 실습기관을 희망하는 경우에는 곤란하며, 생활 전반을 관찰하는 시설 실습일 경우에도 문제가 있다.

4) 사회복지현장 실습기관 구분에 따른 분류

실습은 어떤 실습기관에서 실습을 하느냐에 따라 구분되는 것으로 실습기관이 이용시설(기관)이냐 생활시설 혹은 행정기관이냐에 따라 나누어지는데 이를 알아보도록 한다.

첫째, 이용시설 실습은 여러 형태의 사회복지기관에서 실시하는 실습을 말한다. 일반적으로 사회복지기관(agency or center)이라 함은 사회복지협회나 단체, 사회복지기관을 비롯한 노인 · 장애인 · 부녀복지관 및 각종 상담기관 등이다.

둘째, 생활시설 실습은 입소시설에서 실시하는 실습을 말한다. 일반적으로 시설(institution)은 요보호대상자를 입소시켜 숙식까지 해결해주면서 각종 서비스를 제공하는 사회복지시설을 말하며 이용시설에 반대되는 개념이라 할 수 있다.

셋째, 복지행정 실습은 사회복지전문요원이 맡고 있는 사회복지행정(welfare administration)의 실무내용을 파악하려는 실습으로 사회복지사가 배치되어 있는 주민센터나 보건복지사무소 등에서 실시하는 실습을 말한다.

5) 사회복지현장실습 지도방법에 따른 분류

슈퍼바이저가 실습생에게 개인별로 슈퍼비전을 하느냐, 혹은 그룹별로 슈퍼비전을 하느냐에 따라 분류하는 방법이다.

첫째, 개별 지도방법(inividual conference)은 슈퍼바이저가 실습생을 개인별로 대하면서 슈퍼비전을 주고 실습에서 발생하는 개인적인 문제까지도 상담하면서 해결할 수 있도록 조언해주는 방법으로, 이는 실습 과정 중 실습생 혼자서는 해결하기 어려운 사소한 개인 문제에서부터 기술적이고 전문적인 문제까지 접해볼 수 있고, 각종 문제에 대해 더욱 깊이 있는 질문과 토론을 통해 실질적인 지식과 개인 능력을 감안하여 실습생에 맞는 지도 방법을 모색할 수 있는 것이 장점이다. 그러나 지도 시간이 너무 많이 걸리고 많은 실습생들을 지도하기에는 어렵다는 단점이 있다.

둘째, 그룹 지도방법(group(team or peer) conference)은 실습생을 소그룹(sub-group) 별로 나누어 슈퍼비전을 진행하거나 실습생 전체를 대상으로 동시에 슈퍼비전을 하는 방법이 있는데, 이는 동시에 많은 실습생을 지도할 수 있으므로 집단실습 지도에는 효과적이며 동료 실습생의 질문이나 토론을 통해 이해의 폭을 넓힐 수 있고 각종 문제에 대해 다양한 접근방법을 모색해 볼 수 있는 것이 장점이다. 그러나 실습생 개인 능력을 감안하거나 다양한 문제 상황에 적합한 개인적 실습을 지도하기에는 어려움이 있으며, 소극적인 실습생들은 실습에 위축될 수 있고, 실습 과정 중에 야기되는 개인의 문제나 소수의 문제는 무시될 수 있다는 점이 단점이다.

6) 사회복지현장실습 유형에 따른 분류

어떤 내용으로 실습에 임하느냐에 따라 나누는 방법이다. 즉, 주로 상담하는 실습을 하느냐, 클라이언트를 지도하는 내용으로 실습하느냐, 각종 프로그램이나 이벤트를 구상·기획하는 내용으로 실습하느냐, 실습생이 자원봉사하는 자세로 실습기관의 부족한 일손을 돕는 봉사의 성격이 짙은 실습이냐에 따라 분류한다.

첫째, 상담형 실습은 아동상담소 및 여성상담소 같은 상담기관과 일반 사회복지기관 등에서 클라이언트와 직접적으로 면접상담이나 전화상담 등을 해보면서 상담 기술을 익혀가는 실습을 의미하는 것으로 이는 상담내용에 따라 다소 깊이 있고 전문적인 기술과 경험을 쌓을 수 있는 실습이다.

둘째, 지도형 실습은 실습생이 맡은 케이스가 아동이나 장애인 등으로 그들에게 학습 지도, 일상생활 지도, 기능 훈련 및 적응 훈련 지도를 실시함으로써 그들의 각종 기능 향상과 발전을 꾀함은 물론 훈련 · 지도하는 기술을 함양하는 실습을 말한다. 이는 클라이언트에게 직접적인 혜택을 줄 수 있을 뿐만 아니라 실습생은 실습을 통해 클라이언트의 사회적 향상을 도모함으로써 보람도 느끼며 그에 따른 지도 기술도 향상시킬 수 있다.

셋째, 기획형 실습은 실습기관에서 진행되거나 전개할 수 있는 각종 프로그램이나 이벤트, 프로젝트 등에 대해 의견을 교환하며, 기획 초기 단계에서부터 자료를 수집하고 실제 계획을 해볼 수 있도록 하는 실습으로 이는 실제 기획의 전반적인 과정을 참여해보고 지원기관에서 제출한 프로젝트를 작성해보는 등의 방법을 배워볼 수 있다.

넷째, 봉사형 실습은 사회복지 관련학과 학생들이 봉사하는 마음으로 실습에 임하는 것을 의미하며 사회복지현장에서 실습 지도자나 실습기관 종사자들의 부족한 일손을 직접 도와주면서 사회복지사로서의 자세와 태도, 자질 등을 키워가고 그들의 기술 등을 습득해 가는 실습이다. 따라서 봉사형 실습으로만 지도한다면 단순 봉사에 그치고 전문적인 실습 지도에는 한계가 있게 된다. 그러므로 실습 지도 효과를 높이기 위해서는 봉사형 실습을 하더라도 실습 지도자와 전문적이고 수준 높은 슈퍼비전이 겸비되어야 한다. 이는 사회복지기관에서는 부족한 일손을 보충할 수 있는 기회이며, 실습생에게는 사회복지 현실을 바르게 이해할 수 있는 실습이 될 것이다.

7) 사회복지현장실습 진행 과정에 따른 분류

실습이 전개되는 과정을 중심으로 나누어보는 형태로 첫째, 실습을 중심으로 실습을 임하기 전에 이루어지는 예비학습 과정, 둘째, 실습을 전개로 하는 실무실습 과정 그리고 마지막으로 실습 후의 연구실습 과정으로 분류한다.

첫째, 예비학습(강의) 과정은 실습의 의의와 목적 등에 대하여 학생에게 충분히 이해시키기 위해 실습 시작 전에 이루어지는 과정으로서 다음과 같은 내용을 초점으로 한다. ① 실습기관 결정(개인 또는 집단상담), ② 실습내용에 관한 준비(실습 장소에 관한 사전 지식 정리), ③ 실습에서의 마음 자세(준비, 태도, 유의점 전달), ④ 실습기관과의 회합, ⑤ 실습에 대한 오리엔테이션 등이 있다.

둘째, 실무실습 과정은 실제 업무에 참여하여 실습 과정에 임하는 것을 말하며, 즉, 사회복지사가 현장에서 해야 하는 역할과 기술을 익혀가면서 전문 사회복지사의 자질을 향상시켜 가는 본 실습 과정을 의미한다.

셋째, 연구실습 과정은 실습 종료 후 실습에 대한 평가를 실시하면서 실습 전 과정에 대한 문제와 실습 자체의 문제점들을 찾아보면서 그 개선점 등을 모색하는 과정을 의미한다. 이를 통해 실습생 각자의 실습내용도 점검해보며 현장에서 배운 지식 이론과 기술 등을 자신의 것으로 승화시킨다.

8) 사회복지현장실습 교육의 내용에 따른 분류

카두신(Kadushin, 1992)은 실습기관이 실습생들에게 어떠한 교육내용으로 지도하느냐에 따라 행정적 실습, 교육적 실습, 지지적 실습, 평가적 실습으로 분류하였는데 구체적인 내용을 살펴보면 다음과 같다.

첫째, 행정적 실습은 사회복지시설에서 이루어지는 행정 업무내용을 지도하는 것으로 문서 작성에서부터 사업 계획 및 예산 수립, 교부금 신청 및 보호 조치 방법을 비롯하여 시설 인 · 허가 절차에 이르기까지 다양한 행정 업무를 보는 것을 말한다.

둘째, 교육적 실습은 사회복지 현장에서 필요한 사회복지 전문지식을 학교에서 배웠지만 해당 시설에서 그 이론을 적용시킬 수 있도록 관계 이론을 재교육하면서 실습에 임하도록 하고 사회복지 이론을 재정리할 수 있도록 하는 것을 말한다.

셋째, 지지적 실습은 실습생들의 긴장과 불안감을 해소해주며 격려해주며 장기간 실습에 임하는 심리적 부담감을 덜어주고, 실습 중 각종 문제에 직면했을 때 선행 지도자가 조언해주며 사회복지사의 모델을 제시하며 지지하는 실습을 말한다.

넷째, 평가적 실습은 사회복지 연장에서 평가 기술을 함양시킴으로써 자기의 업무 능력을 평가는 업무의 효율성과 효과성을 평가할 수 있는 기술과 방법을 습득하는 실습을 의미한다.

9) 사회복지현장실습 분야에 따른 분류

일반적으로 사회복지실천을 아동복지, 노인복지, 장애인복지 등으로 분류하듯이 클라이언트를 아동, 청소년, 노인, 여성, 장애인, 지역사회 중에서 어떤 대상으로 실습을 할 것인가에 따라 분류하는 방법을 말한다. ① 아동복지 분야 실습, ② 청소년복지 분야 실습, ③ 노인복지 분야 실습, ④ 장애인 복지 분야 실습, ⑤ 가족복지 분야 실습, ⑥ 여성복지 분야 실습, ⑦ 재가복지 분야 실습, ⑧ 지역사회복지 분야 실습 등이 있다. **| 표 3-1 |** 은 보건복지부 소관 사회복지시설의 세부 분류를 대상자별로 생활과 이용으로 나눈 시설의 종류를 소개한다.

표 3-1 보건복지부 소관 사회복지시설의 세부 분류

<table>
<tr><th>대상 자별</th><th>형태</th><th colspan="2">시설 종류</th><th>소관부서</th><th>관련법령</th></tr>
<tr><td rowspan="10">노인</td><td rowspan="5">생활</td><td rowspan="2">의료</td><td>• 노인요양시설</td><td rowspan="2">요양보험 운영과</td><td rowspan="10">「노인 복지법」 제31조</td></tr>
<tr><td>• 노인요양공동생활가정</td></tr>
<tr><td rowspan="2">주거</td><td>• 양로시설, 노인공동생활가정</td><td rowspan="3">노인정책과</td></tr>
<tr><td>• 노인복지주택</td></tr>
<tr><td colspan="2">학대피해노인전용쉼터</td></tr>
<tr><td rowspan="5">이용</td><td>재가</td><td>• 재가노인복지시설(방문요양, 주 · 야간보호, 단기보호, 방문목욕, 재가노인지원, 방문간호)</td><td>요양보험 운영과</td></tr>
<tr><td rowspan="2">여가</td><td>• 노인복지과</td><td rowspan="2">노인지원과</td></tr>
<tr><td>• 경로당, 노인교실</td></tr>
<tr><td colspan="2">노인보호전문기관</td><td>노인정책과</td></tr>
<tr><td colspan="2">노인일자리지원기관</td><td>노인지원과</td></tr>
<tr><td rowspan="9">아동</td><td rowspan="5">생활</td><td colspan="2">아동양육시설, 공동생활가정</td><td rowspan="4">아동권리과</td><td rowspan="8">「아동 복지법」 제52조</td></tr>
<tr><td colspan="2">아동일시보호시설</td></tr>
<tr><td colspan="2">아동보호치료시설</td></tr>
<tr><td colspan="2">자립지원시설</td></tr>
<tr><td colspan="2">공동생활가정(학대피해아동쉼터로 지정된 곳에 한함)</td><td>아동학대 대응과</td></tr>
<tr><td rowspan="4">이용</td><td colspan="2">아동상담소, 아동전용시설, 가정위탁지원센터</td><td>아동권리과</td></tr>
<tr><td colspan="2">지역아동센터</td><td>인구정책 총괄과</td></tr>
<tr><td colspan="2">아동보호전문기관</td><td>아동학대 대응과</td></tr>
<tr><td colspan="2">다함께 돌봄센터</td><td>인구정책 총괄과</td><td>「아동 복지법」 제44조의 2</td></tr>
</table>

<table>
<tr><th>대상
자별</th><th>형태</th><th colspan="2">시설 종류</th><th>소관부서</th><th>관련법령</th></tr>
<tr><td rowspan="13">장애인</td><td rowspan="6">생활</td><td rowspan="6">생활시설</td><td>• 장애유형별 거주시설</td><td rowspan="10">장애인권익
지원과</td><td rowspan="13">「장애인
복지법」
제58조</td></tr>
<tr><td>• 중증장애인 거주시설</td></tr>
<tr><td>• 장애영유아 거주시설</td></tr>
<tr><td>• 장애인단기 거주시설</td></tr>
<tr><td>• 징애인공동생활가정</td></tr>
<tr><td>• 피해장애인쉼터</td></tr>
<tr><td rowspan="7">이용</td><td rowspan="4">지역사회
재활시설</td><td>• 장애인복지관</td></tr>
<tr><td>• 장애인주간보호시설</td></tr>
<tr><td>• 장애인체육시설, 장애인수련시설, 장애인생활이동지원센터</td></tr>
<tr><td>• 수화통역센터, 점자도서관, 점서도서 및 녹음서 출판시설</td></tr>
<tr><td colspan="2">장애인의료재활시설</td><td>장애인
정책과</td></tr>
<tr><td>직업재활시설</td><td>• 장애인보호작업장, 장애인근로사업장, 장애인직업적응훈련시설</td><td rowspan="2">장애인자립
기반과</td></tr>
<tr><td colspan="2">장애인생산품판매시설</td></tr>
<tr><td>영유아</td><td>이용</td><td>어린이집</td><td>• 국 · 공립, 법인, 직장, 가정, 부모협동, 민간</td><td>보육기반과</td><td>「영유아
보육법」
제10조</td></tr>
<tr><td rowspan="2">정신
질환자</td><td>생활</td><td colspan="2">정신요양시설, 정신재활시설 중 생활시설</td><td rowspan="2">정신건강
정책과</td><td rowspan="2">「정신건강
증진 및
정신질환
복지서비스
지원에 관한
법률」
제22조 및
제26조</td></tr>
<tr><td>이용</td><td colspan="2">정신재활시설 중 이용시설</td></tr>
<tr><td rowspan="2">노숙인
등</td><td>생활</td><td colspan="2">노숙인자활시설, 노숙인재활시설, 노숙인요양시설</td><td rowspan="2">자립지원과</td><td rowspan="2">「노숙인 등
의 복지 및
자립 지원에
관한 법률」</td></tr>
<tr><td>이용</td><td colspan="2">노숙인종합지원센터, 노숙인일시보호시설, 노숙인급식시설,
노숙인진료시설, 쪽방상담소</td></tr>
<tr><td>지역
주민</td><td>이용</td><td colspan="2">사회복지관</td><td>사회서비스
지원과</td><td>「사회복지
사업법」</td></tr>
<tr><td rowspan="2">기타
시설</td><td>복합</td><td colspan="2">결핵 · 한센시설</td><td>질병관리본부
(결핵 ·
에이즈관리과)</td><td>「사회복지
사업법」</td></tr>
<tr><td>이용</td><td colspan="2">지역자활센터</td><td>자립지원과</td><td>「국민기초
생활보장법」</td></tr>
</table>

| 출처 | 보건복지부(2021). 사회복지시설 관리안내. p. 24.

2 사회복지현장실습의 초기 단계

사회복지현장실습 초기 단계의 초점은 사회복지 윤리강령에 입각한 실습자세와 역할의 중요성을 강조하는데, 그 예로 각종 보고와 양식(일지 등)의 중요성 이해(실습생 근태 관리를 통한 모니터링)를 도우며, 기관 및 지역사회에 대한 이해와 사회복지실천지식을 지도한다.

사회복지현장실습 초기 단계의 실습내용은 첫째, 기관 소개로 기관에 대한 이해 증진을 위한 설명으로 기관의 역사, 프로그램, 기관 내부시설 라운딩, 직원 소개 등이 있다. 둘째, 실습 오리엔테이션으로 실습 일정, 과제물, 주의 사항 등에 대해 설명한다. 셋째, 기초교육 실시로 실습기관에 따라 필요한 기초교육 등을 실시한다.

사회복지현장실습 초기 단계의 실습과제는 학습동기 부여와 체계적인 문서 작성의 필요성이 강조되는데 이 단계의 주요 과제물은 실습기관 분석 보고서, 지역사회(사정 또는 탐방) 분석 보고서, 지역사회 지도 그리기, 실습 일지, 실습 서약서 등이 있다.

사회복지현장실습 초기 단계의 실습생의 역할은 첫째, 좋은 첫인상을 남기기 위해 정시에 출근하며 적극적인 태도를 보여야 한다. 시간의 엄수와 약속의 철저한 이행은 매우 중요하다. 개인적인 사정(예 본인 혹은 가족의 질병, 사고 등)으로 지각이나 결석을 하게 될 경우, 슈퍼바이저에게 연락을 해야 한다. 둘째, 슈퍼바이저, 직원, 동료 실습생들과 좋은 관계를 맺기 위해 노력해야 한다. 이들과의 원만한 관계 형성은 실습의 목표 달성 및 대인 관계의 기술 증진을 도울 것이다. 셋째, 실습생이 해야 할 일, 과제물에 대한 제출일 등을 확인해야 한다.

3 사회복지현장실습의 중간 단계

사회복지현장실습 중간 단계는 실습 초기의 긴장이 완화되면서 실습 지도자에 대한 모방을 통해 학습이 점차 심화되어 가는 단계로 실습생의 실습 지도자에 대한 의존도를 줄이면서 전문적인 성장을 위한 과업과 과제를 부여하고 역할을 수행할 수 있도록 한다. 그리고 학교에서 배운 지식과 기술을 구체화하고 정밀화하면서 실습생의 자신감을 고취시킬 수 있도록 한다. 실습 지도자는 자신의 실습 지도방법에 대한 평가를 토대로 부족한 부분을 보완해주어야 한다. 중간 단계에 적합한 실습내용으로는 사례관리 기능과 서비스 제공 기능, 지역사회 조직화 기능이며 자세히 살펴보면 다음과 같다.

첫째, 사례관리 기능은 가정방문 동행, 인테이크(intake), 사례회의 참관, 사례관리 모니터링, 인테이크지(intake sheet) 및 사례관리 관련 기록 작성 등이 있다.

둘째, 서비스 제공 기능은 기관의 기존 프로그램의 관찰, 진행 보조, 기획과 진행, 기록, 프로그램 관련 정보 수집 및 자료 분석, 프로그램 만족도 조사 수행 등이 있다.

셋째, 지역사회 조직화 기능은 지역조사, 자원(후원, 봉사자) 개발 계획 수립 및 개발, 자원(후원, 봉사자) 관리, 주민 모임 참관 및 보조, 기록 등이 있다. 중간 단계에 적합한 실습 과제로는 가정방문 보고서(기관에 따라 타기관 방문을 실시할 경우), 프로그램 계획서 및 평가서, 사례관리 진행 일지, 사례관리 계획서, 집단 지도 계획서 및 집단과정 일지, 실습 중간평가서 등이 있다.

실습 중간 단계에 실습생의 역할은 첫째, 프로그램 참여를 위한 준비에 최선을 다하여야 하며, 궁금한 사항은 직접 슈퍼바이저에게 질문한다. 둘째, 동료 실습생들과 협조한다. 셋째, 새로운 프로젝트 구상을 위해 관련 자료를 검색하고 아이디어를 낸다. 넷째, 적절한 실습 지도가 이루어지지 않는 경우, 슈퍼바이저는 실습 지도 이외에 다양한 업무를 담당하고 있어 실습 지도를 위한 시간의 부족이 기관의 현실임을 인정하며, 장기간 적절한 실습 지도가 이루어지지 않는 경우는 적당한 권리로 실습 지도를 요구한다. 다섯째, 사회복지 가치와 상충되는 딜레마에 빠지게 될 경우는 슈퍼바이저 및 동료 실습생 등과 딜레마에 대해 충분히 논의한다. 여섯째, 실습 업무의 양이 너무 많아 심한 스트레스를 경험한다면 슈퍼바이저에게 본인이 경험하는 어려움을 알린다. 너무 작은 업무량이 주어지거나 일손 부족을 메우기 위한 단순 보조 업무 수행이 주가 되어 실습을 통한 적절한 학습 및 경험의 기회가 주어지지 않는 경우에도 슈퍼바이저와 의논한다.

실습 중간 단계에서의 중간평가 시점은 학기 중이나 방학 중 모두 실습 기간 중반이 되는 시점에 진행한다. 실습 중간평가는 실습생이 작성한 실습 중간평가서의 내용을 토대로 진행된다. 실습생은 실습 중간평가서를 작성하고, 총괄 실습 지도자와 영역별 실습 지도자가 참석하여, 실습생 전원이 함께 실습 중간평가회의를 진행한다.

평가회의에서는 실습생이 본인의 실습 중간평가서를 각자 발표하고, 발표 직후 각 실습 지도자들은 발표한 내용을 토대로 슈퍼비전을 제시하게 된다.

4 사회복지현장실습의 종결 단계

사회복지현장실습의 실습 종결 단계는 실습 종결평가서와 실습 총평가는 실습 기간 중 학습한 실천 기법과 기술을 보다 정교하고 확고하게 하는 단계라 볼 수 있다. 따라서 실습내용으로 실습 목표의 달성 여부와 실천 과정, 자원 활용, 실습에 임하는 자세, 전문적 태도 및 행동(실습 수행내용) 등 실습의 전반적인 내용을 평가한다. 실습생과 실습 지도자는 실습 총평가서(학교 제출용)를 각각 작성한 후 평가 항목을 상호 비교하면서 피드백을 나누는 시간을 갖는다.

실습 종결 단계의 주요 과제물인 실습 종결평가와 실습 평가서(학교 제출용)는 실습 종결 후 약 3~4일 이내 발송이 되며, 사회복지현장실습 확인서와 함께 동봉하여 발송이 되면 실습은 마무리된다.

실습 종결 단계의 실습생의 역할은 실습 전반에 대한 평가서를 작성하며, 사회복지현장실습 확인서에 확인을 받는다. 실습생은 졸업 후 사회복지사 자격증을 신청할 수 있으며, 성적증명서와 함께 사회복지현장실습 확인서를 제출해야 한다.

다음으로 보건복지부와 한국사회복지사협회(2013)의 사회복지현장실습 각 단계의 과제 및 활용 양식을 정리하면 | **표 3-2** | 와 같다.

표 3-2 사회복지현장실습 각 단계의 과제 및 활용 양식

단계	주요 내용	과제물	활용 양식
준비 단계	• 실습 전 확인 사항 점검 • 실습준비 최종 점검 • 실습계약 체결 • 실습 서약서 작성 • 오리엔테이션 실시 • 자기 소개 • 실습 지도자와 관계 형성	• 실습생 프로파일 • 실습생 실습 계획서	준비 점검표, 프로파일, 실습 지도 계획서, 실습 계약서, 실습 서약서
초기 단계	• 필수 공동교육(윤리, 철학, 행정, 예산, 문서 작성, 프로그램 계획서 작성 등) • 기관 및 직원 소개(라운딩) • 지역사회 탐방 • 부서별 사업 이해	• 기관 분석 보고서 • 지역사회 분석 보고서 • 지역사회 지도 그리기	실습 일지, 실습생 출근부, 실습 지도 기록서, 사회복지사 선서, 윤리강령, 기관 분석 보고서, 지역사회 분석 보고서
중간 단계	• 사례관리 실습 • 서비스 제공 기능 실습 • 지역사회 조직화 기능 실습 –그 외 실습 • 타기관 방문 • 사회조사: 지역조사, 욕구조사	• 과정 참여 보고서 • 프로그램 계획서 • 프로그램 평가서 • 중간평가서 • 기관 방문 보고서 • 사회조사 보고서	과정 참여 보고서, 프로그램 계획서, 프로그램 평가서, 중간평가서, 사례관리 양식, 진행 일지, 종결 기록서, 집단 지도 양식, 사회조사 양식, 기관 방문 보고서, 사회조사 보고서
종결 단계	• 종결 –사례종결 –실습종결 • 평가 –실습만족도와 실습평가 –실습보고회	• 실습만족도 작성 • 실습보고회 진행 • 실습평가서	실습만족도 실습평가서 현장실습 확인서

| **출처** | 보건복지부·한국사회복지사협회(2013). 표준실습교육매뉴얼: 종합사회복지관. p. 68.

제4장

사회복지현장실습 슈퍼비전

1. 사회복지현장실습 슈퍼비전의 개념
2. 사회복지현장실습 슈퍼비전의 목표
3. 사회복지실습 슈퍼비전의 구성 요소와 원칙
4. 사회복지 슈퍼비전의 기능
5. 사회복지 슈퍼비전의 관계

1 사회복지현장실습 슈퍼비전의 개념

슈퍼비전(supervision)은 라틴어의 'super(over, 위에서)'와 'videre(watch, 지켜보다)'의 합성어로, 다른 사람이 하는 일에 대해 책임을 갖고 지켜보는 감독자(overseer)의 일이라는 의미가 있다(Kadushin, 1992).

슈퍼비전은 사회복지 조직에서 직원이 서비스를 효과적이고 효율적으로 전달하기 위하여 지식과 기술을 잘 활용할 수 있도록 도움을 주는 활동이라고 할 수 있으며, 슈퍼비전은 슈퍼바이저(superviser)와 슈퍼바이지(supervisee)가 효과적인 업무수행을 위해 지시 · 조정 · 향상을 위한 의무적이고 구조화된 활동을 의미한다(김수미, 2005).

1) 슈퍼비전을 수행하는 슈퍼바이저의 역할

슈퍼비전을 받는 슈퍼바이지를 지지하고, 용기를 주며, 정보를 제공하고, 말을 들어주는 것 등이 슈퍼바이저의 역할이다.

슈퍼비전은 잘 훈련되고 경험과 능력이 있으며 전문직 업적 태도 및 전문지식과 기술을 갖추고 있는 사람이 경험, 지식, 기술이 부족한 사람들에게 도움을 줄 수 있다는 전제하에 이루어진다. 사회복지 조직에서 슈퍼바이저는 직원들의 일을 조직하고 모니터링하며 평가하고 정서적 · 사회적인 지지까지도 제공하며 업무 담당자들의 전문성 개발에도 기여하고 있다.

(1) 사회복지사의 슈퍼비전

사회복지실천현장에서 업무를 수행하는 사람인 슈퍼바이지에게 그의 업무를 관찰하는 사람인 슈퍼바이저가 피드백 및 정보 등이 제공되는 과정의 상호작용이다(김수미, 2005; 김미애, 2013). 즉, 슈퍼비전은 슈퍼바이지와 슈퍼바이저 관계에서 피드백을 주고받는 과정이다.

(2) 사회복지 영역에서 슈퍼비전

사례 중심의 슈퍼비전을 제공하는데, 이 슈퍼비전 과정을 통해 슈퍼바이지가 클라이언트에게 직접적인 서비스 개입을 할 수 있도록 슈퍼바이저는 방법을 모색하도록 돕는 것이다. 사례 관리자인 슈퍼바이지가 클라이언트에게 전문적인 서비스를 제공한다(박수선, 2008). 그러므로 중간 관리자인 슈퍼바이저와 사례 관리자인 슈퍼바이지 간에 클라이언트에게 최선의 서비스를 제공해야 하는 목적을 이루기 위한 상호 과정이다(김수미, 2005). 그 과정에서 사회복지사 자신이 전문적인 기술을 개발하고, 성장과 발전하도록 도움을 제공하는 슈퍼바이저의 활동을 슈퍼비전이라고 한다(이은아, 2010). 따라서 슈퍼비전을 주관하는 슈퍼바이저는 업무수행을 하는 실무자를 지지, 조정, 강화 그리고 평가하도록 권위를 위임받은 전문가로, 긍정적 관계의 상황 속에서 상호작용하여 민주적, 참여적, 협력적, 개방적, 행정적 · 교육적 그리고 지지적 기능을 수행해야 한다(Kadushin, 1979; 조휘일 역, 2000 재인용). 또한 슈퍼비전의 궁극적인 목표는 기관의 정책과 절차에 따라서 질적 · 양적으로 가능한 최선의 서비스를 대상자에게 전달하는 데 있다. 즉, 중간 관리자의 위치에 있는 슈퍼바이저와 슈퍼바이지는 슈퍼비전 관계 속에서 라포 형성과 신뢰, 배려를 기본으로 소속기관의 정책과 절차에 따라 행정적, 교육적, 지지적 기능을 해야 한다. 슈퍼비전은 각 기능별 교육, 과제, 활동을 수행함으로써 슈퍼바이저가 슈퍼바이지의 업무수행을 지시, 조정, 향상, 평가하는 체계를 갖추고 있어 일종의 전문적 학습 서비스라고도 할 수 있다.

2) 사회복지실천현장에서 슈퍼비전의 정의

- 슈퍼비전이란 일정한 지식과 기술을 갖춘 사람이 비교적 덜 준비된 사람을 훈련시킬 책임을 감당하는 교육의 과정이다(Robinson, 1949).
- 사회복지실천현장에서 사회복지의 질적 함양을 위해 사회복지사가 하는 일을, 그 일에 대한 사전 경험이 풍부한 사회복지사가 지도 · 감독하는 일이다(양옥경 외, 2010).
- 슈퍼비전은 사회복지실천에서 책임, 기술, 지식, 태도, 윤리적 표준들을 발전시키도록 촉진시키는 슈퍼바이저와 슈퍼바이지 간의 관계이다(NASW, 1994; 안정선 · 최원희, 2016).

2 사회복지현장실습 슈퍼비전의 목표

슈퍼비전의 효과성에 대한 명시적인 근거나 가시적인 성과를 파악하기 어려운 것은 슈퍼비전이 슈퍼바이저-슈퍼바이지의 관계뿐 아니라 슈퍼바이지를 통해 클라이언트에게 효과적으로 개입하는 과정을 지도하기 때문이다(Hawkins & Shohet, 2006). 따라서 사회복지 슈퍼비전의 궁극적인 목적은 효과적이고 효율적인 사회복지서비스의 제공이다

(Kadushin & Harkness, 2002; 양옥경 외, 2010 재인용). 즉, 클라이언트에게 특정기관이 제공하도록 되어 있는 특정 서비스를 효과적이고 효율적으로 제공하여 클라이언트의 변화를 꾀하는 것인데, 이는 슈퍼비전의 장기 목표이며 이러한 장기 목표를 달성하기 위한 단기의 과정 목표를 수행하여 슈퍼비전의 목표를 달성할 수 있다(양옥경 외, 2010).

슈퍼비전의 단기 목표는 업무를 효과적으로 제공할 수 있는 업무환경을 제공해주는 행정적인 측면과 사회복지사가 업무를 잘 할 수 있도록 능력을 향상시키는 교육적인 측면 그리고 업무 스트레스와 소진을 예방 및 완화하여 업무 환경에 만족을 갖도록 하는 지지적인 기능의 목표가 있다. 이러한 슈퍼비전의 단기 목표는 궁극적으로 클라이언트에게 기관이 제공하도록 되어 있는 특정 서비스를 효과적이고 효율적으로 제공하는 것이다.

첫째, 실습생의 전문직 사회화를 통해 전문 능력을 증진시키고 전문직의 속성들을 내면화시키는 것이다(Frances, 1977; 한국사회복지사협회, 2017 재인용). 슈퍼비전은 교육기관에서 배운 사회복지 이론을 실천 현장에 적용할 수 있도록 기회를 마련해주고 실천 현장을 제공하며, 미래의 전문 직업인으로서 성장하기 위해 지식 및 기술을 개발할 수 있도록 긍정적인 학습 자극을 제공하는 데 목적을 두고 실습 지도에 임한다.

둘째, 실습생이 업무를 더욱 효과적으로 수행할 수 있는 능력을 향상시키는 것이다(한국사회복지사협회, 2017). 실습 지도자는 실습생이 업무를 효과적으로 수행할 수 있도록 작업 배경을 제공하고, 업무를 수행하는 데 대하여 기분 좋게 느끼도록 도울 필요가 있다(Kadushin, 1992). 사례 또는 업무와 관련된 실습슈퍼비전을 통해 전문적 역할에 대한 지식 및 임상적 지식과 기술을 가르치며 사회복지 관련 정책 및 법 지식을 전달한다. 또한 전반적인 자기인식을 통한 성장과 발전을 도모하며 사회복지의 철학에 근거한 윤리관과 가치에 입각하여 사회복지실천에 임할 수 있도록 지도한다.

셋째, 실습교육에서는 실습생이 다른 실천 상황에서도 적용하여 이용할 수 있는 이론과 기법을 보편화할 수 있도록 가르쳐야 한다(문인숙, 1981). 실습생이 주어진 업무만 수행하는 수동적인 모습에서 벗어나 능동적으로 일할 수 있도록 실습슈퍼비전을 통해 자신의 능력을 개발하고 발전시킬 수 있어야 한다.

3 사회복지실습 슈퍼비전의 구성 요소와 원칙

사회복지실습 슈퍼비전을 효과적으로 제공하기 위해서는 슈퍼비전을 구성하는 실습생, 실습 지도교수와 대학, 실습 지도자, 클라이언트, 조직의 다섯 가지 요소들에 대한 이해뿐만 아니라 슈퍼비전의 원칙을 세워서 그 원칙에 따라 실습을 실행해야 한다(양옥경 외, 2005).

1) 실습생

실습생은 현장실습을 진행함에 있어 교육 및 지도받아야 할 내용을 제공하며 그에 대한 실습슈퍼비전을 받는 사람이다. 실습생은 슈퍼비전을 통하여 더욱 발전된 서비스를 클라이언트에게 전달해야 하는 책임이 있으며, 이를 위해 슈퍼비전을 성실히 받아야 할 의무도 있다. 또한 슈퍼비전을 위해 진실한 보고 자료를 제공해야 하며, 소속기관의 슈퍼비전 구조에 맞춰 성실히 슈퍼비전을 받아야 한다.

2) 실습 지도교수와 대학

실습생은 대학에 소속되어 있으면서 교과목으로 사회복지현장실습을 수강하는 학생이므로, 실습생의 기본 위치는 소속대학의 학생이다. 따라서 실습생에 대한 일차적인 책임은 대학에 있으며, 실습생의 교과목 성적에 대한 책임은 대학의 실습 지도교수가 갖고 있다. 그러나 성적을 학교에서 확정한다고 해서 실습생의 현장실습 내용에 관한 평가 일체가 대학의 실습 지도교수에게 있는 것은 아니며, 현장에서의 실습 진행 전반에 관한 평가는 실습슈퍼비전을 담당한 실습 지도자에게 있다. 이에 교육기관의 실습 지도교수의 슈퍼비전을 살펴보면 다음과 같다.

(1) 교육기관의 실습 지도교수의 슈퍼비전

첫째, 실습 지도교수는 다음의 목적을 위해 실습기관 방문, 전화, 온라인의 방법으로 실습기관과 긴밀한 유지가 필요한 실습 지도자와 실습생별 실습 목표를 협의하고, 실습생의 실습 목표 성취 정도와 실습 상황을 검토하며, 실습 관련 문제발생을 예방하거나 문제 상황을 중재한다.

둘째, 슈퍼비전 형식으로 실습 지도교수는 실습교육을 위한 강의, 토의 슈퍼비전, 기관 방문 등을 통해 실습 지도를 진행하며, 실습기관 및 실습학생에 대한 연락, 실습 상황 점검, 실습 보고서와 평가서 정리 등에 관련된 업무처리가 필요하다.

셋째, 실습 세미나 수업(교육기관의 상황에 맞추어 수업의 한 형태로 진행된다.)으로 실습 보고서를 통한 실습 지도와 실습생의 실습보고 세미나로 나눌 수 있다. 실습 보고서를 통한 실습 지도에는 실습 보고서 제출과 실습 보고서 검토 후 실습 지도, 참고문헌 활용 등으로 나눌 수 있고, 이 내용을 자세하게 살펴보면 실습 보고서 제출에서 실습생은 실습 일지, 사례관리 일지, 집단 지도 보고서 등 각종 보고서를 작성하여 실습기관 실습 지도자의 확인을 받은 후 실습 지도교수에게 제출한다. 다음은 실습 보고서 검토 후 실습 지도가 있는데, 이 내용을 자세하게 살펴보면 실습 지도교수는 실습생과 면담(개별 또는 집단면담)하여 문제점과 개선점을 토의하고 필요한 경우는 실습기관 실습 지도자와 협의하여 문제점을 해결한다. 다음으로 참고문헌 활용으로 실습 지도교수는 실습내용과 참고문헌을 소개하여 활용하도록 지원한다.

실습생의 실습보고 세미나에는 실습생의 실습 과정에 관한 강점 및 개선점 토의가 있고, 사회복지실천의 방법 및 기술을 개인, 가족, 소집단에 적용하는 과정에 대해 토의와 사회복지실천과정이 다양한 클라이언트 체계에 미치는 영향 토의, 사회복지 조직으로서 실습기관에 대한 기능과 역할 이해, 사회복지정책, 사회복지법규 및 제도를 사회복지 대상자와 연계하여 토의, 사회복지실천현장에서 직면하는 윤리적 딜레마에 대해 토의, 사회복지사로서의 전문적 자아의식에 대해 토의를 한다.

3) 실습 지도자(superviser)

실습 지도자는 사회복지현장실습에서 실습생에게 실습슈퍼비전을 제공하는 사람으로서, 슈퍼비전의 꽃이라 할 수 있다. 실습 지도자는 다섯 가지 기본행동인 말하고, 듣고, 읽고, 보고, 쓰는 것을 잘해야 한다(Munson, 1983). 실습 지도자는 사회복지사업 전달에 있어 관리자(manager), 연결자(mediator), 멘토(mentor)로서의 역할을 해낸다. 따라서 실습 지도자는 리더(leader)로서 실습생의 성장에 관심을 갖고 서비스와 행정, 정책을 조화롭게 전달하는 역할을 해야 한다.

(1) 실습기관의 슈퍼비전

첫째, 실습기관 및 실습내용에 대한 전반적인 오리엔테이션 및 실습생의 태도와 자세로서 실습기관 소개와 실습의 의미, 의의 및 목표 수립, 실습생의 자세 및 태도, 케이스 리코딩 작성방법, 실습 일지를 포함한 각종 보고서 작성방법 등을 들 수 있다.

둘째, 실습내용에 대한 직접적인 슈퍼비전을 실시함으로써 실습 일지를 정기적으로 점검하고 피드백을 주며, 실습에서 케이스 리코딩에 대한 슈퍼비전을 주고, 그 외의 실습생이 직접관찰, 사례 과정 기록지 검토, 구두 슈퍼비전 등 수시로 슈퍼비전의 시간을 가진다.

셋째, 실습 지도 시간으로 학기 중 실습과 방학 중 실습이 있는데, 학기 중 실습은 주당 1회 이상 또는 수시로, 1회당 60분 이상(개별, 집단 지도 포함) 지도가 있고, 방학 중 실습으로는 주당 최소 3회 이상 또는 수시로 1회당 60분 이상(개별, 집단 지도 포함) 지도가 있다.

4) 클라이언트

클라이언트(client)는 실습생이 실습슈퍼비전을 받게 하는 이유의 중심에 있는 사람으로, 직접 서비스기관에서는 서비스 욕구를 가진 사람이고, 간접 서비스기관에서는 단체, 정부, 다른 기관 등이 될 수 있다.

5) 조직

사회복지실천이 조직을 기반으로 이루어지듯이 사회복지현장실습 역시 조직 내에서 이루어진다. 실습슈퍼비전 역시 조직 안에서 행정적으로 처리될 때 공식적인 실습 지도이기 때문이다.

6) 슈퍼비전의 기본 원칙 5가지

① 슈퍼바이저는 그 기관과 서비스에 대한 올바른 지식, 원칙, 기술을 가르치고 사회복지사가 자율적으로 업무를 처리하도록 해야 한다.

② 슈퍼바이저는 사회복지사로 하여금 슈퍼바이저가 제시한 지식과 원칙에 일치하는 목표를 설정하게 하여 자신을 스스로 관리하도록 해야 한다.

③ 슈퍼바이저는 일상적인 가르침과 학습 경험을 제공하는 것 외에 슈퍼비전에 대하여 준비하고, 필요할 때는 사회복지사를 도울 수 있는 시간을 마련한다.

④ 슈퍼바이저는 사회복지사와 함께 원칙과 규칙을 정하여 필요시 사회복지사가 연락할 수 있도록 해야 한다.

⑤ 슈퍼바이저는 사회복지사가 슈퍼바이저에게 자신의 활동에 대해 책임 있는 설명을 하고 함께 상의하여 장래의 목표를 설정할 수 있도록 해야 한다(채수훈, 2008).

4 사회복지 슈퍼비전의 기능

슈퍼비전의 기능은 슈퍼비전 연결 기능, 슈퍼비전 개념, 슈퍼비전 하위 기능, 슈퍼비전 행정적 기능, 행정적 슈퍼비전 기본과제, 행정적 슈퍼바이저 역할, 슈퍼비전 서비스 전달 기능, 슈퍼비전 소개 기능, 슈퍼비전 기능이 있다.

사회복지 슈퍼비전의 기능을 구분하는 방법은 학자마다 약간씩 차이가 있는데, 도슨(Dawson, 1926)은 최초로 행정적 기능, 교육적 기능, 지지적 기능이란 용어를 사용하였으며, 토울(Towle, 1954)과 카두신(Kadushin, 1976)을 거쳐 이 세 가지 기능으로 분류하는 것으로 정착되었다. 슐만(Shulman, 1982)은 지지적 기능을 '표출적-지지적 지도력 기능'으로 부르기도 한다.

미들맨 등(Middleman et al., 1985)은 통합 기능(① 인간화, ② 긴장 관리, ③ 촉매), 서비스 전달 기능(① 교육, ② 평생직의 사회화, ③ 평가), 연결 기능(① 행정, ② 옹호, ③ 변화)의 모두 9가지 기능을 소개하고 있다.

1) 슈퍼비전의 3가지 기능

(1) 교육적 기능

교육적 기능에 있어서 슈퍼비전의 핵심은 직원의 지식과 기술의 향상인데, 슈퍼바이저는 조직의 기본가치, 임무 그리고 목적 등에 대한 교육과 함께 다양한 서비스실천론 및 모델에 대한 교육을 통해 직원의 문제해결과 실천 기술의 향상을 도모하는 것이다. 즉, 교육적 차원에 있어서 슈퍼비전의 기능은 전문인으로서 직원의 능력을 향상시키는 데 초점을 두고 있는 것과, 정보 제공 등이 그것이다.

(2) 행정적 기능

관리자로서 슈퍼바이저는 조직의 규정과 절차에 맞는 서비스를 제공하는 것이다. 즉, 적합한 직원에게 특정한 클라이언트의 사례를 위임하는 것을 비롯하여 직원의 사례관리 및 서비스 제공을 감독하고 평가하는 것이며, 상하 간의 의사소통 촉진, 기관활동에 대한 조정과 통제 등이 그것이다.

(3) 지지적 기능

전술한 교육적 기능과 행정적 기능과는 다르게 지지적 기능은 직원의 개별적 욕구에 관

심을 갖는다. 즉, 슈퍼바이저는 직원에게 스트레스를 유발하는 상황을 제거하고 이에 대처하는 것에 관심을 갖고 이를 위해 직원의 동기와 사기를 진작시키며 불만족과 좌절을 해결함으로써 업무만족을 제고하는 데 초점을 맞춘다. 다시 말해서, 지지적 기능은 직원의 직무만족에 높은 수준의 영향력을 행사할 수 있는데, 신뢰 형성과 스트레스 대처원리 등이 그것이다. 여기서는 주로 김융일(1996)이 카두신(Kadushin, 1992)의 분류에 따라 기능을 행정적 기능, 교육적 기능, 지지적 기능으로 요약한 것을 설명하고자 한다(| 표 4-1 | 참조).

표 4-1 슈퍼비전의 기능별 세부적 특성

구분	행정적 슈퍼비전	교육적 슈퍼비전	지지적 슈퍼비전
목표	• 작업 배경 제공	• 업무 능력 개선	• 업무만족감 지원
장애물	• 비합리적 조직	• 무지와 낮은 인지 능력	• 정서 불안정
내용	• 조직의 구조와 사회복지사의 업무를 도울 수 있는 기관 자원에의 접근법 제공	• 업무에 필요한 지식과 기술 제공	• 효과적으로 업무를 수행할 수 있도록 심리적 자원 제공
관심 영역	• 효율적인 조직에 사회복지사를 연결시켜 사회복지사가 조직의 구조와 자원을 효율적으로 이용할 수 있도록 하는 것	• 지식과 기술의 향상을 통해 사회복지사의 효율성을 증대하는 것	• 업무수행을 방해하는 스트레스를 감소시키고 사기를 증진시켜 사회복지사의 효율성을 증대하는 것
사회복지사 모델	• 효율적으로 과제를 수행하는 사회복지사	• 자질 있고 능력 있는 사회복지사	• 공감적이고 이해심 많은 사회복지사
활동과제	① 직원의 채용과 선발 ② 직원의 임명과 배치 ③ 업무 계획 ④ 업무 할당 ⑤ 업무 위임 ⑥ 업무 모니터링(검토 및 평가) ⑦ 업무 조정 ⑧ 의사소통 촉진 ⑨ 행정적 완충 ⑩ 변화 대행	① 가르침 ② 학습 촉진 ③ 훈련 ④ 경험과 지식 공유 ⑤ 정보 제공 ⑥ 명확화 ⑦ 가이드 제공 ⑧ 사회복지사 원조 ⑨ 전문적 성장 제고 ⑩ 조언, 제안, 문제해결 원조	① 스트레스 유발 상황 방지 ② 스트레스 해소 및 대처 원조 ③ 신뢰 형성 ④ 관점 공유 ⑤ 결정에 대한 책임 공유 ⑥ 성공 위한 기회 제공 ⑦ 동료를 통한 지지 제공 ⑧ 업무 관련 긴장 완화

| **출처** | 김융일(1996). 슈퍼비전 일반론. 96슈퍼바이저 보수교육교재. p. 198.

5 사회복지 슈퍼비전의 관계

1) 슈퍼바이저와 슈퍼바이지의 슈퍼비전 관계

(1) 슈퍼바이저와 슈퍼바이지의 슈퍼비전 관계의 성격

슈퍼바이저와 슈퍼비전 관계는 가르치고, 지도하고, 자문하고 평가하는 등의 전문적이고 공식적인 특성뿐 아니라 슈퍼바이저와 슈퍼바이지 사이의 상호 관계라는 중요한 대인 관계적 의미를 갖는다(Caspi & Reid, 2002). 슈퍼바이저와 슈퍼바이지의 상호 관계는 서로 자신에 대한 인식을 높이고, 전문적인 기술을 학습하는 데 기본 바탕을 제공한다.

초급 슈퍼바이지는 슈퍼비전에서 슈퍼바이저와의 관계를 학생 대 학생-교수의 입장으로 이해할 수 있으나, 현장에서는 슈퍼바이지와 슈퍼바이저는 같은 동료의 입장에서 출발한다.

슈퍼비전의 과정에서 사회복지사와 클라이언트의 관계가 중요한 이유는 슈퍼바이저와 슈퍼바이지의 관계는 슈퍼바이지와 클라이언트의 관계에 서로서로 영향을 미치게 되기 때문이다. 이것을 병행(parallel) 또는 반영(reflection) 과정이라 한다.

2) 슈퍼비전 관계의 특성

슈퍼비전 관계의 특성은 슈퍼바이저와 슈퍼바이지가 힘과 권위의 차이에 따른 위계적 관계를 적극적으로 활용하는 관계이며, 슈퍼바이지의 자율성을 목표로 한다는 역설적 관계이기도 하다. 슈퍼비전 관계의 핵심은 슈퍼바이지가 클라이언트와의 효과적 관계 형성을 돕는 과정일 뿐만 아니라 클라이언트와의 관계에 의해 영향을 받기도 하는 관계라는 점, 슈퍼비전 관계는 필연적으로 슈퍼바이저와 슈퍼바이지의 개인적 특성에 영향을 받을 수밖에 없는데, 여기에는 힘과 권위의 활용, 자율성 지향, 병렬 과정, 개인적 성향의 반영 등으로 나누어 볼 수 있으며 이를 자세하게 알아보고자 한다.

(1) 힘과 권위의 활용

힘(power)이란 타인에게 영향력을 끼치거나 타인을 통제하는 능력이고, 권위(authority)란 자신의 실력을 행사할 수 있는 합법적 권리를 의미하며, 슈퍼비전 관계는 본질적으로 슈퍼바이저와 슈퍼바이지 간의 실력의 차이 등으로 인한 힘의 불균형이 있으며, 권위를 적극적으로 활용하는 과정이다.

힘의 원천에 대한 분명한 이해 및 힘과 권위의 적절한 사용을 위해서는 힘과 권위의 주요 속성 및 힘과 권위의 사용에 영향을 미치는 주변적 요소에 대한 이해가 필요하다.

① 조직과 권위

모든 조직(organization)에는 분명 권위가 존재하며, 전통적 조직은 상명하복(上命下服) 식의 위계질서로 조직업무를 통제한다. 사회복지조직 역시 전문화, 다양화와 함께 규모의 확대로 인한 관료주의적 특성이 증가하고, 최근의 조직 관리방법으로 좀 더 다양한 형태의 권위를 활용하며, 권위의 영역이나 소재가 다양해지고 있는 추세이다. 이러한 환경에서 슈퍼비전은 직급이 높은 사람이 낮은 사람을 관리감독하는 것이지만, 이는 권위가 높다고 해서 아랫사람을 마음대로 할 수 있음을 의미하는 것은 아니며, 슈퍼바이저는 조직 내에서 적절한 방식으로 권위를 다룰 수 있어야 하고 자신의 권위 활용과 슈퍼바이지의 자율성 활용 간의 경계를 잘 조절할 수 있어야 한다.

② 권위와 구조

사회복지사의 전문가적 자율성을 강조하면 필연적으로 사회복지사 개인과 기관의 충돌로 표출되며, 슈퍼바이저는 이때 중재자로서의 역할이 기대된다. 이 경우 슈퍼바이저의 중재 방안은 대개의 경우 기관의 규정 및 규칙에 의존할 수밖에 없으며, 슈퍼바이저가 이러한 활동을 좀 더 명확히 수행할 수 있는 구조를 마련할 필요가 있다. 사회복지사의 전문적 성장과 자율성의 제한이 동시에 발생할 수 있다는 것을 이해하고 이를 적용하기 위해서는 슈퍼비전이 조직의 구조 내에 통합되어야 한다.

③ 상호작용과 권위

권위는 슈퍼바이저와 슈퍼바이지가 각각 어떠한 역할을 수행해야 하는지에 대한 조직 내에서의 기본 설정이다. 이를 토대로 슈퍼비전 관계는 발전하며, 슈퍼바이저와 슈퍼바이지의 상호작용에도 영향을 미친다. 따라서 슈퍼바이저의 권위가 슈퍼바이지와의 상호작용에 긍정적 영향을 미칠 수 있도록 적정한 수위의 합법적 권위가 슈퍼바이저에게 주어질 필요가 있다.

④ 슈퍼바이저 권위와 슈퍼비전

슈퍼바이저 권위는 슈퍼바이저라는 직무에 따른 것이며, 슈퍼바이저가 권위를 적절히 활용하기 위해서는 자신의 역할과 한계를 분명히 알아야 좀 더 창의적인 방식으로 자신의 권위를 행사할 수 있다. 또한 슈퍼비전의 전통적 기능은 관리, 교육, 도움을 주는 것인데,

동시에 현재는 사회적 책무성의 강조 및 성과 관리 등 복지환경에 많은 변화가 생기고 있으며, 이러한 실천 환경에서 사회복지사의 자율성은 감소되고 있다. 슈퍼바이저는 이같이 자율성이 통제된 상황에서 슈퍼바이지가 문제를 적절하게 조절할 수 있도록 도와야 한다.

(2) 자율성 지향

사회복지실천에서 실천가의 자율성을 강조하는 것은 전문성을 발달시키는 데 중요한 영향을 미치는 것은 사실이다. 그러나 전문적이고 자율적인 실천가로서의 발달을 돕기 위한 방법으로 슈퍼비전이 상소되는 것은 오히려 이러한 자율성을 침해하고 전문성 발달을 억압하는 수단이 되었다는 비판으로부터 자유롭지 못하다는 것도 사실이다. 슈퍼비전 관계에서 전문성을 키우기 위한 노력과 슈퍼바이지의 자율성을 침해하지 않는 활동의 경계를 잘 유지한다는 것은 어려운 일이며, 실제로는 자율성, 충분한 교육 · 훈련, 전문적 실천 간의 경계가 유지되지 않거나 모순된 활동이 이루어지기도 한다. 따라서 자율성은 사회복지실천현장에서 자연스럽게 받아들여지고 있으나, 이는 완벽하게 자율적인 실천을 의미하지 않음을 이해할 필요가 있다.

(3) 병렬 과정

병렬 과정(parallel process)은 슈퍼바이저와 슈퍼바이지 간의 상호작용과 슈퍼바이지와 클라이언트의 상호작용은 서로 영향을 미친다는 인식에 기반을 둔 개념이다. 병렬 과정에 주목하는 학자는 효율적 슈퍼비전이 되기 위한 주요 전략을 개발하는 데 유용하며, 이러한 병렬 과정에 주의를 기울임으로써 슈퍼바이지의 전문적 성장을 도모하고 격려할 수 있다. 또한 병렬 과정은 슈퍼비전이 실제 치료나 개입과 같지는 않지만 슈퍼비전이 슈퍼바이지의 정서적 반응과 경험을 이해하고, 슈퍼바이지의 발달적 측면을 이해하는 데 유용한 개념이라 할 수 있다.

(4) 개인적 성향의 반영

슈퍼비전 관계를 더욱 강화하기 위해서는 슈퍼비전 관계에 영향을 미치는 다양한 변수를 고려하는 것이 중요하다. 슈퍼바이저는 슈퍼비전 관계에 영향을 주는 다양한 개인차 변인에 대하여 자각하는 것이 중요하다. 이러한 개인차 변인으로 가치관, 태도, 신념, 연령, 성, 인종, 영성 등이 포함된다. 가치로부터 자유로운 슈퍼비전은 사실상 불가능하다.

그러나 효과적 슈퍼비전이 되기 위하여 슈퍼바이저와 슈퍼바이지가 반드시 유사한 태도와 신념을 가져야 되는 것은 아니다. 오히려 서로의 유사점과 차이점에 대한 대화의 촉진은 슈퍼바이지가 그들의 클라이언트와 서로 가치에 대하여 논의하는 본보기가 될 수 있다.

슈퍼비전을 촉진하거나 방해하는 개인의 특성은 어떠한 것이 있을까? 각 나라의 문화, 특히 사회복지실천 환경이나 조직문화와 밀접한 관련을 가질 것이다.

국내에는 이를 직접적으로 다룬 연구가 부재하여 슈퍼비전을 촉진하거나 방해하는 특성을 슈퍼바이저 측면과 슈퍼바이지 측면을 구분하여 제시한 우리의 연구결과를 제시하면 다음 **| 표 4-2 |** 와 같다.

표 4-2 슈퍼바이저 특성

슈퍼비전을 촉진하는 슈퍼바이저 특성	슈퍼비전을 방해하는 슈퍼바이저 특성
• 유능한 임상적 기술, 지식 • 수용적 슈퍼비전 분위기 조성 • 슈퍼바이지를 훈련시키려는 열정 • 슈퍼바이지의 발달 수준에 맞는 교육 실시 • 건설적 피드백 제공 • 공감적이고 유연성 있는 태도 • 좋은 관계 기술 • 장기간의 임상 경험	• 판단적이거나 과도하게 비판적인 태도 • 개인적으로나 이론적으로 경직된 태도 • 슈퍼비전 과정에 전념하지 않는 태도 • 제한된 임상적 기술과 지식 • 비윤리적 모습, 자기 중심적 경향, 거만함, 공감 능력 결여 • 슈퍼비전에 대한 미흡한 준비 • 부족한 슈퍼비전 경험

다음에 제시된 **| 표 4-3 |** 은 긍정적 슈퍼비전 경험에 관련된 슈퍼바이지 특성과 성공적 슈퍼비전을 방해하는 슈퍼바이지 특성이다.

표 4-3 슈퍼바이지 특성

긍정적 슈퍼비전 경험에 관련된 슈퍼바이지 특성	성공적 슈퍼비전을 방해하는 슈퍼바이지 특성
• 배우고 향상하려는 열정과 바람 • 피드백에 대한 개방적 자세 • 개방적이고 융통성 있는 특성 • 지식과 훌륭한 임상적 지식 • 우수한 지적 능력 • 책임감과 슈퍼비전을 준비하는 자세 • 자율성과 위험을 기꺼이 감수하려는 태도 • 좋은 대인관계나 의사소통 기술 • 공감, 자기수용, 통찰, 일치성, 질문하는 능력	• 비개방적 • 평가에 대한 두려움 • 개인적 경직성 • 방어적이고 거만 • 모든 것을 알고 있다고 지각 • 슈퍼비전이나 임상실습에 대한 동기와 흥미 결여 • 지적 수준 결여 • 정신병리가 있음, 미성숙 • 기초지식이나 기술 부족 • 개인적 통찰력 결여 • 수동적, 의존적 경향

제5장

사회복지현장실습의 실제 1

1 실습 신청서 작성방법 및 예시

2 실습생 프로파일 작성방법 및 예시

3 사회복지현장실습 출근부의 작성방법 및 예시

4 사회복지현장 실습생 서약서

5 사회복지현장 실습생의 자세

본 장에서는 사회복지현장실습을 준비하며 가장 기본이 되는 준비 과정의 5가지 작성방법을 제시하고자 한다. 첫째, 실습 신청서 작성방법, 둘째, 실습생 프로파일, 셋째, 출근부 작성, 넷째, 실습생 서약서, 다섯째, 사회복지현장 실습생의 자세 등을 제시하고자 한다.

1 실습 신청서 작성방법 및 예시

사회복지현장 실습생이 실습을 준비하면서 작성해야 하는 문서는 실습 신청서와 실습생 프로파일이다. 실습 신청서와 사회복지현장 실습생 프로파일 작성 시 사회복지현장 실습생 자신에 대한 정확한 정보를 기입하고 연락 가능한 이메일이나 연락처를 기입하여 유사시에 원활한 연락이 이루어지도록 해야 한다.

세부적인 양식은 각 대학이나 평생교육원별로 다를 수 있으나, 기본적으로 실습기관명과 슈퍼바이저의 성명 및 자격급수, 실습기관 전화번호 및 주소, 실습 기간, 실습 진행 요일 및 시간, 실습생의 기본 인적 사항을 기재하도록 되어 있다. 실습 신청서의 내용은 | **표 10-1** | (p. 194.)과 같다.

2 실습생 프로파일 작성방법 및 예시

사회복지현장 실습생의 프로파일 내용 중 사회복지 전공 동기나 실습기관 선택 이유 등은 자세하고 구체적으로 작성한다. 실습 목표는 구체적이고 측정 가능하며 기한 내에 달성 가능하고 현실적인 것으로 제시하는 것이 중요하며, 실습 목표 측정 기준은 자신이 제시한 실습 목표를 측정할 수 있는 지표로 타당한 것들을 제시해야 한다. 사회복지실천에 있어 자신의 강점과 약점을 작성할 때에는 강점을 중심으로 정직하게 긍정적으로 제시하여야 하며, 강점 중심의 시각을 가지고 자신의 강점을 구체화하고 약점을 보완할 수 있는 사람이 클라이언트의 강점도 잘 발견할 수 있음을 명심해야 한다. 끝으로 실습을 통해서 배우고 싶은 것, 사회복지현장 실습기관과 교육기관의 실습 지도자에게 바라는 점 등을 배우는 자세로 기재한다(이경아·서홍란, 2011). 즉, 실습생의 기본 인적 사항, 이수전공 과목, 경력, 사회복지를 전공하게 된 동기, 실습기관을 선택한 이유, 성취하고자 하는 목표, 목표 달성 정도를 파악할 수 있는 기준, 자신의 강점과 약점, 취미 및 특기, 바라는 점 등을 작성한다.

실습생 프로파일은 자기소개서로 매우 중요하다.

첫째, 인적 사항은 가장 기본적으로 작성하는 부분이며, 소속, 거주지, 전화번호 등은 착오가 생기지 않도록 정확하게 작성한다.

둘째, 이수 전공 과목은 지금까지 들었던 전공 과목을 선택하면 되고, 실습기관 중 실습 전에 필수적으로 이수해야 하는 전공 과목이 있다. 현장의 의견에 따르면, 프로그램 개발과 평가 과목을 이수하면 실습에 다소 도움이 된다는 의견도 있고, 그 이유가 프로포절을 작성하는 데 도움이 된다고 보기 때문이다.

셋째, 경력은 특별한 경력이 없을 경우는 지금까지 해왔던 봉사활동을 기재하여 사회복지에 관심이 있음을 보여주는 것도 도움이 된다.

넷째, 사회복지를 전공하게 된 동기는 각자 전공배경이 다르기 때문에 본인의 이야기와 경험을 잘 풀어서 기록하면 된다.

다섯째, 실습기관의 선택은 실습기관에 대한 배경지식이 필요한데, 그 이유는 실습을 하려는 기관이 어떠한 프로그램과 사업을 하며, 특화사업은 무엇이며, 기관이 위치한 지역의 특성은 어떠하며, 기관의 이념과 목표는 무엇인지를 기관의 홈페이지를 통해 자세히 살펴보고 작성하는 것이 바람직하다.

여섯째, 성취하고자 하는 목표는 사회복지현장실습을 통해 실습생이 달성하고자 하는 목표를 적으면 되며, 이 부분을 작성할 때는 지나치게 추상적인 것보다 구체적으로 작성하는 것이 실습 후 평가를 할 때 더 효과적이다.

일곱째, 목표 달성 정도를 파악할 수 있는 기준은 위에서 작성한 목표를 얼마나 달성하였는지 생각하여 작성하면 되는데, 이 부분의 경우도 구체적으로 작성하는 것이 실습 후 평가에 더 효과적이다.

여덟째, 자신의 장점과 단점을 기재할 때는 구체적인 사례를 들어 읽기 편하게 작성하고 치명적인 단점은 쓰지 않는 것이 좋으며, 장점 같은 약점을 쓰는 것이 더 효과적이다. 또한 약점을 개선하기 위한 노력 사항 등을 입력해주면 더 좋다. 표로 정리하면 | **표 5-1** |, | **표 5-2** | 와 같다.

표 5-1 실습생 프로파일 작성방법

실습생 프로파일 작성방법

1. 인적 사항

사진 필수 첨부(인쇄 후 부착 가능), 개인정보 작성

2. 이수전공 과목

성적이 나온 과목은 전부 이수완료로 체크, 현재 이수 과목은 곧 진행하는 과목이 있으면 체크(실습 전 마치는 과목은 이수완료로 체크)

3. 경력

사회복지의 현장에서 경력이 있거나, 실습 및 봉사 경력이 있으면 작성

4. 사회복지를 전공하게 된 동기

구체적인 사건/ 사연을 너무 깊숙하고 자세히 쓸 필요는 없음. 개인의 목표와 주관이 뚜렷하면 됨

5. 실습기관 선택 이유

본인이 관심/ 자신이 있는 분야를 선택, 경험이나 교육받았던 부분을 기초로 선택

6~7. 실습을 통해서 성취하고자하는 목표 및 파악 기준

실습을 통해 이루고자 하는 부분을 기록한 후에, 실습 전 · 후 자신이 세운 목표와 변화된 점을 기준으로 기록, 예를 들어 '학습에서 배운 내용을 총정리'를 목표로 잡았을 경우 파악 기준은 '프로그램 계획서 및 실습일지 작성'으로 작성

① 라포 형성: 기관 실습생들과 기관 내 클라이언트/ 직원 선생님들과의 친밀감 형성
② 기관의 특화사업에 대한 이해: 실습기관 내 특화사업으로 진행되는 인식개선사업에 대한 이해도를 높이고 나아가 또 다른 사업에 대해 아이디어를 제시, 개선
③ 사업 계획서 및 문서 작성 · 기관의 사업 구상을 이해하고 개별적으로 사업 프로그램을 짜임새 있게 구성, 실제 진행 가능한 프로포절 작성(공모전 제출)
④ 사회복지사의 정체성/ 기술 습득 · 이론적으로 배웠던 내용을 토대로 실전에서 사용하는 기술들과 상황에 맞는 행동, 사회복지사의 대처 능력 등을 높인다.
⑤ 시간 활용성/ 적극적 자세, 자발적 자세/ 업무 능력 향상 등

8. 사회복지를 실천하는 데 있어 자신의 강점과 약점

① 사회복지 지식 및 기술적 측면: 자신이 배운 사회복지 지식과 기술(상담 기술/ 레크리에이션 등)
② 개인적인 특성 측면: 사회복지를 실천할 때 강점 또는 약점이 될 수 있는 성격, 태도, 행동, 사회봉사 등이 실천에 어떻게 도움이 되는지 기술

9. 취미 및 특기: 개인의 취미나 특기를 작성

10. 실습기관, 실습 지도자 및 실습 지도교수에게 바라는 점: 개인적으로 실습기관에 바라는 점 작성

표 5-2 실습생 프로파일(예시)

실습생 프로파일

1. 인적 사항

(사진)	실습생 이름	김○○	성별	여	생년월일	20○○. ○○. ○○.
	소속	○○대학교				
	주소	○○도 ○○시 ○○로 ○○번길				
	전화번호	휴대전화: 010-○○○○-○○○○ 집: 031-○○○-○○○○				
	E-mail	○○○○@○○○○.net				

2. 이수 전공 과목

교과목명	이수 완료	현재 이수	교과목명	이수 완료	현재 이수	교과목명	이수 완료	현재 이수
사회복지개론	○		인간행동과 사회환경	○		사회복지실천론	○	
사회복지실천기술론	○		지역사회복지론	○		사회복지정책론	○	
사회복지행정론	○		사회복지법제론	○		사회복지조사론	○	
사회복지자료분석론			프로그램 개발과 평가	○		가족복지론	○	
아동복지론			청소년복지론			노인복지론	○	
여성복지론			장애인복지론			정신건강론	○	
정신건강사회복지론			의료사회복지론			학교사회복지론		
산업복지론			자원봉사론			사회문제론	○	
사회복지발달사			사회보장론			교정복지론		
사회복지윤리와 철학			사회복지지도감독론			사회복지현장실습		

3. 경력

구분(취업, 실습, 봉사)	기관	기간	내용
실습	○○노인복지	20○○년 ○○월 ~ 20○○년 ○○월	라운딩 실습

4. 사회복지를 전공하게 된 동기

부모님과 시부모님이 이제 연로하신 관계로 노인복지에 관련해서 관심이 높아졌고 그에 따라 직접 공부를 해보고 싶다는 생각이 들어 시작하게 되었습니다.

5. 실습기관 선택 이유

사회복지학 공부를 하면서 특히 관심이 가는 것이 아동복지 분야였는데, 마치 내가 여기에 사명감이 있는 것처럼 여겨졌습니다. 저는 아이들을 보면 무조건 기분이 좋으며, 해맑은 아이들, 거짓이 없는 아이들, 이들에게 긍정적인 생각과 긍정적인 복지가 개입이 된다면 부족하고 어려운 아이들에게 긍정적인 생각과 긍정적인 복지 개입을 통해 이들의 세상을 바라보는 눈이, 마음이, 행동이 부정적인 생각에서 긍정적인 생각으로 변화할 거라는 생각이 들어 특히 이 과목을 좋아하게 되었고, 실습도 아동복지를 선택하게 되었습니다.

6. 실습을 통해서 성취하고자 하는 목표

실습을 통해 이루고자 하는 부분을 기록한 후에, 실습 전·후 자신이 세운 목표와 변화된 점을 기준으로 기록, 예를 들어 '학습에서 배운 내용을 총정리'를 목표로 잡았을 경우 파악 기준은 '프로그램 계획서 및 실습일지 작성'으로 기재한다.

① 라포 형성: 기관 실습생들과 기관 내 클라이언트/ 직원 선생님들과의 친밀감 형성
② 기관의 특화사업에 대한 이해: 실습기관 내 특화사업으로 진행되는 인식개선사업에 대한 이해도를 높이고 나아가 또 다른 사업에 대해 아이디어를 제시, 개선
③ 사업 계획서 및 문서 작성: 기관의 사업 구상을 이해하고 개별적으로 사업 프로그램을 짜임새 있게 구성, 실제 진행 가능한 프로포절 작성(공모전 제출)

④ 사회복지사의 정체성/ 기술 습득 · 이론적으로 배웠던 내용을 토대로 실전에서 사용하는 기술들과 상황에 맞는 행동, 사회복지사의 대처 능력 등을 높인다.

⑤ 시간 활용성/ 적극적 자세, 자발적 자세/ 업무 능력 향상 등

- 클라이언트에 대한 존중과 배려, 신뢰를 바탕으로 사례관리에 대한 역량강화기관 및 사회복지사의 협업의 도움이 필요한 클라이언트의 욕구를 충족할 수 있도록 노력하고 발전시켜 나가고자 한다.
- 또한 학습한 이론 및 현장과의 차이점이 있다면, 무엇 때문일까? 생각하여 부족한 점을 보완하며, 많은 부족한 내용을 실습을 통해 학습하며 체험으로 발전된 내일의 희망을 설계하고자 한다.

7. 실습 목표 측정 기준은 자신이 제시한 실습 목표를 측정할 수 있는 지표로 타당한 것들을 제시

- 우선 사례관리를 통해서 클라이언트의 욕구와 충족감을 살펴 습득함으로써, 앞으로 클라이언트 사례를 통한 발전된 관계 형성을 맺게 될 것으로 생각한다.
- 실습 지도자 지도와 이론을 통해서 클라이언트의 대처하는 방법을 습득하고, 노인복지에 있어서 앞으로 활용방법을 모색하고, 개발하고자 노력하겠다. 실습을 마친 후 목표 달성 정도를 파악할 수 있는 기준이 된다.

8. 사회복지를 실천하는 데 있어 자신의 강점과 약점

① 사회복지 지식 및 기술의 측면: 자신이 배운 사회복지 지식과 기술(상담 기술/ 레크리에이션 등)

- 강점
  - –어려서부터 아버지와 같이 향교에 출입하며 몸소 인의예지를 익혀 타인과의 의사소통과 남을 배려하는 마음이 충분하다고 생각함
  - –얼마 전에 성균관에서 전국 인성교육 강사시험에서 장원을 함으로써 인성교육 강사가 되었음으로 앞으로 고전에서 배우는 인성교육에도 힘쓰겠다.

② 개인적인 특성 측면: 사회복지를 실천할 때 도움 또는 약점이 될 수 있는 성격, 태도, 행동, 사회봉사 등이 실천에 어떻게 도움이 되는지 기술

- 약점
  - –남을 배려하고 공감하는 의사소통은 남달리 뛰어나지만 정규적인 학교 교육의 부재로 항상 자격지심으로 인한 위축감을 느낌
  - –그러나 내가 하고자 하는 사회복지사로서 클라이언트가 원하는 욕구를 파악하고 목적을 이루는 데 최선을 다하도록 하겠다.

9. 취미 및 특기

- 개인의 취미나 특기를 작성

예 저는 어려서부터 부모님이 심부름을 많이 시켰고, 여행을 자주 보내주셨습니다. 알고 보니 많이 보고 듣고 경험으로 배우라는 아버지의 뜻을 알게 되었습니다. 그래서 지금도 아내와 함께, 아니면 친구들과 여행을 자주 가는 편입니다. 특기로는 한문에서 성독(聲讀)을 잘하며, 국가무형문화재 85호로 의례 중에서 홀기 읽기와 인성교육을 하면 마음이 행복해집니다.

10. 실습기관, 실습 지도자 및 실습 지도교수에게 바라는 점

- 실습기관과 교육기관의 실습 지도자에게 바라는 점 등을 공손하게 기재

예 제가 늦은 나이에 사회복지에 대한 수업을 들으면서 주변의 동기 및 선배님들에게 사회복지 현장에 대한 이야기를 많이 들었습니다. 지금도 학문에 대한 배우려는 열정과 노력은 누구보다 충분하다고 생각합니다. 기관 및 지도자, 지도교수님을 통하여 사회복지 현장에 대한 경험 및 가르침을 통하여 저의 경험과 학문이 발전할 수 있도록 가르침을 주시면 감사하겠습니다.

11. 실습날짜 및 시간

예 9월 23일부터 시작할 수 있습니다.
9월/ 23, 24, 25, 26, 27, 30, 10월/ 2, 3, 4, 7, 9, 10, 11, 14, 16, 17, 19, 20, 23, 24
1일 실습 시간은 오전 9시부터 오후 6시까지입니다.
점심 시간 1시간을 제외하고 하루 8시간 실습으로, 총 20일(8시간×20일=160시간)의 실습 시간을 학습하여 마치게 됩니다.

3 사회복지현장실습 출근부의 작성방법 및 예시

사회복지현장실습에서 출근부는 진행하는 회기마다 실습생 확인과 실습 지도자 확인을 받는다. 출근부는 수기로 작성하는 것을 원칙으로 하며, 이는 회기마다 실습생 확인과 실습 지도자 확인을 받아야 하기 때문이다.

먼저, 출근 시간은 실습지에 도착하는 시간을 적는 것이 아니라 실제로 실습을 시작하는 시간을 기재한다. 통상적으로 09:00와 같은 형식으로 기재한다. 마찬가지로 퇴근 시간은 실습지를 떠나는 시간을 기재하는 것이 아니라 실습을 마무리하는 시간을 기재한다. 통상적으로 18:00와 같은 형식으로 기재한다. 실습 시간은 1일 최소 시간 4시간 이상이며, 최대 8시간을 초과하여 진행할 수 없다.

실습생 확인은 실습생 실명 기재 후 날인하는 방법으로 기재하며, 실습 지도자의 경우도 마찬가지로 실명 기재 후 날인하는 방법으로 기재한다. 지각, 조퇴, 결근 여부 및 사유가 발생하면 공란에 기재해준다.

실습생 출근부는 각 학교 및 평생교육기관에 따라 양식이 다르나, 대체로 위의 방법으로 출근부를 작성하게 된다.

실습 총 시간 합계는 실습생 출근부에 기재된 시간과 실습 일지 상에 기재된 시간을 맞춰서 기재하며, 160시간(2019년 12월 31일 이전은 120시간 적용) 이상의 실습이 진행되도록 조정해야 한다. 중간중간 실습 시간을 다르게 진행하여 최종 점검 시 160시간(2019년 12월 31일 이전은 120시간 적용)에 미달하는 시간이 나오면 그 부족한 만큼의 시간을 채워야 한다. 그러므로 최종적인 실습 시간에 대한 누적 시간을 잘 계산하면서 실습에 임해야 한다. 그 내용을 살펴보면 **| 표 5-3 |** 실습생 출근부와 같다.

표 5-3 실습생 출근부 작성방법

실습생 출근부

• 성　　명: 김○○
• 실습 기간: 20○○년 ○○월 ○○일~20○○년 ○○월 ○○일

회차	월 일	요일	출근 시간	퇴근 시간	실습 시간 (1일 시간)	실습 시간 (누적 시간)	실습생 확인	실습 지도자 확인	지각/ 조퇴/ 결근	사유
1	3/ 9	월	09:00	14:00	4	4	김○○	홍○○		
2	3/ 10	화	09:00	18:00	8	12	김○○	홍○○		
3										
4										
5										
6										
7										
8										
9										
10										
11										
12										
13										
14										
15										
16										
17										
18										
19										
20										
실습 시간 합계			시간		실습 지도자 확인		㊞			

※기재요령: 반드시 수기로 기재하며, 출근 시간, 퇴근 시간 표시, 퇴근 시 실습생 및 실습 지도자가 확인하며, 지각, 조퇴, 결근 시 그 사유를 함께 기록(결근 시에는 대체 실습일 반드시 기록)함
※실습 시간은 160시간 이상, 실습일은 20일 이상

4 사회복지현장 실습생 서약서

표 5-4 사회복지현장 실습생 서약서

사회복지현장 실습생 서약서

실습생	소속	○○대학교	
	성명	김○○	
	학번	20○○○○	
실습기관		○○복지관	전화: 032-○○○-2222
실습 지도자		박○○	
실습 지도교수		서○○	

상기 본인은 아래와 같이 사회복지현장실습에 관한 기준에 따라 현장실습을 성실히 수행하였으며, 허위 실습이 적발될 시 모든 책임을 본인이 질 것을 서약합니다.

– 아 래 –

• 사회복지현장실습에 관한 기준(「사회복지사업법」 시행규칙 제3조 관련)

가. 실습기관
- –「사회복지사업법」 제2조 제1호에 따른 사회복지사업과 관련 법인 · 시설, 기관 및 단체
- –사회복지현장실습 지도자가 2명 이상일 것

나. 실습 지도자
- –사회복지사 1급 자격증을 취득 후 3년 이상 사회복지사업 실무 경험자
- –사회복지사 2급 자격증을 취득 후 5년 이상 사회복지사업 실무 경험자
- –사회복지현장실습 시작 전 연도 보수교육을 8시간 이상 받았을 것

다. 실습 시간: 160시간 이상

년 월 일

서약인: ㊞

○○대학교 총장 귀하

※서약서 날짜는 기관실습을 마치는 날짜로 기록한다. (이것은 학교 상황에 맞게 할 수 있음. 예를 들어 종강 날짜로 기록할 수도 있음)

5 사회복지현장 실습생의 자세

한국사회복지사협회(2010)에서는 사회복지현장 실습생으로서 사회복지사 윤리강령과 더불어 준수해야 하는 실습생 자세를 다음과 같이 제시하고 있다.

사회복지 실습생으로서 사회복지사 윤리강령과 다음 사항을 준수한다.

① 실습의 목적과 중요성을 충분히 이해하고 실습계약 사항을 이행하기 위하여 최선의 자세로 실습에 임한다.

② 실습은 대학에서 학습된 이론을 구체적으로 적용하는 과정임을 인식하여 이에 최선을 다한다.

③ 실습 교육기관의 구성원이라는 생각으로 타 구성원과 협력하며 친화적인 태도를 취한다.

④ 기관의 정책을 이해하고 수용하며 실습 과정에서 준수하도록 한다.

⑤ 근무 시간은 기관의 규정에 준하며 직원과 동일한 자세로 근무 시간에 임하도록 한다.

⑥ 실습 시작 최소 10분 전에 출근하여 출근을 확인하며, 업무에 관계된 사항을 사전에 준비하도록 한다.

⑦ 결근, 조퇴, 지각 등 근태와 관련된 사항은 반드시 실습 지도자에게 사전에 보고하여 허락을 받도록 한다.

⑧ 실습 지도자의 지시뿐 아니라 타직원의 지도를 잘 이행함으로써 실습 효과를 최대화 하도록 한다.

⑨ 직무에 강한 책임감과 열의를 갖고 적극적으로 임하며 타인에게 책임을 전가하거나 태만하게 행동하지 않는다.

⑩ 실습으로 인하여 알게 된 클라이언트의 사적인 정보를 교육적 목적(대학실습 지도 등) 이외에는 절대 발설하지 않으며, 교육적 목적이라 하더라도 가명을 사용하여 개인의 비밀이 침해되지 않도록 한다. 실습종료 후에는 실습 관련내용을 학회지 등에 게재하고자 할 때는 반드시 실습 지도자와 상의하여 허락을 받아야 한다.

⑪ 실습 지도자의 지도 혹은 타실습생의 실습을 견학 또는 관찰할 경우, 배우는 자세로

진지한 태도를 취한다.

⑫ 기관의 직원, 클라이언트 등에 대해 예의를 지킨다.

⑬ 복장, 소지품은 실습기관의 특성과 상황에 맞게 취하되 가능한 화려한 것을 피하고 검소하며 단정한 것으로 착용하도록 한다.

⑭ 안전사고에 만반을 기하도록 하며 안전사고와 관련된 기관의 규정을 사전에 숙지하여 그에 준해 처리하도록 한다.

⑮ 실습 일지를 비롯한 각종 실습 기록은 사실에 근거하여 정확하고 구체적으로 정리하여 실습 시 실습 지도자와 실습 지도교수의 강평을 받는다.

⑯ 과제에 관하여 연구하고 그 결과물에 대해 실습 지도자의 강평을 받는다.

⑰ 실습 과정 중 어떤 경우라도 사례금 등의 금품을 절대 주거나 받지 않는다.

⑱ 과제물은 정해진 기일에 제출하고 출근 전에 작성을 마친다.

⑲ 기관의 명칭을 사적으로 활용하지 않으며 실습생의 신분을 지킨다.

⑳ 기관을 대표한다는 자세로 실습 교육기관의 직원들과 동일한 업무 태도와 자세를 취한다.

제6장

사회복지현장실습의 실제 2

1 사회복지현장실습 지도 계획서 및 세부 계획서

2 사회복지현장 실습 일지 작성방법

3 사회복지현장 실습 일지 예시

4 현장실습 보고서 작성방법

1 사회복지현장실습 지도 계획서 및 세부 계획서

1) 사회복지현장실습 지도 계획서

사회복지현장실습 슈퍼바이저는 실습지의 현황 및 상황을 실습생과 협의하여 실습 계획을 작성하며, 이 계획에 따라 실습을 진행하게 된다.

실습 지도 계획서의 주요 내용을 정리하면 다음과 같다(정효신 외, 2020).

첫째, 사회복지현장실습 목적은 실습기관의 특징과 그 지역사회의 특성을 파악하고, 대상자에 대한 이해와 서비스에 대해 기술해야 한다. 뿐만 아니라 타기관과의 서비스 전달체계와 프로그램, 자원연계를 이해하고 비교 · 평가함으로써 문제점과 개선점을 설계해 보도록 한다. 실습기관의 서비스 제공 상황을 파악하여 사회복지실천 행위가 사회복지 전문직으로서의 전문내용과 사회복지사로서의 자아인식을 향상하는 데 있다.

둘째, 사회복지현장실습 목표는 단기 목표와 장기 목표로 구성되는데, 기관의 특성과 사업을 이해하고 실습생의 자질과 맞는지 실습을 통해 진로 결정에 도움이 되도록 한다. 뿐만 아니라 기관이 실시하고 있는 사업과 특성에 대한 이해를 높이며 사업에 대한 중요성과 지원의 필요성과 목적에 대한 이해를 높일 수 있도록 한다. 실습기관 홈페이지를 자주 검색하여 진행 중인 사업과 변화에 대해서도 인지하고 기관이 전반적인 사업교육에 참석하여 센터의 사업과 특성을 이해한다. 지역사회 탐방을 통해 실습기관이 위치하고 있는 지역사회 특성도 인지해야 한다.

셋째, 실습 분야로는 단기 목표와 장기 목표를 달성하기 위한 구체적인 계획으로 실습 진행 시 실습생이 진행하여야 될 직무에 대해서 자세히 기술하는 것을 말한다. 실습생의 직무에는 환경적인 부분부터 시작하여 프로그램, 대상자 상담, 평가회, 프로포절, 사례관리 등 다양한 분야에 걸쳐 실습이 진행되는 효율적인 방법이 될 수 있다.

넷째, 실습 기간은 기관에서 실습생을 받을 때 학기 중 또는 방학 중에 실습을 진행할 것인가를 설명하고 실습 시간과 시기에 대해서 작성하는 공간으로 주중 아니면 주말에 실습생을 몇 명 받을지 확인하는 공간이기도 하다.

다섯째, 사회복지현장실습에서 실습 대상이 되는 조건은 다양하다.

여섯째, 사회복지현장실습에서 교육 계획은 단위 시간별로 기재하고, 단위 시간별 교육 내용을 기재해야 하며, 다음의 실습 일정을 참고로 단위로 묶어서 기재할 수도 있다.

일곱째, 실습 지도방법은 개별실습 지도 계획과 집단실습 지도 계획, 기타 계획으로 이루어질 수 있으며, 프로그램 활동 참여 시 지도할 수도 있다.

여덟째, 사회복지현장실습에서 실습 일정은 각 실습 회차마다 시간과 실습내용을 작성하여 실습생에게 개별 유인물로 배부하면 된다. 실습 일정이 자세하게 나온 것을 실습교육 계획이라고 한다. 실습 계획을 주 단위로 하거나 매일 단위로 계획을 할 수도 있다. 실제 예를 견본으로 제시한다.

아홉째, 참고도서는 기관 유형과 기관 대상자들에 관련된 사항이나 서비스, 프로그램 등이 나타나 있는 교재, 인터넷, 논문, 자료 등을 말하는 것으로 실습생이 실습 시 필요한 자료들을 확인할 수 있는 것이면 된다.

2) 실습 지도 계획서 서식과 예시

사회복지현장실습 일정에 따른 실습내용을 정리한 세부 계획서를 실습기관에서 제공한다. 이 실습 계획서에 따라 실습이 진행되어지므로 실습 계획서를 미리 받아두는 것도 유용한다.

표 6-1 ○○장애인 성폭력 상담소 실습 지도 계획서(예시)

실습 지도 계획서

• 실습 지도자: 박○○

1. 실습 목적
   예비사회복지사로서 사회복지실천의 지식과 기술 등을 점검하고 접목시켜 겸비하게 한다.

2. 실습 목표
   사회복지실천의 가치(윤리)와 지식 그리고 장애인복지 현장의 실천 및 전문적인 기술을 갖춘 사회복지사를 양성하는 것이다.

3. 실습 분야
   장애인 성폭력 센터의 상담실 보조 업무와 교육 업무 보조, 장애인시설 탐방 및 상담 일지를 분석한다.

4. 실습 기간
   20○○년 3월 ○일 ~ 20○○년 3월 ○○일(총 160시간)

5. 실습 대상
   장애인 성폭력 센터를 방문하는 여성 장애인, 장애인 가족의 아동, 비장애인 시민을 대상으로 한다.

6. 교육 계획

단위 시간	내용	담당	비고
40시간	이론 강의 및 프로그램 보조	박○○, 김○○	기관 프로파일, 실습 일지 매회 제출
40시간	상담/ 업무 보조 및 프로그램 평가	박○○, 김○○	실습 중간평가
40시간	장애인시설 탐방 및 장애인 이해	박○○, 김○○	
40시간	개인상담 및 집단상담 및 업무 보조	박○○, 김○○	실습 종결평가

7. 실습 지도방법
   ① 개별실습 지도 계획: 사회복지사 윤리강령과 상담원으로서의 자세, 장애 유형별 상담 및 보조 업무 지도와 이론을 지도한다.
   ② 집단실습 지도 계획
   - 장애인시설 현장을 탐방(예 곰두리네 꿈이 있는 땅, 장애인 공동생활가정 등)한다.
   - 여성 장애인 교육 프로그램과 회원 자조 모임의 프로그램 수업 등을 보조 진행한다.

   ③ 기타 계획:

8. 실습 일정

주	월/ 일	시간	실습 내용	담당	과제물
제1주 (계속)	3월 ○일	8시간	• 실습기관 공지 사항 및 실습생의 자세, 사회복지사 윤리강령의 이해와 선서, 사회복지사의 성 관련 마인드맵 작성, 상담의 과정과 대화 기법, 사회복지사로서의 자기 점검(나를 찾아 떠나는 여행)	박○○ 김○○	*실습 일지 매회 제출
	3월 ○일	8시간	• 실습 일지 점검 및 피드백, 상담도구(에니어그램)의 이해, 실습기관의 20○○년 사업 계획서 이해, 비전선언문 작성, 선배 사회복지사와의 만남	박○○ 김○○	인간의 9가지 유형별 특징 및 기능 교육
	3월 ○일	8시간	• 실습 일지 점검 및 피드백, 비전선언문 발표, 사회복지사로서의 성인지 액션플랜 Ⅰ, Ⅱ, Ⅲ, 상담도구(에니어그램)의 실제	박○○ 김○○	(과제 1) 인간의 9가지 유형별 특징 및 기능 *실습 일지 매회 제출
	3월 ○일	8시간	• 실습 일지 피드백, 사회복지사로서의 성인지 액션플랜 Ⅲ, 사회복지사로서의 성 관련 마인드맵 작성하기 및 평가, 내담자의 심리를 끌어내는 상담도구(뇌 구조) 작성 및 조별 나눔	박○○ 김○○	(과제 2) 사례관리 이해 *실습 일지 매회 제출
제2주	3월 ○일	8시간	• 실습 일지 피드백, 건강한 성 이해, 성폭력 ○ X 퀴즈, 가정폭력 ○ X 퀴즈, 내담자의 감정 이해(듣고 싶은 말, 듣기 싫은 말)	박○○ 김○○	(과제 3) case study 1 자료 *실습 일지 매회 제출
	3월 ○일	8시간	• 실습 일지 점검 및 피드백, 성의 이해 Ⅰ, 성의 이해 Ⅱ, 자기점검(듣고, 보고, 말하기)	박○○ 김○○	(과제 4) 성의 이해 자료
	3월 ○일	8시간	• 실습 일지 점검 및 피드백, 사회복지사협회와 사회복지협의회 이해와 역할 • 사회복지 관련 영화 'I am Sam' 감상, 영화감상문 작성	박○○ 김○○	
	3월 ○일	8시간	• 실습 일지 점검 및 피드백, 사회복지 관련 'I am Sam' 영화 감상 토론, 지역사회협의체 이해와 역할, 프로포절의 이해와 중요성 및 조별 작성	박○○ 김○○	(과제 5) case study 2 자료
	3월 ○일	8시간	• 실습 일지 피드백, 프로포절 작성(최근 2년간 예산 및 결산) • 사회복지공동모금회의 이해와 역할, 지역사회복지관의 이해와 역할	박○○ 김○○	(과제 6) 프로포절 최근 2년간 예산결산 자료 실습 중간평가서

주	월/ 일	시간	실습 내용	담당	과제물
제3주 (계속)	3월 ○일	8시간	• 중간평가, 프로포절 작성(기증차량 운영계획)	박○○ 김○○	(과제 7)
	3월 ○일	8시간	• 실습 일지 점검 및 피드백, 프로포절 작성(기증차량 운영 계획) • 내담자의 권리와 존엄성에 대한 존중, 내담자의 정보보호 및 비밀 관리		
	3월 ○일	8시간	• 실습 일지 점검 및 피드백, 프로포절 차량기증 작성 피드백 • 성폭력 상담통계 및 성폭력 피해자 장애 유형	박○○ 김○○	(과제 8) 장애 유형 성폭력 이해 자료
	3월 ○일	8시간	• 실습 일지 점검 및 피드백, 자조 모임 회원활동 프로그램 술런 체험 • 내담자와 상담자의 대면 기술 이해, 내담자와 상담자의 대면 경험(개인상담 경험)	박○○ 김○○	
	3월 ○일	8시간	• 실습 일지 점검 및 피드백, 성폭력의 유형(성폭행, 성추행, 성희롱) • 성폭력 피해자의 장애 유형 I, II	박○○ 김○○	(과제 9) 성폭행, 성추행, 성희롱 자료
제4주	3월 ○일	8시간	• 실습 일정 회의, 상담자로서 자기감정 이해(표현해 봅시다) • 사회복지사의 내적 장점 찾기(자유, 힘, 기쁨, 사랑)	박○○ 김○○	
	3월 ○일	8시간	• 실습 일지 점검 및 피드백, 자조 모임 회원활동 프로그램 술런 체험 • 내담자와 상담자의 대면 기술 이해, 내담자와 상담자의 대면 경험(집단상담 경험)	박○○ 김○○	
	3월 ○일	8시간	• 교육: case mangement 이론과 실제 • case finding 1	박○○ 김○○	
	3월 ○일	8시간	• case conference • 가정방문	박○○ 김○○	(과제 10) 프로그램 계획서
	3월 ○일	8시간	• 20일간의 실습 일정 정밀 및 소감문 작성 • 종결평가	박○○ 김○○	(과제 11) 실습 종결 평가서

9. 실습생의 책임과 과제

기관의 목적과 사업내용을 잘 숙지하여 클라이언트에 대한 비밀유지의 원칙을 지키고 사회복지실천의 현장에서 전문직의 가치와 윤리를 갖고 준수해야 한다.

10. 참고도서

류종훈(2006). 지역사회복지론. 동인출판사.
신현석(2020). 장애인 복지론. 공동체.
윤운성(2015b). 에니어그램 이해: 나를 찾아 떠나는 여행 1. 한국에니어그램 교육연구소.
정순돌(2005). 사례관리 실천의 이해. 학지사.
조현춘 외 역(2012). 심리상담과 치료의 이론과 실제. 센기이지러닝코리아.
지은구(2005). 프로그램 개발과 평가. 학지사.

표 6-2 주 · 야간 재가복지 실습 지도 계획서(예시)

실습 지도 계획서

• 실습 지도자: 박○○

1. 실습 목적

지역사회복지관의 구조와 기능 및 지역사회와의 관계를 이해하고, 또 재가복지사업 이해 및 재가 노인 중심의 사례관리를 이해하며 사례 발굴 및 개입을 통한 사례관리 과정 기술을 습득하고 프로그램 계획 및 실행평가 등의 일련의 과정 경험을 통해 기술습득을 하는 데 목적이 있다.

2. 실습 목표

- 지역사회복지관의 구조와 기능 및 지역사회와의 관계를 이해할 수 있다.
- 재가복지사업을 이해 및 재가 노인 중심 사례관리를 이해할 수 있다.
- 사례 발굴 및 개입을 통한 사례관리 과정 기술을 습득할 수 있다.
- 프로그램 계획 및 실행평가 등 일련의 과정 경험을 통한 기술을 습득할 수 있다.

3. 실습 분야: 주 · 야간 재가복지

4. 실습 기간: 20○○년 ○○월 ○○일 ~ 20○○년 ○○월 ○○일(총 160시간)

5. 실습 대상: 노인

6. 교육 계획

단위 시간	내용	담당	비고
20시간	• 오리엔테이션 및 실습 전반 소개, 행정업무와 지역사회복지관의 이해 • 이용자 관리(이름과 상황 파악하기) • (교육 1) 인간관계훈련 • (교육 2) 지역사회복지관의 이해 및 업무 보조	박○○ 김○○	• 실습 일지 매회 제출 • (과제 1) 지역사회복지관의 이해
40시간	• (교육 3) 회원관계형성 교육: 자기발전 • (교육 4) 재가복지센터의 이해 및 업무 보조 • (교육 5) 재가노인 case study • 프로그램 보조	박○○ 김○○	• (과제 2) 재가복지사업 이해 • (과제 3) 재가노인 case study 1 자료
40시간	• (교육 6) case management 이론과 실제 • (교육 7) 재가 노인 사례관리 이해 • 가정방문	박○○ 김○○	• (과제 4) 중간평가서 • (과제 5) 사례관리 이해
40시간	• (교육 8) 프로그램 계획 및 평가 • 가정방문	박○○ 김○○	• (과제 6) 노인성 치매 이해 • (과제 7) 프로그램 계획서
20시간	• 가정방문 • 지역사회복지관 탐방	박○○ 김○○	• (과제 8) 종결평가서

7. 실습 지도방법

① 개별실습 지도 계획: 지역사회복지 관리와 재가복지센터의 이론을 지도하고, 사례관리를 계획하고 평가하고 실천할 수 있도록 지도한다.

② 집단실습 지도 계획

- 가정을 탐방한다.
- 기관을 탐방한다.

8. 실습 일정

주	월/ 일	시간	실습내용	담당	과제물
1	○월 ○일	09:00~18:00	• 이용자 관리(이름과 상황 파악하기) • 실습 전반 소개 및 기관 소개 • (교육 1) 인간관계훈련	박○○ 김○○	• 이용자 관리 (매일) • 실습 일지 매회 제출
2	○월 ○일	09:00~18:00	• 이용자 관리(이름과 상황 파악하기) • (교육 2) 지역사회복지관의 이해 및 업무 보조	박○○ 김○○	• (과제 1) 지역사회복지관의 이해
3	○월 ○일	09:00~18:00	• 이용자 관리(이름과 상황 파악하기) • (교육 3) 회원관계형성 교육: 자기발전	박○○ 김○○	
4	○월 ○일	09:00~18:00	• 이용자 관리(이름과 상황 파악하기) • 프로그램 업무 보조	박○○ 김○○	
5	○월 ○일	09:00~18:00	• 이용자 관리(이름과 상황 파악하기) • (교육 4) 재가복지사업의 이해 및 업무 보조	박○○ 김○○	• (과제 2) 재가복지사업 이해
6	○월 ○일	09:00~18:00	• 이용자 관리(이름과 상황 파악하기) • 프로그램 업무 보조	박○○ 김○○	
7	○월 ○일	09:00~18:00	• 이용자 관리(이름과 상황 파악하기) • (교육 5) 재가노인 case study • case finding 1 • case conference 1 • 가정방문 1	박○○ 김○○	• (과제 3) 재가노인 case study 1 자료
8	○월 ○일	09:00~18:00	• 이용자 관리(이름과 상황 파악하기) • (교육 5) 재가노인 case study • case finding 1 • case conference 1 • 가정방문 1	박○○ 김○○	• (과제 3) 재가노인 case study 1 자료
9	○월 ○일	09:00~18:00	• 이용자 관리(이름과 상황 파악하기) • (교육 6) case management 이론과 실제 • case finding 3 • case conference 3	박○○ 김○○	
10	○월 ○일	09:00~18:00	• 이용자 관리(이름과 상황 파악하기) • 노인 권리에 대한 이해, 노인상담 • 중간평가 • 가정방문 3	박○○ 김○○	• (과제 4) 중간평가서
11	○월 ○일	09:00~18:00	• 이용자 관리(이름과 상황 파악하기) • (교육 7) 재가 노인 사례관리 이해 • 가정방문 4	박○○ 김○○	• (과제 5) 사례관리 이해
12	○월 ○일	09:00~18:00	• 이용자 관리(이름과 상황 파악하기) • 근골격계 질환 및 예방지침, 성폭력 예방 및 대응지침 • 가정방문 5	박○○ 김○○	

주	월/ 일	시간	실습내용	담당	과제물
13	○월 ○일	09:00~18:00	• 이용자 관리(이름과 상황 파악하기) • 클라이언트와의 라포형성, 치매의 원인과 진단 및 치료 • 기관 방문(day care center)	박○○ 김○○	• (과제 6) 노인성 치매 이해
14	○월 ○일	09:00~18:00	• 이용자 관리(이름과 상황 파악하기) • 노인문제, 노인학대와 노인폭력의 심각성에 대한 토론, 노인학대예방	박○○ 김○○	
15	○월 ○일	09:00~18:00	• 이용자 관리(이름과 상황 파악하기) • 토론: 노인 우울증, 노인자살문제, 노인낙상사고, 방문요양 서비스	박○○ 김○○	
16	○월 ○일	09:00~18:00	• (교육 8) 프로그램 계획 및 평가 • 이용자 관리(이름과 상황 파악하기) • 욕창에 대한 이해, 감염예방 및 관리지침, 심폐소생술, 수급자 관리	박○○ 김○○	• (과제 7) 프로그램 계획서
17	○월 ○일	09:00~18:00	• 이용자 관리(이름과 상황 파악하기) • 파킨슨병에 대한 이해, 정신질환의 종류, 정신질환 원인과 치료	박○○ 김○○	
18	○월 ○일	09:00~18:00	• 이용자 관리(이름과 상황 파악하기) • 재가장기요양 급여의 서비스, 재가방문 노인상담, 욕창 발생 시 대처법 • 지역복지관 탐방	박○○ 김○○	
19	○월 ○일	09:00~18:00	• 이용자 관리(이름과 상황 파악하기) • 재가방문 시 요양보호사 관리교육, 노인학대 신고 및 대응조치	박○○ 김○○	
20	○월 ○일	09:00~18:00	• 이용자 관리(이름과 상황 파악하기) • 종결평가평가서 작성 및 평가회 서류정리, 실습 지도자 면담	박○○ 김○○	• (과제 8) 종결평가서

9. 실습생의 책임과 과제

- 준 직원으로서의 기본 자세 유지
- 과제 제출 기한 엄수
- 기관 및 대상 개인 비밀 보장
- 출 · 퇴근 엄수
- 실습 중 발생하는 클라이언트 관련정보, 기관 기밀, 절대보안 유지

10. 참고도서

류종훈(2006). 지역사회복지론. 동인출판사.
손홍숙(2006). 재가복지. 양서원.
정순돌(2005). 사례관리실천의 이해. 학지사.
지은구(2005). 프로그램 개발과 평가. 학지사.

표 6-3 노인 요양원 실습 지도 계획서(예시)

실습 지도 계획서

• 실습 지도자: 박○○

1. 실습 목적
학교에서 배운 사회복지 이론을 실천 현장에 적용하는 과정을 통하여 경영 관리 전문가로서 갖추어야 할 지식, 기술, 가치관을 내재화함으로써 사회복지전문가로서의 자질과 능력을 향상시킨다.

2. 실습 목표
• 사회복지 가치 및 윤리의 내면화하여 전문적인 자질과 태도를 향상한다.
• 클라이언트의 강점 관점에 대한 이해력을 증진시킨다.

3. 실습 분야
• 행정적 측면의 지식과 기술 분야
• 여가 프로그램 운영과 계획, 평가
• 클라이언트의 사정과 서비스 계획

4. 실습 기간: 20○○. 10. 3.(목) ~ 20○○. 11. 30.(토) (총 160시간)

5. 실습 대상: 중풍, 파킨슨, 말기 암 환자, 치매 어르신

6. 교육 계획

단위 시간	내용	담당	비고
40	• 오리엔테이션 실습 전반 소개 및 기관 소개 행정 업무 및 시설관리의 이해 • (교육 1) 인간관계훈련	이○○	• 기관 프로파일 • 실습 일지 매회 제출 • 시설평가 매뉴얼 숙지 • (교육 1) 인간관계훈련
40	• (교육 2) 지역사회복지관의 이해 • 프로그램의 실제	이○○	• (과제 1) 노인성 질환 치매에 대한 이해 • (교육 2) 지역사회복지관의 이해 • (과제 2) 중간평가서
40	• 프로그램의 이해와 시연 • (교육 3) 노인케어의 이해	이○○	• (교육 3) 노인케어의 이해 • (과제 3) 치매환자의 이해
40	• 프로그램의 진행	이○○	• (과제 4) 지역사회복지관 • (과제 5) 종결평가서

7. 실습 지도방법
① 개별실습 지도 계획: 실습생 양적 욕구 조사와 능력에 따른 개별 멘토와 코칭
② 집단실습 지도 계획: 5명으로 구성된 집단요원들과 함께 여가와 치료 프로그램에 대한 계획
③ 기타 계획: 클라이언트와의 야외 나들이 혹은 실습생 친목을 위한 야외 회식, 견학

8. 실습 일정

주		월/ 일	시간	실습내용	담당	과제물
1주	1	○월 ○일	8	• O.T: 기관 및 클라이언트 이해	이○○	• 실습 일지 매회 제출
	2	○월 ○일	8	• 시설평가 매뉴얼 숙지 1	이○○	• 시설평가 매뉴얼 숙지
	3	○월 ○일	8	• 시설평가 매뉴얼 숙지 2	이○○	
	4	○월 ○일	8	• 시설평가 매뉴얼 숙지 3	이○○	

주		월/ 일	시간	실습내용	담당	과제물
2주	5	○월 ○일	8	• 시설평가 매뉴얼 숙지 4	이○○	
	6	○월 ○일	8	• 노인성 질환 이해하기 1(치매)	이○○	• (과제 1) 노인성 질환 치매에 대한 이해
	7	○월 ○일	8	• 노인성 질환 이해하기 2(치매)	이○○	
	8	○월 ○일	8	• 노인성 질환 이해하기(다양한 질환)	이○○	
3주	9	○월 ○일	8	• 양초 꾸미기	이○○	
	10	○월 ○일	8	• 준와상 환자의 이해 및 케어방법	이○○	
	11	○월 ○일	8	• 생신잔치, 중간평가서	이○○	• (과제 2) 중간평가서
	12	○월 ○일	8	• 치매환자의 이해 및 케어방법 1	이○○	• (과제 3) 치매환자의 이해
4주	13	○월 ○일	8	• 치매환자의 이해 및 케어방법 2	이○○	
	14	○월 ○일	8	• 치매환자의 이해 및 케어방법 3	이○○	
	15	○월 ○일	8	• 와상환자의 이해 및 케어방법	이○○	
	16	○월 ○일	8	• 사회복지사업법의 이해 • 〈교육〉 지역사회복지관의 이해	이○○	• (과제 4) 지역사회복지관
5주	17	○월 ○일	8	• 노인장기요양보험법의 이해	이○○	
	18	○월 ○일	8	• 감염병 예방 및 관리에 관한 법률(감염예방법)의 이해	이○○	
	19	○월 ○일	8	• 노인인권의 이해	이○○	
	20	○월 ○일	8	• 노인학대예방 및 신고의무자교육 • 종결평가서	이○○	• (과제 5) 종결평가서

9. 실습생의 책임과 과제

- 사회복지사로서 윤리강령을 준수하고 클라이언트와 기관의 정보에 대한 비밀 유지
- 실습과제물 제 시간에 제출
- 실습 지도자와 직원의 지시와 지도에 대한 충실함

10. 참고도서

고재욱 외(2018). 노인복지론. 양서원.

류종훈(2006). 지역사회복지론. 동인출판사.

사랑마루 홈페이지(www.sarangmaru.org)

수협은행 블로그(2019. 8. 27.). 2019년 노인복지정책 어떻게 변할까?

오병훈 · 차경렬(2007). 노인성 치매, 우울증의 성공적 치료. 하나의학사.

이윤정 · 민경희 · 김연주(2019). 낙상 예방 프로그램. 늘푸른의료재단 성남시노인보건센터.

정여주(2013). 만다라와 미술치료. 학지사.

조성준(2006). 향기치료의 기적. 세경.

표 6-4 정신요양 실습 지도 계획서(예시)

실습 지도 계획서

• 실습 지도자: 김○○

1. 실습 목적

사회복지현장실습을 통하여 학교에서 배우는 이론적인 지식뿐만 아니라 사회복지실천 기술이 어떻게 개인, 가족, 집단 그리고 지역사회의 문제를 해결하는지 배우는 기회를 갖고 학교에서 배운 것들을 실제 생활에 적용시키는 실무 경험을 제공하는 것을 목적으로 한다.

2. 실습 목표

- 장애인시설의 기능 및 역할에 대한 이해를 향상시킨다.
- 실천 현장과의 지속적인 접촉을 통해서 현장 경험의 기회를 제공한다.
- 사회사업가로서의 역할 및 자질을 평가할 수 있도록 한다.

3. 실습 분야: 정신요양시설의 목적 및 정책, 사업내용, 정신 장애인의 이해

4. 실습 기간: 20○○년 ○○월 ○○일~○○월 ○○일 (총 160시간)

5. 실습 대상: 하○○

6. 교육 계획

단위 시간	내용	담당	비고
40시간	• 사무행정 영역 –사무팀 업무에 관한 교육(사무행정) –생활인 입 · 퇴소에 관한 업무	김○○	
40시간	• 사회사업 영역 –프로그램 교육 및 진행 –외부 지원 프로포절 작성교육 –사례관리교육 –자원봉사자관리교육 –홍보물 제작 및 후원자 개발 업무	송○○	
40시간	• 생활 지도 영역 –생활관 행정 업무 –전반적인 생활 지도(위생 지도, 식사 지도, 청소 지도)	박○○	
40시간	• 간호 영역 –정신질환에 대한 전반적인 이해 –전반적인 의무실 업무 교육(약물복용)	현○○	

7. 실습 지도방법

① 개별실습 지도 계획: 실습 일지, 과제물 점검(사례관리, 프로그램 계획서), 매 활동 시 담당자의 직접적인 슈퍼비전

② 집단실습 지도 계획: 교육 및 평가회를 통한 피드백

8. 실습 일정

주	월/ 일	시간	실습내용	담당	과제물
1주	○월 1일	8시간	• 실습 관련 상담 및 기관 라운딩, 기관 현황 설명	김○○	
	○월 2일	8시간	• 전반적인 생활 지도(위생 지도, 식사 지도, 청소 지도 등)	김○○	
	○월 3일	8시간	• 사례관리 관련 교육	송○○	개별 사례관리 제출
	○월 4일	8시간	• 정신질환에 대한 전반적인 이해(약물증상교육 I)	송○○	
	○월 5일	8시간	• 집단 프로그램 계획서 작성방법 교육 I	송○○	집단 프로그램 계획서
2주	○월 6일	8시간	• 홍보물제작 및 후원자 개발 업무	송○○	
	○월 7일	8시간	• 자원봉사자 관리 교육	송○○	
	○월 8일	8시간	• 외부 지원 프로포절 작성방법 교육 I	송○○	
	○월 9일	8시간	• 사회복지시설정보 시스템 관련 교육	송○○	
	○월 10일	8시간	• 실습 중간평가	송○○	과제) 실습 중간평가서
3주	○월 11일	8시간	• 직업재활 영역교육(봉투작업)	박○○	
	○월 12일	8시간	• 의무팀 전반적인 업무교육 및 생활인에 대한 이해	박○○	
	○월 13일	8시간	• 설 명절 행사 참여	박○○	
	○월 14일	8시간	• 전반적인 생활 지도(위생 지도, 식사 지도, 청소 지도 등)	박○○	
	○월 15일	8시간	• 생활인 입 · 퇴소 관련 업무 교육	박○○	
4주	○월 16일	8시간	• 사례관리(개별상담)	박○○	
	○월 17일	8시간	• 전반적인 생활 지도	박○○	
	○월 18일	8시간	• 집단 프로그램 진행	현○○	
	○월 19일	8시간	• 사례관리, 집단 프로그램에 대한 평가	현○○	
	○월 20일	8시간	• 실습최종평가(과제물 점검 및 슈퍼비전)	현○○	과제) 실습 종결평가서

9. 실습생의 책임과 과제

- 항상 겸허한 자세로 임한다.
- 항상 적극적으로 행동한다.
- 의문점이나 불편한 점은 솔직히 질문하고 지도를 받는다.
- 예의바른 태도와 정중한 언어 사용에 노력한다.
- 준전문가로서의 맡은 바 업무에 책임성을 가지고 성실히 임한다.

10. 참고도서

김혜영 외(2020). 사회복지실천론. 공동체.
신현석(2020). 장애인복지론. 공동체.
정순둘(2005). 사례관리 실천의 이해. 학지사.
정원철(2020). 정신건강사회복지론. 공동체.
지은구(2005). 프로그램 개발과 평가. 학지사.

표 6-5 ○○지역아동센터 실습 지도 계획서

실습 지도 계획서

• 실습 지도자: 김○○

1. 실습 목적
아동복지 분야에서 행정 업무 및 아동 상담 기술, 아동들과의 라포 형성을 경험하며 배운다. 또한 지역아동센터의 바람직한 운영과 효율적인 프로그램에 대해 실습으로 프로그램을 기획하고 참여한다.

2. 실습 목표
① 아동들과의 라포 형성의 상담 기술을 배운다.
② 지역아동센터의 행정 업무를 익힌다.
③ 지역사회에서 지역아동센터의 역할과 의미를 알아본다.

3. **실습 분야:** 아동복지 시설 지역아동센터

4. **실습 기간:** 학기 중, 방학 중(160시간)

5. **실습 대상:** 실습생은 신청자 등 기관 선발 기준, 신청자의 지원동기 등을 고려하여 선발한다.

6. 교육 계획

단위 시간	내용	담당	비고
40	• 오리엔테이션 및 기관 소개, 실습 일지 작성, 환경미화, 간식 만들기, 학습 지도	박○○	
40	• 학습 지도, 인권교육, 아동학대예방, 프로그램 계획 및 진행, 중간평가회	박○○	
40	• 집단 프로그램 진행, 생활관리 지도, 지역아동센터 도서관리	박○○	
40	• 사회복지회계 교육, 종결평가와 슈퍼비전	박○○	

7. 실습 지도방법
① 개별실습 지도 계획: 개별 피드백 제공
② 집단실습 지도 계획: 과제 수행 후 발표 및 아동복지 분야에 대해 토론하고 집단실습 지도를 진행한다. 또한 아동학대 예방교육, 프로포절 기획회의에 참여하고 다른 의견을 수용하는 긍정적인 피드백을 경험한다.
③ 기타 계획

8. 실습 일정

주	월/ 일	시간	실습내용	실습생 역할
1주	○월 ○일	8시간	• 오리엔테이션 및 기관 소개, 실습 안내	실습 일정 확인
	○월 ○일	8시간	• 실습 일지 작성방법 안내	실습 일지 작성 숙지
	○월 ○일	8시간	• 아동학습 지도	아동 특성 파악
	○월 ○일	8시간	• 인권교육, 아동권리 교육	교육 참여
	○월 ○일	8시간	• 학급 지도, 간식 만들기	아동과 상호작용하여 간식 만들기

주	월/ 일	시간	실습내용	실습생 역할
2주	○월 ○일	8시간	• 아동상담의 이해, 학습 지도	숙제, 학습 지도
	○월 ○일	8시간	• 푸드뱅크(수급과 분배)	푸드뱅크 이해
	○월 ○일	8시간	• 아동학대예방교육	교육 참여
	○월 ○일	8시간	• 미술수업, 학습 지도	학급 지도
	○월 ○일	8시간	• 중간평가회 및 피드백	실습 중간평가서 작성, 발표
3주	○월 ○일	8시간	• 집단 프로그램 기획 참여	회의 참여, 의견 발표
	○월 ○일	8시간	• 프로그램 진행 후 활동평가	프로그램 진행 보조
	○월 ○일	8시간	• 지역아동센터의 도서구입 회의 참여	도서구입 회의 참여
	○월 ○일	8시간	• 학급 지도 및 환경미화	숙제, 학습 지도
	○월 ○일	8시간	• 지역아동센터의 도서관리	종목별 도서 구분, 정리
4주	○월 ○일	8시간	• 사회복지기관의 정보 시스템	사회복지기관 회계와 정보 시스템에 관한 교육
	○월 ○일	8시간	• 사회복지회계 프로그램	회계교육 이용방법 숙지
	○월 ○일	8시간	• 학급 지도 및 환경미화	지역아동센터 대청소
	○월 ○일	8시간	• 실습 일지 슈퍼비전	실습 일지 발표와 피드백을 받기
	○월 ○일	8시간	• 종결평가회의 및 피드백	종결평가서 작성 및 발표

9. 실습생의 책임과 과제
- 기관의 규정에 준하여 직원과 동일한 자세로 실습에 임한다.
- 결근, 조퇴, 지각 등 근태와 관련된 사항은 반드시 실습 지도자에게 미리 보고한다.
- 실습으로 인해 알게 된 클라이언트의 사적인 정보를 교육적 목적 이외에는 절대 발설하지 않는다.
- 실습 지도자의 지도, 혹은 타 실습생의 실습을 견학, 관찰할 경우는 배우는 자세로 진지하게 임한다.

10. 참고도서

공계순(2019). 아동복지론. 학지사.
김보법(2017). 초등미술수업. 지식프레임.
김성국 외(2016). 사회복지시설회계실무. 공동체.
김은혜(2014). 사회복지슈퍼비전의 적용. 양서원.
정문자(2016). 아동상담의 이해. 학지사.
최영일 외(2015). (교류분석을 활용한) 집단상담 프로그램. 학지사.

2 사회복지현장 실습 일지 작성방법

1) 실습 일지 작성의 목적

실습 일지는 실습생이 매일매일 일정에 따른 자신의 활동 경험을 기록함으로써 자신의 활동에 대해 분석하고 평가하여 앞으로의 실습내용을 보완하고 실습 목표 달성을 위해 앞으로 해야 할 구체적인 노력이 무엇인지를 파악하기 위해 작성하는 것이다. 실습생은 실습 일지를 작성해 봄으로써 실습하는 데 어떤 업무를 수행했는지 혹은 어떤 경험이나 관찰을 하였는지 자신을 인식할 수 있다. 뿐만 아니라 자신의 부족한 점, 장점을 객관적으로 인식하여 학습 경험에 기여할 수 있게 되며, 슈퍼바이저에게는 실습활동을 점검하고 시의 적절한 슈퍼비전을 주는 근거가 될 수 있다. 또한 실습내용뿐만 아니라 기관이나 사업에 대해 분석하고 평가하여 기관 운영에 간접적으로 기여할 수 있다(임상록 외, 2009).

2) 실습 일지 작성방법

실습생이 실습 일지를 작성할 때 무슨 실습을 했는지 쉽게 알아보는 방법은 시간대별로 활동의 내용을 기록하는 방법이다. 실습생은 각 활동내용뿐만 아니라 활동에 대한 의견을 제시하고, 실습일 전체 일정 및 자신의 수행에 대한 평가와 제언을 제시한다. 실습 일지에서 실습 지도자는 지도란에 일지내용에 대한 피드백을 공식적으로 제공한다. 실습 일지 양식은 일반적으로 '오늘의 목표', '실습 일정', '실습내용', '실습생 의견', '내일의 과업과 계획' 그리고 '실습 지도자 의견'으로 구성되어 있다(이경아·서홍란, 2011).

(1) 실습 개요(일정표)

① 실습 개요에는 실습 일정에 따른 일과표를 실습내용과 분리하여 작성한다.

② 일정표 작성 시 시간 표기를 아래 예시에 맞춰 일관성 있게 한다(예 09:00~10:00, 14:00~16:00).

③ 실습 일정을 시간에 따라 간단히 요약한다(예 09:00~10:00 실습 오리엔테이션 실시).

④ 실습 시간은 1일 8시간을 넘을 수 없으며 최소 4시간 이상 실습을 하여야 한다.

⑤ 실습 시간은 실습 기간과 상관없이 160시간 이상이어야 인정된다.

⑥ 실습 일시는 1시간 간격으로 자세히, 구체적으로 정확하게 기록한다.

⑦ 시작 시간과 끝나는 시간은 정확히 꼭 표기한다(예 9시 시작인데 8시 50분 도착했다고 8시 50분으로 표기하면 안 되며, 끝나는 시간도 마찬가지로 18시인데 17시 50분에 끝났다고 17시 50분으로 표기하면 안 된다. 또한 지역아동센터는 보통 11시나 12시부터 시작되는데 실습 시간을 9시라고 표기하면 안 된다.).

⑧ 일지 내에 실습생, 슈퍼바이저 이름과 도장은 반드시 확인한다.

⑨ 실습생의 의견과 슈퍼바이저의 의견은 하루도 빠지면 안 되며, 수기나 워드로 작성해도 가능하다.

⑩ 실습 날짜와 출근부의 날짜, 시간은 반드시 일치해야 한다.

⑪ 직장을 다니는 실습생은 근무일과 실습일자의 시간이 겹치면 안 된다.

⑫ 실습생이 복지시설에 근무하고 그곳에서 실습할 경우 근무 시간과 겹치지 않도록 하되, 가능하면 다른 기관에서 실습하는 것을 원칙으로 한다.

(2) 실습 세부내용

① 실습 세부내용은 일정표에 따라 구체적이고 사실적으로 업무를 기록한다.

② 사실을 중심으로 기록하고 자신의 느낌, 추측, 평가 등은 실습 소감에 기록한다.

③ 클라이언트와 실습생과의 교류내용과 과정 기록 형식을 취한다.

④ 첨부 자료(예 교육내용, 연구 자료 등)가 있으면 일지에는 간단히 기록하고 실습 일지 뒤나 실습 보고서 제출 시 첨부하도록 한다.

⑤ 가능하면 전문용어를 사용하며 단어 선택에 유의한다(예 아이들 → 클라이언트, □□언니가 → 동료 실습생 □□가, 나/ 저는 → 본 실습생은).

⑥ 실습 일지 작성 시 클라이언트의 비밀보장을 위해 반드시 가명으로 작성하도록 한다.

⑦ 슈퍼바이저의 슈퍼비전 내용을 구체적으로 기록한다.

⑧ 실습활동 사진의 경우 클라이언트의 사생활 및 비밀보장을 준수하도록 한다.

⑨ 속어나 약어 등은 사용하지 않도록 한다.

(3) 실습활동 사진

① 매일 실습활동 사진을 첨부하여야 한다.

② 실습활동 사진은 본인의 실습활동에 대한 내용을 중심으로 해야 한다.

③ 클라이언트의 사진이 포함될 경우 사생활 및 비밀보장을 위해 모자이크 처리해야 한다.

④ 인증 사진 아래에는 실습 사진에 대한 설명을 작성하도록 한다.

(4) 실습생의 의견

① 자신의 실습 경험을 통해 배운 점과 느낀 점을 구체적으로 서술한다(예 많은 것을 배우고 느낀 하루였다(×) → 오늘 집단 프로그램을 통해 집단 리더로서의 역할과 침묵을 지키는 집단구성원에 대한 적절한 개입방법을 배울 수 있었다(○)).

② 윤리적 딜레마와 관련된 이슈는 반드시 의견란에 기록하여 슈퍼비전을 받는다.

③ 기관이나 슈퍼바이저에 대한 건의나 불만 사항은 중립적이고 공손한 문체로 기록한다(예 슈퍼바이저가 바쁘다는 이유로 실습생들을 방치해서 제대로 된 슈퍼비전을 받지 못해 속상했다(×)).

④ 실습생 자신의 실습내용 중 중요한 개입내용에 대해서는 반드시 기록하고 전문적인 지식을 바탕으로 이를 평가한 내용을 기록한다.

⑤ 자신이 실습 경험에 대해 부정적인 측면보다는 긍정적인 측면, 특히 앞으로 성장할 수 있는 가능성이 드러나도록 기록한다(예 오늘도 늦잠을 자서 또 지각을 했다. 너무 죄송하고 면목이 없다(×); 아동들이 동료 실습생들과 친하고 나를 다 싫어하는 것을 보니 사회복지사가 되는 것을 포기하는 것이 낫겠다(×)).

⑥ 실습하는 날과 연관되는 내용, 기관의 정책이나 서비스의 양적, 질적 수준, 프로그램의 내용, 보건 및 물리적 환경 수준, 급식 및 간식 등에 대해서도 주의 깊게 평가한다.

⑦ 실습생이 실습을 수행하면서 느낀 점이나 의문점에 대해 제시한다(예 ○○클라이언트가 본 실습생에게 욕을 하고 때리려 할 때 아무 반응도 보일 수 없어 무력감을 느꼈다. 추후 이와 같은 상황이 다시 발생할 경우 어떻게 대처해야 하는지 궁금하다.).

⑧ 클라이언트를 관찰하고 사정하는 것도 중요하지만, 클라이언트에 대한 통찰력 있는

접근이나 의도적 개입에 대해서도 명료하게 기록하고 이에 대해 스스로 평가할 수 있어야 한다.

(5) 실습생의 내일의 과업과 계획

실습생은 실습내용과 소감을 기록하면서 실습생으로서 자신의 하루를 성찰한 뒤 보다 발전된 내일이 되도록 스스로 과업을 설정하고 계획해야 하며, 내일의 과업과 계획을 설정할 때에는 실습 일정에 맞고 기관에서 자신이 실천할 수 있는 구체적인 것으로 설정한다(예 내일도 열심히 해야겠다(×) → 내일의 과업과 계획: 20분 일찍 출근하여 책상 정리하기, 슈퍼바이저님께 집단 프로그램 기회에 대해 질문하기, 집단 프로그램 목표 설정하기(○)).

(6) 실습평가(슈퍼비전)

① 실습평가는 슈퍼바이저가 작성한다.
② 매회 실습 일지에 슈퍼비전이 작성되어야 한다.
③ 슈퍼비전은 수기 작성을 원칙으로 하나 워드로 작성할 경우 슈퍼바이저가 슈퍼바이저 확인란에 서명 또는 날인해야 한다.

(7) 기타 및 실습 일지 작성 주의 사항

① 실습 일지는 반드시 워드 작성을 원칙으로 한다.
② 실습 일지는 매회 차 가급적 2장을 넘기지 않도록 한다.
③ 글씨체는 가급적 바탕이나, 고딕체로 하고, 크기는 10~11포인트로 한다.
④ 실습 일지는 매일 작성하여 결재를 맡는 것을 원칙으로 한다.
⑤ 실습 일지 작성 주의 사항은 다음과 같다.

〈실습 일지 작성 주의 사항〉

- **실습 일정을 매 1시간 단위로 구분하여 작성한다.**
  예 09:00~10:00 주 · 야간보호 실습 지원
  실습 지원한 내용을 기재한다.
- **해당일의 실습 목표는 당일 실습내용 중 가장 중요한 내용을 기록한다.**
  –당일 실습 목표의 설정은 해당일 실습내용 중 가장 핵심내용으로 설정한다.
  –목표 설정 시에는 기관에서 작성해준 실습 계획서 등을 참조한다.
  –매일매일의 실습 목표는 당일 실습내용을 중심으로 날마다 다르게 설정한다.
- **해당 시간의 업무 중 주요한 내용을 '굴림체', '진하게'로 작성하다.**
  –해당 시간의 업무 중 주요한 내용을 '굴림체', '진하게'로 작성하고 그 다음 줄에 해당 실습내용을 기록한다.
  예 09:00~10:00 주 · 야간보호 실습 지원
  금일은 주간보호 서비스를 지원하는 데이케어시설에서 실습하였다. 오전에 차로 오시는 어르신들이 센터에 도착하시면 차에서 내리시는 것을 보조하고 자리로 안전하게….
- **매일의 실습내용이 동일하게 작성되지 않도록 주의한다.**
  –매일 실습한 내용이 어제와 내일 등 다른 날과 글자 한 자도 차이나지 않도록 동일하게 작성될 수는 없다.
  –동일 업무라도 매일매일의 클라이언트의 변화, 기관 특성 등에 따라 다르다.
- **출근부의 실습회기와 일지의 실습회기가 동일하게 작성하다.**
  –출근부에 총 15회기 또는 20회기이면 실습 일지에도 15회 또는 20회기가 되도록 기록한다.
- **1일 실습 시간이 4시간(식사 시간 제외 실제 실습 시간 기준)으로 반복될 경우 1일에 2일치의 실습 일지를 같이 기재한다.**
  –4시간씩으로 이루어지는 경우에는 슈퍼바이저의 업무를 줄여주고 일지 작성의 연속성을 지니기 위하여 이틀 치의 일지를 하루에 함께 기록한다.
  –4시간 실습 시에 2일을 하루 일지에 모두 기록하지만 각각의 회차와 일자 시간은 각각 기록해준다. 대신 본인 의견과 지도자 의견은 한 번에 작성한다.
  –4시간 일지 작성 예시 참조
  예 사회복지현장 실습 일지(2회, 3회)
  2020년 10월 12일(월) 09:00~15:00/ 10월 13일(화) 14:00~19:00

  10월 14일(4시간)/ 09:00~10:00 주 · 야간보호 실습 지원
  금일은 주간보호 서비스를 지원하는 데이케어시설에서 실습하였다. 오전에 차로 오시는 어르신들이 센터에 도착하시면 차에서 내리시는 것을 보조하고 자리로 안전하게 이동하시도록 보조 지원을 하였다. 김○○ 어르신이 센터에서는 실내화를 신으시므로 신발을 갈아 신으시기 어려우신 어르신을 위해 신을 갈아 신게 도움을 드렸다.

  10월 15일 (4시간) 14:00~14:30 간식 지원 보조
  어르신들 간식 시간, 간식을 어른들께 놓아 드리고 드시기 어려우신 분들께 떠먹여드리는 보조역할을 수행하였다. 간식들 다 드시고 그릇을 치워드리고 입을 닦아드리고 테이블을 닦는 등 마무리 정리를 하였다.
- **실습내용은 사실대로 구체적 · 객관적 · 논리적 · 긍정적으로 작성한다.**
  –가급적 쉽고 간명하게 한글로 작성한다.
  –올바른 뜻의 전달을 위하여 필요한 경우에는 괄호 안에 한자 기타 외국어를 넣어 쓴다.
  –내용상에 거짓이 없어야 한다. 만약 내용에 거짓이 있다면 사회복지사의 윤리정신에 위배된다.
  –허위 또는 과장된 내용을 기록해서는 안 된다. (본인 감정이나 주관적, 느낀 점, 배울 점, 부족한 점, 질문점 등은 본인 의견 란에 기록한다.)
- **출근부, 실습 일지는 매일 실습기관에 보관, 결재를 득한다.**
  교수방문 시에 검토할 수 있도록 출근부, 작성실습 일지는 기관에 보관힌디.
  –출근부, 실습 일지는 매일 작성하고 결재를 득한다.

3 사회복지현장 실습 일지 예시

표 6-6 아동보호기관 실습 일지(예시)

실습 일지

<table>
<tr><td>실습일(요일)</td><td>20○○년 4월 8일(화)</td><td>날씨</td><td>맑고 화창/ 기온 차 있음</td><td rowspan="2">결재</td><td>실습생</td><td>실습 지도자</td></tr>
<tr><td>실습자</td><td></td><td>실습 지도자</td><td></td><td></td><td></td></tr>
<tr><td>출근 시간</td><td>09:00</td><td>퇴근 시간</td><td colspan="4">18:00</td></tr>
<tr><td>실습 일정</td><td colspan="6">09:00~09:10 실습 조회 및 실습 일정 공유
09:10~10:30 아동학대 뉴스검색 · 키워드(예 아동, 아동학대, 인권, 복지, 청소년 등)
10:30~12:00 아동보호전문기관 용어정리–사례판단
12:00~13:00 점심 시간
13:00~14:30 사례관리의 이해
14:30~16:00 사례 소개–100℃
16:00~16:30 도서 안내–아동학대에 대한 뒤늦은 기록
16:30~17:30 아동학대 조사서 작성
17:30~18:00 종례</td></tr>
<tr><td rowspan="10">실습 세부 내용</td><td>시간</td><td colspan="5">주요 내용</td></tr>
<tr><td>09:00~09:10</td><td colspan="5">① 실습 조회 및 실습 일정 공유</td></tr>
<tr><td>09:10~10:30</td><td colspan="5">② 아동학대 뉴스검색 · 키워드(예 아동, 아동학대, 인권, 복지, 청소년 등)
• 유엔아동협약에 대해서 재검색해 보는 시간을 가졌으며, 제24조 건강에 대한 자료를 찾아보았다. 영양과 보건에 관한 자료 위주로 범위를 좁혀 보았다.</td></tr>
<tr><td>10:30~12:00</td><td colspan="5">③ 아동보호전문기관 용어정리(예 사례판단)
• 조치결과 관리 용어에 대한 설명과 필사 시간을 가졌다.</td></tr>
<tr><td>12:00~13:00</td><td colspan="5">④ 점심 시간
• 늘 즐겁다. 각자 준비해온 점심을 나눠먹으며, 금일 PPT 관련 정보 공유를 했다.</td></tr>
<tr><td>13:00~14:30</td><td colspan="5">⑤ 사례관리의 이해
• 3D 극한직업 사회복지 상담원들의 일상을 영상으로 보았다. 문제에 직면한 내담자들은 심신의 상태가 쇠약해 있다 보니 그들의 마음을 위로한다는 게, 상담원들한테도 많은 에너지를 소비하게 만든다.</td></tr>
<tr><td>14:30~16:00</td><td colspan="5">⑥ 사례 소개–100℃
• 여성보건복지부장관상을 받은 김○○ 팀장님의 사례 성공 관련 PPT 자료를 보았다. 매 시간 내담자들의 고민과 처지의 개선을 위해 지역사회 내 유관기관과의 네트워크뿐만 아니라 협력적인 관계에서의 유착은 사회복지사의 역량과 소신, 관심의 실천으로 만들어진다는 것을 알게 되었다.</td></tr>
<tr><td>16:00~16:30</td><td colspan="5">⑦ 도서 안내『아동학대에 대한 뒤늦은 기록』(류이근 외, 2017, 시대의창)
• 실습생들은 서로의 시간을 조율해서 읽고 있는 중이다. 읽고 난 느낌을 독후감으로 쓸 예정이다.</td></tr>
<tr><td>16:30~17:30</td><td colspan="5">⑧ 아동학대 조사서 작성
• 조사서 작성을 토대로 피드백 시간을 가졌는데, 많이 분발해야 되겠다. 부족한 부분이 많다.</td></tr>
<tr><td>17:30~18:00</td><td colspan="5">⑨ 종례
• 중간평가에 대한 실습생들의 질문에 팀장님이 명쾌히 정리를 해주셨다.</td></tr>
</table>

<table>
<tr><th colspan="2">실습 인증 사진</th><th>사진에 대한 설명</th></tr>
<tr><td colspan="2"></td><td>※사진에 대한 설명을 한다.</td></tr>
<tr><th rowspan="2">실습생 소감</th><td rowspan="2">※실습하면서 배웠던 내용, 어려웠던 내용, 실수한 것, 소감 등을 적는다.</td><th>실습생 서명</th></tr>
<tr><td></td></tr>
<tr><th rowspan="2">실습 지도자
평가</th><td rowspan="2">※여기는 실습 지도자가 수기로 작성해야 함
※수기가 아닌 워드로 작성 시에는 이곳에 확인 서명을 한다.</td><th>실습 지도자 서명</th></tr>
<tr><td>※수기가 아닌 워드로 작성 시에는 이곳에 확인 서명을 해주세요.</td></tr>
<tr><th>과제</th><td colspan="2"></td></tr>
</table>

* 실습 일지는 실습 직후에 비로 작성하여 다음 실습일에 실습 지도자님께 제출하여 슈퍼비전과 코멘트를 받는다.

표 6-7 가족상담기관 실습 일지(예시)

실습 일지

<table>
<tr><td>실습일(요일)</td><td>20○○년 ○월 ○일(토)</td><td>날씨</td><td>맑음</td><td rowspan="2">결재</td><td>실습생</td><td>실습 지도자</td></tr>
<tr><td>실습자</td><td></td><td>실습 지도자</td><td></td><td></td><td></td></tr>
<tr><td>출근 시간</td><td>09:00</td><td>퇴근 시간</td><td colspan="4">18:00</td></tr>
<tr><td>실습 일정</td><td colspan="6">09:00~12:00 가족상담 사례 경험(MBC-TV 생방송오늘아침) 소개 및 토론
12:00~13:00 중식
13:00~18:00 위기의 가족 화해의 기술현장 진행방송 사례 나누기(현대시회의 부부기족 문제 이해)</td></tr>
<tr><td rowspan="4">실습 세부 내용</td><td>시간</td><td colspan="5">주요 내용</td></tr>
<tr><td>09:00~12:00</td><td colspan="5">① 가족상담 사례 경험(팬티만 입고 돌아다니는 알코올 중독 부부 편, MBC-TV 생방송 오늘아침, 2009년, 9월 28일 방송)
• 음주를 하루에 여러 병 마시는 남편을 아내가 강제로 병원에 입원시킴. 병원을 나와도 다시 술을 찾는 남편은 항상 술을 사서 먹어야만 하는 상태이다.
• 부부의 입장이 되어 누가 잘못된 행동을 한 것인지 생각하고 의견을 나누어 답을 이끌어 내도록 노력해야 한다. 사례를 단순히 보면 알코올 중독에 빠진 남편만 잘못한 것처럼 보이지만 실제로는 남편을 거칠게 다루거나 다른 누구와도 타협하지 않을 것처럼 보이는 부인의 모습도 존재하고 있었다. 가계도 분석, 이야기치료, 심리치료 병행, 자존감 세워주기, 역량강화 기법 등 다양한 치유 기법을 시도하여 상담을 진행하였다.</td></tr>
<tr><td>12:00~13:00</td><td colspan="5">② 중식</td></tr>
<tr><td>13:00~18:00</td><td colspan="5">③ 위기의 가족 화해의 기술현장 진행방송 사례 나누기(집에 들어가기 싫어하는 남편, MBC-TV 생방송 오늘아침, 2009년, 9월 28일 방송)
• 착실했었던 남편이 유흥업소 및 외박을 자주 하며 집에 들어오는 것을 꺼려하기만 한다. 그런 남편에게 부인은 폭언과 구타를 하여 갈비뼈 2개가 나갈 정도로 폭력을 가하는 행위를 하기에 이르렀다. 외박과 방황을 하는 남편이 잘못인지 욕설과 구타를 하는 부인의 잘못인지 이야기를 나누어 보고, 자녀들은 비틀어진 가정 환경에서도 잘 성장하여 정상적이고 성공적인 사회생활을 하고 있었다.
이 과정에는 부인의 남편에 대한 무시 등 여러 가지가 내면적으로 무시하는 행동이 있었음이 확인이 되었다. 심적 대화를 통해 부인이 자기 잘못에 대해 느낄 수 있도록 이야기를 끌어내 스스로 알 수 있도록 하였다.</td></tr>
</table>

<table>
<tr><th colspan="2">실습 인증 사진</th><th>사진에 대한 설명</th></tr>
<tr><td colspan="2"></td><td>※사진에 대한 설명을 한다.</td></tr>
<tr><td rowspan="2">실습생 소감</td><td rowspan="2">※실습하면서 배웠던 내용, 어려웠던 내용, 실수한 것, 소감 등을 적는다.</td><th>실습생 서명</th></tr>
<tr><td></td></tr>
<tr><td rowspan="2">실습 지도자
평가</td><td rowspan="2">※여기는 실습 지도자가 수기로 작성해야 함
※수기가 아닌 워드로 작성 시에는 이곳에 확인 서명을 한다.</td><th>실습 지도자 서명</th></tr>
<tr><td>※수기가 아닌 워드로 작성 시에는 이곳에 확인 서명을 해주세요.</td></tr>
<tr><td>과제</td><td colspan="2"></td></tr>
</table>

표 6-8 ○○지역아동센터 실습 일지(예시)

실습 일지

<table>
<tr><td>실습일(요일)</td><td>20○○년 3월 25일(수)</td><td>날씨</td><td>흐림</td><td rowspan="2">결재</td><td>실습생</td><td>실습 지도자</td></tr>
<tr><td>실습자</td><td></td><td>실습 지도자</td><td></td><td></td><td></td></tr>
<tr><td>출근 시간</td><td>10:00</td><td>퇴근 시간</td><td colspan="4">19:00</td></tr>
<tr><td>실습 일정</td><td colspan="6">10:00~11:00 아동 관리 프로그램에 대한 교육
11:00~12:00 김밥 만들기 수업을 위하여 장보기
12:00~13:00 점심 시간(실습 시간에서 제외)
13:00~15:00 체육 활동—놀이터에서 몸으로 표현하여 알아맞히기 게임
15:00~16:00 김밥 만들기 수업을 위하여 밥 짓고 김밥 재료들을 준비하기
16:00~18:00 김밥 만들기 프로그램 진행
18:00~19:00 자율 게임</td></tr>
</table>

<table>
<tr><td rowspan="9">실습 세부 내용</td><td>시간</td><td>주요 내용</td></tr>
<tr><td>10:00~11:00</td><td>① 아동 관리 프로그램에 대한 교육
• 교육 프로그램 문화 프로그램 정서 지원 프로그램 등 여러 가지 프로그램의 필요한 이유와 프로그램 진행할 때 계획서 작성하고 진행하고 평가하는 법에 대하여 교육을 받았다.</td></tr>
<tr><td>11:00~12:00</td><td>② 김밥 만들기 수업을 위하여 장보기
• 김밥 만들기 수업을 진행하기 위하여 센터 근처에 있는 마트로 장보러 가서 김발, 야채, 햄, 쌀 등 필요한 재료들을 구입하여 센터로 돌아왔다.</td></tr>
<tr><td>12:00~13:00</td><td>③ 점심식사</td></tr>
<tr><td>13:00~15:00</td><td>④ 체육 활동—놀이터에서 몸으로 표현하여 알아맞히기 게임
• 아이들과 운동장에서 매일같이 격하게 운동하였더니 힘들어서 오늘은 보드에 적힌 단어를 보고 행동으로 같은 팀원에게 알려줘서 맞히기 게임을 했는데 클라이언트들의 높은 표현력에 놀랐다.</td></tr>
<tr><td>15:00~16:00</td><td>⑤ 김밥 만들기 준비
• 밥을 짓고 양념을 하고 야채들을 씻어서 조리하고 햄과 게맛살은 적당한 크기로 찢어놓고 참치는 양념을 해서 준비를 해놓았다.</td></tr>
<tr><td>16:00~18:00</td><td>⑥ 김밥 만들기 프로그램 진행</td></tr>
<tr><td>16:00~18:00</td><td>⑦ 김밥 수업을 진행하기
• 김에 대하여 짧게 설명하는 시간에 클라이언트들이 집중해서 듣고 물음에 답을 하였다. 김밥을 만들 때 여러 가지 야채들을 넣어서 자기만의 김밥을 한두 줄씩 만들어가기 시작하였다. 스스로 만든 김밥을 즉석에서 썰어서 먹고 김밥 만들기 과정에 대하여 즐겁게 이야기하는 시간이 되었다.</td></tr>
<tr><td>18:00~19:00</td><td>⑧ 자율 게임
• 김밥 만들기 수업하고 난 후 클라이언트들도 지치고 실습생들도 지쳐서 자율 게임 시간을 가졌다. 맛있는 김밥 만들기 수업으로 하나가 된 클라이언트들은 집으로 갈 때 김밥 한 줄씩을 가져갈 수 있어서 좋다고 하였다.</td></tr>
</table>

<table>
<tr><th colspan="2">실습 인증 사진</th><th>사진에 대한 설명</th></tr>
<tr><td colspan="2"></td><td>※사진에 대한 설명을 한다.</td></tr>
<tr><td rowspan="2">실습생 소감</td><td rowspan="2">※실습하면서 배웠던 내용, 어려웠던 내용, 실수한 것, 소감 등을 적는다.</td><th>실습생 서명</th></tr>
<tr><td></td></tr>
<tr><td rowspan="2">실습 지도자
평가</td><td rowspan="2">※여기는 실습 지도자가 수기로 작성해야 함
※수기가 아닌 워드로 작성 시에는 이곳에 확인 서명을 한다.</td><th>실습 지도자 서명</th></tr>
<tr><td>※수기가 아닌 워드로 작성 시에는 이곳에 확인 서명을 해주세요.</td></tr>
<tr><td>과제</td><td colspan="2"></td></tr>
</table>

표 6-9 요양 실습 일지(예시)

실습 일지

<table>
<tr><td>실습일(요일)</td><td>20○○년 11월 30일(토)</td><td>날씨</td><td></td><td rowspan="2">결재</td><td>실습생</td><td>실습 지도자</td></tr>
<tr><td>실습자</td><td>박○○</td><td>실습 지도자</td><td>김○○</td><td></td><td></td></tr>
<tr><td>출근 시간</td><td>09:00</td><td>퇴근 시간</td><td>18:00</td><td colspan="2">총 실습 시간</td><td>8시간</td></tr>
<tr><td>실습 목표</td><td colspan="6">노인 인지 프로그램 '같은 글씨 맞히기' 시행</td></tr>
<tr><td>세부 목표</td><td colspan="6">• 인지 프로그램 시행
• 인지 프로그램 분석 및 평가</td></tr>
<tr><td>구분</td><td>시간</td><td colspan="5">세부내용</td></tr>
<tr><td rowspan="5">진행내용</td><td>09:00~10:00</td><td colspan="5">〈혈압/ 체온 측정〉
① 출근하며 제일 먼저 지난 주에 상태가 좋지 않았던 최○○ 어르신 침상을 확인, 자리가 비워져 있음을 확인, 11월 27일(수) 8시 10분 별세
② 전일 혈압 및 체온 기록 사항과 비교, 특별한 변동은 없었음</td></tr>
<tr><td>10:00~11:00</td><td colspan="5">〈실습 종료 관련 서류 확인〉
① 실습 확인서 2부 및 실습평가서(밀봉상태) 1부 수령
② 기타 서류 확인 및 날인 정리</td></tr>
<tr><td>11:00~13:00</td><td colspan="5">〈어르신 점심식사 도움〉
① 박○○ 어르신 식사 도움: 가족 면회(아침)로 호박죽과 빵을 드셨음에도 소량의 식사지만 먹여드리니 깨끗하고 맛있게 드심
② 양치질 및 점심 약 복용, 자리 눕힘 도움</td></tr>
<tr><td>13:00~14:00</td><td colspan="5">〈실습생 점심식사〉
① 실습생이 3명 밖에 남지 않음(4층 1명, 5층 2명)
② 같이 식사하며 의미 있는 실습 마무리 당부함</td></tr>
<tr><td>14:00~17:00</td><td colspan="5">〈같은 글씨 맞히기 인지 프로그램 시행〉
① 대상: 3층 어르신 4명(오○○, 김○○, 서○○, 이○○ 어르신)
② 내용: '여름', '사과', '사랑' 3가지 단어에 대하여 매 장마다 6개의 정확한 단어와 10개의 유사 단어를 혼합해 놓고 그 중 정확한 단어를 모두 고르는 테스트로 어르신 집중력과 인지 능력을 확인할 수 있었음
③ 결과
• 대체로 3~4개 단어만 맞히고 힘들어 하는 모습을 보임
• 어르신 피로 정도를 고려하여 대화를 나누며 충분한 시간을 갖고 중간에 테스트 시행
<table>
<tr><td>구분</td><td>여름</td><td>사과</td><td>사랑</td><td>계</td></tr>
<tr><td>오○○(92세)</td><td>3/ 16</td><td>4/ 16</td><td>4/ 16</td><td>11/ 48</td></tr>
<tr><td>김○○(85세)</td><td>4/ 16</td><td>4/ 16</td><td>3/ 16</td><td>11/ 48</td></tr>
<tr><td>서○○(83세)</td><td>2/ 16</td><td>1/ 16</td><td>2/ 16</td><td>5/ 48</td></tr>
<tr><td>이○○(93세)</td><td>2/ 16</td><td>2/ 16</td><td>2/ 16</td><td>6/ 48</td></tr>
</table></td></tr>
</table>

구분	시간	세부내용
진행내용 (계속)	14:00~17:00	④ 분석 및 평가 • 글자를 활용한 인지 기능 훈련은 인지 자극에 탁월한 효과가 있다. 글 혹은 문장을 읽고 이해하고 관련된 단어나 모양을 찾는 방법은 어린이 인지 기능 향상은 물론 어르신 인지 기능 유지에도 무척 좋은 효과가 있다. • 인지 기능이라는 것은 지식의 정보를 활용하여 이해하고 파악하고 유추하며 분석하는 능력이라고 볼 수 있다. • 언어를 이용한 인지 워크북은 차후 어르신들의 건강을 체크하는 데 매우 중요한 판단 자료가 될 수 있다. 나빠지거나 좋아지는 과정을 한눈에 알아볼 수 있고 그를 통해서 차후 어르신에 대한 프로그램 진행을 두고 좋은 방향을 설정할 수 있는 근거가 된다. • 프로그램을 진행하는 동안에는 높은 집중력과 상당한 주의력이 필요로 하기 때문에 어르신들의 인지 자극이 지속적으로 이루어져 높은 인지 훈련 효과를 기대할 수 있다.
	17:00~18:00	〈어르신 저녁식사 도움/ 종례회의〉

실습 인증 사진	사진내용 설명
	※사진에 대한 설명을 한다.

실습생 소감	※실습하면서 배웠던 내용, 어려웠던 내용, 실수한 것, 소감 등을 적는다.	**실습생 서명**
실습 지도자 평가	※여기는 실습 지도자가 수기로 작성해야 함 ※수기가 아닌 워드로 작성 시에는 이곳에 확인 서명을 한다.	**실습 지도자 서명** ※수기가 아닌 워드로 작성 시에는 이곳에 확인 서명을 해주세요.
과제		

4 현장실습 보고서 작성방법

1) 실습 보고서 작성방법

실습생은 모든 실습을 마치면 실습활동 내용이 모두 포함된 실습 보고서를 작성하여 실습신청 교육기관에 제출해야 하며, 실습 보고서는 표지와 목차를 작성한 후 실습활동 자료들을 목차 순서대로 정리한 후 제본하여 제출하도록 한다(단, 스프링철 제본, 클리어 파일 형식은 제출이 안 됨).

2) 실습 보고서에 포함되어야 할 내용

(1) 실습생 프로파일

실습생 프로파일은 실습을 시작하기 전 기관에 제출하는 것으로, 해당 실습기관을 선택한 이유와 실습생 자신이 실습을 통해 얻고자 하는 내용을 포괄적으로 담은 계획서다. 실습 계획서를 작성할 때 객관적인 문체를 사용하고 실습생의 열의와 노력이 드러나는 내용으로 작성한다.

(2) 실습기관 분석 보고서

실습 진행 중 실습생이 기관의 행정 및 업무 전반에 대해 파악하기 위해 기관에 관한 조사내용을 보고서로 작성한다. 이는 기관이 설립취지 및 성격 그리고 지역사회의 특성에 따른 기관의 사업내용 등을 포괄적으로 파악하고, 종사자들의 특성 및 역할을 알아보는 데 그 목적이 있다.

(3) 실습생 출근부

실습기관 자체 서식을 사용한다.

(4) 실습 일지

실습 사진 및 실습 지도자의 슈퍼비전 내용이 포함되어야 한다.

(5) 실습 중간평가서

실습생은 실습 진행 기간 중반 이전에 자신의 실습 과정 및 내용에 대해 중간평가서를 작성하고 이를 토대로 기관실습 지도자와 중간평가를 진행한다. 실습 초기에 세운 목표에 따라 실습이 진행되고 있는지 실습생 자신이 스스로 평가하는 것뿐만 아니라, 실습 지도자와 동료 실습생 그리고 기관 종사자들이 현재까지의 실습내용에 대해 종합하여 실습생 자신의 자세 및 역할, 실습내용 등을 수정, 보완하여 실습 종료 시까지 실천할 수 있도록 노력하는 데 그 목적이 있다. 이러한 과정을 통해 보다 질 높은 실습이 진행될 수 있다.

(6) 실습 종결평가서

실습 종결평가서는 해당 실습 과정 전반에 대해 실습생 자신의 평가를 작성하여, 실습 종료 1주일 전 또는 기관이 원하는 일정 안에 기관실습 지도자에게 제출해야 한다. 이를 토대로 기관실습 지도자, 동료 실습생, 기관 종사자 등과 더불어 실습 과정 전반에 걸친 실습생의 역할과 실습내용에 대해 총평가를 진행한다.

(7) 기타 기관 요청 과제 및 실습활동 자료

개별면접 일지, 집단 보고서, 프로그램 기획 등이 있으며, 반드시 원본이어야 한다. 실습 보고서 제출 서류는 매 학기 오리엔테이션을 통해 제출 서류목록에서 추가 및 변경될 수 있다.

제7장

사회복지현장실습의 실제 3

1 사회복지현장실습 공문

2 교육기관 및 실습기관 관련 서류 작성방법

1 사회복지현장실습 공문

사회복지기관의 공식적 모든 업무는 문서를 통해 이루어지고 실습생은 문서 작성 지침과 결재 과정 등을 파악해야 한다. 그리고 실습생이 프로그램을 기안하여 실행할 경우, 관련 문서를 작성하여 결재를 득한 뒤 진행하게 되어 있다(이경아·서홍란, 2011).

1) 공문서의 의의

공문서라 함은 행정기관 내부 또는 상호 간이나 대외적으로 공무상 작성이나 시행되는 문서 즉, 도면, 사진, 디스크, 테이프, 필름, 슬라이드, 전자문서 등의 특수매체 기록을 포함 및 행정기관이 접수한 모든 문서들이라 볼 수 있다(신민선 외, 2020a).

2) 문서의 필요성

'모든 행정사무는 문서에서 시작하여 문서로 끝난다'라고 볼 수 있는데 일반적으로 다음과 같은 경우 문서가 필요하다(신민선 외, 2020a).

① 내용이 복잡하여 문서가 없이는 당해 업무의 처리가 곤란할 때
② 사무처리 결과의 증빙 자료로서 문서가 필요한 때
③ 사무처리의 형식상 또는 체제상 문서의 형식이 필요한 때
④ 사무처리에 대한 의사소통이 대화로는 불충분하여 문서에 의한 의사소통이 필요한 때
⑤ 사무처리의 결과를 일정 기간 동안 보존할 필요가 있을 때 등

3) 문서 작성의 원칙

첫째, 문서는 정보전달을 목적으로 하므로 정확해야 한다. 사실 내용을 정확히 파악해야 할 뿐 아니라 표현에 있어서도 정확성을 기해야 한다.

둘째, 단문으로 작성한다.

셋째, 경제성으로 문서는 경제적이고 신속하게 처리해야 한다(신민선 외, 2020a).

4) 문서 기안의 작성

첫째, 기안은 기관의 의사를 결정하기 위해 당해 사항에 대한 문안을 작성하는 것으로 발의하는 형식과 그 과정을 말한다.

둘째, 기안자는 기관에서 지정된 자로서 처음 발의하는 자 즉, 최초로 기안을 올리는 자

가 기안자가 되며, 기안자의 자격에 관하여는 아무런 제한이 없다.

셋째, 기안의 요인으로 기안은 접수한 문서를 처리하기 위한 경우, 상급자의 지시 사항을 처리하기 위한 경우, 순수하게 자신이 발의하는 경우, 법령이나 훈령, 예규 등의 근거에 의하여 하는 경우 등이 있다.

넷째, 기안의 원칙으로 문서의 기안은 전자문서로 함을 원칙으로 하며, 다만, 업무의 성격 기타 특별한 사정이 있는 경우에는 종이문서로 기안할 수 있다.

다섯째, 기안의 종류로 일반 기안, 일괄 기안, 수정 기안, 서식에 의한 기안으로 나누어지는데 자세하게 살펴보면 다음과 같다.

- 일반 기안: 하나의 안건을 처리하기 위한 기안
- 일괄 기안: 상호 관련 있는 2개 이상의 안건을 동일한 기안용지에 일괄 작성하는 기안
- 수정 기안: 한 문서 자체에 간단히 수정하거나 필요한 사항을 추가하여 기안에 대신하는 경우
- 서식에 의한 기안: 기안, 보고서 등 각종 보고라든지 경미한 사항의 인 · 허가 또는 각종 증명서, 교부서, 별도의 기안문 시행문을 작성하지 아니하고 일정한 서식을 설계 · 제작하여 비치해두고 기안문에 갈음하여 서식으로 처리하는 방법이 있다(신민선 외, 2020a).

여섯째, 기안의 준비로 기안자는 기안에 앞서 안건에 관련된 문제를 파악하고 관계 규정 및 과거 행정선례를 숙지하고 있어야 하며, 당해 사항을 기안하는 목적과 필요성을 파악하고 자료를 수집 · 분석하며 필요한 경우에는 설문조사, 실태조사, 회의 등을 통하여 의견을 청취하여야 한다. 또 기안의 방법 등을 결정하여 복잡한 기안의 경우에는 폐지 등에 초안을 작성하여 논리의 일관성을 해치거나 빠지는 내용이 없도록 검토한 다음 작성하는 것이 좋으며, 기안자는 당해 업무에 대한 책임의식을 가지고 기안하고 당해 기관과 수신자와의 관계 및 입장을 고려해야 한다(신민선 외, 2020a).

5) 기안 작성의 방법

첫째, 기안용지 및 형식은 해당기관의 것을 따른다.

둘째, 문서번호, 즉 '기관번호, 분류번호, 등록번호'로 구성된 문서번호를 기재하면 된다(예 문서번호: 재가 제6203-257호).

셋째, 시행일자는 문서를 시행한 날짜를 기재하거나 발송한 날짜를 기재한다. 연도는 완전히 표시한다(예 (2010(○), 10(×)).

넷째, 문장은 최대한 간결하고 정확하게 작성한다.

6) 기안 시 주의 사항

① 적합한 결재 과정과 담당자를 제시했는지 점검한다.

② 수신처와 참조가 적절하게 제시되었는지 점검한다.

③ 문서번호와 시행일자가 정확한지 점검한다.

④ 문서 제목은 문제의 목적과 내용에 적합하게 간단명료하게 제시되었는지 점검한다.

⑤ 오자나 탈자 여부, 문장 구조, 줄 바꿈 등이 적절한지 점검한다.

⑥ 문서의 하단에 '끝.'으로 문서를 마무리했는지 점검한다.

⑦ 필요한 경우, 첨부 또는 덧붙임 자료를 제시했는지 점검한다.

⑧ 내부 기안문서인지, 외부 시행문서인지에 따라 문서형식과 내용이 모두 달라지므로 유의한다.

7) 결재의 의의

결재란 넓은 의미로 당해 사안에 대해 행정기관의 의사를 결정할 권한이 있는 자가 그 의사를 결정하는 행위를 말한다. 결재 공문 예시는 **| 표 7-1 |** 과 같다.

표 7-1 결재 공문(예시)

○○ 지역아동센터
주소 서울 ○○구 ○○길 34 우 ○○○○○
전화 (02) ○○○-○○○○ FAX (02) ○○○-○○○○

취급		센터장
보존기관		☆☆☆
부장	○○○	
과장	□□□	
담당	△△△	협조

문서번호 내부 복지 2 -
시행일자 20○○. ○○. ○○.
수 신 내부결재
참 조 취급
제 목 방과 후 저소득층 아동들을 위한 영화 '○○○'의 관람 실시

유료 문화에서 소외받는 저소득층 아동에게 인성발달 및 스트레스 해소를 위하여 매월 셋째 주에 진행되는 사회문화 체험 프로그램 '□□'에서 영화 관람을 아래와 같이 진행하고자 한다.

– 아 래 –

1. **사업명:** 방과후 저소득층 아동을 위한 문화 체험 교육 '○○○' 영화 관람
2. **목 적:** 저소득층 아동의 건강한 성장과 긍정적인 인성발달에 기여함과 다양한 체험을 통한 스트레스 해소를 목적으로 한다.
3. **일 시:** 20○○. ○○. ○○(토) 10:30~14:00
4. **장 소**
   가. 상영장소: ○○시네마 내 ○○시네마 2관
   나. 모임장소: ○○시네마 매표소 앞
5. **참가인원:** 총 10명(사례관리 아동 9명, 실무자 1명)
6. **진행내용:** '○○○' 시청 및 소감문 작성, 다과
7. **예산액:** 일십사만육천원(₩146,000) 정

붙임 1. 참여인원 명단.
  2. 프로그램 세부 일정표. 끝.

2 교육기관 및 실습기관 관련 서류 작성방법

공문은 실습 교육기관과 실습기관과의 공식적인 관계 형성을 위한 공식문서이다.

공문은 실습에서의 공식적인 약속이며, 실습 교육기관, 실습기관, 실습생 모두에게 적용된다. 공문에는 실습 의뢰하는 실습 교육기관, 실습생 정보, 실습기관, 실습 지도자 등이 기재되어 있다.

실습 교육기관이 공문을 보내면 실습기관의 실습 일정을 확인 후 실습 교육기관으로 실습 의뢰에 대한 회신서를 발송하게 된다.

1) 사회복지현장실습 의뢰서 공문 예시

사회복지현장실습 의뢰서 공문 예시는 **| 표 7-2 |** 와 같다.

표 7-2 **사회복지현장실습 의뢰서**

○○대학교 평생교육원
주소 서울 ○○구 ○○길 34 **우** ○○○○○
전화 (02) ○○○-○○○○ FAX (02) ○○○-○○○○

수 신

참 조

제 목 사회복지현장실습 의뢰

---

1. 사회복지현장실습 교육을 위해 애써주시는 귀 기관에 감사드립니다.

2. 사회복지현장실습을 수강하는 본원 학생의 실습교육을 의뢰하오니 아래를 참조하시어 협조하여 주시기 바랍니다.

– 아 래 –

가. 학생명: (학생연락처:)
나. 실습 기간:
다. 실습 지도교수:
라. 실습 담당조교: (연락처: 사회복지학과 ☎)

별첨: 실습 신청서 1부. 끝.

○○ 대학교 ○○대학 사회복지학과 (직인)

시행	처리과	일련번호(시행일자)	
접수	처리과명	일련번호(접수일자)	
우	주 소	홈페이지 주소	
전화	전 송	기안자의 공식 전자우편 주소	공개 구분

| **출처** | 보건복지부 · 한국사회복지사협회(2017a). 사회복지현장실습 매뉴얼. p. 19.

2) 사회복지현장 실습기관 등록 선정 확인서

(1) 목적

사회복지현장 실습기관 등록 선정 확인서의 목적은 사회복지현장 실습기관의 지속적인 질 관리를 통해 사회복지현장에서 요구하는 사회복지사를 양성할 수 있는 체계를 구축하는 데 있다.

(2) 근거

- 「사회복지사업법」 시행규칙 제3조 제2항(2019. 개정, 2020. 1. 1. 시행)
- 실습기관 실시기관 선정 및 선정 취소 등 사회복지현장실습 운영에 관한 고시(2019. 11. 14. 시행)

(3) 주요 내용

2020년 1월 1일부터 사회복지현장실습을 운영하기 위해서는 다음의 선정 요건을 갖춘 후 보건복지부장관의 선정을 받아야 한다.

- 사회복지사업을 수행하는 기관, 법인, 시설 또는 단체여야 한다.
- 실습 지도자 자격 기준은 「사회복지사업법」 시행규칙 [별표 1]의 2에 명시하고 있는 내용과 같다. 이때 사회복지사는 2명 이상 상근해야 하며, 1급 사회복지사 자격증 취득 후 3년 이상 또는 2급 사회복지사 자격증 취득 후 5년 이상 사회복지사업 실무 경험과, 전년도 8시간 이상의 보수교육을 이수해야 한다.

사회복지현장 실습기관 선정 확인서의 예시는 제10장 | **표 10-5** | (p. 199.)와 같다.

3) 실습 의뢰에 대한 회신서

실습 교육기관에서 공문을 받은 실습기관은 실습 일정 확인 후 실습 지도자의 기본 인적 사항을 기재하여 실습 의뢰에 대한 회신서를 실습 교육기관으로 보낸다.

실습 의뢰에 대한 회신서의 예는 제10장 | **표 10-8** | (p. 202.)과 같다.

4) 개인정보 수집 및 보유 동의서

실습기관의 개인정보 수집 및 보유 동의서 예시는 제10장 | **표 10-11** | (p. 205.)과 같다.

5) 실습생평가서

① 실습생평가서는 실습 종결 후 실습기관에서 작성하여 실습 교육기관으로 발송한다.

② 실습생의 태도, 실습기관의 출석 상황, 기관 이해 및 관계유지, 전문적인 태도와 관계 형성 개인에 대한 이해, 집단에 대한 이해, 가족에 대한 이해, 지역사회에 대한 이해, 정책 및 행정 분야, 기관고유 항목 등 11개 항목 60개 문항으로 구분되어 있다.

③ 점수는 1~5점으로 구분하여 점수를 기재하고 점수를 평균 내어 최종평가 점수를 준다.

④ 모든 항목 빠짐없이 기재(출석 상황 반드시 체크, 2~3 페이지): 해당 항목만 평가(4페이지), 평가 문항 개수(40개 이상), 총점, 평균 정확히 계산, 평균 반올림 불가, 소수점 한 자리 또는 두 자리까지 기재, 평균 기록 → 테이프 부착 → 실습 지도자 서명(간인), 실습 지도자 확인 · 실습 지도자 서명 또는 도장, 기관장 확인 · 기관 직인을 득필한다. 교육기관 발송용 실습평가서 예시는 제10장 **| 표 10-12 |** (p. 206.)와 같다.

6) 사회복지현장실습 확인서

① 사회복지현장실습 확인서는 실습기관에서 작성하여 실습 교육기관으로 발송한다.

② 실습 이후 지도교수와 실습 지도자의 날인 또는 사인을 받아서 원본을 잘 보관하여야 한다.

③ 사회복지 교과목을 모두 이수 후 사회복지현장실습 확인서 원본은 사회복지사 자격증 발급 받을 때 제출하여야 한다. 사회복지현장실습 확인서 예는 제10장 **| 표 10-14 |** (p. 211.)와 같다.

7) 실습기관 및 교육기관 방문 지도 결과 보고서

사회복지현장 실습기관 방문 증빙 자료로 실습기관 간판, 실습 지도교수, 실습 지도자, 실습생과 함께 나오는 사진 첨부하여 실습 지도교수의 확인 · 서명 또는 도장을 필한다. 실습기관 방문 결과 보고서는 **| 표 7-3 |** 과 같다.

표 7-3 실습기관 방문 결과 보고서(예시)

실습기관 방문 결과 보고서

1. 실습생 및 기관정보

실습생명	양○○	실습기관명	○○재가센터
방문일시	20○○. ○○. ○○(월)	실습 지도자	○○○

2. 방문결과 내용

1) 방문 결과

① ○○구 ○○로에 있는 ○○재가노인복지 센터였음

② 원장님의 마인드는 실습생을 확실하게 교육시킴

③ 실습 일지를 살펴보니 사례관리 및 기타 다양한 프로그램에 대해 교육하고 있었음

④ 원장님이 다양한 프로그램을 경험하게 해주었고, 실습 또한 슈퍼바이저가 제시하는 프로그램을 잘 소화하고 있었음

2) 방문 사진

3. 기관평가 및 기관 협약

기관평가	추천	그저 그렇다	비추	비고(사유)
	V			• 실습이 계획표에 의해 체계적으로 진행되고 있으며, 슈퍼바이저의 마인드가 좋았다.
기관 협약	가능	미정	불가능	비고(사유)
		V		• 다른 곳과 협약을 많이 하고 있어 전화를 하면 그때 생각해보겠다고 함

※실습기관평가 및 기관 협약 해당란에 'V' 해주시고 해당 사유를 간략하게 작성해주세요.

년 월 일

지도교수: (서명 또는 인)

8) 사회복지현장실습 사진

① 사회복지현장실습 시 실습활동 사진 촬영은 타인의 얼굴은 인권 문제 및 초상권 관련으로 인하여 삭제 또는 모자이크 처리해야 하는 주의 사항을 지켜야 한다.

② 실습활동 사진은 중요한 것은 실습생이 실습하는 모습은 반드시 보여야 하고 실습생 얼굴이 보이도록 촬영하여야 한다.

③ 실습 일지의 날짜와 실습활동 사진은 내용과 날짜가 반드시 일치해야 한다.

④ 실습활동 사진은 컬러 사진을 권장한다.

⑤ 사진 첨부는 학교 및 교육원마다 다르다. 예를 들면, 어떤 곳은 일지에 사진을 첨부하는 것으로 하고, 어떤 곳은 사진만 따로 첨부하는 교육기관도 있음을 인지하면 좋다.

9) 실습생 서약서

서약서는 실습종료일 또는 이후에 서약인 확인을 하고 실습생의 서명 또는 도장을 필한다. 실습생 서약서는 예시는 제10장 | **표 10-17** | (p. 219.)과 같다.

10) 사회복지현장실습 유의 사항

표 7-4 사회복지현장실습 유의 사항

구분	내용	작성자/ 제공자
실습 신청서	① 실습 기간 예 20○○. ○○. ○○.~20○○. ○○. ○○. ② 실습 시작일 • 실습 신청서 제출일과 동일할 수 없음 • 제출일 다음날 또는 그 이후부터 가능 • 실제 실습 시작일은 기재한 날과 다를 수 있음 • 단, 기재한 날보다 이전일 경우 실습 신청서 다시 작성 후 제출 • 기재한 날보다 이후일 경우 다시 작성할 필요 없음 ③ 실습 종료일 • 14회 출석수업 이전이어야 함(늦어도 15차(단, 온라인 대면은 3차 수업 전) 출석수업 이전에는 종료) • 실제 실습 종료일은 기재한 날과 다를 수 있으며 신청서는 새로 작성 불필요 ④ 실습생 확인: 서명 또는 도장 ⑤ 실습 지도교수 확인: 서명 또는 도장	실습생
실습생 프로파일	① 인적 사항(사진 필수) ② 이수 전공 과목: 현재 이수 중인 과목도 반드시 표기 ③ 경력: 없으면 기재하지 않아도 됨 ④~⑩: 성의 있게 작성하시기 바랍니다.	실습생
실습 의뢰에 대한 회신	① 실습 지도자 확인: 실습 지도자의 서명 또는 도장 ② 실습기관의 기관장 확인 · 기관 직인 ※ 한국사회복지사협회에서 제공하는 양식입니다. 실습기관이 보유하지 않은 경우는 제공하는 양식을 사용하시기 바랍니다.	실습기관, 실습 지도자
개인정보 수집 및 보유 동의서 (실습기관용)	① 「개인정보보호법」에 의거하여 받는 양식임 ② 실습기관의 기관장 확인: 기관 직인을 받아 제출	
실습기관 관련 서류	① 한국사회복지사협회 등록기관 • 사회복지현장 실습기관 등록증 사본 1부 ① 한국사회복지사협회 미등록기관 • 실습기관시설(법인, 단체) 설립허가(신고)증 사본 1부 ※ 사회복지사업법과 관련된 기관으로 자치단체장의 직인이 있는 인허가증만 인정(○○시장, ○○구청장 등)/ 고유번호증 불가 ② 실습 지도자 사회복지사 자격증 사본 1부 ※ 자격증 번호 존재 유무 확인 ③ 실습 지도자 경력(재직)증명서 사본 1부 ※ 반드시 「사회복지사업법」 시행규칙 제3조 제2항에 따라 사회복지현장실습의 기관실습 실시기관으로 선정된 곳만 실습이 가능함(사회복지현장 실습기관 선정 확인서만 있으면 인가증, 지도자자격증, 경력증명서 없어도 무관)	

제8장

사회복지현장실습의 실제 4

1 교육기관 이론 보고서

이론 보고서는 먼저, 주제를 실습하는 기관 및 대상자를 파악하고 자신이 다루어야 하는 클라이언트를 중심으로 개념, 대상자의 이해(특징), 서비스의 유형 및 특성, 관련정책, 법과 실천에 대해 작성하여 제출한다.

예를 들어, 장애인복지기관에서 실습하는 경우 클라이언트는 장애인이다. 장애인에 대한 이해(개념, 특징, 현황, 장애의 유형 등), 사회복지정책 및 관련법, 실천 기술 및 서비스, 장애인 문제와 장애인복지제도 등의 주제로 기술한다.

노인복지기관에서 실습하는 경우 클라이언트는 노인이다. 노인의 이해(개념, 고령화 실태, 노인의 문제 등), 노화에 대한 이론, 노인복지정책 및 관련법, 노인복지행정, 노인복지 서비스, 노인장기요양보험제도 등을 기술한다.

아동복지기관에서 실습하는 경우 클라이언트는 아동이다. 아동의 이해(개념, 아동발달, 아동 문제 등) 등의 주제로 기술한다.

아동복지기관 이론 보고서 예시는 다음 | **표 8-1** | 과 같다.

1) 아동복지기관 이론 보고서

표 8-1 **아동복지기관 이론 보고서(예시)**

서론

1. 아동복지의 개념

현대사회는 급속한 산업화 · 도시화 현상으로 가족의 구조, 기능, 제도 면에서 다양한 변화가 이루어졌다. 특히 가족제도의 변화는 가정 내에서 가족의 역할, 가족의 지위에 대한 변화뿐만 아니라 핵가족화로 인한 자녀수의 감소, 여성의 사회경제적 활동 증가, 사회변화로 인한 여성가장가족, 한부모가족 증가 및 이혼과 가족해체현상의 증가 등의 다양한 사회 문제를 초래시킴에 따른 아동의 복지 문제가 크게 대두하였다. 아동복지의 개념은 국가나 사회적 상황의 이념과 사회적 변화에 따라 다소 차이가 있고 학자마다 다양한 견해로 정의를 하고 있다. 어원적 측면에서 볼 때 아동복지란 아동이 편안하고 행복하게 잘 지내는 상태를 의미한다. 넓은 의미에서 보면 아동복지란 모든 아동의 안녕을 위한 신체적·사회적·심리적 발달을 보호하고 촉진하기 위해 경제, 교육, 보건, 노동 등 다양한 분야에 걸친 국가와 사회단체 및 개인이 행하는 정책, 법률, 서비스 등을 포함하는 포괄적인 모든 노력을 의미한다. 또한 좁은 의미에서 보면 아동복지란 보호자 또는 양육자에 의한 아동양육이 불가능한 경우에 아동과 그 가족을 위한 공공 및 민간기관에서 제공하는 사회복지 서비스의 분야로 볼 수 있다.

2. 의미

① 아동의 건전한 발달과 보호를 향한 이념

② 아동들에게 혜택을 주기 위한 사회복지 프로그램

③ 아동들을 위하여 제공되는 인간 서비스의 일부분. '아동복지'란 '아동들의 복지'라는 이념을 함축하고 아울러 아동을 위한 프로그램이나 서비스의 실천적 활동을 포함하는 의미를 내포하고 있다.

그리고 아동복지를 아동의 복지증진을 위한 사회제도로 볼 때, 아동복지와 관련하여 다음과 같은 다양한 개념들이 아동복지의 하위 개념으로 사용되고 있다.

① 아동복지 서비스의 개념

아동의 복지를 증진시키기 위한 다양한 서비스 즉, 아동보호 서비스, 보육 서비스, 방과후 서비스, 위탁보호 서비스, 입양 서비스, 시설보호 서비스 등과 같은 다양한 형태를 의미한다. 이러한 아동복지 서비스는 아동복지전문가에 의한 개입과 대면적 접촉이 필요한 인간 서비스로서의 특징을 지니고 있다.

② 아동 지원의 개념

아동 지원은 보통 아동양육 지원을 의미하는 것으로 한부모와 생활하고 있는 아동의 양육을 위하여 지원되는 현금 소득의 이전을 의미한다.

③ 아동보호의 개념

아동의 발달과 생명을 유지하기 위하여 필요한 일상적인 욕구를 충족시키는 돌봄 형태의 양육과 관리를 의미한다.

본론

1. 아동복지의 원칙

1) 권리와 책임의 원칙

아동복지에 있어 권리와 책임의 원칙은 아동, 가정, 국가(사회), 3자 모두의 권리와 책임을 의미하며, 3자의 권리와 책임 간의 조화를 의미한다. 아동복지는 어느 한 주체에서만 책임을 지는 것이 아니라 각자에게 주어진 사회적 역할의 범주 내에서 독자적 책임을 지는 것과 동시에 상호 유기적 관련 하에 서로 책임을 나누어진다.

① 아동의 권리와 책임: 아동은 독자적 한 인간으로서 아동복지에 대한 권리와 함께 책임이 있다는 원칙이다. 아동의 권리에 대한 인식과 함께 아동 역시 자신의 성장과 발달에 대한 책임을 지녀야 한다.

② 부모의 권리와 책임: 일반적으로 부모는 자녀의 양육에서 책임만을 지는 존재로 인식하고 있으며, 실제로 양육상 부모의 책임은 각종 아동복지 관계법에도 규정되어 있다. 「아동복지법」 제4조(책임) 2항에 '아동의 보호자는 아동을 가정 안에서 그의 성장 시기를 맞추어 건강하고 안전하게 양육하여야 한다.'고 명시하여 자녀 양육은 부모의 권리이자 1차적 책임으로 규정하고 있다. 그러나 부모는 책임뿐만 아니라 부모 된 자로서의 권리도 지니고 있다.

③ 국가(사회)의 권리와 책임: 아동의 복지를 위한 국가의 책임은 아동과 가정이 처한 상황에 따라 달라진다. 즉, 상담소나 일시보호시설을 설치하여 부모역할을 지지하거나 각종 보험 및 공공부조제도를 통하여 부모의 역할을 보충하는 것이다. 한편 국가(사회)가 가진 권리는 매우 거시적 측면에서 파악될 수 있는데, 예를 들면 법률이 정한 바에 따라 국민으로 하여금 납세의 의무를 다하도록 요청할 권리이다.

2) 보편성과 선별성의 원칙

보편성의 원칙이란 모든 아동, 즉 계층, 인종, 민족, 장애 유무, 부모 유무 등 아동을 구분하는 모든 요인들과 상관없이 모든 아동에게 같은 종류의 서비스를 동일한 수준에서 주어야 한다는 원칙이다.

3) 개빌적 기능의 원칙

아동의 문제는 전체 사회와 매우 유기적인 관련을 맺고 있어 아동복지의 대책을 강구하는 데 있어 다양한 측면에서 고려되어야 한다. 개발적 기능의 원칙이란 이러한 아동복지의 거시적 측면을 고려할 수 있어야 함을 말한다. 아동의 문제해결을 위해 사회의 변화 및 사회 문제의 해결을 도모해야 하며, 아동복지와 관련된 다양한 부분과의 유기적 관계를 고려할 수 있어야 한다는 것이다.

4) 포괄성의 원칙

아동을 위한 복지서비스를 제공할 때 아동이 지니고 있는 다양한 욕구와 문제의 유형뿐 아니라 그 우선순위까지 연관지어 고려해야 한다는 원칙이다. 즉, 아동이 처하고 있는 상황이나 당면하고 있는 문제들은 이들 주변의 여러 환경과 복잡하게 연계되어 있으므로 이들에 대한 종합적 접근이 필요하다.

5) 전문성의 원칙

아동복지사업이 전문가와 전문기관에서 이루어져야 한다는 원칙이다. 아동의 건전한 발달을 위해서는 아동 및 인간발달을 이해하는 전문적 인력이 요청되며 아동 관련 프로그램을 직접 기획하고 실천할 수 있는 능력을 가진 전문가가 필요하다.

2. 아동에 대한 지역사회적 개입

1) 아동에 대한 지역적 개입의 필요성

아동의 시설 내 수용에 있어서도 오늘날에는 아동을 단순히 수용 및 보호하는 차원을 넘어서 아동의 건전한 성장과 발달 및 사회적 치료를 목적으로 아동 문제의 보다 근본적 해결책을 모색하고자 시도하고 있다. 아동에 대한 지역적 개입은 아동 문제에 대한 예방적 성격을 갖추고 있다. 현대사회의 가족 문제 중 가장 높은 비중을 차지하는 것은 가족해체이다. 비단 한부모 가정이 아니더라도 증가하고 있는 맞벌이 부부 가정의 양육 부담을 덜어줄 수 있는 다양한 보육 프로그램이 지역사회 내에 존재해야 한다. 아동의 건전한 발달과 성장을 위하여 부모와 교사 및 관련인에 대한 교육의 기능을 지역사회복지기관에서 수행해야 한다. 아동의 기본적 욕구가 충족되지 못하였거나 결핍되어 있을 경우 아동은 정서적으로 신체적으로 많은 문제를 경험하게 된다. 아동을 둘러싼 교사나 부모는 아동의 이러한 욕구에 대해 알아야 할 필요가 있다. 아동의 권리를 옹호하기 위해 지역적 개입이 요구된다. 아동은 건전한 성장과 발달을 위한 권리를 지닌 존재이며 이러한 아동의 권리를 보장하기 위한 책임은 공적 영역인 국가 그리고 지역사회의 몫이다.

2) 아동에 대한 지역사회 복지실천 기술

① 홍보
지역사회 홍보란 사회복지기관이 활동하고 있는 지역사회에서 기관의 목적과 내용, 프로그램과 서비스 등을 알리고 지역사회 주민들로부터 관심과 호응을 얻어 그들의 욕구를 보다 잘 충족시켜 줄 수 있도록 하기 위해 지역사회 주민 및 기타 기관과 우호적이고 친밀한 관계를 추구하는 과정이다.

② 옹호
지역사회실천에서 오랫동안 사용된 기술의 하나로서 클라이언트나 지역 주민의 이익을 대변하는 활동을 총칭. 옹호는 다양한 전문가들이 여러 차원에서 행할 수 있다. 옹호는 클라이언트가 권리를 갖고 있으며, 그 권리의 보장은 법적으로 요구할 수 있는 것이라는 가정에서 출발한다.

③ 자원동원과 개발
지역사회의 욕구를 충족하고 복지를 증대시키기 위해서는 많은 인적 · 물적 자원이 요구된다. 인적 자원을 동원하기 위해서는 기존의 조직을 활용하거나 개별적 접촉, 사회 · 경제적 네트워크를 활용하는 방법이 주로 사용된다. 물적 자원의 동원은 모금이 가장 전형적 방법이며 모금을 위한 회비나 외부 지원금, 조직의 마케팅과 특별 이벤트 등이 활용된다.

④ 지역사회 교육
지역사회 교육이란 지역사회 전체가 지역의 모든 구성원에게 그들의 교육적 욕구를 받아들여 봉사한다는 개념을 지닌 용어로서 지역 문제를 적극적으로 해결하여 지역사회를 발전시키고 궁극적으로 지역주민들의 자아실현을 돕고 지역사회화 과정을 추진하면서 지역사회의 모든 자원을 최대한으로 활용하고자 하는 활동을 말한다.

⑤ 임파워먼트
지역사회 주민들이 자신의 삶에 대해 자주적 통제력을 획득하고 삶의 질을 높이는 데 필요한 자원에 접근하려는 시도

3. 지역아동센터 운영과 관리에 대한 사례

1) 지역아동센터 개념

「아동복지법」 제52조에 의하면 지역아동센터는 지역사회 아동의 보호 및 교육과 건전한 놀이 및 오락을 제공하고, 보호자와 지역사회의 연계 등을 통하여 아동의 건전한 육성을 위한 종합적인 아동복지 서비스를 제공하는 시설로 정의하고 있다. 현재는 지역사회 내의 보호와 교육 · 양육을 필요로 하는 아동은 누구나 이용할 수 있는 통합적 복지서비스를 제공하는 1차적 아동복지기관으로 정의한다.

2) 지역아동센터 역할

방과후 돌봄이 필요한 지역사회에 있는 18세 미만 아동을 대상으로 아동의 보호, 교육적 기능, 문화 서비스 제공, 정서 지원, 지역사회연계 등을 제공하는 시설이다.

3) 지역아동센터 도입

지역아동센터는 1960년대 이후 산업화와 도시화의 과정 속에서 빈곤아동에 대한 보호의 필요성에 대한 요구로 지역아동센터의 모태인 공부방에서 시작되었다. 공부방은 빈민운동가들이 중심이 되어 지역아동들의 보호와 교육을 위해 자생적으로 생겨난 사회봉사적 성격을 가지고 있었다. 1997년 IMF 경제위기 이후 급증

하는 결식아동 문제에 대한 사회적 관심이 대두되면서 공부방이 전국적으로 급속하게 증가하였다. 대부분의 공부방은 2004년 1월 29일 개정된 「아동복지법」에 의해 법정시설이 되었고 그 명칭이 지역아동센터로 변경되었다. 지역아동센터는 2004년 전국에 895개 시설이 설치되어 23,347명의 아동이 서비스를 지원받기 시작하였다. 2012년 10월에는 방과후 돌봄 서비스 관련부처인 보건복지부, 교육, 여성가족부, 안전행정부가 업무 협약을 체결하였고 2017년에 지역아동센터 2기(2015~2017년) 시설평가를 완료하고, 우수 지역아동센터 지원방안을 마련하여 3기(2018~2020년) 평가 지표를 마련하였다.

4) 지역아동센터 운영 및 관리

전국 4,200여 개의 분포를 가지고 있는 지역아동센터는 지역사회 아동 돌봄의 지역거점 역할을 수행하고 있다. 지역아동센터는 지역사회 돌봄을 필요로 하는 아동들을 대상으로 보호와 교육을 통해서 건강한 발달을 도모하고자 하는 아동복지 서비스 기관이다. 2004년 법제화 이후 꾸준하게 증가해온 지역아동센터는 양적인 성장을 가져왔지만 투명성 제고와 공공성 확대 등의 질적 관리의 필요성이 요구되고 있다. 최근에는 지역아동센터를 비롯한 돌봄 사업에 대해 보편적 복지라는 시각에서 접근하고 있다. 따라서 지역아동센터의 안정적 운영을 위한 방안과 초등돌봄교실, 방과후 아카데미 등과 같은 타기관과의 연계구축 방안 등이 모색되어야 한다. 또한 현재 이용하는 아동의 욕구를 파악하여 센터의 환경에 부합하는 다양하고 차별화된 서비스를 개발하는 노력이 필요하다.

5) 지역아동센터 프로그램

지역아동센터의 프로그램은 기본 프로그램과 특화 프로그램으로 구성된다. 기본 프로그램은 보호 영역 프로그램과 교육 영역 프로그램, 문화 영역 프로그램, 정서 지원 영역 프로그램, 지역사회 연계 영역 프로그램 등 5개 영역으로 구성되어 있다. 특화 프로그램은 지역사회 특수성 및 주요 대상의 특성을 고려한 맞춤형 프로그램을 중심으로 구성되는 프로그램이다.

결론

지금까지 한국에서 아동복지가 과연 정책의 중요한 부분이었는지를 살펴보면 상당히 많은 문제점이 있음을 발견하게 되고, 정책에 대한 새로운 혹은 대안적 도전이 필요하다는 사실을 깨닫게 되었다. 급격한 가정해체로 인하여 수용시설에의 아동입소는 줄어들지 않고 있으며 결국 아동에 대한 부모의 책임을 회피할 수도 있는 장소로 변하고 있다. 이러한 문제점을 해결하기 위하여 과감하게 아동복지정책의 청사진을 제시해 주어야 한다. 아동의 인구 감소는 아동의 수가 줄었다는 의미 그 이상이라고 본다. 점차 증가하는 노인층의 부담을 현재의 아동이 책임져야 한다면 일찍부터 아동복지정책을 체계적으로 운영하여야만 더 많은 사회적 문제를 감소시킬 수 있을 것이다. 정부에서 추진되고 있는 돌봄 사업들의 정책적 효율성을 높이기 위한 범정부차원에서의 연계 협력 및 관리가 이루어질 수 있는 기구가 필요하다. 최근 맞벌이 부부 증가 등 돌봄을 필요로 하는 가정이 급속히 증가하는 추세에 발맞추고자 정부에서는 다양한 돌봄사업을 추진하고 있다. 그러나 돌봄사업들의 주관부서가 모두 다르다 보니 정책적 혼란과 정책효율성을 떨어뜨리고 있다. 범정부차원에서의 연계 협력 및 관리방안을 모색하여 정책적 효율성을 높여야 할 것이다. 향후 10년 사이에 아동복지에 많은 변화가 있듯이 앞으로도 더 나은 복지정책이 마련되겠지만 아직도 복지의 사각지대에서 힘들어하는 아동들이 많이 있다. 사회복지를 전공하는 사람뿐만이 아니라 모든 국민들이 아이들을 좀 더 많은 관심과 사랑으로 바라보고, 보이지 않는 곳의 아이들에게 더 많은 기회를 제공하고, 어려움에서 벗어날 수 있도록 하는 등 앞으로도 꾸준한 노력이 필요할 것이라 생각한다.

참고문헌

김만겸(2019). 아동센터 운영과 관리에 대한 사례연구. 중앙대학교 대학원 박사학위논문.
김연진 · 이상희(2006). 아동복지의 이해. 태영출판사.
문선하 · 구차순 · 박미정 · 김현옥(2009). 한국사회와 아동청소년복지. 양서원.
임동호(2009). 아동복지론. 신광문화사.

2) 노인복지시설기관 이론 보고서

표 8-2 노인복지시설기관 이론 보고서(예시)

Ⅰ. 서론

내년 3월이면 군 생활과 군 계통 공직생활이 만 32년이 된다. 평생을 공직자로 국가와 국민에 봉사하고 국가와 국민으로 인해 내 생활이 보장받아 왔다. 고마운 마음을 조금이나마 표현하고자 직접 봉사와 기부라는 부분에 접근을 시도했다. 5년여의 기간 299시간의 미흡한 봉사를 하고 매월 일정금액의 기부를 통해 지원 대상 어린이의 성장을 지켜보며 정서적인 감각을 잃지 않으려 노력했다. 욕심이랄까? 모두가 같이 나누고 더불어 사는 아름다운 세상을 기대해 온 입장에서 사회복지 분야에 관심을 갖게 된 것은 매우 자연스러운 현상이었다. 아침에 출근하며 바라보던 ○○대학교 이정표를 보며 설렘을 갖게 되었고 드디어 사회복지 현장실습이라는 문 앞에 도착했다.

지난 여름방학 중 실습에 대하여 많은 고민을 했다. 어떤 조건도 자연스럽게 받아들일 수 있는 마음의 준비를 해야 했고 학기가 시작되기 전 나의 조건에 맞는 실습기관을 미리 선정해야 했다. 평일 실습은 불가능하고 주말과 휴일을 이용해야 하는 조건에서 노인복지시설을 선택하는 것은 여지가 없었다. 그리고 자신이 생겼다. 그동안 노인요양병원, 지역 어르신 초청 행사, 사할린 2세대 귀국정착 어르신 환영행사 등에서 재능기부 봉사활동을 해왔고, ○○노인종합복지관 급식 지원 봉사 등을 통해 어르신들과 교감을 이루어왔다는 부분에서 아주 미흡하나마 실습시설 접근에 대한 두려움을 대신할 수 있었다. 지난 7월에 기관을 선택하고 미리 방문하여 면접을 통해 10월 3일부터 출근하기로 했고 곧 그 날이 다가오고 있다. 나중에 노인시설에서 어느 부분을 담당하게 될지 모르겠지만 최선을 다해 깊이 있는 노력을 할 것이다.

인간 노화는 자연적 현상이며 대부분은 노화가 진행됨에 따라 육체적 기능 약화, 역할 상실, 사회적 소외감 등 여러 가지 문제점이 나타난다. 또한 정신적으로 많은 불편을 느끼고 폐쇄적인 생활을 하게 됨으로써 절망감을 느끼게 되는 경우도 생긴다.

이러한 긍정적이지 못한 노년에 대하여 보살피려는 움직임들이 상당히 진행되어 왔으며 기초노령연금 및 노인 장기요양보험, 노인돌봄 서비스 등 유형별로 다수의 제도가 시행되고 있다.

본 보고서는 사회복지현장실습을 앞두고 160시간을 근무하게 될 ○○요양원에 대하여 미리 공부하고 노인복지에 대한 전반적인 예습을 하는 기회로 생각하고 작성하겠다.

1) 프로그램

요양 서비스	간호 서비스	재활 서비스	의료 서비스	장례 서비스
• 식사, 청결, 배변, 안전, 환경, 수면	• 튜브, 피부, 투약, 당, 활력증후	• 재활, 물리, 작업치료, 정신안정	• 촉탁의사 방문, 협력병원	• 영면실 운영, 장례지원

Ⅱ. 노인의 이해

1. 개념

1) 노인(老人)의 사전적 정의(wiki 백과사전)

① 노인(老人, 문화어: 로인)은 평균 수명에 이르렀거나 그 이상을 사는 사람으로 인생의 마지막 과정(end of human life cycle)이다. 어르신이라고도 부르나, 그 외에도 늙은이, 고령자(高齡者), 시니어, 실버 등으로 교체해서 사용하기도 한다. 한 나라나 지역에 노인이 많으면 고령화가 사회 문제로 대두되기도 한다. 대한민국에서 처음에는 60세 이상이면 노인이었으나, 현재는 65세 이상이면 노인으로 분류가 된다. 노인만을 위한 시설로는 경로당, 노인정, 노인 대학 등이 있다. 현재 도시보다는 농촌에 노인들이 많이 분포한다.

② 대한민국 나이로 61세가 되는 생일을 환갑(還甲, 회갑)이라고 하고, 그 이듬해 생일은 진갑(進甲)이라고 부른다. 하지만 65세 이상이 노인으로 분류되는 특성상, 노인에 대한 호칭(별칭)은 따로 있다. 일흔 살은 칠순(七旬) 또는 고희(古稀), 여든 살은 팔순(八旬), 아흔아홉 살은 백수(白壽)라고 부르는데, 이는 '百'에서 '一'을 빼면 99가 되고 '白' 자가 되는 데서 유래한다.

③ 노인 또한 어린이 못지않게 안전에 상당히 취약하기 때문에 보호자의 보호가 많이 필요하다.

2) 고령화 실태

(1) 인구 추이 현황

〈표 1〉 인구 추이 현황 (단위: 천명, %)

구분	총인구	65세 이상		연령대별 인구 및 구성비					
				65~69세		70~74세		75세 이상	
		인구수	구성비	인구수	구성비	인구수	구성비	인구수	구성비
2000	46,136	3,375	7.3	1,377	40.8	919	27.2	1,078	32.0
2005	47,279	4,372	9.2	1,683	38.5	1,255	28.7	1,434	32.8
2010	48,580	5,434	11.2	1,817	33.4	1,569	28.9	2,049	37.7
2017	51,423	7,171	13.9	2,315	32.3	1,756	24.5	3,100	43.2
2018	51,635	7,381	14.3	2,360	32.0	1,798	24.4	3,223	43.7
2020	51,974	8,134	15.6	2,661	32.7	1,991	24.5	3,482	42.8
2030	52,941	12,955	24.5	4,081	31.5	3,553	27.4	5,320	41.1
2040	52,198	17,120	32.8	4,242	24.8	4,038	23.6	8,840	51.6
2050	49,433	18,813	38.1	3,770	20.0	3,680	19.6	11,363	60.4
2060	45,246	18,536	41.0	3,612	19.5	3,184	17.2	11,740	63.3

| **출처** | 통계청(2016). 인구주택총조사 각년도. 장래인구추계.

(2) 분석 및 전망

① 2018년 우리나라 전체 인구: 51,635,000명(2031년까지 계속 증가 후 감소 예상)

② 65세 이상 인구: 7,381,000명(2050년(18,813,000명)까지 지속적으로 증가)

③ 2018년 인구 피라미드: 30~50대가 두터운 항아리 형태(2060년에는 고령화로 인하여 60대 이상이 두터운 모습으로 변화될 것으로 전망)

④ 2018년 65세 이상 인구가 차지하는 구성비: 14.3%(지속적 증가, 2060년에는 41.0%가 될 것으로 전망)

⑤ 연령별로 살펴보면, 65세 이상 인구 중 65~69세와 70~74세가 차지하는 구성비는 감소하는 반면 75세 이상의 구성비는 지속적으로 증가 추세

(3) 대한민국 고령화의 심각성(나의 생각)

① 우리나라 고령화의 심각성은 2000년에 고령화 사회의 척도인 노인인구 7%에 이르고 불과 17년 만에 고령사회(노인비율 14%)에 도달했다는 것이다.

② 일본이 24년 걸렸던 것에 비하면 우려를 하지 않을 수 없는 수준이다.

③ 최근 노인 기준연령을 65세에서 70세로 상향조정해야 한다는 일부 학자 및 단체의 주장과 단순히 기준연령만 조정해서는 안 되고 사회복지적인 인프라를 체계적으로 우선 구축한 후에 점진적으로 조정해야 한다는 논리가 대립하기 시작했고 중요한 것은 노인연령 기준에 대한 상향조정이 언급되고 있다는 사실이다.

④ 논박이야 어찌됐던 현재 우리나라 인구 문제와 더불어 노인인구 문제는 앞으로 우리가 무엇을 어느 정도 생각해야 할지 고민하게 한다.

(3) 노인의 문제(독거노인 고독사)

① 부모와 자녀 부부가 동거하는 복합적인 가족에 있어서도 부모가 노령에 이르면 그 부양과 공경(恭敬) 같은 문제, 혹은 노령화(老齡化)에서 오는 자기 중심성, 자기 폐쇄성, 활동성의 감퇴, 고독감 · 시기심 · 질투심의 왕성화, 불평 · 불만과 같은 심리적 행동적인 것에서 일어나는 오해와 충돌과 같은 가족 관계의 불안정성의 문제가 있다. 현대가족에 있어서는 부모와 자녀 부부가 별거하는 부부 가족적 경향이 높아지면서 부양에 대한 문제는 심각해지고 있다. 또, 심리적 · 행동적인 면에서 일어나는 가족 관계의 문제는 대체로 회피할 수 있을 것 같아 보이지만 반대로 그것을 촉진하는 경우도 생기게 된다. 이와 같은 점에서 현대의 가족에 있어서의 노인 문제는 특히 중요한 문제로 인식되고 있다.

② 노인의 4고(苦)와 대책

노인 문제	대책
① 빈곤고(貧困苦, 경제적 문제) • 궁핍한 생활비와 수입, 생활유지에 어려움	• 노후 소득보장 체계의 확립과 철저한 사회안전망 확보
② 병고(病苦, 건강 문제) • 거동불편 건강유지에 어려움과 청소, 빨래, 가사일 불편	• 치매 등 노인성질환 예방사업과 노인 장기요양보험 확대 등을 통해 어르신들의 고통을 덜어주는 방법 지속 강구
③ 고독고(孤獨苦, 소외감 문제) ④ 무위고(無爲苦, 역할상실 문제) • 이웃과 교류 및 경로당 이용이 없음 • 필요한 복지시설 미비 • 교통이 불편한 지역 시장, 병원 등 생활 불편 • 노인돌보기 등 종합 · 장기요양 서비스 대상에 속하지 못하는 복지사각지대에 있는 독거노인	• 가족, 이웃, 사회와 단절된 관계를 복원하고 다양한 사회 참여 기회 확대 • 노인형 일자리 창출

3) 독거노인의 고독사 예방 노력

① 이러한 노인 문제로 인해 최근 심각하게 대두되는 사회적 문제가 고독사이다.

② 고독사 예방을 위해 독거노인 지원 연계 서비스(예 도시락 배달 등)가 가동되고 있으나 복지사각지대에 있어 발견되지 않는 독거노인들이 가장 문제가 되고 있는 실정이다.

③ 해결방안

- 따라서 지자체의 노력(예 서울시의 경우 일자리 제공, 집단활동 참여, 공동거주제, 안전벨트사업, 네트워크 등)을 통해 요보호 대상자 발본색원하는 등의 근원적 방지 노력
- 주민센터 직원(우리 동네 주무관), 통장, 소방 · 경찰, 부녀회 · 민간(배달원, 상점주 등)과 연계를 통한 체계적인 네트워크 구축

④ 방치되는 독거노인이 없도록 독거노인에 대한 지역사회의 관심이 전제되어야 하며 노인 스스로의 자립심과 함께 사회 전반적인 효-경로사상이 필요

⑤ 지자체별 독거노인 관리 및 고독사 예방 노력

- 농어촌노인복지 활성화 지원사업: 가족봉사단, 찾아가는 건강요리교실 · 공예교실
- 노인정서 안정 및 삶의 질 향상, 건강하고 안정된 노후생활 유지(재가노인 지원 서비스, 주간보호 서비스, 가사간병방문 서비스 등)

⑥ 공공 돌봄 정책, 가족의 돌봄, 지역사회의 관심과 협조가 절대적으로 필요하며 정부의 복지시책과 더불어 가족 공동체의 회복, 함께하는 지역사회 네트워크 강화 등이 최선의 방안

4) 사회복지사의 역할

① 독거노인 및 노인 문제에 대한 DB 구축 필요

② 독거노인에 대한 교감(친구, 아들, 딸처럼 대하고 교감하는 능력)

③ 다양한 기관과의 연계를 통해 대상자에게 많은 혜택이 돌아갈 수 있도록 노력
④ 서비스 질 향상 및 업무의 효율성 제고, 고독사 예방 안전망 구축

Ⅲ. 노화 이론

1. 노화(老化)의 정의

'노화'란 시간의 경과에 따라 세포기관 또는 개체에 나타나는 진행적인 변화를 말한다. 노화가 진행되면 골격근이나 세포 조직의 무게는 감소되기 시작한다. 콜라겐 합성률은 성인기 이후 점점 감소하며, 노화가 진행되면서 비용해성 콜라겐이 증가한다. 이러한 콜라겐은 교차결합으로 인해 결정화되고 딱딱해져서 몸의 유연성이 감소한다.

정상적인 피부는 오랜 시간(몇 주)이 지나야 재생되고 상처를 입게 되면 세포분열 속도가 일시적으로 증가하지만 노화가 진행될수록 상처 치료 속도는 급격히 감소한다.

노화의 두드러진 현상 중 하나는 가까운 물체와 멀리 있는 물체에 초점을 맞추지 못하는 것이다.

2. 노화의 생물학적 이론

1) 유전학적 이론

① 눈의 색깔이 유전적으로 결정되듯이 세포 혹은 생명체도 수명을 결정하는 유전자에 의해 결정된다는 것이며 효소와 같이 생명체에 중요한 단백질의 형성 과정이 잘못 되어 세포를 죽게 한다는 것이다.

② 체세포 돌연변이 현상에 의해 노화를 설명하는 이론은 세포가 성장과 분열을 할 때 일부 아주 적은 세포가 돌연변이를 일으키고, 정상적으로 활동하지 못하는 이러한 돌연변이성 세포가 점진적으로 축적됨으로써 노화가 일어난다는 것이다.

2) 비유전학적 이론

(1) 소모 이론

세포나 동물도 기계와 마찬가지로 세월이 지나면 마모된다는 것이지만, 동물은 회복 능력이 있으므로 이 이론은 생물계에는 적용되지 않는다.

(2) 교차결합 이론

섬유성 단백질인 콜라겐 분자들이 교차결합함으로써 힘줄 · 피부 · 혈관 등이 탄력성을 잃게 되며 생물학적으로 중요한 분자들, 특히 효소 등도 비슷한 교차결합을 하여 세포 내에서 정상적인 기능을 하지 못함으로써 노화가 일어난다는 것이다.

(3) 자가면역 이론

자기(self)와 비자기(non-self)를 구분하는 정상적인 면역 체계가 손상됨으로써 노화가 진행된다는 이론으로서 실험적 증거에 의한 것이라기보다는 임상적 증거에 기초한 것이다.

이러한 모든 이론은 노화를 세포변화나 분자적 변화에 기초해서 설명하고 있지만 실제로 노화는 개체의 전반적인 활동에 뚜렷하게 변화가 생기는 것이다.

3. 사회적 노화의 형태

1) 사회적 관계망과 상호작용

① 노년기에는 퇴직, 배우자 혹은 친구나 친지의 사망 등으로 인해 사회적 관계망이 줄어드는 것이 일반적이다.

② 2차 집단과의 관계가 위축되고 사적 지원체제인 1차 집단과의 관계가 중심이 된다. 따라서 노년기 부부의 갈등 혹은 불안정성 문제가 증가하고 황혼이혼이 급격하게 증가하는 상황을 보면 미루어 짐작이 가능하다.

③ 자녀는 노년기 사회적 관계의 중심이나 자녀와 동거하는 비율은 낮고 정서적 지원, 도구적 지원, 경제적 지원 주체이다(예 형제자매 관계, 친구, 이웃, 지인).

④ 이론적 모형

- 과업특성 모형: 사회적 지지 집단별로 과업의 특성에 따라 가장 효율적으로 역할이 수행될 수 있다고 본다.
- 위계보상 모형: 노인에 대한 사회적 지지 관계의 일차성, 친밀감, 책임감에 따라 선순위가 정해진다고 가정하면 가족 중에서 배우자, 자녀, 기타 친척 순이며 가족 및 친척이 없는 경우 친구, 이웃, 공식적 지지 체계의 순서로 선택된다는 것이다.

2) 연령 규범과 사회화

① 연령 규범은 동시대인들이 특정 연령대에 적합한 행동을 하도록 각 개인에게 요구하는 사회적 기대 혹은 가치를 의미한다.

② 최근 생산적, 활동적 노년을 강조하는 움직임이 부각(독립성 추구, 사회적 합의 필요)된다.

③ 사회화는 개인에게 요구되는 지식, 기술, 가치, 역할을 획득하는 것을 통해 이루어질 수 있다.

3) 지위와 역할의 변화

① 전통적으로 노년기는 중요하고 가치 있는 사회적 지위와 역할을 상실하는 시기로 간주되었다. 새로운 역할을 얻기도 하고 동일한 역할을 수행하더라도 그 수행방법이 변화되며, 역할 자체의 중요성이 변화되는 등 다양한 역할전환을 경험하게 된다.

② 우리나라 노인의 지위는 매우 취약하며(경제적 자원의 고갈) 지위와 역할이 불가분의 보충적 관계(특정한 상호작용 유형)에 있으며 애매한 역할이 노년기에 늘어난다.

③ 노소(老小)의 역할 유형 분류

- 제도적 역할: 중년기까지 서서히 증가해서 노년기부터 급격하게 하강, 역할은 없으나 지위는 있는 애매한 역할은 중년기 후반부터 높아져서 노년기에 더욱 높아진다.
- 역할은 있는데 지위는 없는 비공식적 역할: 중년기 이전까지 점차 증가하다가 중년기까지는 거의 변화가 없다가 노년기 후기에 감소한다.
- 역할부재는 역할도 지위도 없는 상태: 제도적 지위와 역할은 축소되고 지위는 있지만 역할은 없거나 적은 애매한 지위는 증가한다.

3. 노화의 사회적 이론

구분	내용
미시적 이론	① 활동 이론, ② 지속성 이론, ③ 역할 이론, ④ 사회적 와해 이론, ⑤ 교환 이론
미시와 거시 연계 이론	① 분리 이론, ② 현대화 이론, ③ 하위문화 이론, ④ 연령계층화 이론, ⑤ 생애 과정 이론
거시적 이론	① 정치경제 이론, ② 세계체제 이론

1) 미시적 이론

(1) 활동 이론

- 노인은 생물학적 측면과 건강상의 불가피한 변화를 제외하고는 동일한 심리적, 사회적 욕구를 가진 사람들이어서 지속적인 활동이 노인의 사기 유지에 중요하다고 가정한다.
- 성공적인 노년기를 위해서는 새로운 역할을 찾아 이를 활발히 수행해야 한다는 것이다. 활동 참여가 역할지지를 제공하고 역할지지는 긍정적인 자아상을 유지하는 데 기여하며, 긍정적 자아상은 생활만족도를 높인다(예 시니어센터, 노인자원봉사 활성화).

(2) 지속성 이론

- 개인은 나이가 들면서 상실한 역할을 유사한 역할로 대체하는 한편 자신에게 전형적인 환경 적응방식을 유지함으로써 일관된 행동 유형을 지속하려 한다고 가정한다.
- 자신의 고유한 성격, 생활습관과 행동 유형을 유지하는 것이 자아존중감과 생활 만족도를 증진시킬 것으로 기대된다.
- 사람들은 변화적응 전략으로 내적 지속성과 외적 지속성을 이용해 이를 통해 안정성을 유지하려 한다.
- 내적 지속성: 기억에 기초한 개인 관념 구조의 일관성을 의미, 인성과 자아 개념 포함(내적 지속성 유지는 자신과 세상에 안정적인 관점을 가지려는 기본적 욕구에서 발생)
- 외적 지속성: 친숙한 환경에 살면서 친숙한 사람들과 상호작용하는 것을 의미(다른 사람의 관계에서 우리 행동이 일관되고 예측 가능하도록 요구받는 것에서 비롯)
- 타당성: 정상적 노화를 경험하는 사람들의 변화적응 과정에 적합/ 병리적 노화가정을 겪는 노인의 사회적 관계와 행위에 대해서는 설명력이 부족
- 한계: 기존 양식을 버리고 새로운 태도와 행동으로 만족스러운 노후를 살아가는 사람들 설명 불가/ 외재적인 사회적 요인을 간과하는 한계

(3) 역할 이론(역할변화가 심한 노년기를 살펴볼 때 유용)

- 노인 개인의 행동과 생각에 초점을 두면서 노년기의 역할상실로 인한 사회적 노화현상을 설명하는 이론이다.
- 사람들은 역할을 수행하면서 자신을 사회적 존재로 파악하게 되고 자아 개념을 갖게 된다.
- 역할 이론에서는 노인은 기존에 수행했던 역할을 상실하는 생애 단계로 보는데 이러한 역할 상실은 노인의 사회적 정체성과 자아존중감에 위협이 될 수 있다.
- 노년기는 역할 단절이나 기존 역할이 애매해지는 불확실성의 특징이 있다. 노년에 잘 적응한다는 것은 이러한 노년기의 역할변화에 잘 적응하는 것을 의미한다.

(4) 사회적 와해 이론

- 사회적 와해 증후군은 심리적으로 허약한 노인이 사회 환경으로부터 부정적 메시지를 받으면 자아 개념에 부정적 영향을 주면서 부정적 피드백의 악순환을 가져온다는 것이다.
- 노인에 대한 부정적인 사회적 편견이 생기는 과정을 설명해준다.
- 낙인 이론: 다른 사람이 정의하는 내용에 근거해 자신을 규정한다는 것이다. 즉, 노인이 사회의 일탈자가 되는 것은 사회에서 일탈자 혹은 결함 있는 사람으로 명명하고 낙인찍기 때문이다.
- 사회적 와해 증후군은 일종의 악순환인데 의존적 존재로 취급되는 노인은 자신감을 상실하게 되고 그 결과 더 의존적으로 된다는 것이다.
- 노인에게 자신이 능력이 있고 힘이 있다는 확신을 갖게 하고 노인에게 능력을 발휘하고 향상시킬 기회를 부여한다면 노인의 능력을 재확인하는 재건이 가능하므로 사회적 와해를 대치할 수 있게 된다(사회적 재구축 증후군).

(5) 교환 이론

- 노인이 왜 사회적 상호작용에서 위축되는지를 설명하는 시도로 출발하였으며 노인은 특히 정보, 기술, 육체적 노동을 할 수 있는 면에서 부족하다고 가정된다.
- 초기 교환 이론에서는 노인의 경제적 자원 감소, 낙후된 기술, 건강 저하 등이 노인들의 교환 능력을 축소시키고 노인을 열등한 지위로 하락시키는 것으로 봤다. 즉 충분한 자원을 가지고 있는 노인만이 사회관계를 지속적으로 맺게 된다고 주장한다.
- 후기 교환 이론은 노인이 적절한 보상을 받고 있는가를 주로 논의하였다. 기회공급의 구조가 자원 활용에 영향을 미치며 노인의 교환 능력에 영향을 미친다는 주장은 노인복지 측면에서 시사하는 바가 크다.
- 교환 이론에 따르면 노인은 퇴직 후에 다른 연령층과의 관계를 줄임으로써 교환 관계에서 균형을 찾을 수밖에 없을 것으로 보인다.
- 경제적 · 물질적 자원 대신 지혜 · 자원봉사를 위한 시간 같은 비물질직 자원을 활용할 수 있다.

- 교환 이론은 사회보장을 통한 세대 간 이전, 가족 돌봄의 관계에서 세대 간 이전에 관한 논의를 할 때 적절하다. 그러나 인간이 사회적 관계 형성에서 개인의 이득을 주요 동기로 한다는 기본 전제를 취한다는 비판이 있다.

2) 미시와 거시 연계 이론

(1) 분리 이론

- 나이가 들면 물러남으로써 사회제도가 지속적으로 유지되고 노인의 개인적 만족도 보장된다는 것으로 (활동 이론과 반대 개념) 분리 결정은 개인에 의해 먼저 취해질 수도 있고 사회에 의해 시작될 수도 있다.
- 개인적 분리: 개인의 자아가 변하여 타인과의 관계를 유지하고자 하는 동기가 약화되어 자신의 내적인 면에 주의를 기울이기 위해 먼저 사회로부터 분리를 결정하는 것이다.
- 사회적 분리: 개인이 가지고 있는 기술이 현대적 여건에 적응하기에 뒤떨어지므로 이를 결정하는 것으로 사회에 의해 강요되는 것이라기보다 자연스러운 발달적 현상이라고 본다.
- 단, 사회적 분리가 노년기의 특징이라고 말할 수 없으며 활동 수준이 높은 노인은 삶의 만족도가 높은 것으로 확인되었다.

(2) 현대화 이론

- 노인의 사회적 지위와 역할이 변화하는 것을 사회 구조적으로 설명하는 것으로 노인의 지위와 역할은 사회의 현대화와 반비례하는데 사회가 현대화될수록 노인의 사회적 지위는 낮아지고 역할 상실과 모호성이 초래된다.
- 농경사회에서 도시 및 산업사회로 변하는 과정에서 노인이 사회 내에서 점하는 지위나 존경에 변화가 일어났다는 것이다.
- 원인: 노인인구 증가, 기술발달로 근로자에 대한 수요 감소, 퇴직제도, 새로 생기는 직종에 반숙련 노동 필요, 급변하는 사회변동, 학교교육/ 도시화
- 의의: 농경사회에서 산업사회로 바뀐 사회의 노인의 지위와 역할을 설명하는 데 유용하고 사회 구조의 역할과 자원의 통제수단이 노인의 삶에 큰 영향을 미친다는 것을 간파한 점이다.
- 제한점: 사회 구조의 보편적 영향력을 지나치게 강조해 문화, 인종, 계층, 성(性)의 차이가 미치는 영향을 도외시하였고 노인의 지위하락을 맞는 다른 요인들을 고려하지 않았다.

(3) 하위문화 이론

- 집단소속감을 통해 자신의 자아 개념과 사회적 정체성을 발전시키고 유지한다는 전제하에 개인이 속한 집단의 기대에 근거해서 평가된다고 본다.
- 노인의 하위문화가 다양한 인구학적, 사회적 배제의 결과로 발달한다고 보며 이러한 반응으로 인해 노인들끼리만의 상호작용에 용이한 조건이 형성되고 노인끼리만의 상호작용이 특유한 노인 하위문화를 발전시키게 된다는 것이다.
- 형성 원인: 다른 연령집단이 배제된 채 상호작용할 기회가 많고 노인공통의 신념과 관심, 연령차별적 정책
- 한계: 노인의 다양성과 다른 요소들이 미치는 영향력 과소평가하고 다른 세대와 중요한 관계를 맺고 있을 수 있다는 점을 간과

(4) 연령계층화 이론(가장 영향력 있는 사회노년학 이론)

- 사회는 기본적으로 연령대에 의해서 구분되는 연령층으로 구성되고 서열화되어 있으며 연령 범주가 사회적 역할과 자원을 공급하는 데 활용된다는 것이다.
- 연령계층화된 사회의 노인들은 교육이나 노동시장 참여가 어렵게 되고 사회문화적 고립을 겪게 된다는 것이다.
- 같은 시기에 출생한 집단은 그 사회에서 각 연령층에서 기대하는 역할을 수행하며 사회적 패턴에 따라 같이 이동하게 된다. 따라서 같은 시기에 출생한 사람들은 독특한 역사적 환경 변천, 사회 구조적 요소와 기회, 각 연령집단의 동일한 생리적 변화의 결과로 독특한 노화의 패턴을 경험하게 된다.
- 노화를 설명하는 데 역사적, 사회적 요소를 반영한 점이다. 사회의 연령 구조 내에서 다양한 연령대 간의

관계 및 차이를 인간 발달적 측면의 변화와 역사적 측면의 차이로 파악하는 데 매우 적합한 이론이다.

• 다만, 권력의 문제를 제대로 다루지 않음으로써 소수의 엘리트에 의해 사회 구조가 통제될 수 있다는 점을 간과하였다.

(5) 생애 과정 이론

① 생애발달이 인생의 한 단계에 국한되지 않고 평생에 걸쳐 일어나는 매우 역동적인 과정이라 전제하고 역할의 다양성과 일생을 통한 역할변화를 고려한다.

② 개인의 발달 과정과 경험이 역사적 · 사회적 · 문화적 맥락과 환경에 의해 영향을 받을 수 있음을 주목한다.

• 노화의 역동적, 맥락적, 과정적 특성
• 연령과 관련된 변천과 생애궤도
• 노화가 사회적 맥락, 문화적 의미, 사회 구조적 위치와 연결되고 형성되는 방식
• 시간, 시기, 코호트가 사회집단과 개인의 노화 과정을 형성하는 방식

3) 거시적 이론

(1) 정치경제 이론

• 개인의 노화가 사회의 경제적 · 정치적 맥락 속에서 발생한다는 점에 주목하여 거시적인 수준에서 노년기 적응방식과 자원분배를 결정하는 구조적 특성을 탐색한다.
• 고령화로 인한 문제는 단독으로 발생하는 것이 아니라 사회의 가치, 공공정책, 정치적 우선 순위와 물질적 여건들이 개인의 경제적 자원과 심리적 자원에 영향을 미침으로써 형성된다고 주장한다.
• 사회의 정치·경제적 제도 속에서 노인은 기회가 축소되거나 기회를 상실한 존재로 전락하기 쉽다. 정치경제학적 관점은 노인 문제를 야기시키고 있는 정치 · 경제적 조건을 고려하므로 노인을 대상으로 하는 프로그램이나 정책이 진정으로 누구의 권익을 위한 것인지 문제제기를 할 수 있도록 도와준다.
• 단, 산업사회에서 노인이 빈곤하고 권리를 박탈당하고 있다는 것을 너무 과장하고 있다는 비판을 받고 있다(개인적 차원을 도외시한다는 비판/ 노인을 무기력한 존재로 묘사).

(2) 세계체제 이론

• 선진국과 개발도상국 사이에 존재하는 정치적 불평등이 제3세계 노인들의 삶의 질에 영향을 미치는 것으로 선진국의 주변국가, 즉 개발도상국가에 대한 경제적 지배나 착취가 개발도상국 노인의 문제를 야기할 수 있다는 것이다.
• 예시: 간병 인력으로 여성들이 이주한 결과 이주 여성의 나라에서 노인 돌봄 관련 문제가 발생한다.
• 한계: 세계경제 체제상 중심국가와 주변국가의 종속적인 발전 관계를 강조한 나머지 제3세계 국가의 독자적인 자율성을 과소평가한다는 비판이 제기된다.

Ⅳ. 노인복지법 및 노인복지정책(서비스)

1. 노인복지법

1) 개요

노인의 심신의 건강 유지 및 생활 안정을 위하여 필요한 조치를 강구함으로써 노인의 복지 증진에 기여하기 위하여 제정된 법률. 이 법은 기본 이념으로, 노인은 후손의 양육과 국가 및 사회의 발전에 기여하였으므로 존경받으며 건전하고 안정된 생활을 보장받아야 한다고 규정하고 있다. 건강 진단, 경로 우대, 노령수당 등의 복지 조치와 노인복지시설, 노인 여가시설 등의 설치에 관한 규정을 두고 있다.

2) 주요 법령 요약

① 제1장 총칙, 제3장 보건 · 복지 조치, 제4장 노인복지시설의 설치 · 운영, 제5장 비용, 제6장 보칙, 제7장 벌칙 등 전문 62조와 부칙으로 이루어져 있다. 1981년 6월 5일 법률 제3453호로 제정되었다.

② 노인은 후손의 양육과 국가 및 사회의 발전에 기여해온 자로서 존경받으며 건전하고 안정된 생활을 보

장받으며, 능력에 따라 적당한 일에 종사하고 사회적 활동에 참여할 기회를 보장받는 한편, 노령에 따르는 심신의 변화를 자각하여 항상 심신의 건강을 유지하고 그 지식과 경험을 활용해 사회의 발전에 기여하도록 노력해야 한다(제2조).

③ 국가와 지방자치단체는 노인의 보건 및 복지증진의 책임이 있으며, 이를 위한 시책을 강구하여 추진해야 한다(제4조). 노인에 대한 사회적 관심과 공경의식을 높이기 위해 매년 10월 2일을 노인의 날로, 매년 10월을 경로의 달로 한다(제6조).

④ 국가 또는 지방자치단체는 노인의 사회 참여 확대를 위해 노인의 지역 봉사활동 기회를 넓히고, 노인에게 적합한 직종의 개발과 그 보급을 위한 시책을 강구하며, 근로 능력이 있는 노인에게 일할 기회를 우선적으로 제공하도록 노력해야 한다(제23조).

⑤ 국가 또는 지방자치단체는 65세 이상의 자에 대해 대통령령이 정하는 바에 의해 국가 또는 지방자치단체의 수송시설 및 고궁 · 능원 · 박물관 · 공원 등의 공공시설을 무료로 또는 그 이용요금을 할인하여 이용하게 할 수 있다(제26조).

⑥ 국가 또는 지방자치단체는 노인주거복지시설을 설치할 수 있으며(제33조), 노인 복지주택에 입소할 수 있는 자는 60세 이상의 노인으로 한다. 다만, 입소 자격자의 배우자는 60세 미만의 자라 하더라도 입소 자격자와 함께 입소할 수 있다(제33조의 2).

⑦ 국가 및 지방자치단체는 노인 학대를 예방하고 수시로 신고를 받을 수 있도록 긴급전화를 설치해야 하며(제39조의 4), 누구든지 노인 학대를 알게 된 때에는 노인보호 전문기관 또는 수사기관에 신고할 수 있다(제39조의 6).

⑧ 누구든지 노인의 신체에 폭행을 가하거나 상해를 입히는 행위, 노인에게 성적 수치심을 주는 성폭행 · 성희롱 등의 행위, 자신의 보호 · 감독을 받는 노인을 유기하거나 의 · 식 · 주를 포함한 기본적 보호 및 치료를 소홀히 하는 방임 행위, 노인에게 구걸을 하게 하거나 노인을 이용하여 구걸하는 행위, 노인을 위하여 증여 또는 급여된 금품을 그 목적 외의 용도에 사용하는 행위를 해서는 안 된다(제39조의 9).

⑨ 노인에게 상해를 입히는 자는 7년 이하의 징역 또는 2,000만 원 이하의 벌금에 처한다(제55조의 2).

2. 노인복지 정책

1) 개요

노인복지란 노인이 자신이 속한 가족과 사회 속에서 인간답게 살 수 있도록 필요한 자원과 서비스를 제공하는 사회적 차원의 활동이다. 인간다운 생활이란 각자가 속한 사회 내에서 기본적인 의 · 식 · 주를 충족하고, 건강하고 문화적인 삶을 사는 것을 뜻한다. 평균수명이 연장되면서 노인층 인구는 크게 늘어났으나 이들은 노화에 따른 건강 문제, 퇴직과 실업에 따른 경제적 어려움, 사회적 역할 상실에 따른 고독감 등으로 고통받고 있다. 우리나라의 경우 산업화 속에서 핵가족화가 급속하게 확산되면서 노인 문제는 심각한 양상을 띠게 되었다. 이에 정부는 1981년 제정된 「노인복지법」을 근거로 각 지방 정부가 노인의 건강유지와 생활안정 시책을 위해 필요한 조치를 취하도록 하고 있다.

2) 노인복지정책 소개

① 기초연금: 2021년 소득 하위 노인 기초연금 인상

- 1월부터 기초연금수급자 전체로 확대 적용, 노인에게 최대 300,000원의 연금 지급
- 소득인정액: 재산의 월소득 환산액과 월 소득평가액 합산금액이 단독가구 1,690,000원, 부부가구 2,704,000원 이하의 경우(자녀소득, 재산과 무관)

② 커뮤니티 케어: 시설, 병원 등이 아닌 살던 집 또는 지역에서 받는 돌봄 서비스

- 시행 지역: 광주 서구, 경기 부천, 충남 천안, 전북 전주, 경남 김해(5개 지자체)
- 요양병원 입원 환자 중 지역사회 복귀 희망 노인, 병원 퇴원 준비 중인 노인, 지역사회 거주하나 질병, 일상생활 어려움으로 시설입소가 제한되는 노인 등

③ 노인일자리 확대
- 2021년 노인일자리 80만 개 증가(보육시설 봉사, 청소년 선도, 실버카페 등 다양)
- 2월부터 시작(기존 1월 시작) 및 만 60~64세 확대(기존 만 65세 이상)

④ 저소득 어르신 무료급식 사업
- 경로식당: 만 60세 이상 어르신 중 가정형편이 어렵거나 부득이한 사정으로 식사를 거를 우려가 있는 자
- 식사배달: 만 65세 이상 독거 어르신 중 거동불편으로 경로식당을 이용할 수 없는 자
- 밑반찬배달: 만 65세 이상 독거 어르신 중 거동불편으로 경로식당을 이용할 수 없으나 가정에서 직접 조리가 가능한 자

⑤ 장기요양보험제도
- 급여 대상: 소득 수준과 상관없이 65세 이상 노인 또는 65세 미만으로 노인성 질병을 가진 환자 중 · 장기요양 1~5등급 및 인지 지원 등급 판정을 받은 자
- 노인성 질병은 치매, 뇌혈관성질환, 파킨슨병 등 대통령령으로 정하는 질병
- 급여 종류
  - 재가급여: 방문요양, 방문목욕, 방문간호, 주 · 야간보호, 단기보호, 복지용구
  - 시설급여: 노인요양시설(노인전문병원 제외) 입소, 노인요양공동생활가정 입소
  - 특별현금급여: 가족요양비, 특례요양비, 요양병원 간병비

⑥ 기타 대중교통 무료이용, 시설 무료이용 등 혜택 다수

V. 결론(나의 생각)

노인인구의 증가는 오래 전부터 이미 예측되어 온 부분이지만 인구가 증가하고 연령이 연장되고 가치관이 변하고 욕구가 다양해지며 사회적인 문제화됨에도 불구하고 그에 대한 대응은 변화의 속도에 크게 미치지 못한 것이 사실이다.

이제는 거부할 수 없고 부정할 수 없는 단계까지 이르렀고 오직 해결방법은 모두가 노력해야 하는 방법 밖에는 없다. 정부, 지자체, 민간기관, 세대의 당사자가 각 분야에서 전문성을 발휘하고 사회적 연대를 통해 응집된 결과를 창출해야 한다. 17년 만에 고령사회로 접어들며 노령인구 16.6%라는 소위 미친 통계는 해결방법도 미치지 않으면 방법이 없다. 정부는 필요하다면 헌법을 개정하는 수준의 노력과 법제 개편, 지자체 조례 개정 등 법적, 규정적 노력과 기업, 언론, 공공기관, 민간기관의 행동적 노력, 국민 모두 세대 간의 격차와 인식을 교정하여 이것만이 최선이라는 방안을 찾아 국가 경쟁력을 높이고 국가 존속에 대한 우려를 불식해야 한다.

적은 인원의 젊은 세대가 다수의 노인층을 부양해야 하는 사회적 문제를 어떻게 현명하게 해결할 것인가에 대한 노력이 필요하다. 사회적 연대를 바탕으로 모두가 양보하고 국가 발전을 위한 방법이라는 긍정적 마인드가 중요할 것이다.

참고문헌

고재욱 외(2018). 노인복지론. 양서원.
법제처(2019. 4. 30.). 「노인복지법」 시행령, 시행규칙.
수협은행 블로그(2019. 8. 27. 검색). 2019년 노인복지정책 어떻게 변할까?
위키 백과사전.
통계청(2020. 1. 12.). 장래인구추계 배포 자료.

2 실습기관 분석 보고서

1) 실습기관 분석 보고서의 목적

실습생이 기관의 행정 및 업무 전반에 대해 파악하기 위해 기관에 관한 조사내용을 가장 먼저 보고서로 작성하는 것이다. 기관 분석 보고서는 기관의 설립취지와 성격, 지역사회의 특성에 따른 기관의 사업내용 등을 포괄적으로 파악하고, 종사자들의 특성 및 역할을 알아보는 데 그 목적이 있다. 이를 위해 실습생은 기관의 목적과 가치, 조직 구조, 기관 직원과 자원봉사자를 포함한 인적 자원과 재정적 자원, 기관이 선호하는 서비스 전달방식 등 기관의 업무방식 등을 분석할 수 있게 된다(신민선 외, 2020a).

2) 실습기관 분석 보고서 작성방법

실습생은 기관 분석 보고서의 작성 목적을 달성하기 위해서는 실습이 시작된 후 1~2주 이내로 작성하도록 하는데, 기관을 분석함으로써 기관의 정책, 서비스, 프로그램 그리고 이용자의 특성 등을 이해하게 된다. 실습기관 분석 보고서는 유형에 따라 각기 다른 양식을 활용하는데 일반적으로 기관 분석 양식에는 기관의 설립 목적 및 기관의 연혁, 사업내용 등의 내용이 포함된다. 다음은 기관 분석 보고서 작성 시 주의할 사항들(이경아 외, 2011)이다.

① 기관에 대해서는 정확한 바탕으로 명료하고 구체적으로 기술한다.

② 각 항목별 실습생의 평가를 기술할 때에는 최대한 객관적인 정보를 바탕으로 논리적으로 분석한 내용을 제시한다. 지극히 주관적이거나 감정적인 평가가 되지 않도록 주의하고 현실적으로 가능한 제안을 제시하려고 노력한다.

③ 기관 사업의 역사적 변천은 우리나라의 사회복지정책 및 서비스의 변화를 반영하므로 이를 참고하여 분석한다.

④ 기관의 주요 사업 및 프로그램에 대해 분석할 때에는 다음과 같은 사항을 고려한다. 주요 클라이언트 대상이 누구이며 서비스 대상 지역은 어디까지인지, 기관이 선호하는 서비스 전달방식이나 업무방식이 존재하는지, 지역적 특성과 여건 그리고 주요 클라이언트 대상의 특성과 여건 그리고 주요 클라이언트 대상의 특성과 욕구를 반영한 특성화된 프로그램이 존재하는지, 다른 기관과 차별화된 사업은 무엇인지 그리고 서비스 전달 체계는 어떻게 구성되었는지를 파악하는 것이 중요하다.

⑤ 기관의 재정을 파악하는 것이 중요하다. 재정이 확보되어야 서비스를 할 수 있기 때문이고 기관에서는 부족한 재정을 보완하기 위해 어떤 노력을 하고 있는지 구체적으로 파악해야 한다.

⑥ 지역사회 개요에서는 지역사회환경, 지역주민의 인구사회학적 특징, 대중교통 편의성, 접근용이성 등을 기술한다. 기관이 위치한 지역적 특성과 접근성에 대해 파악하는 것이 중요한다. 이러한 지역사회 개요와 기관에서 운영하는 서비스 간에는 어떠한 변화를 겪었는지 파악한다.

⑦ 지역사회 자원과 후원자 관리 등을 어떻게 운영하고 있는지를 파악한다. 기관에 자원목록 리스트가 구비되어 있는지도 파악하고 만약 자원목록 리스트가 존재하지 않을 경우, 실습생 스스로 작성해보도록 한다. 사회복지사로 자원개발 및 관리는 부족한 사회복지재정을 보완하기 위해 꼭 요구되는 기술이기 때문에 물적·인적 자원에 대한 사회복지사 선생님들의 노하우를 전수받도록 노력한다. 만약 실습기관의 자원개발이나 후원자개발이 미비하다면 이 부분에 대한 현실적 대안을 제시하도록 한다.

⑧ 사회복지기관은 각 기관이 충실하게 서비스를 수행하는 것도 중요하지만 기관 간에 유기적 협력 관계를 통해 시너지 효과를 기대할 수 있다. 그러므로 실습기관이 타기관들과 어떤 관계를 형성하고 그 관계의 질은 어떠하며 이를 통해 클라이언트들은 어떤 이익을 얻을 수 있는지 분석한다. 실습기관 방문 분석 보고서의 양식은 제10장 **|표 10-20|** (p. 222.)이며 예시는 **|표 8-3|** 과 같다.

표 8-3 실습기관 방문 분석 보고서(예시)

실습기관 방문 분석 보고서

실습생명	최○○	기관명	○○요양원
기관 주소	서울 ○○구 ○○로길 17-1 전화) 02-○○○○-○○○○		
기관 소개자	(부서: 직책:)		

1. 기관의 역사

1) 기관 설립동기 및 설립 목적

어르신들의 몸과 마음을 조금이나마 편안하게 모실 수 있는 가정적인 환경을 만들고, 의료적 요양보호, 대인적 보호 서비스 등을 제공함으로써 어르신들의 기능회복을 증진시키며 심신 기능의 재활과 안정을 도모함

2) 기관 사업의 역사적 변천

- 2007년 10월 19일 ○○ 라이프장례 서비스 업무 제휴
- 2008년 2월 15일 ○○마루 ○○(24병상) 개원
- 2008년 3월 24일 독일 'KURSANA Residenz'와 자매 결연
- 2008년 4월 1일 ○○효요양병원 협력병원 및 촉탁의 체결
- 2008년 7월 2일 ○○대학교 ○○병원 협력기관 체결
- 2008년 8월 1일 ○○에버랜드 웰스토리와 식자재 납품 계약
- 2009년 8월 3일 ○○마루 공동생활과 단기시설허가 개원
- 2009년 9월 18일 ○○마루 서비스표 특허청 등록완료(제41류, 제44류)
- 2013년 3월 1일 ○○마루 요양원의 3기관 통합으로 한 개의 장기시설로 허가

3) 기관 역사에 대한 실습생의 평가

치매, 중풍, 파킨슨, 퇴행성관절염 등의 노인성질환의 올바른 이해와 적절하고 지속적인 케어 환경을 조성하여 노인들에게 복지서비스를 제공하는 시설임. ○○사랑마루는 '여기 나는 인간이고, 여기서 나는 인간답게 산다'라는 모토로 이제 긴 여생을 뒤로 하시고 지치고 아프신 어르신들의 몸과 마음을 조금이나마 편안하게 모실 수 있도록 가정적인 환경을 만들고, 의료적 요양보호, 대인적 보호 서비스 등을 제공함으로써 어르신들의 기능회복을 증진시키며 심신 기능의 재활과 안정을 도모함을 목적으로 설립된 노인요양시설임

2. 기관의 목적

긴 여생을 뒤로 하고 지치고 아프신 어르신들의 몸과 마음을 조금이나마 편안하게 모실 수 있는 가정적인 환경을 만들고, 의료적 요양보호, 대인적 보호 서비스 등을 제공함으로써 어르신들의 기능회복을 증진시키며 심신 기능의 재활과 안정을 도모함

3. 기관의 주요사업 및 프로그램

1) 클라이언트 및 대상 지역

구분	내용	인원수(명)
일반집단	• 치매, 중풍, 노인성질환 입소자	14
위험집단	• 낙상, 욕창, 치매 이상행동 입소자	28
표적집단	• 낙상, 욕창, 치매 이상행동 입소자	6
클라이언트 수	-	48

2) 주요사업

① 의료, 재활 서비스: 치매 프로그램(10명), 작업(재활) 프로그램(42명)
② 간호, 간병 서비스: 간호요원 건강 체크 라운딩(42명)
③ 식사, 생활 서비스: 제빵교실(10명)
④ 레크리에이션/ 이벤트: 미술심리치료(10명), 국악교실(25명), 여가 프로그램(10명)
⑤ 대체의학, 정서함양 서비스: 특화 프로그램 허브테라피(10명), 종교생활(7명)
⑥ 호스피스, 장례 서비스

3) 서비스 전달 체계

① 운영자금: 건강보험공단수가 + 본인부담금

② 서비스 제공 진행 절차

- 전화와 방문입소 상담 → 입소계약 → 각 전문팀별 사정 → 사례회의 → 서비스 제공 → 계획안 형성 → 보호자 승인 → 급여 제공 계획안 확립 → 급여 제공 → 중간평가와 사례회의 → 급여 제공 변경 여부 결정 → 서비스 제공 → 사후 사정 → 최종평가와 사례회의

4) 기관의 대상층 및 주요사업에 대한 실습생의 평가

기관의 주요 대상층은 치매 및 거동불편 어르신이며, 운영하는 주요 프로그램은 어르신들의 기억력 회복 및 소근육 운동을 통한 자립심 강화와 존재감을 향상시키고 스스로 자립할 수 있는 능력을 배양시키는 프로그램을 실시하고 있었으며, 독일식 케어요법 시스템을 도입하여 자기 집 같은 분위기를 만들고 옛날 기억을 회상할 수 있도록 시설 내에 사진이나 전통 소품들을 비치하여 정서적 안정을 향상시키고 있었으며 어르신들의 자율성을 최대한 보장하여 편안한 식사방법, 자유로운 실내생활을 유지하고 있으며 어르신의 건강회복을 위해 허브를 직접 옥상에서 재배하여 허브테라피와 아로마테라피 치료 프로그램을 실시함으로써 치매 어르신의 신체 기능 회복, 인지 기능향상과 감정조절 회복에 성심껏 노력하는 점이 인상적임

4. 기관의 행정 사항

1) 기관의 조직 구조

① 행정 구조

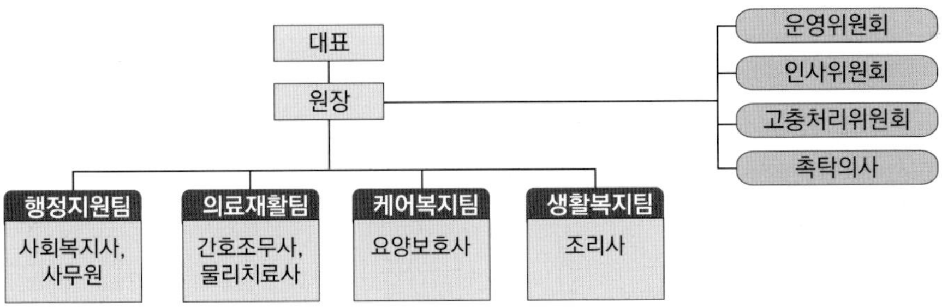

② 부서/ 팀

직책	인원	자격 현황	비고
대표	1인	관리인	
원장	1인	사회복지사	
사회복지사	3인	사회복지사	
간호조무사	2인	간호조무사	
작업치료사	1인	작업치료사	
사무원	1인	사회복지사	
조리원	3인	–	
요양보호사	18인	요양보호사 1급	

2) 예산, 후원 및 지원 사항

20○○년 요양원 예산: 579,657,000원

3) 기관의 행정 구조와 예산 사용 및 후원에 대한 실습생의 평가

독일식 케어방법으로 병원이 아닌 집에서 거주해서 관리 받는 편안한 거주 지향적으로 치매나 거동이 불편한 어르신께 최상의 서비스를 제공하고 안전을 위해 타기관과 협력 관계를 유지하고 있으며, 앞으로도 협력병원과 협약을 맺거나 치매센터 등과 관계를 확대하는 것이 중요하다 생각됨

5. 기관이 속한 지역사회, 물리적 환경의 특징

1) 지역사회

○○마루 요양원은 주택가 내에 위치하여 인근에 거주하는 가족들이 접근하기에 편리하고 ○○구의 다른 지역에 비하여 기초생활수급자가 많은 지역이며 생활여건이 풍요하지 않은 여건이고 △△구의 공항을 이용하는 비행기 소음이 있으며 관내 복지기관과 유기적인 관계를 유지하고 있음

2) 물리적 환경(시설, 공간 등)

① 기관 규모: 대지 527.5㎡, 건물 총 5층 중 4개 층 사용

② 층별 제원

구분	용도	면적(㎡)	비고
5층	요양시설	117	
4층		191.45	
3층		256.74	
2층	임대		
1층	사무실	54.6	
지하 1층	운영시설	500	• 의료 및 간호사실, 물리치료실, 요양 보호시설, 직원휴게실, 상담실, 주방, 샤워실, 세탁실, 면회실, 다용도실, 프로그램실

6. 사회복지기관으로서 지역 내 타기관들과의 연계

1) 관계 유형 및 내용

연계기관명	연계내용	비고
○○외과 병원	의료 지원 서비스	협조적임
○○병원	의료 지원 서비스	협조적임
○○구 장애인복지과	차량 지원 서비스	비협조적임, 운영위원
○○구 노인복지관	차량과 프로그램 지원 서비스	비협조적임, 운영위원
○○구 치매센터	치매 검사, 자문 서비스	협조적임
○○구 자원봉사센터	자원봉사자 인력지원 서비스	협조적임
○○복지회	국악 서비스	협조적임
○○재가센터	인력, 차량, 물적 서비스	협조적임, 운영위원

2) 기관의 타기관과의 관계유지에 대한 실습생의 평가

치매나 거동불편 어르신의 최상의 서비스 제공과 안전을 위해 타기관과 협력 관계를 유지하고 있으며, 앞으로도 협력병원과 협약을 맺거나 치매센터 등과 관계를 확대하는 것이 중요하다고 생각됨

7. 기관의 특별한 면이나 전반적인 사항에 대한 인상이나 느낌

기존의 요양원의 병동 시스템이 아닌 일반 가정집 형식의 구도로 거실과 주방이 있으며 거실에 TV가 비치되어 일상생활의 연장인 것 같은 편안함으로 어르신들이 거주하고 계심. 본인의 물건 등도 가져올 수 있고 기존의 집에서 연장선처럼 꾸며져서 내 집 같고 편안한 마음으로 거주할 수 있는 장점이 있음. 예전의 기억 회상을 통해서 입구에는 기와집의 모습으로 꾸며져 있으며 방 입구의 방 이름에는 복조리방, 삼태기방 등의 예전에 어르신들이 어릴 적 가지고 사용했던 익숙한 이름으로 낯설지 않는 인테리어로 다가가서 어르신들의 마음을 불안하지 않게 하여 마음의 문을 열 수 있도록 심적 치유로 다가가는 부분으로 보여짐. 그리고 시설장의 노인복지에 대한 투철한 사명감을 바탕으로 모든 인간은 평등하고 태어나서부터 죽을 때까지 행복하고 편안하게 살다 가기를 바라는 자세로 요양원의 목표는 "여기 나는 인간이고, 여기서 나는 인간답게 산다."임

제9장

사회복지현장실습의 실제 5

1 실습 중간평가서 작성

2 실습 종결평가서 작성

1 실습 중간평가서 작성

실습 진행 기간 중반기에 실습생은 자신의 실습과 수행 전반에 대해 중간평가서를 작성하고 이를 토대로 기관 슈퍼바이저와 실습 중간평가를 진행한다. 실습 중간평가는 실습 초기에 세운 목표에 따라 실습이 진행되고 있는지에 대해 실습생 스스로 점검하고 평가하는 데 그 의미가 있다. 뿐만 아니라 슈퍼바이저와 동료 실습생 그리고 기관종사자들의 피드백을 통해 실습생의 성장한 점과 추후 노력해야 할 부분을 확인하여 실습 종결 시점까지 자신의 성장을 위해 구체적으로 노력할 수 있다. 이를 통해 보다 질 높은 실습이 가능하게 되므로 학습 효과를 극대화할 수 있다.

다음은 실습 중간평가서 작성 시 주의해야 할 사항이다(이경아·서홍란, 2011).

① 평가 시에는 실습 초기에 계획했던 목표 및 계획에 기초하여 객관적으로 평가해야 하며 실습생 자신의 느낌에 따라 주관적으로 장황하게 기술하지 않도록 주의한다.

② 실습생은 중간평가서의 세부 항목에 따라 자신이 수행한 역할과 과업을 제시한 뒤 이를 평가하고 종결 시점까지 자신이 노력해야 하는 부분을 구체적으로 제시한다.

③ 실습내용 및 역할을 요약할 때에는 실습 과정에 따라 자신이 수행한 실습내용과 그에 따른 자신의 역할을 명료하게 구체적으로 기록한다.

④ 기관 및 실습 지도자에게 건의할 사항을 제시할 때에는 논리적으로 타당한 점에 따라 최대한 공손한 표현으로 기록한다.

1) 실습 중간평가의 중요성

(1) 실습 중간평가

실습 지도기관이나 실습 교육기관에서는 실습의 중간 시기에 실습 전반에 관한 실습 중간평가를 공식적으로 실시한다. 슈퍼바이저는 실습생들이 실습 중간평가서를 작성하도록 지도하며 슈퍼바이저와 실습생들이 함께 평가서를 발표하고 상호 피드백을 나눈다. 중간평가 시 실습생의 목표 달성 정도를 점검하며 이미 달성된 목표가 있는 경우는 새로운 목표를 선정할 수 있다. 중간평가 시에 보완이 필요하거나 교육 및 학습이 더 필요한 영역에 대해서는 슈퍼바이저와 조율을 통해 방향을 조정하거나 교육을 보충한다.

(2) 실습 중간평가의 중요성

실습활동에 대한 전반적인 평가를 통해 목표의 달성 정도를 파악할 수 있다. 중간평가를 통해 실습생의 자세와 역할을 재정립할 수 있다. 실습이 계획에 맞게 효과적으로 진행되고 있는지 점검할 수 있다. 동료 실습생들과 실습 소감을 공유하고 다양한 피드백을 통해 성장을 도모할 수 있다. 실습을 통해 배우고 익힌 내용들을 정리할 수 있다. 실습생이 부족한 부분들이나 미흡했던 부분들을 점검하여 남은 실습활동에 좀 더 능동적인 실습활동이 될 수 있도록 한다. 실습기관의 슈퍼바이저나 실습 교육기관의 실습 지도교수의 슈퍼비전을 통해 실습활동의 역량을 강화할 수 있다.

2) 실습 중간평가서 항목내용 및 작성방법 예시

(1) 실습 중간평가서 항목(서식)

다음 | 표 10-39 |(p. 241.)에 제시된 실습 중간평가서는 사회복지현장실습 지침서를 참고하여 실습생 본인이 작성하며, 서술 양식으로 작성한 뒤 실습기관의 실습 지도자와 평가회를 갖는 것을 추천한다.

(2) 중간평가서 작성방법

1. 실습 목표와 관련된 실습내용 및 역할에 대한 평가

1. 1 수행한 실습내용 및 역할의 요약

- 그동안 수행한 실습내용 및 역할을 간략하게 요약하여 작성한다.

1. 2. 평가

- 그동안 수행한 내용들을 목표에 근거하여 평가한다.

1. 3. 앞으로의 계획

- 수행한 실습내용과 역할 그리고 평가내용을 근거로 앞으로 실습 진행에 대한 계획을 구체적으로 작성하도록 한다.
- 남은 기간 동안의 계획을 작성하면 된다.

2. 실습에 임한 자세 및 노력

- 실습에 임한 자세와 노력 태도에 대한 자기평가를 작성하도록 한다. → 동료 실습생

들과 적극적으로 협력하였는지, 실습활동에 능동적이고 주도적으로 참여하였는지 등 자세와 태도 등에 대하여 평가한다.

3. 실습을 통해 배운 점

- 그동안 실습을 통해서 배운 점에 대하여 작성한다.
- 실습을 통해 배운 지식, 기술, 가치 등에 대하여 구체적인 내용들을 기술한다.

4. 앞으로 더 필요한 지식과 기술

- 실습생이 느끼기에 부족하다고 생각하는 부분이 무엇인지를 진단하고, 부족한 부분을 채우기 위해 필요한 지식과 기술은 어떤 것들이 필요한지에 대하여 기술하도록 한다.

5. 실습에서 어려웠던 점

- 육체적, 심리적, 환경적 요소를 모두 고려하여 실습에서의 어려웠던 점을 기술한다.

6. 기관 및 실습 지도자에게 건의할 점

- 남은 실습 기간 동안에 실습의 역량을 강화하고 보다 효율적인 실습이 될 수 있기 위해 필요한 사항에 대하여 건의할 내용을 작성한다.

3) 실습 중간평가서 예시

다음 **| 표 9-1 |** 평가서는 사회복지현장실습 지침서를 참고하여 실습생 본인이 작성하며, 서술 양식으로 작성한 뒤 실습 지도자와 평가회를 갖는 것을 추천한다.

표 9-1 실습 중간평가서(예시)

실습 중간평가서

실습생명	김○○	기관명	○○복지관
실습 기간	20○○년 9월 1일 ~ 9월 23일	실습 지도자	박○○
실습평가일	20○○년 9월 11일	실습 지도교수	이○○

1. 실습 목표와 관련된 실습내용 및 역할에 대한 평가

1. 1. 수행한 실습내용 및 역할의 요약

기초학습 및 학습 지도, 프로그램 보조활동 및 클라이언트의 전반적인 이해와 행정 업무에 대해서 교육을 받았다. 실습은 총 23회 하기로 하여 오늘까지 13회가 진행되었으며, 각 회기마다 실습 지도자 선생님의 지도 계획서에 따라 차질 없이 진행되고 있다. 사회복지사의 실습 목적은 현장실습을 통해서 그동안의 배운 지식과 기술을 향상하고 지역아동센터 현장근무를 통해 센터의 특성을 이해하고 예비 사회복지사로서 클라이언트와 폭넓게 사회복지기관에 대한 이해와 사회복지실제에 응용할 수 있는 능력을 훈련했다. 실습내용은 센터의 전반적인 이해와 사회복지 시스템 그리고 일반 행정 및 클라이언트 관리 서비스 영역에는 보호, 교육, 문화, 정서 지원, 지역사회연계에 대한 프로그램에 대해 알게 되었다.

1. 2. 평가

전반적인 지역아동센터에 대한 이해의 시간을 가져보았고 실습을 하면서 도움이 필요한 클라이언트들이 대부분 한부모, 조부모, 다문화, 기초수급자, 저소득아동이나 맞벌이 가정의 클라이언트들이 많다는 것을 알았고 클라이언트들과 지내면서 사회복지사로서 갖추어야 할 부분들과 저의 부족한 부분도 느끼게 되었다. 존중과 배려에 대한 프로그램을 계획, 진행, 평가해봄으로써 클라이언트들에게 어떤 프로그램이 필요하고 진행할 때 주의점 등을 많이 생각하게 되었다.

1. 3. 앞으로의 계획

클라이언트들과 의사소통을 어떻게 하면 편하게 할 수 있을지 생각해보고 실제 상담을 통해서 적용해 볼 수 있도록 한다. 앞으로 사회복지시설정보 시스템 업무와 지역연계의 필요성과 자원봉사자 관리, 후원금 관리 CMS 모금활동에 관한 교육을 받을 계획이다. 초심을 잃지 않고 클라이언트들의 눈높이에 맞춰 진행될 교육 일정에 노력하여 충실히 임하고 클라이언트들과 좀 더 친숙하게 다가가 좋은 관계를 유지하고 싶다.

2. 실습에 임한 자세 및 노력

사회복지사가 하는 역할이 무엇이고 지역아동센터는 어떻게 운영이 되는지 알아보면서 이해의 폭을 넓히려고 노력하였다. 학교의 수업에서 이론으로 배운 것을 바탕으로 실습기관에서 적용시켜 보았으며 현장실습을 통해서 취업을 했을 때 본인의 실천 기술 능력과 지식, 역량을 넓혀 나가고 여러 상황 속에서 부딪혀 보면서 유연하게 대처할 수 있는 능력과 사회복지사로서 갖추어야 할 부분들을 충족시키도록 노력할 것이다. 남은 기간 동안 현장에서 배운 이론을 실천해보고 내가 사회복지사로서의 적절성에 대해서 확인해보는 계기로 삼을 것이다.

3. 실습을 통해 배운 점

지역아동센터의 클라이언트의 보호, 교육, 건전한 놀이와 오락의 제공, 보호자 가족과 지역사회의 연계 등 클라이언트의 건전육성을 위하여 종합적인 아동복지 서비스를 제공하는 시설이다. 이론으로 학습만 하다가 현장에 와서 직접 경험해보니까 현장실습이 무엇보다 중요하다는 것을 알게 되었다. 실습을 하면서 기본적인 지식 외에 다양한 실무 능력을 키워야 하며 현장에서 발생하는 애로 사항들을 항상 연구하고 적극적으로 대처하는 능력을 배워야 한다.

4. 앞으로 더 필요한 지식과 기술

클라이언트들의 관심사와 현재 좋아하는 노래나 유행하는 것들이 뭔지 알아야 클라이언트들에게 공감대를 형성하여 그들의 신조어를 알아듣고 클라이언트들과의 거리를 좁히고 싶다. 사회복지의 모든 행정 업무가 사회복지정보 시스템에서 이루어지는데 그 시스템을 이해하고 다루는 것을 더 배워야 한다는 생각이 들었고 실습을 통해 배운 것도 많지만 아동에 대한 이해와 마음이 힘든 클라이언트를 대하는 자세에 대한 지식과 기술은 더 필요한 것 같다.

5. 실습에서 어려웠던 점

처음에 실습기관에 왔을 때 클라이언트들에게 다가가는 부분에서 힘들었지만 센터에 복지사님, 시설장님 그리고 여러 선생님들이 아동들을 대하는 모습을 보고 많이 배웠지만 아직도 부족한 부분이 많고 클라이언트들 성향을 먼저 파악하는 것이 중요한 것 같다. 실습 시간이 일정하지 않고 들쑥날쑥하여 아동들과 친해지는 데 조금 어려움이 있었다. 시간이 지나면서 선생님으로 인정해주는 대견한 클라이언트들도 있어서 다행이기도 했다.

6. 기관 및 실습 지도자에게 건의할 점

○○지역아동센터는 실습생에 대한 교육이 잘 이루어지고 피드백을 많이 해주셔서 많은 경험을 하고 배울 수 있어 좋았던 것 같다. 남은 기간 동안 적극적인 자세와 생각의 유연성을 가지고 클라이언트들과 함께하여 사회복지사로서의 역량을 키우고 싶다.

클라이언트들의 마음을 살펴주시고 친구처럼 때론 아빠처럼 대해주시고 가족 이상으로 클라이언트들을 사랑해 주시는 것을 본받고 싶다.

2 실습 종결평가서 작성

실습생이 실습을 마무리하면서 자신의 실습수행 전반에 대해 평가하는 것으로 실습 종료 1주일 전 또는 기관이 원하는 일정 안에 기관실습 슈퍼바이저에게 제출한다. 기관 슈퍼바이저, 동료 실습생, 기관 종사자 등과 더불어 실습 과정 전반에 걸친 실습생의 역할과 실습내용에 대해 총평가를 진행한다. 실습생은 실습 종결평가를 통해 자신의 성장과 변화, 보완점에 대해 다른 사람들의 의견을 겸허하게 받아들여 실습생 스스로 자신의 장점을 강화하고 단점을 보완하여 훌륭한 사회복지사로서의 기초를 다지는 계기가 된다. 또한 기관에서는 기관 업무 및 실습 일정 및 내용에 대한 실습생들의 피드백(feedback)을 통해 보완 · 수정하여 기관 발전의 계기로 만들 수 있다. 실습 종결평가를 할 때 주의할 점으로 기관과 슈퍼바이저, 실습생은 서로에 대해 정확하고 발전적인 피드백을 교환할 수 있는 분위기를 조성하도록 노력해야 한다. 특히 실습생은 기관 또는 실습내용에 대해 평가할 경우, 공손하고 긍정적인 자세로 임하는 것이 중요하다.

1) 실습 종결평가서 항목내용 및 작성방법 예시

(1) 실습 종결평가서 항목(서식)

제10장 **| 표 10-40 |** (p. 242.)에 제시된 실습 종결평가서는 사회복지현장실습 지침서를 참고하여 실습생 본인이 작성한다.

(2) 실습 종결평가서 작성방법

1. 실습 일정에 대한 평가

실습 전체 일정 기간에 대한 평가를 기재

2. 실습내용 및 역할에 대한 평가

실습 전체에 대한 내용과 자신의 역할에 대한 평가를 기재하면 된다.

3. 실습 목표에 대한 평가

1) 구체적이고 적절한 목표 설정 여부

- 실습을 하면서 정한 목표에 대해 기재하면 된다.

2) 목표의 달성 여부

• 설정한 목표가 얼마나 달성되었는지 기재하면 된다.

4. 서비스 실천 과정에 대한 평가/ 정책 및 행정 실습에 대한 평가

1) 문제 파악 및 자료수집 능력/ 문제 인식 능력: 문제를 파악하는 방법과 자료를 어떻게 수집했는지 기재하면 된다.

2) 문제 사정 능력/ 문제 분석 능력: 클라이언트의 문제에 대해 어떻게 사정했는지 기재하면 된다.

3) 개입 기술/ 기존 지식과 정보의 사용 능력: 클라이언트의 문제에 대해 어떻게 개입계획을 수립했는지 기재하면 된다.

4) 면접 기술/ 기존 지식과 정보의 사용 능력: 클라이언트에게 계획을 통해 어떻게 개입했는지 기재하면 된다.

5) 기록 기술/ 기록 기술: 클라이언트와의 면담을 통해 알게 된 내용을 어떻게 기록했는지 기재하면 된다.

6) 클라이언트와의 전문적인 관계 형성/ 유관기관 및 관련된 사람들과 전문적인 관계 형성: 클라이언트와 기관 관계자 분들과 관계를 어떻게 형성했는지 기재하면 된다.

5. 실습생의 자원 활용에 대한 평가(인적 · 물적 자원)

1) 기관 외의 자원 활용: 실습을 하는 데 필요한 기관 외의 자원을 활용한 내용을 작성하면 된다.

2) 실습과 관련된 참고서적의 활용: 실습을 하면서 어떤 참고서적을 실습에 활용하였는지 작성하면 된다.

6. 실습에 임하는 자세에 대한 평가

1) 업무 관리

(1) 기간 준수, 과제 제출: 실습을 하면서 시간과 과제에 대해 얼마나 잘 지켰는지 작성하면 된다.

(2) 주어진 일에 대한 업무조절 능력: 실습 기간 동안에 주어진 업무를 처리하는 데 능력에 대해 작성하면 된다.

2) 직원과의 관계(실습 지도자, 타 직원, 타 전문적 직원): 실습을 하는 데 있어 기관의 직원들과의 관계를 작성하면 된다.

3) 다른 실습생과의 관계: 실습을 하는 데 있어 다른 실습생과의 관계에 대해 기재하면 된다.

4) 실습에 있어서의 적극성 및 자발성: 실습을 하는 데 얼마나 적극성과 자발성이 있었는지 기재하면 된다.

7. 전문적 태도에 대한 평가

1) 사회복지사로서 실습생 자신의 장 · 단점에 대한 인식: 자신이 느낀 사회복지사로서의 자신의 장 · 단점에 대해 기재하면 된다.

2) 전문가로서 윤리 및 가치관의 이해: 전문가로서의 윤리나 가치를 이해하고 이를 이행하였는지를 기재하면 된다.

8. 실습 지도 활용 정도에 대한 평가

1) 실습생 자신의 실습 지도 활용 정도에 대한 평가
(1) 기관실습 지도: 기관실습 지도에 대한 자신의 평가를 기재한다.
(2) 대학실습 지도: 학교 실습 지도에 대한 자신의 평가를 기재한다.

2) 실습 지도 자체에 대한 평가
(1) 기관실습 지도: 스스로 느낀 기관의 실습에 대한 평가를 기재한다.
(2) 대학실습 지도: 스스로 느낀 대학의 실습에 대한 평가를 기재한다.

9. 기관 이해도에 대한 평가

1) 실습생의 과업과 관련된 기관의 목적, 정책, 행정 절차에 대한 이해: 기관의 목적, 정책, 행정, 절차에 대해 이해한 만큼 기재한다.

2) 실습생으로서의 기관 내의 권한과 한계에 대한 인식: 실습을 하면서 자신이 느낀 기관 내의 권한과 한계에 대하여 기재한다.

10. 실습 기간 중 가장 유의했던 내용: 실습을 하면서 좋았던 내용을 기재하면 된다.

11. 실습 기간 중 가장 안 좋았던 내용: 실습을 하는 도중 좋지 않았던 내용을 기재하면 된다.

12. 실습기관, 실습 지도자, 대학에 대한 건의 사항: 기관, 지도자, 학교에 대한 건의 사항을 기재한다.

13. 기타 하고 싶은 말: 슈퍼바이저나 다른 직원 선생님들께 하고 싶은 말을 기재하면 된다.

(2) 실습 종결평가서 예시

다음 | **표 9-2** |, | **표 9-3** |, | **표 9-4** |에 제시된 실습 종결평가서는 사회복지현장실습 지침서를 참고하여 종결평가내용을 실습생 본인이 작성하며, 서술 양식으로 작성한 뒤 실습 지도자와 평가회를 갖는 것을 추천한다.

표 9-2 실습 종결평가서(예시)

실습 종결평가서

실습생명	박○○	기관명	○○복지관
실습 기간	20○○년 9월 1일~9월 23일	실습 지도자	정○○
실습평가일	20○○년 3월 25일	실습 지도교수	김○○

1. 실습 일정에 대한 평가

일정의 초반에는 이론교육 위주였고 이후에는 실천 위주로 진행되었다. 이론과 실천을 모두 배울 수 있어서 좋았고 학교에서 배운 내용보다 더 기억에 남게 되었다. 실습을 하다 보니 처음에는 시간이 길다고 느껴졌는데 끝나고 나니 너무 짧게 느껴졌다.

2. 실습내용 및 역할에 대한 평가

실습 기간 동안 실습생으로서 기관의 실무를 전반적으로 파악하고 실습 지도자와 기관 선생님들에 따라 업무 보조를 실시하였다.

3. 실습 목표에 대한 평가

1) 구체적이고 적절한 목표 설정 여부

사회복지사로서의 전문성 발달과 사회복지 관련기관의 실무에 대한 이해, 대인관계에서의 의사소통 능력을 실습 기간 동안의 목표로 잡고 실습에 임하였다.

2) 목표의 달성 여부

실습 기간 동안 많은 것을 배웠지만 많이 부족하였다. 기관의 실무를 대부분 파악할 수 있었으나 아직까지는 스스로 할 수 있는 정도는 아니지만 처음 보다 많이 좋아진 것 같다. 또한 클라이언트와 라포 형성을 하기 위해 노력하면서 의사소통 능력이 향상된 것을 느낄 수가 있었다.

4. 서비스 실천과정에 대한 평가/ 정책 및 행정 실습에 대한 평가

1) 문제 파악 및 자료수집 능력/ 문제 인식 능력

클라이언트의 욕구를 파악하기 위해 많은 대화를 했고, 클라이언트의 주변 사람들과도 많은 대화를 시도했다. 대화를 통해 클라이언트의 문제뿐 아니라 문제를 해결하기 위해 필요한 자료를 수집하고 슈퍼바이저와 함께 클라이언트 문제에 대한 욕구를 파악할 수 있었다. 이로써 프로그램을 계획하고 실천하는 과정에서 문제 인식 능력이 조금은 향상된 것 같다.

2) 문제 사정 능력/ 문제 분석 능력

인간행동과 사회환경, 실천론, 실천기술론 등의 지식을 활용하여 클라이언트를 이해하고, 환경도 이해하여 클라이언트와 개인과의 상호작용도 이해하려고 노력하였다.

3) 개입 기술/ 기존 지식과 정보의 사용 능력

클라이언트의 욕구, 능력, 강점, 환경 등을 파악하여 개입할 수 있도록 계획을 수립하고 슈퍼바이저와 점검을 통해 개입 기술에 대해 배울 수 있었다.

4) 면접 기술/ 기존 지식과 정보의 사용 능력

클라이언트와 라포를 형성하고자 노력하고 언어적·비언어적 표현들을 통해 적절한 개입 기술을 활용하여 클라이언트의 욕구와 문제를 해결하려고 노력하였다.

5) 기록 기술/ 기록 기술

클라이언트와 면담을 통해서 알게 된 것을 기록하면서 이론으로 배운 기술들을 사용하지 못했지만 느낀 점과 의문점을 체계적으로 기록하였다. 또한 기록대장을 작성해보는 훈련도 함께 하였다.

6) 클라이언트와의 전문적인 관계 형성/ 유관기관 및 관련된 사람들과 전문적인 관계 형성

슈퍼바이저와 함께 클라이언트를 수시로 상담을 통하여 라포를 형성하고 협조적인 관계를 유지하려고 노력하였고, 기관의 관계자들과 간담회, 프로그램을 함께 진행하고 타기관의 관계자들과 상담을 통하여 협조적인 관계를 형성하였다.

5. 실습생의 자원 활용에 대한 평가(인적 · 물적 자원)

1) 기관 외의 자원 활용

실습을 하는 데 있어 과제수행은 아주 중요한 실습 과정 중 하나였는데 과제를 수행하는 데 있어 평소 학교과제와 같이 인터넷과 전공서적을 많이 사용하였다. 하지만 한계가 있어 선배나 교수님들의 도움을 받았다.

2) 실습과 관련된 참고서적의 활용

대부분 참고서적은 전공서적을 활용하였고 인터넷에 올라와 있는 논문도 참고하였다.

6. 실습에 임하는 자세에 대한 평가

1) 업무 관리

(1) 기간 준수, 과제 제출

실습하는 데 있어 시간을 잘 지켰다고 생각한다. 출근 시간과 과제는 주어진 시간에 맞춰서 모두 제출하였고 실습 지도자는 출근 시간과 과제 제출 기간을 확인하였다.

(2) 주어진 일에 대한 업무조절 능력

예 일을 하는 데 있어서 모르는 부분을 실습생에게 넘겨버렸는데 조별과제를 하다 보니 비효율적이게 된 경우가 많았다. 또한 일의 중요도를 생각하지 못하여 우선 순위를 파악하지 못해 문제가 많았다. 각자의 역할을 정해 업무를 추진했어야 하는데 서로 미루다 보니 성취도가 낮았다. 다음에 기회가 주어진다면 철저하게 계획을 수립하여 업무를 추진해야겠다.

2) 직원과의 관계(실습 지도자, 타 직원, 타 전문적 직원)

복지관 직원들과는 좋은 관계를 유지한다고 생각한다. 실습을 하는 데 있어서 교육도 해주시고 어려운 점이나 모르는 점이 있어 질문을 하면 업무가 많은데도 불구하고 불편한 내색 없이 답변해주셨다.

3) 다른 실습생과의 관계

프로그램을 계획하는 데 의견충돌이 있었고 조별과제를 하는데 언제나 의견이 맞는 것은 아니었지만 그러한 과정을 통하여 장 · 단점을 파악하고 시간이 지나면서 서로의 단점을 보완해주는 긍정적인 효과가 있었다고 생각한다.

4) 실습에 있어서의 적극성 및 자발성

실습하는 데 적극성이나 자발적이었다고 할 수는 없다. 그 이유는 기관에서 내주는 과제에 시간을 많이 걸려 자발적으로 하기는 어려웠다.

7. 전문적 태도에 대한 평가

1) 사회복지사로서 실습생 자신의 장 · 단점에 대한 인식

클라이언트와 라포를 형성하는 방법이나 서류를 작성하는 방법을 빨리 배울 수 있는 것이 장점이었으나 내성적인 성격으로 인하여 먼저 다가가지 못한 점이 단점이었다.

2) 전문가로서 윤리 및 가치관의 이해

각 회기마다 이루어진 교육에서 강조하는 것은 사회복지사로서의 역량과 가치관 확립의 중요성이었다. 여러 형태의 프로그램에 참여하면서 앞으로 더 배우고 갖춰야 할 것들에 대해 확인하게 되었다.

8. 실습 지도 활용 정도에 대한 평가

1) 실습생 자신의 실습 지도 활용 정도에 대한 평가

(1) 기관실습 지도

기관의 업무 특성상 클라이언트들의 다양한 욕구를 해결해야 하기에 그 욕구를 해결하기 위해 필요한 프로그램을 개발하여 실행하는 모습을 보고 '내가 나중에 해야 할 일들이 이런 것이구나' 하고 느끼면서 내가 부족한 것이 무엇인지 되돌아 볼 수 있는 실습이었다.

(2) 대학실습 지도

실습생이 갖춰야 할 자세와 더불어 실습기관에서 만나게 되는 사람들과의 관계를 유지하는 법, 인적 자원, 물적 자원을 활용하는 법 등 이론으로 배우기 힘든 것들을 현장에서 경험을 통해 배우라고 알려주신 것이 실습을 하면서 많은 도움이 되었다.

2) 실습 지도 자체에 대한 평가

(1) 기관실습 지도

기관에서 워낙 많은 분들이 다양한 방법으로 다양한 분야와 교육을 해주셔서 너무 많은 것을 배웠다. 회계, 서류, 프로그램 등 담당해주셨던 선생님들이 너무 많아 다 평가할 수는 없지만 전반적으로 사회복지 현장에 대해 알 수 있는 교육이어서 너무 좋았다.

(2) 대학실습 지도

실습생들과의 교류와 각각의 실습내용들에 대한 정보 공유를 통하여 사회복지 분야에 대해 생각해 볼 수 있는 시간이었다.

9. 기관 이해도에 대한 평가

1) 실습생의 과업과 관련된 기관의 목적, 정책, 행정 절차에 대한 이해

기관의 목적이나 정책, 행정 절차에 대한 이해는 많은 실습 기간 동안 전반적인 흐름 정도만 이해한 상태이다. 실습 지도자의 교육과 다른 사회복지사들의 안내를 통해 기관 상황을 알 수 있었다.

2) 실습생으로서의 기관 내의 권한과 한계에 대한 인식

클라이언트의 개인인권과 관련하여 실습에 임하는 데 다소 조심스러운 부분이 있었으며 그들의 생활 보조나 정서 지원 부분 등에 있어 사회복지사의 고충을 간접적으로 경험할 수 있었다.

10. 실습 기간 중 가장 유의했던 내용

사회복지 분야에서 일하는 데 있어서 모두 밑거름이 되는 좋은 경험이었고 사회복지 전반에 대해 배울 수 있어 좋았다. 특히 사례관리와 프로포절로 직접 대상자도 방문하고 프로그램도 직접 진행해 본 것이 많은 기억에 남고 나중에 좋은 경험이 되리라 생각한다.

11. 실습 기간 중 가장 안 좋았던 내용

실습 일정이 많이 변경되어서 조금은 아쉬웠다. 특히 사례관리 회의에 참석하기로 했는데, 참석하지 못했다. 이 점이 정말 아쉬웠다.

12. 실습기관, 실습 지도자, 대학에 대한 건의 사항

실습생들은 과목만 이수하려고 하고 기관에서는 능력이 안 되는 실습 지도자가 실습생을 지도하거나 실제 시간과 다르게 실습 시간을 설정하는 경우가 있다. 결국 실제 현장에 대한 교육을 받지 못하고 현장으로 나오는 경우가 많다. 실습은 학교, 기관, 실습 지도자들이 실습생의 욕구에 맞게 실습을 할 수 있으면 좋을 것 같다.

13. 기타 하고 싶은 말

처음 기관에 나와 실습을 하는 데 있어 어려움이 많았는데, 슈퍼바이저와 다른 선생님들께서 신경을 써주셔서 쉽게 적용할 수 있었고 학교에서 수업을 들어 알았던 것들을 실제 현장에서 실행할 수 있도록 도와주시고, 사회복지사로서 한층 성장할 수 있는 기회를 주셔서 감사합니다.

표 9-3 실습 종결평가서(예시)

실습 종결평가서

실습생명	박○○	기관명	○○지역아동센터
실습 기간	20○○년 3월 10일~4월 16일	실습 지도자	정○○
실습평가일	20○○년 4월 16일	실습 지도교수	김○○

1. 실습 일정에 대한 평가

직장생활을 하면서 160시간의 실습을 맞추느라 4주라는 긴 시간이 걸려 실습을 끝낼 수 있었다. 직장이 2교대로 진행되다보니 많은 애로 사항이 있었지만 슈퍼바이저께서 잘 인도해주고 지지해주셨다. 처음에는 매우 긴 시간처럼 느껴졌다. 막상 실습을 진행하다보니 시간이 빠르게 지나갔다. 기관의 전반적인 업무 파악을 하고, 클라이언트들과 친밀한 관계를 맺어 나가면서 클라이언트들과 헤어지기 싫을 지경이었다. 실습 일정은 실습 지도 계획서에 맞춘 교육과 기관의 프로그램에 따라 진행되어 짜임새 있는 일정이었다. 사회복지사가 어떤 일을 하며 사회복지사로서의 역할은 무엇인지 알 수 있는 시간이었다.

2. 실습내용 및 역할에 대한 평가

○○지역아동센터의 문을 두드리고 실제로 실습을 해나가면서 밖에서 보아왔던 것과는 많이 달랐다. ○○지역아동센터는 운영자에 의한 운영자를 위한 기관이 아니라 지역에서 어려운 클라이언트들의 복지를 위해서 반드시 필요한 기관이었다. 클라이언트들에게 기본생활 지도 및 보조 교육 프로그램, 문화 프로그램, 복지 프로그램 등 보조역할을 참관하였다. 사회복지사의 역할과 업무 및 책임에 대해서 교육을 받았고 그에 맞도록 행동하고 업무를 수행하도록 노력하였다.

'김밥 만들기 프로그램'의 계획시 평가시를 기록하고 클라이언트들에게 직접 교육하는 기간을 가졌다. 또한 기관의 운영하는 데 회계 및 행정 관리에 대해서도 중요하다는 것을 알 수 있었다.

3. 실습 목표에 대한 평가

1) 구체적이고 적절한 목표 설정 여부

실습 목표는 지역아동센터가 클라이언트들에게 어떤 도움이 되고 있는지 아는 것이고, 어떻게 운영되고 있으며, 내가 센터에 어떤 도움을 줄 수 있을지를 찾는 것이었다. 이러한 나의 목표 설정은 적절했다고 생각된다. 실제적으로 실습을 진행하면서 가장 많이 볼 수 있는 것이 지역아동센터에서 클라이언트들에게 주는 도움이었고 운영방침과 전반적인 운영내용들에 대하여 투명하게 사회복지 시스템에 공지하고 있음을 알게 되었고 내가 센터에 출석하고 있는 클라이언트들에게 줄 수 있는 도움을 찾을 수 있었다. 놀아주고, 틀린 것은 잡아주고, 잘한 것은 칭찬해주고, 이야기를 들어주는 것이 클라이언트들에게 가장 중요하다는 것을 깨닫게 되었으며 가끔은 아무것도 하지 않고 곁에 있어 주기만 해도 도움이 됨을 알게 되는 시간들이었다.

2) 목표의 달성 여부

기초학습 지도 및 체육, 놀이 지도, 바이올린, 미술 등 여러 가지 수업에 참관하면서 예비 사회복지사 역할을 하였다. 회계 및 행정 업무는 직접 참관하고 서류 정리와 교육을 통해서 알 수 있었던 시간이었다. 지역연계 모금활동을 통해서 후원금 필요성 및 관리 체계에 대해서 알 수 있었던 시간이었고, 후원금 모금활동이 결코 쉽지 않음을 알 수 있었던 시간이었다. 교육과 실습을 통해 자연스럽게 지역아동센터를 이해할 수 있었고, 여러 가지 과제를 완성해가면서 나의 목표가 달성되어가고 있었다.

4. 서비스 실천과정에 대한 평가/ 정책 및 행정 실습에 대한 평가

1) 문제 파악 및 자료수집 능력/ 문제 인식 능력

클라이언트 중심으로 그의 특성과 욕구를 파악할 수 있었다. 놀이를 통하여 친밀감을 형성하고 성격을 파악하게 되었으며, 실천과정별 사진 기록과 실습 일지를 매일 작성하였다. 또한 슈퍼바이저를 통하여 클라이언트들 각각에 관하여 간략하게 알 수 있었다. 프로그램을 계획하고 실천하는 과정에서 문제 인식 능력이 조금은 향상된 것 같다.

2) 문제 사정 능력/ 문제 분석 능력

클라이언트들의 욕구를 직접 해결해주는 사람이 아니라 스스로 해결할 수 있도록 보조해주는 사람이 사회복지사의 역할이다. 실습을 통해서 아동들의 문제를 파악한 후 사정해보는 능력이 조금은 길러진 것 같다. 아동의 특성에 맞는 프로그램 및 개개인의 특성을 잘 생각해보았다.

3) 개입 기술/ 문제해결을 위한 대안제시 능력

클라이언트들이 함께 놀던 중 문제가 발생했을 때거나 어려운 점에 대한 욕구를 파악한 후 슈퍼바이저의 조언을 통해서 문제를 해결하도록 방안을 생각해보았다. 사회복지사는 다양한 경험과 정보가 있어야겠다는 생각을 하게 되었다. 다양한 경험을 통해서 클라이언트들에 문제해결을 위한 대안제시 능력을 키울 수 있기 때문이다. 교육 및 정서 발달에 도움을 주고 싶었으나 지역연계 프로그램의 한계가 있어서 생각보다 쉽지 않은 것 같았다.

4) 면접 기술/ 기존 지식과 정보의 사용 능력

클라이언트들과 함께 있는 시간동안 면접이라는 과정을 별도로 진행하지는 못했지만 클라이언트들과 놀이하며 친밀감을 먼저 형성하였고, 클라이언트들이 스스로 자기의 상황을 이야기하면서 면접의 목적을 이룰 수 있었다. 또한 클라이언트들의 학습 시간에 배운 전문적인 지식을 동원해 사회복지사가 생각하는 문제보다 클라이언트의 주체가 되어서 문제를 해결할 수 있게 해야 하기 때문에 너무 깊게 관여하지 않으면서 내면의 얘기를 이끌어내도록 진정한 마음으로 임하였다. 기존 지식들과 정보를 사용하여 클라이언트들과 문제를 해결할 때보다 쉬운 방법을 찾을 수 있었고 쉽게 접근할 수 있는 방법을 사용하여 거부감을 없앨 수 있었다.

5) 기록 기술/ 기록 기술

매일 있었던 실습내용을 기록하였고 클라이언트들과 활동한 사진도 함께 찍은 후 첨부하면서 그날 있었던 일들에 대한 내용도 작성하였다. 클라이언트 안전교육 프로그램을 계획할 때는 프로그램 계획서 및 평가서로 작성했다. 후원금 모집할 때는 약정서도 작성하였다. 시간이 지나자 클라이언트들과 자연스럽게 질문하고 답을 들을 수 있는 능력도 생겼다.

6) 클라이언트와의 전문적인 관계 형성/ 유관기관 및 관련된 사람들과 전문적인 관계 형성

누구나 처음 낯선 사람을 보게 되면 경계를 하게 되는 것이 일반적이다. 처음 클라이언트들과 친해지기까지는 어려움이 있었다. 실습생으로서 주어진 일에 충실하며 도움이 되려고 노력하였기에 사람들과의 관계 형성에 큰 문제는 없었다. 클라이언트들에 대한 사소한 것들도 비밀을 보장해주어야 하며 전문가 분들과 유대 관계 형성을 하도록 노력해야 한다.

5. 실습생의 자원 활용에 대한 평가(인적 · 물적 자원)

1) 기관 외의 자원 활용

정보를 많이 찾아내는 것도 자원이 될 수 있다. 인적 자원으로 CMS 모금활동을 통해서 지인들에게 지역아동센터에 대해서 알리고 그 역할에 대해 확인해 볼 수 있었다. 김밥 만들기 자료들을 이용하여 인적 · 물적 자원이 많이 필요하고 중요시 된다는 것을 많이 듣고 몸으로 배우게 되었다. 시청에서 지원하여 학습 지도, 생활 지도, 미술 지도, 바이올린 및 합창단 지도 선생님이 오셔서 클라이언트들을 지도하였다.
(월~수: 학습 지도, 월~금: 생활 지도, 화: 미술 지도, 금: 바이올린 및 합창단 지도)

2) 실습과 관련된 참고서적의 활용

실습에 관련된 서적을 찾아보고 여러 가지 매뉴얼을 참고하여 실습에 임하였다. 하지만 관련된 서적을 찾을수록 잘할 수 있을까 하는 두려움이 있었다. 물론 실습을 통해 정보를 찾아보며 이론 중심적인 내용만 붙이는 것이 좋은 것은 아니라 필요한 핵심적인 부분을 찾아서 정리하는 것이 중요함을 배우는 시간이 되었고 활용할 수 있는 능력도 키울 수 있었다.

6. 실습에 임하는 자세에 대한 평가

1) 업무 관리

(1) 시간 준수, 과제 제출

항상 제 시간에 출근하여 업무를 시작하였다. 과제를 하기 위해 인터넷 자료 찾기, 참고서적을 참고하며 과제를 충실히 이행하려고 노력하였다. 과제에 있어 같이 실습하는 실습생들과 업무분담을 하여 자료를 공유할 수 있어서 많은 도움이 되었다. 모금활동 준비를 한 후 실습에 임하였다.

(2) 주어진 일에 대한 업무조절 능력

먼저 주어진 일은 시간 안에 마칠 수 있도록 계획을 잡고 업무분담을 하여 과제를 마칠 수 있도록 하였다. 클라이언트들과 교류할 때에도 필요한 욕구가 무엇인지 혹시 서로 다툼이 일어났을 때는 서로 상처를 입지 않도록 노력하였다. 클라이언트들의 기초학습 시간에 최대한 클라이언트들 성향에 맞게 가르치려고 노력하였으며 그로 인해서 클라이언트들이 학습 능률이 오를 수 있도록 도와주었다.

2) 직원과의 관계(실습 지도자, 타 직원, 타 진문직 직원)

여러 실습 선생님과 편안한 관계를 유지하도록 노력하였고 슈퍼바이저께서 부담 없이 잘 대해주셔서 실습 생활하는 데에 큰 불편함은 없었다. 실습이 끝나더라도 지역아동센터에 대해서 많이 생각날 것 같고 다시 방문할 수도 있겠다는 생각이 들었다.

3) 다른 실습생과의 관계

사회복지실습을 처음 같이 하면서 같은 입장으로 통하는 부분이 많았고 서로 조금씩 배려하고 역할 분담도 알아서 할 수 있는 만큼 과제를 수행하였다. 기관에 대해서 서로 공유하는 시간도 많았던 것 같고 공부 면에서도 많은 교류를 할 수 있어서 모든 일을 마무리하는 데 큰 도움이 될 정도로 좋은 관계를 유지할 수 있었다.

4) 실습에 있어서의 적극성 및 자발성

클라이언트들의 기초학습 시간에 보조 역할로 수업에 적극적으로 임하였고, 김밥 프로그램을 진행하면서 여러 가지 준비 자료를 조사하고 요리 실력도 발휘해보았다. 간식 준비할 때나 저녁 배식할 때에도 적극적으로 나서서 아이들의 간식이나 저녁을 준비하고 배식하고 정리하였다. 같이 실습했던 실습 선생님들의 이야기를 귀담아 들으며 서로에게 필요한 일에 더 자발적으로 참여하여 서로에게 도움이 되려고 노력하였다.

7. 전문적 태도에 대한 평가

1) 사회복지사로서 실습생 자신의 장 · 단점에 대한 인식

실습을 하면서 클라이언트들을 대하는 데 큰 어려움은 없었고 클라이언트들과 친해지는 시간은 그리 오래 걸리지 않았다. 수업내용에도 잘 따라주고 힘들어도 노력하는 모습을 보일 때마다 사회복지사로서 역할에 어휘력을 많이 키워야겠다고 생각한다. 또한 장점에 대해서도 더 개발하여 앞으로 좋은 사회복지사가 될 수 있도록 노력을 해야겠다고 생각해보았다.

2) 전문가로서 윤리 및 가치관의 이행

사회복지사의 전문지식, 자세, 기술 등이 자신을 통해 대상자에게 전달됨으로써 클라이언트의 문제해결을 도모하는 것이다. 올바른 윤리와 가치관은 클라이언트에게도 많은 영향을 끼치므로 올바른 윤리의식과 가치관의 형성은 사회복지사로서 매우 중요한 부분이라고 생각한다. 실습을 진행하면서 사회복지사로서의 윤리를 지키려고 노력했으며, 나의 가치관을 클라이언트에게 강요하지 않고, 좋은 가치관이 심어질 수 있도록 노력하였다.

8. 실습 지도 활용 정도에 대한 평가

1) 실습생 자신의 실습 지도 활용 정도에 대한 평가

(1) 기관실습 지도

실습을 하면서 모르는 것이나 궁금한 점이 생길 때마다 이야기를 잘 들어주셨고, 친절하게 알려주셔서 참 감사했다. 제가 알아듣기 힘들어하면 실제 하고 있는 문서 같은 것을 참관시켜주는 방식으로 쉽게 이해되도록 가르쳐 주셨다. 기관에서 실습생들에게 해주시는 교육이 지역아동센터 실습에 많은 도움이 되었을 뿐만 아니라 나의 장점과 적성을 찾는 데도 도움이 되었다.

(2) 대학실습 지도

실습오리엔테이션을 오프라인으로 실시했지만 실습 신청 시 유의 사항과 실습 일지, 기관 분석 보고서, 중간평가서, 종결 보고서, 과제물 등을 준비하고 실습을 마무리한 후의 사회복지현장실습 확인서를 2부를 발급받아야 한다는 것을 강조하셨다.

실습 지도교수님이 직접 기관에 방문해주시고 중간평가서와 종결평가서 등을 작성할 때 실습 기간에 대한 중요성과 실습 시 출 · 퇴근과 점심 시간을 명확히 지켜서 실습을 마무리하도록 지도하여 주셨다.

2) 실습 지도 자체에 대한 평가

(1) 기관실습 지도

실습 시작할 때 오리엔테이션을 잘 해주셔서 실습생의 태도나 기관의 이해도를 높이고 실습을 임하게 되어 많은 도움이 되었다. 클라이언트들이 학습이나 놀이를 할 때 소외되지 않고 활동하도록 지도 부탁하셨는데 클라이언트들과 23일의 실습을 하다 보니 자연스럽게 가까워지고 클라이언트들의 마음을 이해하게 되었던 것이 가장 마음에 남았다.

(2) 대학실습 지도

담당교수님께서 시설에 방문해주셨을 때 시간이 들쑥날쑥하여 일지를 쓰는 내용이 반복되는 것 같아 조언을 구했더니 있는 그대로만 쓰면 괜찮다고 하셔서 마음 편하게 일지를 쓸 수 있었다. 또한 외국인이어서 한국어를 못하는 줄 아셨지만 이 정도면 아주 훌륭하다고 하시면서 열심히 실습을 하면 여러 가지 분야에서 한국에 있는 다문화인들을 돕고 인도할 수 있을 것이라는 긍정적인 메시지를 주셔서 마음이 든든해졌다.

9. 기관 이해도에 대한 평가

1) 실습생의 과업과 관련된 기관의 목적, 정책, 행정 절차에 대한 이해

지역아동센터에서 실습생인 나에게 주어진 과업의 목적은 모두 클라이언트들을 위한 과업과 행동들이며. 개학이 연기되면서 긴급 돌봄이 필요한 지역사회의 클라이언트의 건전 육성을 위하여 보호, 교육 건전한 놀이와 오락의 제공, 보호자와 지역사회의 연계 등 종합적인 복지서비스 제공의 목적으로 그 목적과 국가에서 정한 정책, 행정 절차를 알아가며 실습을 이행하려고 노력하였다.

2) 실습생으로서의 기관 내의 권한과 한계에 대한 인식

실습생으로서 지역 아동센터 내에서의 권한은 복지실천과정에서 원만한 생활과 학습 등과 같이 생활할 수 있도록 도와주고 지원하는 역할로서의 권한이며 특별히 한계를 느낀다고 생각해보지 않았다.

10. 실습 기간 중 가장 유익했던 내용

실습을 진행하면서 유익한 내용이 참 많았다. 그 중에 클라이언트들을 지도하고 놀이하면서 클라이언트들을 관찰하는 눈을 키우게 된 것과 실습생들이 함께 모여 '김밥 만들기' 프로그램을 계획하고 진행하면서 센터 내에서 프로그램 진행하는 방법을 배우게 되었던 것이 참 유익했다. 또한 실습기관에서 진행해주신 교육들도 참으로 유용했다.

11. 실습 기간 중 가장 안 좋았던 내용

내가 직장생활을 하다 보니 실습 시간이 똑같은 시간대가 아니어서 주간보호를 받는 클라이언트들과의 재미있던 시간을 더 가지지 못하여 아쉬웠고 저녁 시간에는 밖에서 뛰어놀지를 못하여 조금 아쉬웠다. 실습을 진행하는 모든 시간들이 소중했고 뜻깊은 시간들이었던 것 같았다.

12. 실습기관, 실습 지도자, 대학에 대한 건의 사항

실습기관과 실습 지도자님께서는 교육을 매우 계획적으로 실시하여 짧은 시간에 다양하고 많은 경험을 할 수 있었으며, 기관의 투명한 운영방식과 열린 운영방식은 정말 존경할 만하다고 생각한다.

대학에서는 실습 시작 전 효과적인 오리엔테이션과 실습가이드를 해주셨고 지도교수님이 방문해주시고 격려해주셔서 너무 좋았다.

13. 기타하고 싶은 말

코로나 바이러스 때문에 개학이 자꾸 연기가 되면서 클라이언트들이 하루하루가 무기력해지고 목표도 없어지고 하고자 하는 의욕들이 없어지는 요즘 같은 때에 돌봄의 공백을 지우고 아이들이 규칙적인 생활을 지도하고 규칙적인 시간에 공부하고 식사할 수 있고 프로그램에 참여할 수 있는 기회를 만들어 주셔서 너무 고마운 일을 하는 곳이라고 생각된다. 또한 지역의 클라이언트들을 위하여 건전한 돌봄 복지서비스를 실행하고 있는 ○○지역복지센터에 정부나 지역의 많은 기관과 시민들의 지원이 절실히 필요하다고 생각한다.

표 9-4 실습 종결평가서(예시)

실습 종결평가서

실습생명	서○○	기관명	○○종합복지관
실습 기간	20○○년 9월 3일 ~ 10월 28일	실습 지도자	정○○
실습평가일	20○○년 10월 28일	실습 지도교수	김○○

1. 실습 일정에 대한 평가

실습 일정은 현장 및 행정적인 업무를 많이 배우고 경험할 수 있도록 일정배정과 시간배분이 효율적이었다. 실습기관인 ○○종합사회복지관에 대한 개괄적인 이해와 사회복지 전문적 내용, 행정적 측면의 지식과 기술의 이해가 이루어진 뒤 사례관리, 프로포절 등 보다 세부적으로 실습생 팀별, 개별적으로 수행하는 교육이 진행되었다. 또한 교육내용을 바탕으로 캠페인, 모니터링 세대방문을 하며 사회복지현장 기술들을 활용해 볼 수 있도록 체계적으로 일정이 배치되어 있었다.

2. 실습내용 및 역할에 대한 평가

〈실습내용에 대한 평가〉

- ○○종합사회복지관을 운영하고 있는 사회복지법인 ○○복지재단에 대한 설립배경, 목적 등에 대한 이해와 함께 복지관에 대한 교육이 이루어진 점이 좋았다. 기관의 역사와 기관의 주요사업 및 기관만의 특화사업, 후원 개발과 관리에 대한 교육이 이루어져서 ○○종합사회복지관에 대한 폭넓은 이해가 가능했다.
- 지역사회복지와 지역사회복지관의 역할, 사무 관리의 실무, 후원금 관리 및 결연후원사업의 이해, 재무회계 규칙 및 예산 작성법, 보도 자료 작성법 및 홍보 사진촬영 기법, 지역사회 자원 목록표, 사례관리 계획서, 영상사례 분석, 프로포절 작성, 주간보호 서비스, 밑반찬 서비스를 통해 사회복지사의 다양한 업무 및 역할을 직접 접하고 실행해보는 기회를 제공하였다.
- 독거노인, 중증 장애인 모니터링 세대방문을 통해 상담기록지 작성, 클라이언트와 함께하는 대화와 경청기술에 대해 알 수 있었다.
- ○○사회복지센터, ○○아동보호전문기관, ○○시니어카운티 총 3곳의 지역사회 유관기관에 방문하여 교육 및 밑반찬 서비스, 캠페인 활동을 통해 기관의 역할과 수행하고 있는 사업에 대해 배우는 자세를 가질 수 있었다. 160시간, 4주라는 시간동안 사회복지 관련 다양한 것을 경험할 수 있고, 지식 및 기술들을 배울 수 있는 일정이 만족스러웠다.

〈실습역할에 대한 평가〉

- 실습생으로서 업무, 캠페인, 지역사회 서비스 등에서는 보조 및 참관역할을 수행하였으며, 세대방문에서는 직접 상담을 진행, 교육과정에서는 배우는 자세로 실습에 임했다.
- 실습 일정을 준수하였으며 출근 시간을 지키며 지각과 결석을 하지 않았다.
- 교육과정에서의 내용은 보다 쉽게 이해하기 위해 교육내용을 필기하였으며 자발적인 발표를 통해 적극적으로 수업에 임하기 위해 노력하였다.
- 과제의 제출은 제출기한을 준수하였으며 내용 검토와 맞춤법 검사, 문장의 통일성, 형식적 완성도를 높이기 위해 신중하게 고민하며 검토해보기도 했다. 실습기관의 사회복지현장 실습생의 자세를 숙지하고 각 항목의 사항을 준수할 수 있도록 노력하였다.

3. 실습 목표에 대한 평가

1) 구체적이고 적절한 목표 설정 여부

실습 시작 전 목표 및 세부 목표를 설정하였다. 구체적인 목표를 설정하였고 그에 맞는 세부 목표를 세운 뒤 실천방안도 적절하게 세웠다.

목표 1

- 세부 목표 1: 종합사회복지관의 역할을 이해한다.
- 세부 목표 2: 종합사회복지관에서 제공하고 있는 사업에 대해 이해한다.
- 세부 목표 3: 종합사회복지관의 주요 업무를 안다.

목표 2

- 세부 목표 1: 종합사회복지관 내 사회복지사는 어떠한 역할을 수행하는지 알아본다.
- 세부 목표 2: 사회복지현장에서 요구되는 자질이 무엇인지 습득한다.
- 세부 목표 3: 사회복지 실무를 익혀본다.

목표 3

- 세부 목표 1: 하루 실습을 점검한다.
- 세부 목표 2: 나의 강점과 약점을 발견하고 강점은 유지하고 약점은 개선을 통해 행동한다.
- 세부 목표 3: 평소 관심 있는 분야에 대해 알아보고 학습할 수 있도록 한다.

2) 목표의 달성 여부

종합사회복지관의 주요 업무 및 사업은 법인 및 기관 소개, ○○종합사회복지관의 주요 업무를 소개하는 강의를 통해 습득할 수 있었고 추가적인 사항은 복지관 홈페이지 검토를 통해 알 수 있었다. 또한 기관 분석 보고서를 작성하며 여러 가지 자료를 찾아본 결과 종합사회복지관에 대해 충분히 이해할 수 있었다.

현장에서의 사회복지사의 역할 및 자질에 대해 기관 사회복지사님들의 강의를 통해 알 수 있었다. 어르신 혹서기 모니터링 세대방문, 중증 장애인 지원사업 모니터링, 밑반찬 서비스, 주간보호 서비스 참관실습 등을 통해 직접 클라이언트를 만나는 시간을 가지면서 클라이언트의 주요 욕구는 무엇이며, 그에 따른 우선순위 및 개입 가능한 욕구는 무엇인지와 가장 중요한 공감과 경청의 기술을 습득할 수 있었다. 사회복지사에게 가장 중요한 자원 활용에서 지역사회 자원목록표 작성을 통해 클라이언트에게 유용한 지역사회 주요 자원을 파악할 수 있었고 사례관리 계획서와 영상사례 분석을 통해 클라이언트에게 매순간 민감하게 반응해야함의 중요성을 알 수 있었다.

또한 사회복지사님들의 강의를 통해 상담기록지 작성, 재무회계 규칙 및 예산 작성법, 보도 자료 작성법 및 홍보 사진촬영 기법 등의 공문서 작성법을 익힐 수 있었다.

하루도 빠짐없이 실습일과, 실습내용, 나의 의견을 쓰는 실습 일지 작성을 통해 하루 실습의 내용들을 뒤돌아보고 점검하는 시간을 가질 수 있었다. 실습 일지에 기존의 나의 강점과 약점을 발견하여 기록하지는 못했지만 동일 슈퍼바이저 실습생들의 강점을 하루 1명씩 기록하는 시간을 가지며 나의 강점도 함께 생각해 볼 수 있었고 사회복지사에게 필요한 강점을 찾는 시각도 가지게 되었다. 실습 종결 날에는 다른 실습생들이 쓴 나의 강점을 볼 수 있었고 이를 통해 타인의 눈으로 내가 가진 강점을 알 수 있었다. 다만, 평소 관심 있는 분야에 대해 알아보고 공부할 수 있는 시간은 가지지 못한 점에 대해서는 아쉬움이 남는다.

4. 서비스 실천과정에 대한 평가/ 정책 및 행정 실습에 대한 평가

1) 문제 파악 및 자료수집 능력/ 문제 인식 능력

구분		내용
서비스 실천과정에 대한 평가	문제 파악 및 자료수집 능력	• 실습 2주차 5일 동안 사회복지 관련 신문기사내용을 스크랩하였다. 기사내용을 요약하고 나의 생각을 쓰고 기사에 대한 사회복지사의 입장에서, 사회복지적인 견해를 가지고 의견을 적어보는 과제수행을 통해 기사내용의 문제, 인간, 환경, 공식적 · 비공식적 체계 등의 자료를 수집하고 문제를 파악하기 위해 노력하였다. • 어르신 및 중증 장애인 세대방문을 통한 클라이언트와의 대화를 통해 클라이언트의 현재 상황, 욕구, 어려움 등의 문제를 파악할 수 있었다. • 지역사회 자원목록표 과제수행에 있어서 기관의 홈페이지가 정확히 명시되어 있지 않은 곳은 다양한 복지사이트, 공공기관사이트 등을 통해 정보를 얻기 위해 노력하였다. • 프로포절 과제수행에 있어서 실제 인원수, 장소 대절과 관련하여 정확히 정보를 알 수 없는 곳은 해당기관 및 시설에 직접 전화를 하여 정보를 얻었다.
정책 및 행정실습에 대한 평가	문제 인식 능력	• 사례관리 계획서와 영상사례 분석 과제수행을 통하여 클라이언트의 욕구, 관심사, 이슈, 어려움 등을 인식하고 개입 계획을 세울 수 있는 방법을 배웠다. • 모니터링 세대방문을 통하여 클라이언트가 무슨 문제와 욕구를 가지고 있는지 파악하는 기술을 배웠다.

2) 문제 사정 능력/ 문제 분석 능력

구분		내용
서비스 실천과정에 대한 평가	문제 사정 능력	• 사례관리 계획서, 영상사례 분석, 세대방문을 통해 클라이언트와 관련되어 수집된 정보를 분석하고 종합하여 문제가 무엇인지 그 문제를 해결하기 위해 무엇이 필요한지에 대해 판단할 수 있는 기술을 배울 수 있었다. • 사정의 도구인 가계도, 생태도를 직접 작성하여 작성법을 습득할 수 있었다.
정책 및 행정실습에 대한 평가	문제 분석 능력	• 사회복지 관련 기사 스크랩과 다양한 교육을 들으면서 클라이언트를 위한 사회적 욕구, 어려움, 문제 등을 분석하는 방법을 배울 수 있었다.

3) 개입 기술/ 문제해결을 위한 대안제시 능력

구분		내용
서비스 실천과정에 대한 평가	개입 기술	• '사례관리의 이해'라는 사회복지사님의 강의를 통해 개입 기술을 익힐 수 있었다. • 사례관리 계획서를 통해 클라이언트의 문제와 욕구에 따른 욕구별 개입 계획을 수립하고 욕구에 따른 개입 목표, 서비스 내용, 횟수 · 기간의 수행방법, 수행기관을 주요 욕구에 따른 우선 순위에 따라 작성하는 방법을 배울 수 있었다.
정책 및 행정실습에 대한 평가	문제해결을 위한 대안제시 능력	• 사회복지 관련 신문기사 스크랩을 통해 현재 발생하고 있는 여러 가지 문제에 대해 어떤 대안이 필요할지에 대해 고민해 볼 수 있었지만 확실한 해결책을 찾는 것에 있어서 어려움을 느꼈다. • 클라이언트의 욕구, 사회 문제해결을 위한 도구 중 하나로 프로포절 작성법에 대한 강의를 듣고 직접 작성해보는 시간을 가졌다.

4) 면접 기술/ 기존 지식과 정보의 사용 능력

구분		내용
서비스 실천과정에 대한 평가	면접 기술	• 세대방문을 통하여 정보를 얻기 위한 면접을 수행하였다. • 세대방문과정에서 첫 방문한 세대의 만남에서는 어색함과 어려움을 느꼈지만, 이후에는 클라이언트와의 대화에서 공감과 경청을 활용한 원활한 대화를 수행하며 다양한 정보를 얻고 클라이언트의 욕구를 파악할 수 있었다.
정책 및 행정실습에 대한 평가	기존 지식과 정보의 사용 능력	• 학교에서의 사회복지실천론, 사회복지실천기술론, 사회복지행정론, 지역사회복지론, 사회복지 프로그램 개발과 평가, 사회복지조사론, 인간행동과 사회환경 과목 이수를 통해 사회복지 관련 업무에 대한 정보를 많이 가지고 있다고 생각하였지만 실습 과정에서 충분히 활용하지 못한 점에 아쉬움이 남는다.

5) 기록 기술/ 기록 기술

• 매일 제출하는 실습 일지와 신문 스크랩 작성을 통해 내가 서술하고자 하는 바를 글로써 어떻게 효율적으로 전달할 수 있을까에 대해 항상 고민하며 작성하였지만 아직 기록 기술에 대해서는 많은 부족함을 느꼈다.

- 사례관리를 담당하고 계시는 사회복지사님의 강의를 통해 직접 작성해보는 시간은 가지지 못했지만 접수상담 기록지, 사례관리 대장, 초기면접 기록지 작성법을 알 수 있었다.
- 사례관리 계획서와 영상사례 분석 작성을 통해 클라이언트의 기본 사항, 개인력, 가족력, 가계도, 경제적 상황, 주거 상황, 건강 상황, 정서상태, 사회적 상황, 생태도, 표현욕구, 주요욕구, 장애물, 클라이언트의 강점 및 약점, 욕구별 개입 계획 작성법을 습득하였다.
- 프로포절 작성법 교육 및 팀별 프로그램 개발 과제수행을 통해 사회복지공동모금회의 양식에 따라 사업명, 사업의 필요성, 서비스 지역, 서비스 대상 및 실제 인원수 사업 목적 및 목표, 사업내용, 목표에 대한 평가방법, 담당인력 구성, 사업 진행 일정, 홍보 계획, 지역 자원 활용 계획, 예산 계획, 향후 운영 계획 작성법을 습득하였다.

6) 클라이언트와의 전문적인 관계 형성/ 유관기관 및 관련된 사람들과 전문적인 관계 형성

구분		내용
서비스 실천과정에 대한 평가	클라이언트와의 전문적인 관계 형성	• 어르신 및 중증 장애인 세대방문을 통하여 직접 상담을 진행하는 실습을 통해 클라이언트의 말에 경청하고 공감해주었으며 헌신과 의무, 권위와 권한, 진실성과 일치성, 감정이입, 무조건적 긍정적 존중, 공감적 이해 등으로 전문적인 관계를 형성하는 방법을 익힐 수 있었다.
정책 및 행정실습에 대한 평가	유관기관 및 관련된 사람들과 전문적인 관계 형성	• ○○방문을 통해 기관 소개 및 강의를 듣는 시간을 가지고 캠페인 활동을 함께 진행하였지만 유관기관의 사람들과 전문적인 관계를 형성하지는 못했다.

5. 실습생의 자원 활용에 대한 평가(인적, 물적 자원)

1) 기관 외의 자원 활용

실습 과제수행에 있어서 부여된 유인물과 자료만으로 어려운 점은 인터넷 자료를 활용했다. 관련 사이트 및 백과사전 활용을 통해 필요한 자료를 수집하였다. 다른 실습생들과 정보를 공유함으로써 유용한 정보들을 얻을 수 있었다. 특히, 프로포절 과제수행에 있어 프로그램의 필요성 작성 부분에 있어서는 각종 신문기사 사이트, 논문을 활용하였다.

2) 실습과 관련된 참고서적의 활용

실습 과정에서의 강의가 원활히 진행될 수 있도록 다양한 유인물 및 PPT가 활용되었다. 다만, 제공된 자료만으로 알 수 없는 것에 대해서는 학교에서 사용한 사회복지 전공서적을 활용했다. 특히, 사례관리 계획서 작성에 앞서 『사회복지실천론』이라는 책을 활용하였고, 프로포절 작성에 있어서는 『사회복지 프로그램 개발과 평가』라는 책에서 필요한 정보들을 얻었다. 또한, 평소 글쓰기 능력이 부족하고 자신이 없었기 때문에 『유시민의 글쓰기 특강』이라는 책을 활용하여 글쓰기 관련 능력을 향상시키고자 했다.

6. 실습에 임하는 자세에 대한 평가

1) 업무 관리

(1) 시간 준수, 과제 제출

실습 기간 동안 실습 시작 20분 전에 도착하여 하루 실습을 준비하였으며, 과제 제출기한을 지키기 위해 사전에 과제 관련 사항을 충분히 검토한 뒤 기한에 맞게 작성한 후 메일로 제출하였다.

(2) 주어진 일에 대한 업무조절 능력

실습생으로서 주어진 과제를 원활하게 수행하기 위해 최선을 다했다. 개별과제에 있어서는 스스로 고민을 했고, 팀별과제에 있어서도 다른 실습생과의 충분한 의논을 통해 최선의 결과물을 내려고 노력했다. 실습생 반장으로서도 맡은 바 일을 책임감 있고 솔선수범하여 수행하였다고 판단된다. 다만, 너무 많은 과제의 수행에 있어 목적에 맞게 과제를 잘 수행하였는지에 대해서는 의문이 남는다.

2) 직원과의 관계(실습 지도자, 타 직원, 타 전문직 직원)

○○종합사회복지관의 직원 및 실습 지도자와의 관계는 원만했다. 실습 지도자는 매번 다양한 정보 제공을 하였고 배려를 통해 실습생들이 원활하게 실습에 참여할 수 있도록 많은 도움을 주었다. 실습 지도자를 제외한 다른 직원들은 강의를 통해서만 만날 수 있었는데 강의를 통해 많은 것을 얻어 갈 수 있을 정도로 충분히 좋은 강의를 진행해주었고, 프로포절 관련 질문을 할 때도 성실히 답해주셔서 많은 도움이 되었다. 기관 내에서 마주칠 때는 친절하고 밝게 인사해주셨다. 멘티는 에너지가 넘치는 분으로 기관 내에서 마주칠 때 항상 활기차게 인사해주셔서 나 또한 기분이 좋아지고 많은 에너지를 얻어 갈 수 있었다.

3) 다른 실습생과의 관계

평소 낯을 많이 가리는 성격이지만 다른 실습생들과 친하게 지내고 싶어서 먼저 말도 걸고 장난도 치면서 친해지기 위해 노력하였다. 총 20명의 실습생으로 모두와 친해지는 데는 어려움이 있고 실습 1, 2주 동안에는 서로 어색한 느낌이 많이 들었지만 다양한 팀별과제를 수행하고 개별과제의 정보 공유를 통해 다른 실습생들과 많이 친해졌다. 업무수행에 있어서 어려운 점은 도움을 청하기도 하고 도움을 주기도 하면서 다른 실습생들과 원활한 관계를 가졌다. 다만, 한 실습생이 발표 당일, 과제의 작성은 물론 발표 준비를 해오지 않아 갑작스럽게 발표를 하게 된 경험이 있는데 이러한 한 실습생의 무책임한 태도에 대해서는 아쉬움이 남는다.

4) 실습에 있어서의 적극성 및 자발성

실습에 참여할 때는 최선을 다하고 성실히 임하기 위해 노력하였고 실습 시 부족한 부분은 자료를 활용해 업무를 완수하도록 하였다. 아동학대예방 캠페인과 생명존중 캠페인에서는 나의 적극성을 최대한 활용하여 물품 및 책자를 나눠드리기도 했다. 다만, 강의에 있어서는 의문점을 질문하는 데에 다소 소극적이었는데 이 부분에 대해서는 충분한 고민을 통해 적극성을 키우기 위해 노력해야 할 필요가 있음을 느꼈다.

7. 전문적 태도에 대한 평가

1) 사회복지사로서 실습생 자신의 장 · 단점에 대한 인식

- **장점:** 과제수행, 특히 프로포절 작성을 통해서 사회복지사로서의 컴퓨터 활용 능력이 뛰어남을 알게 되었고 세대방문 및 주간보호참관실습을 통한 사람들과의 만남을 통하여 생각보다 소통을 좋아하고 클라이언트의 말에 귀 기울이고 공감하는 능력을 인식하였다. 또한 이번 실습생 반장을 맡으면서 내가 솔선수범하고 책임감 있는 사람이라는 것을 알게 되었다.
- **단점:** 사회복지사로서 가장 중요한 자질 중 하나가 글쓰기 능력이라고 생각하는데, 이번 실습을 통해 글쓰기 능력의 부족함을 느꼈다. 또한 사회복지사는 사회복지 관련 지식 · 기술뿐 아니라 다양한 영역에서의 다양한 정보와 지식을 가지고 있어야 하는데, 신문 스크랩하면서 이러한 부분에서의 부족함을 많이 느꼈다. 이러한 부분에 있어서는 글쓰기 관련서적을 읽고 신문구독 및 다양한 경험을 통해 부족한 점을 채워가도록 노력할 것이다.

2) 전문가로서 윤리 및 가치관의 이행

사회복지현장 실습생으로서의 자세에 대한 윤리강령을 명시하고 실습 지도자가 당부한 주의 사항과 지시 사항을 꼼꼼히 기록하고 지킬 수 있도록 노력하였다. 실습을 통해 전문가로서 윤리인 클라이언트의 자기결정권, 비밀보장 등에 대해 알 수 있었고 세대방문을 통해 알게 된 클라이언트 관련된 사실들에 대해 비밀보장 의무를 이행하였다.

8. 실습 지도 활용 정도에 대한 평가

1) 실습생 자신의 실습 지도 활용 정도에 대한 평가

(1) 기관실습 지도

- 다양한 강의 중 특히 '사례관리의 이해'라는 강의에 있어서는 사례관리의 중요성, 사회복지와 사례관리, 환경 속의 인간이라는 가르침을 통해 사회복지에서의 사례관리의 중요성 그리고 인간 그 자체보다는 환경속의 인간이라는 관점으로 보는 것이 중요함을 깨닫게 되었다.
- 사회복지 관련 신문기사 스크랩을 통해 사회 문제에 관해서 사회복지적인 시각, 좀 더 넓은 시각을 가지게 되었고 실습생들과의 의견을 나누는 시간을 통해 많은 것을 알아갈 수 있었다.

(2) 대학실습 지도

- 실습 시작 전의 오리엔테이션에서는 인근의 종합사회복지관 사회복지사님의 강의를 통해 사회복지현장 및 실습에 관한 정보들을 생생하게 많이 알아갈 수 있었다. 실습 관련 주의 사항 및 실습 전 단계, 실습 단계, 실습 종결 단계의 실습 진행 과정에서 수행하여야 하는 사항에 대해서도 충분한 정보 제공이 이루어졌다.
- 실습 계획서 작성을 통해 구체적인 목표를 설정한 뒤 실습에 임할 수 있어 더 적극적으로 실습을 임하는 데 많은 도움이 되었다.
- 사회복지현장 실습생의 자세에 대한 지도내용을 사전에 숙지하여 실습 기간 동안 지킬 수 있도록 노력하였다.
- 현장의 과제는 사회복지사들이 하는 일 그 자체이므로 과제로만 여겨서는 안 된다는 유의 사항을 사전에 지도하여 좀 더 의미 있는 과제수행을 하는 데 도움이 되었다.
- 사실을 토대로 적어야 한다는 실습 일지 작성법을 사전에 지도하여 실습 일지를 작성할 때 도움이 되었다.

2) 실습 지도 자체에 대한 평가

(1) 기관실습 지도

실습 일정에 맞게 실습이 이루어졌으며, 일정의 변동 사항에 있어서는 실습 지도자의 사전 공지를 통하여 원활한 실습이 이루어질 수 있었다. 각 분야별 담당 사회복지사가 직접 실습생의 교육에 참여함으로써 기관의 업무 이해를 돕는 데에 효과적이었다. 또한 사회복지사와 실습생 간의 '멘토와 멘티' 시스템을 실행하여 사회복지사들과의 보다 원활한 소통이 가능한 구조였지만 첫 만남을 제외하고는 멘티와 따로 만남의 시간은 가지지 못해 충분한 활용이 이루어지지는 못한 점은 아쉬움이 남는다.

(2) 대학실습 지도

실습 시작 전 총 2번의 오리엔테이션와 사회복지현장실습 1차 세미나를 통해 사회복지현장실습의 목적 및 실습의 내용 대한 설명을 들었고 실습 시기, 실습기관 선정에 대한 사항, 신청서 작성법, 프로파일 작성법, 사회복지현장 실습생의 자세, 과제 및 제출 서류 등에 대한 정보를 제공받아 실습의 임하는 데 있어서 많은 도움이 되었다.

9. 기관 이해도에 대한 평가

1) 실습생의 과업과 관련된 기관의 목적, 정책, 행정 절차에 대한 이해

○○종합사회복지관은 지역주민들의 욕구에 부합하고 지역사회의 문제를 해결하기 위한 종합적 사회복지 서비스를 제공하기 위해 1987년 12월 31일에 건립되었다. 「사회복지사업법」에 의거하여 지역사회주민들에게 가족복지, 지역사회보호, 교육문화, 자활사업 및 특화사업 등 종합적인 복지서비스를 제공하여 지역사회 복지증진에 기여하는 데 목적을 두고 있다. 사회복지관의 정책은 지역사회의 고유한 특성을 반영하고 지역주민의 복지욕구에 부응하는 정책을 말하며, 복지 대상자의 욕구에 맞는 전문적인 서비스를 가능하게 하는 정책이라고 할 수 있다. 실습 일정 중 법인 및 기관에 대한 강의와 기관 분석 보고서 작성 과제를 통해 ○○종합사회복지관에 대해 이해할 수 있었다.

2) 실습생으로서의 기관 내의 권한과 한계에 대한 인식

실습생은 실습 과정 중 필요 사항, 불만 사항, 개선할 점에 대해서 충분한 피드백을 요구할 수 있다고 생각한다. 실습 과정 중 업무상 주요한 사항의 결정은 스스로 할 수 없고 실습 지도자에게 문의해야 한다는 점은 실습생으로서의 한계라고 생각한다.

10. 실습 기간 중 가장 유익했던 내용

- 어르신 혹서기 모니터링 세대방문에 있어서 실습생의 신분인 나의 방문을 반겨주시지 않으면 어쩌나 하는 걱정을 했지만, 우려와는 달리 우리의 방문을 반겨주셨고 고맙다고 따뜻하게 웃으며 인사해주셔서 큰 보람을 느꼈다.
- 팀별로 프로포절 작성하는 시간을 통해 프로그램 개발의 중요성 및 작성법에 대해 이해할 수 있었고 함께 팀을 이룬 실습생 2명의 적극성과 배려심을 통해 좀 더 활력 있게 프로포절을 작성할 수 있었다.

- 세대방문, 캠페인, 주간보호참관실습, 프로포절 작성 등에 있어서 매번 다르게 팀을 구성하여 많은 실습생과 의견을 나누며 함께 과제를 수행할 기회가 제공되었다.
- 매일 아침의 기관 청소, 세대방문에서의 청소 도움, 캠페인 참여를 통해 사회복지사가 단순히 기관 내에서 업무만을 수행하는 것이 아니라 다양한 일을 한다는 것을 이해할 수 있었다.
- ○○시사회복지센터, ○○아동보호전문기관, ○○시니터카운티 총 3개의 지역사회 유관기관 방문을 통해 지역사회의 다양한 기관 및 사업에 대해서 이해할 수 있었다.

11. 실습 기간 중 가장 안 좋았던 내용

체계적인 절차에 따라 실습이 잘 이루어졌고 실습 지도자도 실습생을 배려하고 잘 지도해주셨기 때문에 실습 기간 중 특별히 좋지 않았던 점은 없었고 모두 만족했다.

12. 실습기관, 실습 지도자, 대학에 대한 건의 사항

- 실습기관에 대한 건의 사항: 멘티 즉 슈퍼바이저와 원활한 소통이 가능하고 실습 일지를 좀 더 빠른 시일 내에 받을 수 있도록 하였으면 좋겠습니다. 또한 20명이라는 실습생은 실습 지도자의 지도에 있어서나 실습생들의 실습수행에 있어서 그 인원이 너무 많다고 생각합니다.
- 실습 지도자에 대한 건의 사항: 4주라는 시간동안 많은 실습생들에게 따뜻한 배려와 충고, 도움, 많은 정보를 주셔서 감사합니다. 이번 실습을 통해서 실습 지도자님께 많은 것을 배워갈 수 있어서 너무 뜻깊은 시간이었습니다.
- 대학(교육원)에 대한 건의 사항: 실습 전 오리엔테이션과 30시간의 세미나를 통해 실습 관련 다양한 정보 제공을 도와주시고 실습 기간 중에 문의 사항에 대해서도 원활하고 친절하게 답변해 주셔서 감사합니다.

13. 기타 하고 싶은 말

4주, 160시간이라는 긴 시간이 언제 다 지나갈지 걱정되고, 항상 기관에 가야 하는 아침이 두렵고 힘들었던 적이 있었습니다. 하지만 어디에서나 쉽게 할 수 없는 뜻깊은 경험을 할 수 있었고 많은 사람들과의 만남을 통해 많은 것을 알아갈 수 있었던 시간이었습니다. 대학교(교육원) 진학 후 가장 알찬 실습이었고 나도 잘 해낼 수 있다는 자신감을 비롯해 많은 것을 느끼게 해주셔서 감사합니다.

제10장

사회복지현장실습 평가 및 서류

1 사회복지현장실습 종합평가

2 사회복지현장실습 관련 서류

1 사회복지현장실습 종합평가

사회복지현장실습 종합평가는 기관실습이 마친 최종 14주에서 15주 사이에 이루어지는 종합평가로 기관의 사회복지현장실습평가와 교육기관의 평가 그리고 세미나에 대해 알아본다.

1) 실습기관의 실습평가

실습기관에서는 실습 전반에 관련한 부분을 평가하는 데 실습생이 실습한 자료와 기획안이나 보고서 등의 문서 자료를 근거로 하며, 실습생의 다양한 활동에 대하여 기관에서 마련한 통계 자료, 과제수행의 결과 그리고 클라이언트 만족도 등을 평가의 자료로 활용하여 실습평가를 할 수도 있다. 실습 계약서, 실습생의 출석이나 시간 엄수 등 성실성과 신뢰감과 관련된 항목이나 컴퓨터 활용 기술 통계처리와 프로포절 작성 등 학기 말에 교육기관에 보고하는 공식적인 실습평가를 위해 실습기관에서는 구체적인 영역을 기준으로 하여 실습생을 평가한다. 실습 지도자는 실습평가서와 실습 확인서를 작성하여 실습 종료 후 교육기관(학교)로 보내주어야 하며, 실습 확인서는 사회복지사 자격증 신청에 있어 필수 서류이므로 발송 후 실습생과 교육기관(학교)에 수신 여부를 반드시 확인해야 한다. 실습 지도평가는 실습이 종료되는 시점에 실습생을 대상으로 시행하며, 평가의 결과는 다음 실습계획에 반영하여 환류가 이루어지도록 해야 한다.

2) 교육기관의 실습평가

사회복지현장실습이 종료되면 실습기관에서 교육기관(학교)로 실습생(학생)에 대한 실습평가서와 실습 확인서를 발송하게 된다. 교육기관(학교)는 기관에서 발송한 실습평가서와 확인서를 확인하고 실습 지도교수의 실습평가를 마치면 현장실습 교과목에 대한 학점이 부여하게 되며, 교육기관(학교)에서는 실습평가서를 잘 보관하도록 되어 있고, 실습 확인서는 실습생이 사회복지 자격증을 신청하는 데 반드시 첨부해야 하는 서류로 꼭 보관해야 한다.

3) 실습기관 및 교육기관의 사회복지현장실습 세미나

보건복지부와 한국사회복지사협회(2013)은 사회복지현장실습 핵심 과정을 실습생들이 사회복지 전문직의 가치 및 실천유리를 토대로 교육기관에서 배운 이론과 기술을 실천 현장에 적용해봄으로써 전문가로서의 정체감을 확립하고, 유능한 사회복지사로 성장할 수 있도록 훈련하는 사회복지교육 과정이라고 했다. 이에 교육기관에서는 실습생들의 실습 과정을 모니터링하며 사회복지사로 실천 현장을 적절하게 경험할 수 있도록 지도해야 하며, 이에 교육기관에서 진행되는 사회복지현장실습 세미나는 다음과 같다.

- 실습생의 실습 과정에 관한 강점 및 개선점을 점검한다.
- 현장에서 적용한 사회복지실천의 방법 및 기술을 이론적으로 정리하여 지식과 경험을 통합할 수 있도록 지도해야 한다.
- 실습 현장에서 직 · 간접적으로 경험한 사회복지실천과정이 다양한 클라이언트 체계에 미치는 영향에 대해 탐색하도록 지도해야 한다.
- 사회복지 조직으로 실습기관의 기능과 역할에 대해 이해하도록 토론을 유도해야 한다.
- 실습기관이 속한 지역사회의 욕구를 파악한 것을 토대로 실습기관 서비스 간의 연계에 대해 이해하도록 토론을 유도해야 한다.
- 실습내용을 사회복지정책, 사회복지법규 및 제도와 연계하여 이해하도록 토론을 유도해야 한다.
- 사회복지실천현장에서 직면하는 윤리적 딜레마에 대해 토의해야 한다.
- 사회복지사로서의 전문적 자기인식에 대해 정리해야 한다.
- 실습생이 자신의 실습 과정에 대한 평가를 통해 반영적 실천을 경험하도록 지도해야 한다.

실습생들은 실습 세미나를 통해 자신의 실습 경험을 정리하는 시간을 갖게 됨과 동시에 다른 실습생들의 실습 경험을 나누게 되어 다양한 사회복지 현장에 대해 간접적인 경험을 할 수 있는 기회가 된다. 또한 실습 보고서 작성을 통해 실습생 스스로 실습 과정을 통해 배운 내용 및 경험 등을 정리하고, 후배들에게 실습 참고 자료로 활용할 수 있도록 한다. 실습 보고서는 기관 유형별로 구분하여 실습기관 분석 보고서, 간략한 실습내용, 실습 종결평가서, 실습 소감 등을 재정리하여 만드는 것이 좋다. 한편 사회복지현장실습 발표회를 진행할 때 실습기관의 실습 지도자를 참여시켜 사회복지 현장에 대한 이해를 높일 수 있도록 기회를 마련하는 것이 훨씬 더 효율적이다(이정미 외, 2016).

2 사회복지현장실습 관련 서류

사회복지현장실습 관련 서류는 보건복지부와 한국사회복지사협회(2017a)의 사회복지현장실습 매뉴얼과 한국사회복지협회(2010)의 사회복지현장실습 안내서에서 지도자교육에 의한 서류를 참고하여 작성하였다. 교육기관의 상황에 따라 변경하여 사용할 수 있으며, 그 내용은 다음과 같다.

교육기관 관련 서류는 실습의뢰서, 사회복지 실습 신청서, 실습생 프로파일, 실습생 개인정보 동의서, 실습기관 방문 결과 보고서(담당 교수 작성) 등이 있다.

실습기관 관련 서류는 실습기관 등록증, 사회복지현장 실습기관 선정 확인서, 실습 지도 계획서, 실습 지도자 프로파일, 실습 의뢰에 대한 회신, 실습생 출근부(실습생+슈퍼바이저=함께 사인 및 도장), 실습 지도 기록서, 실습기관동의서, 실습평가서(교육기관 발송용), 사회복지현장실습 교육 수료증, 사회복지현장실습 확인서, 슈퍼바이저 평가 척도, 슈퍼비전 평가 척도(실습생) 등이 있다.

실습생 관련 서류는 실습생 서약서, 실습 계약서, 실습 일지, 실습기관 방문 분석 보고서, 사례관리 계획서, 사례관리 진행 일지, 사례관리 종결 기록서, 집단 지도 계획서(소집단용), 집단 지도 과정 일지(소집단용), 집단의 개별회원 분석표(소집단용), 집단 종결 기록서(소집단용), 프로그램 계획서(대집단 및 지역사회복지), 프로그램 평가서, 사회복지정책 분석 보고서, 사회행동·옹호활동 보고서, 사회복지관(사업) 홍보 기획서, 개별면접 일지, 가족상담 기록서, 사회조사 계획서, 사회조사 진행 일지, 사회조사 분석평가서, 지역탐방 보고서, 실습 중간평가서, 실습 종결평가서, 실습 종결 보고서 등을 수록하였다.

1) 교육기관 관련 서류

(1) 실습 신청서

사회복지현장실습생 자신에 대한 정확한 정보를 기입하고 연락 가능한 이메일이나 휴대폰 번호를 기입하여 유사시에 원활한 연락이 이루어지도록 해야 한다. 세부적인 양식은 각 대학이나 평생교육원별로 다를 수 있으나, 기본적으로 실습기관명과 슈퍼바이저 성명, 실습기관 전화번호 및 주소, 실습 진행 요일 및 시간, 실습생의 기본 인적사항을 기재하게 되어 있다.

표 10-1 실습 신청서

실습 신청서

• 실습기관: ○○요양원

1. 실습생 인적 사항

성명		생년월일			
소속		학과/ 전공		학기	
현주소					
전화번호					
E-Mail					

2. 실습 의뢰내용

실습기관명			
전화		팩스/ 이메일	
기관 주소 (구주소)			
실습 분야			
실습내용			
실습 기간			

※ 상기 내용으로 귀 기관에 실습신청을 의뢰하며 실습생 프로파일을 동봉합니다.

년 월 일

실 습 생 ㊞

실습 지도자 ㊞

실습 지도교수 ㊞

(2) 실습생 프로파일

사회복지현장 실습생 프로파일 작성 시 사회복지현장 실습생 자신에 대한 정확한 정보를 기입하고 연락 가능한 이메일이나 휴대폰 번호를 기입하여 유사시에 원활한 연락이 이루어지도록 해야 한다.

사회복지현장 실습생의 프로파일 내용 중 사회복지 전공 동기나 실습기관 선택 이유 등은 자세하고 구체적으로 작성한다. 실습목표는 구체적이고 측정 가능하며 기한 내에 달성 가능하고 현실적인 것으로 제시하는 것이 중요하며, 실습목표 측정 기준은 자신이 제시한 실습목표를 측정할 수 있는 지표로 타당한 것들을 제시해야 한다. 사회복지실천에 있어 자신의 강점과 약점을 작성할 때에는 강점을 중심으로 정직하게 긍정적으로 제시하여야 하며, 강점의 강점도 잘 발견할 수 있음을 명시해야 한다. 끝으로 실습을 통해서 배우고 싶은 것, 사회복지현장 실습기관과 교육기관의 실습 지도자에게 바라는 점 등을 공손하게 기재한다(이경아 · 서홍란, 2011).

표 10-2 실습생 프로파일

실습생 프로파일

1. 인적 사항

(사진)	실습생 이름		성별		생년월일	
	소속					
	주소					
	전화번호	휴대전화:		집:		
	E-mail					

2. 이수 전공 과목

교과목명	이수 완료	현재 이수	교과목명	이수 완료	현재 이수	교과목명	이수 완료	현재 이수
사회복지개론			인간행동과 사회환경			사회복지실천론		
사회복지실천기술론			지역사회복지론			사회복지정책론		
사회복지행정론			사회복지법제론			사회복지조사론		
사회복지자료분석론			프로그램 개발과 평가			가족복지론		
아동복지론			청소년복지론			노인복지론		
여성복지론			장애인복지론			정신건강론		
정신건강사회복지론			의료사회복지론			학교사회복지론		
산업복지론			자원봉사론			사회문제론		
사회복지발달사			사회보장론			교정복지론		
사회복지윤리와 철학			사회복지지도감독론			사회복지현장실습		

3. 경력

구분(취업, 실습, 봉사)	기관	기간	내용

4. 사회복지를 전공하게 된 동기

5. 실습기관 선택 이유

6. 실습을 통해서 성취하고자 하는 목표

7. 실습을 마친 후 목표 달성 정도를 파악할 수 있는 기준

8. 사회복지를 실천하는 데 있어 자신의 강점과 약점

- 사회복지 지식 및 기술의 측면
- 개인적인 특성 측면

9. 취미 및 특기

10. 실습기관, 실습 지도자 및 실습 지도교수에게 바라는 점

11. 실습날짜 및 시간

(3) 실습생 개인정보 동의서

개인정보 동의서는 '수집 · 이용 목적, 개인정보 항목, 보유 및 이용 기간에 대한 「개인정보보호법」 제15조에 의거, 관련법령에 근거하거나 정보주체의 동의에 의하여 개인정보를 수집 · 보유합니다.'라는 동의서이다.

표 10-3 개인정보 수집 및 보유 동의서

개인정보 수집 · 보유 및 제3자 제공 동의서

○○대학교(원)에서는 귀하의 개인정보를 아래와 같이 수집 · 보유 및 제3자 제공을 하고자 합니다.
다음의 사항에 대해 충분히 읽어보신 후 동의 여부에 대한 선택, 서명하여 주시기 바랍니다.

● 개인정보 수집 및 보유(필수)

「개인정보보호법」 제15조에 의거, 관련법령에 근거하거나 정보주체의 동의에 의하여 개인정보를 수집 · 보유합니다.

수집 · 이용 목적	• 본인식별 절차, 학적 관리, 자격 확인, 환불 절차, 공지 사항 및 관련 자료 발송 등
개인정보 항목	• 성명, 주민등록번호, 사진, 성별, 연락처, 생년월일, 주소, E-mail, 학력, 성적, 이수 과목, 이수교육기관, 은행 계좌번호
보유 및 이용 기간	• 5년

※ 귀하께서는 개인정보 수집 및 보유에 거부할 권리가 있습니다.
▶ 거부에 따른 불이익: 교육운영, 등록 · 환불 제약, 학점인정 및 학위인정 불가 등 불이익이 발생할 수 있습니다.

동의하지 않음 (　　　　　) 　　동의 (　　　　　)

● 개인정보의 제3자 제공 동의(필수)

「개인정보보호법」 제17조 등의 규정에 의거, 제3기관에 제공하는 개인정보는 다음과 같습니다.

피 제공기관	수집 · 이용 목적	제공 주요 항목 및 내용	보유 및 이용 기간
○○컴퍼니	학적 및 수강신청 관리, 성적 관리 등	성명, 주민등록번호, 성별, 연락처, 주소, E-mail, 학력, 학번, 수강 과목, 성적	준영구

※ 귀하께서는 개인정보 수집 및 보유에 거부할 권리가 있습니다.
▶ 거부에 따른 불이익: 교육운영, 등록 · 환불 제약, 학점인정 및 학위인정 불가 등 불이익이 발생할 수 있습니다.

동의하지 않음 (　　　　　) 　　동의 (　　　　　)

● 고유식별정보 제공 동의(별도의 동의)

※ 수집하는 개인정보 항목에 고유식별정보(주민등록번호, 여권번호, 운전면허번호, 외국인등록번호), 민감정보(사상, 정치, 건강)를 수집할 경우에만 별도의 동의가 필요합니다.
고유식별정보(주민등록번호, 여권번호, 운전면허번호, 외국인등록번호)에 대한 수집 · 이용 및 제3자 제공에 동의하십니까?

동의하지 않음 (　　　　　) 　　동의 (　　　　　)

「개인정보보호법」 등 관련 법규에 의거, 본인의 개인정보가 위와 같이 수집 및 보유, 제공되는 것에 대해 충분히 고지를 받았으며 이를 이해하고 동의합니다.

년 　　월 　　일

성 명 　　　　　㊞

○○대학교(원) 및 부설 평생교육원 원장 귀하

(4) 실습기관 방문 결과 보고서

사회복지현장 실습기관 방문 증빙자료로 실습기관 간판 사진, 실습 지도교수, 실습 지도자, 실습생이 함께 나오는 사진을 첨부하여 실습 지도교수 확인-서명 또는 도장을 필한다.

표 10-4 실습기관 방문 결과 보고서

실습기관 방문 결과 보고서

1. 실습생 및 기관정보

실습생명		실습기관명	
방문일시		실습 지도자	

2. 방문 결과 내용

1) 방문 결과

2) 방문 사진

3. 기관평가 및 기관 협약

기관평가	추천	그저 그렇다	비추	비고(사유)
기관 협약	가능	미정	불가능	비고(사유)

※실습기관평가 및 기관 협약 해당란에 'V' 해 주시고 해당 사유를 간략하게 작성해주세요.

년 월 일

지도교수: (서명 또는 인)

2) 실습기관 관련 서류

(1) 사회복지현장 실습기관 선정 확인서

사회복지현장 실습기관 선정 확인서는 보건복지부 장관으로부터 실습기관으로 선정된 곳이어야 한다. 실습을 하려면 반드시 선정 확인서가 있어야 실습을 할 수 있으며, 선정내용 변경신청은 보건복지부 장관 선정기관만 신청 가능하다.

표 10-5 사회복지현장 실습기관 선정 확인서

관리번호 제 20○○-○○○-○○○○

사회복지현장 실습기관 선정 확인서

1. 명　칭:
   (사업자 등록번호:　　　　　　　　　　)

2. 대표자:

3. 소재지:

4. 실습 지도자:

5. 유효 기간:

위 기관은 「사회복지사업법」 시행규칙 제3조 제2항에 따라 사회복지현장실습의 실습기관 실시기관으로 선정되었음을 확인합니다.

20○○년 ○○월 ○○일

한국사회복지사협회

(2) 실습 지도 계획서

실습 지도 계획서는 실습기관의 슈퍼바이저가 실습을 하기 전 제출하는 서류로, 실습계획내용 등이 담긴다.

표 10-6 실습 지도 계획서

실습 지도 계획서

• 실습 지도자:

1. 실습 목적
2. 실습 목표
3. 실습 분야
4. 실습 기간 (총 실습 시간:)
5. 실습 대상
6. 교육계획

단위 시간	내용	담당	비고

7. 실습 지도방법

① 개별실습 지도 계획:

② 집단실습 지도 계획:

③ 기타 계획:

8. 실습 일정

주	월/ 일	시간	실습내용	담당	과제물

9. 실습생의 책임과 과제
10. 참고도서

(3) 실습 지도자 프로파일

실습 지도자의 인적사항, 실습 지도 및 실습 분야 관련 주요 교육 배경, 사회복지 분야 근무 경력, 본인의 전공 분야(현재 자신의 관심 분야, 실천 모델, 실천기술과 기법), 실습 지도자로서의 자신의 특성(강 · 약점), 실습생에게 바라는 점 등을 작성한다.

표 10-7 실습 지도자 프로파일

실습 지도자 프로파일

1. 인적 사항

성명		성별	
기관명/ 부서		직책	
딤당 입무		전화	
이메일		팩스	
최종학력		최종학력의 전공	
사회복지사 자격번호		사회복지 총 실무 경험 기간	년　　개월

2. 실습 지도 및 실습 분야 관련 주요 교육배경

교육명	주관단체	기간	수료/ 자격 여부

3. 사회복지 분야 근무경력

기관명	기간	직책	담당 업무

4. 본인의 전공 분야(현재 자신의 관심 분야, 실천 모델, 실천 기술과 기법)

5. 실습 지도자로서의 자신의 특성(강 · 약점)

6. 실습생에게 바라는 점

(4) 실습 의뢰에 대한 회신

교육기관에서 실습 의뢰를 하면 실습기관에서 교육기관으로 실습 승낙에 대한 회신서이다.

표 10-8 실습 의뢰에 대한 회신

실습 의뢰에 대한 회신

귀 기관의 실습생의 실습 의뢰를 수락합니다.

실습생명		소속	
기관명			
기관 주소		전화번호	
실습 지도자	직위: 부서: 성명:	연락처	전화: 팩스:
		E-mail	
실습 기간	년 월 일 ～ 년 월 일 (오리엔테이션 일정: 년 월 일 시)		
필요 서류	다음 서류를 실습 개시일 ( )일 전까지 우송바랍니다. • 실습생 프로파일 1부 • 실습비 (원) (실습 개시일 납부 요망) • 기타 필요한 서류 ( )		
실습을 위한 기타 준비 사항	• 참고문헌 • 사전 과제물		
교육원에 대한 의견			

실습 지도자 ㊞

기 관 장 (직인)

(5) 실습생 출근부

출근부는 반드시 수기로 작성하며, 출근 시간, 퇴근 시간 표시, 퇴근 시 실습생 및 실습 지도자가 확인하며, 지각, 조퇴, 결근 시 그 사유를 함께 기록해야 한다. 뿐만 아니라 출근부는 사회복지현장실습 일지와 날짜가 동일해야 하므로 반드시 확인해야 한다.

표 10-9 실습생 출근부

실습생 출근부

- 성 명:
- 긴급연락처:
- 전 자 우 편:
- 실 습 기 간: 년 월 일 ~ 년 월 일

회차	월 일	요일	출근 시간	퇴근 시간	실습 시간 (1일 시간)	실습 시간 (누적 시간)	실습생 확인	실습 지도자 확인	지각/ 조퇴/ 결근	사유
1										
2										
3										
4										
5										
6										
7										
8										
9										
10										
11										
12										
13										
실습 시간 합계				시간	실습 지도자 확인				㊞	

※기재요령: 반드시 수기로 작성하며, 출근 시간, 퇴근 시간 표시, 퇴근 시 실습생 및 실습 지도자가 확인하며, 지각, 조퇴, 결근 시 그 사유를 함께 기록(결근 시는 대체 실습일 반드시 기록)함

※실습 시간은 160시간 이상, 실습일은 20일 이상

(6) 실습 지도 기록서

실습 지도자가 실습기간 동안 실습 지도한 내용을 작성한 것으로 실습 일지의 날짜와 내용이 동일한 지를 확인해야 한다.

표 10-10 실습 지도 기록서

실습 지도 기록서

실습 지도자		실 습 생	

일시	실습 지도내용	비고
12월 1일	기관 오리엔테이션, 노인일자리 사업 행정 업무 보조	

(7) 실습기관 동의서

사회복지현장실습과 관련하여 실습기관 개인정보를 수집 및 보유는 「개인정보보호법」 제15조에 의거하며, 정보주체의 동의에 의해서 작성된다.

표 10-11 개인정보 수집 및 보유 동의서(실습기관용)

개인정보 수집 및 보유 동의서

○○대학교 부설 평생교육원에서는 사회복지현장실습과 관련하여 실습기관 개인정보를 수집 및 보유하기 위하여 「개인정보보호법」 제15조에 의거, 정보주체의 동의에 의해서만 개인정보를 수집 및 보유하고자 합니다.

■ 개인정보 수집 및 보유(필수)

개인정보의 수집 · 보유 목적	• ○○부설 평생교육원에서 진행하는 사회복지현장실습 근거 자료 보관
수집 · 보유하려는 개인정보의 항목	• 성명, 주소, 연락처, 이메일 주소, 자격증번호, 기관명 등 사회복지현장 실습에 필요한 제반 사항
개인정보의 보유 기간	• 5년(사회복지현장실습 과목 수료에 이용되고, 개인정보 자료는 기록물 관리 지침에 따라 보관되며, 반환되지 않음)

본인은 위의 개인정보 수집 및 보유에 관하여 충분히 고지를 받았으며 이를 이해하고 동의합니다.

동의하지 않음 (　　　　　　)　　　동의 (　　　　　　)

※ 귀하께서는 개인정보 수집 및 보유에 거부할 권리가 있습니다.
거부에 따른 불이익: 실습생 사회복지현장실습 과목 수료 불가, 학점인정 불가, 학위인정 불가 등 불이익이 발생할 수 있습니다.

동의하지 않음 (　　　　　　)　　　동의 (　　　　　　)

「개인정보보호법」 제22조 등 관련 법규에 의거, 본인은 본 '개인정보 수집 및 보유 동의서' 내용을 읽고 명확히 이해하였으며, 본인의 개인정보를 위와 같이 수집 및 보유하는 것에 동의합니다.

년　　월　　일

기 관 장:　　　　　　　　　(직인)

○○대학교 총장 귀하

(8) 실습평가서

실습평가서는 실습기관에서 실습생이 실습 기간 동안 보여주었던 태도와 행동을 기준으로 아래 항목에 솔직하게 평가해주는 것이다.

실습내용에 포함되어 있는 사항에 관해서만 평가하여 주고, 평균에는 평가 항목 총점을 평가 항목 개수로 나눈 점수를 기입한다.

표 10-12 실습평가서(교육기관 발송용)

실습평가서

기관명		실습 지도자	
실습부서		실습 지도교수	
실습생		평가 일시	
실습 기간			

〈출석 상황〉
☐ 무단결석 없음 ☐ 무단결석 1회 ☐ 무단결석 2회 ☐ 무단결석 3회 이상

다음은 실습생에 관한 평가입니다. 실습생이 실습 지도 기간 동안 보여주었던 태도와 행동을 기준으로 아래 항목에 솔직하게 평가해주기 바랍니다. 실습내용에 포함되어 있는 사항에 관해서만 평가하여 주시고, 평균에는 평가 항목 총점을 평가 항목 개수로 나눈 점수를 기입하면 됩니다.

※ 1점(매우 그렇지 못하다)~5점(매우 그렇다)

항목		내용	매우 그렇지 못하다	그렇지 못하다	보통이다	그렇다	매우 그렇다
			1점	2점	3점	4점	5점
실습 지도에 대한 태도	1	실습 지도 시간을 엄수한다.					
	2	적극적이고 긍정적인 자세로 실습 지도에 참여한다.					
	3	실습 지도에서 지적된 내용을 수용한다.					
	4	배우는 입장에서 진지하게 노력하고 발전하려는 태도를 갖는다.					
	5	실습 지도자와 실습생으로서 공식적 관계를 형성한다.					
기관 이해 및 관계 유지	6	동료 실습생과 긍정적이고 원만한 협력 관계를 유지한다.					
	7	기관의 목적, 정책, 규칙, 사업내용을 이해한다.					
	8	기관 내에서 실습생으로서의 권한과 한계를 알고 일한다.					
	9	기관 내 타직원과 협조적인 대인관계를 형성, 유지하여 업무를 처리한다.					

항목		내용	매우 그렇지 못하다 1점	그렇지 못하다 2점	보통이다 3점	그렇다 4점	매우 그렇다 5점
기본적 태도와 자질	10	일의 우선 순위를 결정하는 능력이 있다.					
	11	할당된 시간 안에 일을 계획하고 수행한다.					
	12	자신의 장점과 단점을 잘 인식하고 대응한다.					
	13	사회복지실천 지식을 실습내용에 적용한다.					
	14	사회복지실천의 가치와 윤리를 갖고 임한다.					
	15	전문가로서의 편견, 선입견, 고정관념을 인식하고 객관성을 유지한다.					
	16	실습 지도내용을 실행에 옮긴다.					
	17	실습 과정을 책임감 있게 수행한다.					
기록	18	기록, 보고서 등을 정해진 일시에 제출한다.					
	19	실습내용을 사실에 근거하여 정확하게 기록한다.					
	20	실습내용을 체계적이고 구체적으로 기록한다.					
	21	클라이언트와의 상호작용 및 실습생의 사고와 감정을 기록한다.					
	22	실습 지도를 통해 지적된 사항 및 배운 것을 정확히 기록한다.					
전문적 태도와 관계 형성	23	클라이언트와 전문적 관계를 형성하고 활용한다.					
	24	전문적 관계 형성에서 동정과 감정이입을 구별하여 적용한다.					
	25	주변의 자원을 파악하고 그것을 활용하려고 노력한다.					
	26	비심판적이며 경청과 수용의 태도를 갖는다.					
	27	클라이언트의 능력과 동기의 한계를 수용한다.					
	28	실습 지도자가 지시한 것을 잘 파악하여 실행에 옮긴다.					
개인에 대한 개입	29	클라이언트가 표현한 의사소통과 암시적인 의사소통을 이해한다.					
	30	실습생이 의도한 바를 클라이언트에게 명확하게 전달한다.					
	31	클라이언트의 문제와 상황에 관련된 정확한 자료를 수집한다.					
	32	수집된 자료를 체계적으로 종합하고 이론에 기초하여 사정한다.					
	33	클라이언트 가족 등 주변의 지지 자원을 활용한다.					
	34	클라이언트와 환경의 상호역동성의 이해 아래 개입 목표와 전략을 수립한다.					
	35	개입 목표에 따라 클라이언트의 긍정적인 변화를 유도한다.					

항목		내용	매우 그렇지 못하다	그렇지 못하다	보통이다	그렇다	매우 그렇다
			1점	2점	3점	4점	5점
가족에 대한 개입	36	가족의 역동성을 파악하고 가족 상황에 관련된 정확한 자료를 수집한다.					
	37	가족의 구조를 명확히 이해하여 필요한 가족 개입의 기술을 활용한다.					
	38	가족의 상호역동성의 이해 아래 개입 목표와 전략을 수립한다.					
	39	가족 구성원을 개별화하고 성원들이 긍정적으로 변화하도록 유도한다.					
집단에 대한 개입	40	집단 역동을 파악하여 의미 있는 개입으로 집단을 지도한다.					
	41	집단에서 주 진행자와 보조 진행자의 의미와 역할을 알고 실천한다.					
	42	집단의 구조를 명확히 하고 필요한 집단 지도의 기술을 활용한다.					
	43	집단 성원을 개별화하고 성원 간 의미 있는 관계를 형성하도록 한다.					
	44	집단의 목적에 대해 정확히 사정한다.					
	45	정확한 사정에 입각하여 적절한 프로그램을 계획하고 실행한다.					
	46	집단의 상호작용이 목적 지향적이고 성원들이 긍정적으로 변화하도록 한다.					
지역사회에 대한 개입	47	지역주민들이 지역사회의 요구와 문제를 파악하도록 돕는다.					
	48	파악된 지역사회요구를 사회행동으로 계획하고 실행한다.					
	49	지역사회 구조와 권력에 대해 이해하고 그 지역사회 상황을 정확히 파악한다.					
	50	지역사회 자원을 정확히 파악하고 접근한다.					
정책 및 행정 분야	51	정책 형성 및 개선과 관련된 이해집단들의 문제 상황 및 요구와 정책발의자들 및 집행자들의 이해관계를 정확하고 객관적으로 이해한다.					
	52	정책 형성 및 개선과 관련된 이해집단과 건설적이고 전문적인 관계를 맺는다.					
	53	문제 상황에 적합한 정책대안을 개발하는 데 적극적으로 참여한다.					
	54	기본정보를 정확히 사용하며 실증적인 자료 분석의 지식을 갖고 문제를 분석한다.					
	55	사회복지행정 체계 및 전달 체계에 대해 정확하게 이해한다.					

항목	내용		매우 그렇지 못하다	그렇지 못하다	보통이다	그렇다	매우 그렇다
			1점	2점	3점	4점	5점
기관 고유 항목 *	56						
	57						
	58						
	59						
	60						

* 기관 고유 항목에는 기관의 특성과 실습 상황에 맞는 평가 항목을 실습 지도자가 추가적으로 직접 기입하고 평가할 수 있습니다.

<table>
<tr><td>총평</td><td colspan="5">(※ 실습생의 실천가로서의 장 · 단점 및 대학에 대한 건의)</td></tr>
<tr><td>평가문항 개수</td><td colspan="2"></td><td>총점</td><td colspan="2"></td></tr>
<tr><td>평균
(총점 ÷ 평가문항 개수)</td><td colspan="5">반올림하지 않는다.
※ 기록 → 테이프 부착 → 실습 지도자 서명</td></tr>
<tr><td rowspan="4">평점 부여</td><td colspan="5">※ 여기에 부여하는 평점은 실습생이 받게 되는 성적표상의 최종 평점은 아닙니다. 교육기관 실습 지도 점수와 함께 사회복지현장실습 평점 부여 시 주요 고려 사항이 됩니다.</td></tr>
<tr><td>☐ A^{+}</td><td>☐ B^{+}</td><td>☐ C^{+}</td><td>☐ D^{+}</td><td rowspan="3">☐ F</td></tr>
<tr><td>☐ A^{0}</td><td>☐ B^{0}</td><td>☐ C^{0}</td><td>☐ D^{0}</td></tr>
<tr><td>☐ A^{-}</td><td>☐ B^{-}</td><td>☐ C^{-}</td><td>☐ D^{-}</td></tr>
</table>

년 월 일

실습 지도자: (서명 또는 인)

기 관 장: (직인)

〈점수 기준〉

- 평가 항목 중 해당되는 항목을 평가하여 평가한 문항으로 나누면 5점 만점 중 학생의 점수 평점이 됨
- 5~4.5점 사이는 A점수대의 점수 부여, 4.4~4.0점 사이는 B점수대, 3.9~3.55 사이는 C점수대, 3.4~35사이는 D점수대, 2.95 이하는 F
- 각 점수대의 +, 0, –는 점수 범위의 분포에 따라 적절히 부여할 수 있음

(9) 사회복지현장실습 교육 수료증

실습 수료 후 기관에서 실습생에게 발급하는 것으로 기관에 따라 발급하지 않는 경우도 있다.

표 10-13 사회복지현장실습 교육 수료증

사회복지현장실습 교육 수료증

• 수료번호: ○○○○(연도)-○○

○○ 대학(원) 성명: ○○○(학번)

상기 학생은 아래의 과정을 수료하였으므로 사회복지현장실습 교육 수료증을 발급합니다.

– 아 래 –

1. 실 습 지 도 자:

2. 실습 교육기관:

3. 실 습 기 간:

4. 실 습 분 야:

년 월 일

○○기관장 (직인)

(10) 사회복지현장실습 확인서

사회복지현장실습 확인서는 실습을 마치는 마지막 날 실습기관에서 실습 확인서를 교부받아 실습 지도자 확인과 실습기관 직인을 확인한 후, 교육기관의 실습 지도교수의 서명이나 직인을 받는다. 이 서류는 학기를 마치고 나서 사회복지사 자격증을 받을 때 한국사회복지사협회 자격관리에 제출해야 하므로 아주 중요하다.

표 10-14 사회복지현장실습 확인서

〈2021. 4. 15. 개정〉

사회복지현장실습 확인서

[ ] 신규발급, [ ] 재발급

실습생 인적 사항	성명		생년월일	※'주민등록번호' 앞자리 6자리를 기재 바랍니다.
	휴대전화		학교명	※현재 소속 중인 학교명을 기재 바랍니다.
실습기관 및 실습 지도자	실습기관명		실습기관 관리번호	※실습기관 선정 시 부여된 등록번호 기재
	기관주소	※ '도로명 주소'로 기입해 주세요	전화번호	
	실습 지도자명	※실습생이 실습을 지도한 지도자명 기재	사회복지사 자격번호 (취득일자)	제 - 호 (. . .)
실습 기간	실습 기간	년 월 일부터 년 월 일까지		
	실습 시간	총 시간 (1일 평균 시간)		

실습기관은 「사회복지사업법 시행규칙」 제3조 [별표 1]의 규정에 따라 자격요건을 갖춘 실습기관과 실습 지도자에 의해 기관실습을 진행하였으며, 상기 실습생이 위와 같이 기관실습을 하였음을 확인합니다.

20 년 월 일

기관실습 지도자: (서명 또는 인) 기관실습 실시기관: (직인)

교육기관 및 실습 세미나 교수	교육기관 유형	[ ] 오프라인 / [ ] 온라인	교육기관명	
	실습 세미나 교수명		학과명	
	실습 세미나 교수 취득학위 (사회복지학 또는 사회사업학)	[ ] 학사 [ ] 석사 [ ] 박사	교육기관 전화번호	
실습 세미나	실습 세미나 기간	년 월 일부터 년 월 일까지		
	실습 세미나 횟수(시간)	총 회 (시간)	대면방식 세미나 횟수 (시간)	총 회 (시간)

교육기관은 「사회복지사업법 시행규칙」 제3조 [별표 1]의 규정에 따라 자격요건을 갖춘 실습 세미나 지도교수에 의해 실습 세미나를 진행하였으며, 상기 실습생은 위와 같이 실습 세미나를 이수하였음을 확인합니다.

20 년 월 일

실습 세미나 교수: (서명 또는 인) 학과장: (직인)

한국사회복지사협회장 귀하

사회복지현장실습 확인서(비대면)

[ ] 신규발급, [ ] 재발급

<table>
<tr><td rowspan="2">실습생
인적 사항</td><td>성명</td><td></td><td>생년월일</td><td>※'주민등록번호' 앞자리 6자리를 기재 바랍니다.</td></tr>
<tr><td>휴대전화</td><td></td><td>학교명</td><td>※현재 소속 중인 학교명을 기재 바랍니다.</td></tr>
<tr><td rowspan="3">실습기관 및
실습 지도자</td><td>실습기관명</td><td></td><td>실습기관 관리번호</td><td>※실습기관 선정 시 부여된 등록번호 기재</td></tr>
<tr><td>기관주소</td><td>※ '도로명 주소'로 기입해 주세요</td><td>전화번호</td><td></td></tr>
<tr><td>실습 지도자명</td><td>※실습생이 실습을 지도한 지도자명 기재</td><td>사회복지사 자격번호
(취득일자)</td><td>제 - 호
(. . .)</td></tr>
<tr><td rowspan="2">실습 기간</td><td>실습 기간</td><td colspan="3">년 월 일부터 년 월 일까지</td></tr>
<tr><td>실습 시간</td><td colspan="3">총 시간 (1일 평균 시간)</td></tr>
</table>

실습기관은 「사회복지사업법 시행규칙」 제3조 [별표 1]의 규정에 따라 자격요건을 갖춘 실습기관과 실습 지도자에 의해 기관실습을 진행하였으며, 상기 실습생이 위와 같이 기관실습을 하였음을 확인합니다.

20 년 월 일

기관실습 지도자: (서명 또는 인) 기관실습 실시기관: (직인)

<table>
<tr><td rowspan="3">교육기관 및
실습 세미나
교수</td><td>교육기관 유형</td><td>[ ] 오프라인 / [ ] 온라인</td><td>교육기관명</td><td></td></tr>
<tr><td>실습 세미나
교수명</td><td></td><td>학과명</td><td></td></tr>
<tr><td>실습 세미나
교수 취득학위
(사회복지학
또는 사회사업학)</td><td>[ ] 학사
[ ] 석사
[ ] 박사</td><td>교육기관 전화번호</td><td></td></tr>
<tr><td rowspan="3">실습 세미나</td><td>실습 세미나
기간</td><td colspan="3">년 월 일부터 년 월 일까지</td></tr>
<tr><td>실습 세미나
횟수(시간)</td><td>총 회 (시간)</td><td>대면방식
세미나 횟수 (시간)</td><td>총 회 (시간)</td></tr>
<tr><td>오프라인 세미나</td><td>총 회</td><td>실시간 온라인
화상 세미나</td><td>총 회</td></tr>
<tr><td rowspan="3">간접실습</td><td>학교명</td><td></td><td>간접실습 지도교수</td><td></td></tr>
<tr><td>학과명</td><td></td><td>간접실습 실시시간</td><td>총 80 시간</td></tr>
<tr><td>간접실습기간</td><td colspan="3">년 월 일 부터 년 월 일 까지</td></tr>
</table>

교육기관은 「사회복지사업법 시행규칙」 제3조 [별표 1]의 규정에 따라 자격요건을 갖춘 실습 세미나 지도교수에 의해 실습 세미나를 진행하였으며, 상기 실습생은 위와 같이 실습 세미나를 이수하였음을 확인합니다.

20 년 월 일

실습 세미나 교수: (서명 또는 인) 학과장: (직인)

한국사회복지사협회장 귀하

재발급 사유	※ 사회복지현장실습 확인서 재발급 시 재발급 사유 기재 바랍니다.

《사회복지현장실습에 관한 기준》「사회복지사업법」 시행규칙 제3조 관련 [별표 1] 사회복지관련 교과목 (제3조 관련)

① **기관실습 실시기관:** 보건복지부장관으로부터 선정된 사회복지사업을 수행하는 기관, 법인, 시설 또는 단체

② **기관실습 지도자:** 사회복지사 1급 자격증을 취득한 이후 3년 이상 또는 사회복지사 2급 자격증을 취득한 이후 5년 이상 사회복지사업의 실무경험이 있는 자로 기관실습이 실시되는 연도의 전년도에 8시간 이상의 보수교육을 받은 자

③ **기관실습 시간:** 160시간 이상으로 한다(단, 시행일 2020. 1. 1. 기준일 2019. 12. 31. 사회복지학 전공교과목과 사회복지 관련 교과목의 전부 또는 일부 이수하였거나 수강하고 있는 사람은 120시간 이상).

④ **실습 세미나:** 1회당 2시간 이상의 실습 세미나를 총 15회 이상 실시하며, 정보통신망을 이용한 온라인 교육을 실시하는 교육기관의 실습 세미나에는 대면 방식의 세미나가 총 3회 이상 포함되어야 하며, 한 세미나에 참여하는 학생 수는 30명 이내일 것

⑤ **실습 세미나 교수:** 학사, 석사 또는 박사 학위 중 2개 이상의 학위를 사회복지학 또는 사회사업학 전공으로 취득한 사람으로서 3년 이상의 사회복지학 교육경험 또는 3년 이상의 사회복지사업 실무경험이 있는 교수가 지도할 것

※ 법령이 정한 상기 기준은 모두 충족해야 하며, 미충족시 사회복지사자격증을 교부할 수 없습니다.

사회복지현장실습 확인서 작성 방법

[주의사항]

- 실습확인서에 기재할 내용은 정자로 기재하거나 전자문서로 작성 가능합니다. 다만, 전자문서로 작성 시 서명란은 직접 작성하여야 하며, 서명, 직인란에 전자파일의 삽입은 불가합니다.
- 실습확인서 최초 반급 시 신규발급란에 체크하고, 재발급 시 재발급란에 체크 및 재발급 사유란에 사유를 작성합니다.
- 사회복지현장실습 확인서는 원본을 원칙으로 하며, 자격증 신청 시 원본으로 제출하여야 합니다(사본 제출 불가).

※ 사회복지현장실습 확인서 내용을 허위 기재 및 위변조 시, 이로 인해 발급된 사회복지사 자격은 취소될 수 있으며, 법적 제재를 받을 수 있습니다.

※ 사회복지현장실습 확인서는 자격증 신청 시 원본으로 제출되는 서류로 원본 관리에 유념하여야 합니다.

[실습생 인적 사항]

- 실습생 성명은 주민등록증에 등록된 이름으로 기재하며, 외국인의 경우 외국인등록증에 등록된 영문명으로 기재하여야 합니다.
- 실습생의 생년월일은 주민등록번호 앞 6자리를 기재하여야 합니다.
- 실습생 휴대전화번호는 연락 가능한 번호를 기재하여야 합니다.
- 실습생의 교육기관명은 실습생의 실습 진행 당시 소속 중인 교육기관명을 기재하여야 합니다.

[실습기관 및 실습 지도자 인적 사항]

- 실습기관명은 실습기관으로 선정 시 등록된 기관명으로 기재하여야 하며, 기관명을 약칭으로 기재가 불가합니다.
- 실습기관 관리번호는 실습기관으로 선정 시 부여된 '실습기관 관리번호'를 기재하시기 바랍니다(사업자등록번호 및 기타 시설신고증 번호 기재 불가).
- 기관주소는 도로명 주소로 기재 바라며, 전화번호는 연락 가능한 실습기관 전화번호를 기재 바랍니다.
- 기관실습 지도자명에는 실습 지도자로 등록된 지도자 중 실습생을 실제로 지도한 실습 지도자를 기재 바랍니다.
- 사회복지사 자격번호는 실습 지도한 실습 지도자의 사회복지사 자격번호(사회복지사 자격증 좌측 상단에 표시된 번호)를 기재하며, 취득 일자는 사회복지사 자격증에 기재된 발급 일자를 기재 바랍니다.

[실습 기간 및 실습 시간]

- 실습 기간은 실제 진행된 실습 기간 중 최초 시작일과 종료일을 기재 바랍니다(실습기관별로 실습 O.T 등 실습시간에 포함되지 않는 기간은 기재하지 않아도 됨).
- 실습 시간은 총 실습 시간과 횟수, 1일 평균 시간을 기재 바랍니다(1일 4시간 이상 8시간 이하로 실습이 진행되어야 합니다.).

[실습 세미나]

- 학교 유형을 체크해 주시기 바랍니다(오프라인, 온라인 구분하여 체크).
- 학교명은 현재 실습 세미나를 운영하고 있는 학교명을 기재 바랍니다.
- 실습 세미나 교수의 사회복지학 또는 사회사업학 학위 취득상황을 체크해 주시기 바랍니다(학사, 석사, 박사 학위 중 2개 이상 학위를 사회복지학 또는 사회사업학으로 취득하여야 함).
- 실습 세미나 교육기간 및 교육 횟수, 운영 시간을 기재 바랍니다(온라인 교육기관의 경우 대면 세미나를 주 1회씩 총 3회 이상 진행하여야 함).

[서명 및 직인]

- 기관실습 지도자, 실습 세미나 교수는 서명 또는 도장을 찍어야 합니다. 서명의 경우 직접 작성을 원칙으로 하며, 도장 또는 서명을 전자 파일 형태로 삽입은 불가합니다.
- 사회복지현장실습 확인서 재발급 시 실습 지도자 및 실습 세미나 교수 퇴사 등으로 직접 서명이 불가할 경우 실습기관장, 학과장의 이름 기재 후 재발급에 따른 대리 서명 사유와 실습기관장 또는 학과장 직인을 찍어 제출이 가능합니다. 이 경우 상단 재발급 표기란에 체크 바랍니다.
- 기관실습 실시기관, 학과장의 경우 직인을 찍어야 하며, 전자 파일 형태로 삽입은 불가합니다.
- 기관실습 확인 일자는 실습을 진행한 기간보다 앞서 일자 기재가 불가하며, 실습 세미나 확인 일자는 실습 세미나 교육 기간보다 앞서 기재가 불가합니다.

사회복지현장실습 확인서 발급 절차

기관실습 ➡ 사회복지현장실습 확인서 발급 (실습 지도자 서명 및 기관 확인) ➡ 실습 세미나 ➡ 실습 세미나 확인 (실습 지도교수 서명 및 학과장 확인) ➡ 실습확인서 제출 (자격증 신청시 원본 제출)

(11) 실습 지도자 평가 척도

실습 지도자는 지금까지 실천가로서의 사회복지사 기능과 역할에서 벗어나 학생을 교육하는 교육자로서의 기능과 역할을 담당해야 한다. 그러므로 실습 지도자 자신의 역할을 시작하는 기본자세에 대한 평가척도에 대한 것이라 볼 수 있다(Hawkins & Shohet, 2006).

표 10-15 슈퍼바이저 평가 척도

슈퍼바이저 평가 척도

구분			내용	점수 1	2	3	4	5
1	지식	1.1	• 슈퍼비전의 목적을 이해한다.					
		1.2	• 슈퍼비전의 경계를 명확히 알고 있다.					
		1.3	• 다음 요소를 이해한다(행정적, 교육적, 지지적).					
		1.4	• 다양한 슈퍼비전 계약의 유형을 알고 있다.					
2	슈퍼비전 관리 기술	2.1	• 슈퍼비전 목적을 슈퍼바이지에게 설명할 수 있다.					
		2.2	• 서로가 동의하고 명확한 계약을 협상해낼 수 있다.					
		2.3	• 적절한 경계를 유지할 수 있다.					
		2.4	• 다음과 같은 슈퍼비전 분위기를 형성할 수 있다(공감적, 진실한, 적합한, 신뢰할 수 있는, 직접적).					
		2.5	• 행정적 · 교육적 · 지지적 기능 간의 균형을 유지할 수 있다.					
		2.6	• 정각에 적절하게 회기를 끝낼 수 있다.					
3	슈퍼비전 개입 기술	3.1	• 다음의 개입 유형을 사용할 수 있다(규범적, 지식을 주는, 대립적, 촉매적, 카타르시스적, 지지적).					
		3.2	• 다음과 같은 방법으로 피드백을 줄 수 있다(명확한, 인정한, 균형이 맞는, 구체적).					
		3.3	• 다음에 유용하게 초점을 맞출 수 있다(보고된 내용, 슈퍼바이지의 개입, 슈퍼바이지-클라이언트 관계, 슈퍼바이지의 역전이, 슈퍼비전 관계, 자신의 역전이, 좀 더 넓은 맥락).					
		3.4	• 자신의 일하는 방법을 묘사할 수 있다.					
		3.5	• 자신의 경험을 적절하게 제공할 수 있다.					
		3.6	• 슈퍼바이저에게 자신의 슈퍼비전 기술을 전개할 수 있다.					
4	특성 또는 특질	4.1	• 슈퍼바이저 역할에 대한 헌신한다.					
		4.2	• 슈퍼바이저 역할 고유의 권위에 대해 편안하다.					
		4.3	• 격려하고 동기를 부여하며 적절한 낙관주의를 줄 수 있다.					
		4.4	• 슈퍼바이지의 욕구에 대해 민감하다.					
		4.5	• 다음과 같은 개인의 차이를 인식하고 적응할 수 있다(성, 연령, 문화적 · 인종적 배경, 계층, 성적 오리엔테이션, 성격, 진문직 훈련).					
		4.6	• 유머감각이 있다.					

구분			내용	점수				
				1	2	3	4	5
5	지속적 발전에 대한 헌신	5.1	• 자신의 적절한 슈퍼비전에 대해 책임져 왔다.					
		5.2	• 자신의 실천가 및 슈퍼바이저로서의 기술과 지식을 업데이트하기 위해 노력했다.					
		5.3	• 슈퍼바이저로서 자신의 강점과 단점을 파악하고 자신의 한계를 인정한다.					
		5.4	• 다음과 같은 사람들로부터 정기적 피드백을 받는다(슈퍼바이지, 동료, 자신의 슈퍼바이저 또는 상사).					
6	집단 슈퍼바이저	6.1	• 집단역동에 대한 지식을 가지고 있다.					
		6.2	• 슈퍼비전 과정을 돕기 위해 집단과정을 사용할 수 있다.					
		6.3	• 집단 내의 경쟁력을 조정할 수 있다.					
7	시니어 조직 슈퍼바이저	7.1	• 전문가 간의 이슈를 감독할 수 있다.					
		7.2	• 조직의 이슈를 감독할 수 있다.					
		7.3	• 팀 내의 활동 범위와 조직발달에 대한 지식을 가지고 있다.					
		7.4	• 기초가 되는 팀 또는 조직문화를 '표면화'할 수 있다.					
		7.5	• 조직의 변화를 촉진할 수 있다.					
		7.6	• 슈퍼비전이 활발하게 이루어지는 학습적 문화를 조성할 수 있다.					

〈채점내용〉

1점 슈퍼비전을 제대로 제공하지 못하여 슈퍼비전을 위한 학습이 절대적으로 요구됨

2점 슈퍼비전을 제공하는 영역에 대한 지식도 부족하고 슈퍼비전을 제공할 능력도 부족함

3점 슈퍼비전을 제공하는 영역에 대한 기본지식을 갖추고 있으며, 슈퍼비전을 제공하는 능력이 있음

4점 슈퍼비전을 제공하는 영역에 대한 정확한 지식을 갖추고 있으며, 슈퍼비전을 체계적으로 정확하게 제공함

5점 슈퍼비전을 제공하는 영역에 대한 정확한 지식을 갖추고 있으며, 슈퍼비전을 체계적으로 정확하게 제공하는 우수한 전문가 위상을 갖추고 있음

(12) 실습 지도평가 척도

슈퍼비전 평가 척도이다.

표 10-16 슈퍼비전 평가 척도

슈퍼비전 평가 척도

구분		내용	점수			
			1	2	3	4
슈퍼비전	1	• 슈퍼바이저는 슈퍼바이지가 고지된 동의를 하도록 정보를 제공하는가?				
	2	• 슈퍼바이저는 철저한 치료와 개입계획을 발전시키고 실행하려는 슈퍼바이지의 노력을 관찰하는가?				
	3	• 슈퍼바이저는 정보의 부적절한 노출과 같은 클라이언트와의 모든 접촉에서 슈퍼바이지의 실수를 지적하고 반응하는가?				
	4	• 슈퍼바이저는 슈퍼바이지의 클라이언트가 언제 다른 곳으로 의뢰되어야 하는지, 치료의 종결은 언제 해야 하는지 등에 관해 알고 있는가?				
	5	• 슈퍼바이저는 슈퍼바이지가 언제 자문을 구해야 하는지를 알고 있는가?				
	6	• 슈퍼바이저는 슈퍼바이지의 역량이 부족하고, 잘못을 저지르고 비윤리적 행위를 했다는 것을 슈퍼바이지가 기꺼이 말할 수 있도록 그 능력과 자발성을 모니터링하는가?				
	7	• 슈퍼바이저는 슈퍼바이지가 자신의 클라이언트와 적절한 경계를 유지하는지 모니터링하는가?				
	8	• 슈퍼바이저는 신체적인 위험으로부터 제삼자를 보호하는가?				
	9	• 슈퍼바이저는 필요 이상으로 길게 진행되는 치료와 태만한 치료계획을 감지하거나 중지하는가?				
	10	• 슈퍼바이저는 특정 클라이언트의 치료를 위해서는 외부 전문가를 활용하는가?				
	11	• 슈퍼바이저는 슈퍼바이지와 정기적으로 만나는가?				
	12	• 슈퍼바이저는 슈퍼바이지의 기록, 결정, 행동을 검토하고 인정하는가?				
	13	• 슈퍼바이저는 슈퍼바이지의 결근에 적절한 반응을 보이는가?				
	14	• 슈퍼바이저는 슈퍼비전 제공에 대해 문서화하는가?				
	15	• 슈퍼바이저는 슈퍼바이지와의 관계에서 적절한 경계를 유지하는가?				
	16	• 슈퍼바이저는 슈퍼바이지에게 시기적절하고 도움이 되는 성과평가와 피드백을 제공하는가?				
	17	• 슈퍼바이저는 슈퍼비전 동의서를 문서화하는가?				
	18	• 슈퍼바이저는 슈퍼바이지의 윤리적 관심과 윤리적 쟁점의 민감성을 높이기 위한 슈퍼바이지의 노력에 반응하는가?				

구분		내용	점수			
			1	2	3	4
슈퍼비전 (계속)	19	• 슈퍼바이저는 슈퍼바이지가 그들의 전문적 책임성을 충족시킬 수 있도록 하는 충분한 시간과 적절한 업무량을 제시하는가?				
	20	• 슈퍼바이저는 적절한 슈퍼비전을 제공하기 위하여 그들의 업무에 있어 충분한 시간을 제공하는가?				

〈채점내용〉

1점 위험이 없는 상태로, 현재의 실천이 적절하여 수정이 필요하지 않은 상태

2점 약간의 위기상태로, 현재의 실천은 적절하지만 약간의 수정이 필요한 상태

3점 중간 정도의 위기가 있는 상태로, 현재의 실천은 문제가 있고 그래서 위기를 최소화하기 위한 수정이 필요한 상태

4점 높은 위기상태로 현재의 실천은 심각하게 문제가 있으며 수정이 매우 필요한 상태

3) 실습생용 관련 서류

(1) 실습생 서약서

실습에 임함에 있어 실습생으로서 준수해야 할 사회복지사 윤리강령, 클라이언트와 기관에 대한 비밀 유지 그리고 실습 교육기관 및 실습 지도자의 요구사항 등에 대하여 따를 것을 서약한다.

표 10-17 실습생 서약서

실습생 서약서

본인은 ○○ 기관의 실습생으로서 다음의 사항을 준수할 것을 서약합니다.

1. 사회복지사 윤리강령

2. 클라이언트와 기관에 대한 비밀 유지

3. 실습 교육기관 및 실습 지도자의 요구사항

년 월 일

실습생 ㊞

○○기관장 (직인)

(2) 실습생 실습 계약서

실습생 실습 계약서는 실습을 하기 위해 작성하는 서류이며, 실습생이 실습을 성실하게 이행할 것에 대한 내용을 중심으로 기재된다.

표 10-18 실습 계약서

실습 계약서

실습생명		소속 대학	
기관명		주소/ 전화번호	
실습 지도자		실습 지도교수	

1. 일반적 사항
   (1) 실습 기간: 년 월 일부터
   년 월 일까지 총 일
   (2) 업무 시간: 주 일 근무, 시 부터 시 까지
   (3) 대학 실습 세미나 시간: 요일, 시 부터 시 까지
   (4) 결석에 대한 조치

2. 실습의 목적과 목표
   (1) 목적
   (2) 목표

3. 실습생의 의무와 책임

4. 실습 지도자의 의무와 책임

5. 실습 지도교수의 의무와 책임

상기 사항을 성실하게 이행하여 실습을 진행하도록 하겠습니다.

년 월 일

실 습 생 ㊞

실습 지도자 ㊞

실습 지도교수 ㊞

(3) 실습 일지

실습 일지는 그날그날 날짜와 요일을 기록하는데 출근부와 동일해야 한다. 기록은 육하원칙(누가, 언제, 어디서, 무엇을, 어떻게, 왜)에 의해 시간과 내용 등을 중심으로 정확하게 기록하며, 문장은 짧게 끊어서 개조식으로 작성하고, 읽기 쉽고 알기 쉬운 말을 사용해야 한다. 하루 일과가 마치면 실습생 의견(배운 점, 의문사항, 건의 등 포함)을 기록하고, 마지막으로 실습 지도자 의견을 기록한다.

표 10-19 실습 일지

실습 일지

<table>
<tr><td>실습일(요일)</td><td colspan="2"></td><td>날씨</td><td></td><td rowspan="2">결재</td><td>실습생</td><td>실습 지도자</td></tr>
<tr><td>실습자</td><td colspan="2"></td><td>실습 지도자</td><td></td><td></td><td></td></tr>
<tr><td>출근 시간</td><td colspan="2"></td><td>퇴근 시간</td><td colspan="4"></td></tr>
<tr><td>실습 일정</td><td colspan="7"></td></tr>
<tr><td rowspan="5">진행 내용
(시간 내용 등을
중심으로 기록)</td><td>시간</td><td colspan="6">주요 내용</td></tr>
<tr><td></td><td colspan="6"></td></tr>
<tr><td></td><td colspan="6"></td></tr>
<tr><td></td><td colspan="6"></td></tr>
<tr><td></td><td colspan="6"></td></tr>
<tr><td colspan="5">실습 인증 사진</td><td colspan="3">사진에 대한 설명</td></tr>
<tr><td colspan="5"></td><td colspan="3">※사진에 대한 설명을 한다.</td></tr>
<tr><td rowspan="2">실습생 소감</td><td colspan="4" rowspan="2">※실습하면서 배웠던 내용, 어려웠던 내용, 실수한 것, 소감 등을 적는다.</td><td colspan="3">실습생 서명</td></tr>
<tr><td colspan="3"></td></tr>
<tr><td rowspan="2">실습 지도자 평가</td><td colspan="4" rowspan="2">※여기는 실습 지도자가 수기로 작성해야 함
※수기가 아닌 워드로 작성 시에는 이곳에 확인 서명을 한다.</td><td colspan="3">실습 지도자 서명</td></tr>
<tr><td colspan="3">※수기가 아닌 워드로 작성 시에는 이곳에 확인 서명을 해주세요.</td></tr>
<tr><td>과제</td><td colspan="7"></td></tr>
</table>

(4) 실습기관 방문 분석 보고서

실습기관 방문 분석 보고서는 실습을 하면서 2주 안에 작성하는 것으로, 방문한 목적, 기관을 방문하여 알게 된 지식, 기관의 역사, 주요사업 및 프로그램, 기관의 행정사항, 기관이 속한 지역사회, 물리적 환경의 특정 사회복지기관으로서 지역 내 타기관들과의 연계 기관의 특별한 면이나 전반적인 사항에 대한 인상이나 느낌 등을 작성한다.

표 10-20 실습기관 방문 분석 보고서

실습기관 방문 분석 보고서

실습생명		기관명	
기관 주소	(전화)		
기관 소개자	(부서: 직책:)		

1. 기관 방문 목적

2. 기관 방문을 위한 질의사항

3. 기관 방문을 통해 알게 된 지식

〈검토할 사항 예시〉

1. 기관의 역사
   (1) 기관 설립 동기 및 설립 목적
   (2) 기관 사업의 역사적 변천
   (3) 기관 역사에 대한 실습생의 평가
2. 기관의 목적
3. 기관의 주요 사업 및 프로그램
   (1) 클라이언트 및 대상 지역
   (2) 주요 사업
   (3) 서비스 전달 체계
   (4) 기관의 대상층 및 주요 사업에 대한 실습생의 평가
4. 기관의 행정 사항
   (1) 기관의 조직 구조
   (2) 예산, 후원 및 지원 사항
   (3) 기관의 행정 구조와 예산 사용 및 후원에 대한 실습생의 평가
5. 기관이 속한 지역사회, 물리적 환경의 특징
   (1) 지역사회
   (2) 물리적 환경(예 시설, 공간 등)
6. 사회복지기관으로서 지역 내 타기관들과의 연계
   (1) 관계 유형 및 내용
   (2) 기관의 타기관과의 관계유지에 대한 실습생의 평가
7. 기관의 특별한 면이나 전반적인 사항에 대한 인상이나 느낌

(5) 사례관리 계획서

사례관리란 클라이언트를 중심으로 한 가족 및 외부환경, 자원 등을 상담을 통해 파악하여 문제를 해결하고, 자원이 없을 경우는 외부자원을 통해 적절히 대처할 수 있도록 돕기 위해 작성한다. 우선 개입을 위해 기본정보 수집 후 계획을 세운 후 개입, 종결한다. 이렇게 기록으로 남겨놓으면 실습생 이후에 다른 담당자가 개입하게 되더라도 어느 정도의 서비스가 이루어졌는지, 어떤 부분이 미흡하다거나, 지원할 수 있는지 추가적으로 계획을 세워나가는 데 용이하다. 클라이언트의 개인정보 보호를 위해 익명처리를 알 수 있으며 한다.

표 10-21 사례관리 계획서

사례관리 계획서

<table>
<tr><td>실습생명</td><td colspan="6"></td></tr>
<tr><td>클라이언트명</td><td></td><td>성별</td><td></td><td>연령</td><td colspan="2"></td></tr>
<tr><td>조사일</td><td></td><td>작성일</td><td></td><td>전화번호</td><td colspan="2"></td></tr>
<tr><td>주소</td><td colspan="6"></td></tr>
<tr><td rowspan="3">학력</td><td rowspan="3"></td><td rowspan="3">직업</td><td rowspan="3"></td><td rowspan="3">경제상태</td><td>일반</td><td></td></tr>
<tr><td>저소득</td><td></td></tr>
<tr><td>수급자</td><td></td></tr>
<tr><td>의뢰 경위</td><td colspan="6"></td></tr>
</table>

1. 일반적인 사항
   - 가족 상황, 경제 상황, 건강 상황, 일상생활 및 주거 상황, 사회 심리적 상황, 자원 활용 상황
2. 클라이언트에 관한 사항
   - 신체, 인지, 정서, 행동 기능면/ 클라이언트 강 · 약점
3. 욕구 진술

4. 개입계획

욕구	결과 목표	세부 목표	표적 체계	개입전략 및 수행방법	비고

5. 서비스 일정표

날짜	담당	서비스 목표	서비스 내용	준비물	비고

(6) 사례관리 진행 일지

사례관리 진행 일지는 클라이언트에 대한 정보를 기입하고, 사례관리를 통해 얻을 결과 목표 및 내용과 진행하는 과정을 기록하고 평가를 한다.

표 10-22 사례관리 진행 일지

사례관리 진행 일지

실습생명		기관명	
실습 기간		실습 지도자	
실습평가일		실습 지도교수	

1. 목표 및 내용

결과 목표	하위 목표	서비스 목표	서비스 내용

2. 과정 기록

3. 평가

1) 목표 달성 및 서비스평가

2) 클라이언트에 대한 평가

3) 사례 개입에 대한 자신의 역할평가

4. 계획

(7) 사례관리 종결 기록서

사례관리 종결 기록서는 클라이언트에게 제공된 서비스는 무엇인지를 기록하며, 사례관리 목표 달성 정도는, 예를 들어 가족 기능약화된 상태에서 목표가 가족 역량이라면 이 역량 달성 정도를 기록한다. 또한 사후 지도 계획은 목표 달성 정도를 이루었다고 해도 계속해서 사후 지도 계획을 가지고 종결을 한다.

표 10-23 사례관리 종결 기록서

사례관리 종결 기록서

클라이언트명	
실습생명	
서비스 제공 기간	

1. 제공된 서비스
   - 밑반찬 지원 및 가사 활동 지원, 정서 지원(말벗), 상담

2. 사례관리 목표 달성 정도
   - 전반적으로 만족해하였다.

3. 사후 지도 계획
   - 형성평가를 통한 지속적인 개입과 관리가 이루어질 수 있도록 해야겠다.

(8) 집단 지도 계획서(소집단용)

생활 지도의 한 형태로서 개인이 지니고 있는 여러 가지 문제를 해결하거나, 성장과 발달을 촉진하고 사회적 적응을 돕기 위해서 집단경험을 통한 학습 기회를 제공하는 활동을 집단 지도라고 하는데, 여기서 집단 지도 계획서는 실시 배경, 목적, 목표, 목표 관련 지도 내용 및 구체적 수행방법, 평가계획, 회기별 일정표, 예산, 준비물, 첨부자료 등을 기록하여 계획을 세운다.

표 10-24 집단 지도 계획서(소집단용)

집단 지도 계획서(소집단용)

집단명		집단 지도자(실습생)명	
대상		성원 수	
기간		장소	

1. 실시 배경

2. 목적

3. 목표

결과 목표 1		결과 목표 2	
하위 목표 1-1		하위 목표 2-1	
하위 목표 1-2		하위 목표 2-2	

4. 목표 관련 지도내용 및 구체적 수행방법

결과 목표	하위 목표	지도내용	수행방법	비고

5. 평가계획

평가 지표	
평가도구	
평가방법	

6. 회기별 일정표

횟수	일시	목표	내용	준비물

7. 예산

(9) 집단 지도 과정 일지(소집단용)

집단 지도 계획서가 세워지면 세부일정을 넣어 프로그램을 진행하고 평가한다.

표 10-25 집단 지도 과정 일지(소집단용)

집단 지도 과정 일지(소집단용)

집단명		집단 지도자(실습생)명	
집단 진행 날짜		집단활동 장소	
참석자(　　명) 명단			
결석자(　　명) 명단			

1. 목표 및 세부 목표

1	목표		
2	세부 목표	2-1	
		2-2	

2. 집단 진행요약

시간	프로그램 내용	사회복지사의 역할

3. 과정 기록

1) 모임 전 단계(자리 위치 표시)

2) 모임 단계

3) 모임 후 단계

4. 평가

1) 목표 달성 및 프로그램 평가

2) 집단의 역동성(성원-성원, 성원-지도자)

3) 성원의 개별평가(개인의 변화, 참여도, 지도자 · 타 회원과의 관계)

4) 지도자 자신에 대한 평가(역할 및 의도적 개입)

5. 다음 집단 모임 계획

(10) 집단의 개별회원 분석표(소집단용)

집단의 정보와 집단의 목표, 개인의 목표, 집단 회기, 날짜, 참석 여부, 개인의 변화 정도 및 내용, 참여도, 지도자와의 관계, 타 회원과의 관계를 작성하고, 종합평가를 한다. 모든 집단 지도 상황에서 활용되어야 하는 것은 아니며, 집단과정에서 개인의 변화를 민감하게 기록할 필요가 있을 경우에 활용한다.

표 10-26 집단의 개별회원 분석표(소집단용)

집단의 개별회원 분석표(소집단용)

<table>
<tr><td colspan="2">회원명</td><td colspan="2"></td><td colspan="2">집단명</td><td></td></tr>
<tr><td colspan="2">회원수</td><td colspan="2"></td><td colspan="2">집단 지도자(실습생)</td><td></td></tr>
<tr><td rowspan="2">목표</td><td>집단의 목표</td><td colspan="5"></td></tr>
<tr><td>개인의 목표</td><td colspan="5"></td></tr>
<tr><td colspan="7">분석내용</td></tr>
<tr><td>회기</td><td>날짜</td><td>참석 여부/참석인원</td><td>개인의 변화 정도 및 내용</td><td>참여도</td><td>지도자와의 관계</td><td>타 회원과의 관계</td></tr>
<tr><td>1</td><td></td><td>/</td><td></td><td></td><td></td><td></td></tr>
<tr><td>2</td><td></td><td>/</td><td></td><td></td><td></td><td></td></tr>
<tr><td>3</td><td></td><td>/</td><td></td><td></td><td></td><td></td></tr>
<tr><td>4</td><td></td><td>/</td><td></td><td></td><td></td><td></td></tr>
<tr><td>5</td><td></td><td>/</td><td></td><td></td><td></td><td></td></tr>
<tr><td>6</td><td></td><td>/</td><td></td><td></td><td></td><td></td></tr>
<tr><td>7</td><td></td><td>/</td><td></td><td></td><td></td><td></td></tr>
<tr><td colspan="2">종합평가</td><td colspan="5"></td></tr>
</table>

(11) 집단 종결 기록서(소집단용)

회원의 평가에서 운영면으로 프로그램 진행평가, 집단 참여 태도, 프로그램 내용, 목표 달성, 다음 프로그램에 대한 의견, 지도자에 대한 평가를 작성하고, 지도자(실습생)의 평가로 집단의 특징, 회원의 참여도, 집단성원에 대한 개별화의 정도, 집단역동의 활용 정도, 집단에 대한 발달 단계 분석과, 초기, 중기, 말기로 나누어 평가한다.

표 10-27 집단 종결 기록서(소집단용)

집단 종결 기록서(소집단용)

집단명		집단 지도자(실습생)명	
집단 진행 날짜		집단활동 장소	
전체 진행 회기 수		출석률	
주요 진행 사항			

1. 회원의 평가

1) 운영면

(1) 프로그램 진행평가

(2) 집단 참여 태도

2) 프로그램 내용

3) 목표 달성

4) 다음 프로그램에 대한 의견

5) 지도자에 대한 평가

2. 지도자(실습생)의 평가

1) 집단의 특징

구분	초기	중기	말기
참여도			
개인의 변화			
지도자와의 관계			
타 회원과의 관계			
기타(　　　　)			
기타(　　　　)			

(12) 프로그램 계획서(대집단 및 지역사회복지)

대집단 프로그램 계획서는 대집단이 참여하여 프로그램을 진행하는 계획서이다.

표 10-28 프로그램 계획서(대집단 및 지역사회복지)

프로그램 계획서(대집단 및 지역사회복지)

프로그램명		프로그램 지도자(실습생)명	
대상		참여자 수	
기간		장소	

1. 프로그램 실시 배경

2. 프로그램 목적

3. 프로그램 목표

결과 목표 1		결과 목표 2	
하위 목표 1-1		하위 목표 2-1	
하위 목표 1-2		하위 목표 2-2	

4. 목표 관련 지도내용 및 구체적 수행방법

결과 목표	하위 목표	지도내용	수행방법	비고

5. 평가계획

평가 지표	
평가도구	
평가방법	

6. 회기별 일정표

횟수	일시	목표	내용	준비물

7. 예산

(13) 프로그램 평가서

프로그램을 진행하고 나서 평가를 한다.

표 10-29 프로그램 평가서

프로그램 평가서

프로그램명		프로그램 지도자(실습생)명	
대상		참여자 수	
기간		장소	

1. 프로그램 목적 및 목표 달성평가

결과 목표	하위 목표	달성 정도	평가 근거	의의

2. 프로그램 과정평가

1) 준비과정

2) 진행과정

3) 종결 및 정리과정

3. 프로그램 만족도평가

4. 예산평가

5. 추후 프로그램을 위한 제언

(14) 사회복지정책 분석 보고서(정책개발 및 평가)

정책 분석 보고서는 예를 들어 노인장기요양보험법에서 제시된 노인장기요양보험법에 대하여 분석하여 보고한다.

표 10-30 사회복지정책 분석 보고서

사회복지정책 분석 보고서

분석자(실습생)명	
정책명	
관련법규/ 지침	
주무부서	

1. 문제제기 및 분석 목적

2. 분석한 정책의 주요내용

3. 자료수집 및 분석방법

4. 분석 결과 논의

   4-1 정책 목표 분석

   4-2 정책이 추구하는 가치 분석

   4-3 급여 대상 분석

   4-4 급여의 적절성 분석

   4-5 급여의 전달 체계 분석

   4-6 제정 분석

5. 관련 정책과 관련한 주요 이해 당사자의 입장 분석

6. 분석한 정책의 개선 방향 및 전망

7. 총평

(15) 사회행동 · 옹호활동 보고서(사회행동)

사회 · 경제적 약자들을 위한 옹호활동 보고서이다.

표 10-31 사회행동 · 옹호활동 보고서

사회행동·옹호활동 보고서

분석자(실습생)명	
구분	요약 제시
사회행동명	
활동 목적	
참여자	
대상 집단	

1. 문제제기 및 활동 목적

2. 참여자의 특성

3. 대상 집단의 특성

4. 옹호집단의 특성

6. 활동전략 분석

6-1 대상 집단을 이기기 위한 힘을 얻기 위한 전략

6-2 합법성을 확보하기 위한 전략(법적 행동 포함)

6-3 타조직과 협력하는 전략

6-4 전술을 연결시키는 전략

6-5 협상을 전개하는 전략

6-6 홍보 및 언론 활용 전략

7. 향후 행동 전략 제안

(16) 홍보 기획서

실습기관에 대한 운영 및 프로그램에 대한 홍보를 위한 기획서이다.

표 10-32 사회복지기관(사업) 홍보 기획서

사회복지기관(사업) 홍보 기획서

• 기획자(실습생) 명:

1. **상품**(홍보하려는 기관이나 사업)**의 특성 분석**(예 상품의 내용, 경쟁기관이나 사업의 존재 여부 등)

2. 유치하려는 소비자 집단의 특성별 구분

3. **대상별 소비자에게 호소하기 위한 전략**(담당, 장소, 방법 등을 일목요연하고 자세히 제시)

4. 홍보 일정

5. 홍보 예산

6. **첨부**(보도 자료, 광고전단, 안내지 자료, 홈페이지 자료 등)

(17) 개별면접 일지

각 항목에 정확한 내용만을 일지에 작성하도록 하며, 사실에 대하여 거짓 없이 작성해야 한다. 면접 내용에 대하여 상세히 작성이 이루어지도록 하여야 한다. 각 항목에 알맞은 내용을 작성하고, 수정할 부분은 없는지 다시 한 번 검토할 수 있도록 한다.

표 10-33 개별면접 일지

개별면접 일지

실습생명		면접 날짜와 시간	
클라이언트		면접 장소	

1. 면접 준비과정

2. 면접 목표

1	
2	

3. 과정기록 및 분석

면접내용	실습생 분석	실습 지도내용

* 주요한 면접 장면에 대해서는 대화체의 기록을 직접 인용하는 것이 권장됨
* 면접자의 의도적인 개입, 언어적 · 비언어적 의사소통 모두에 주의하여 기록할 것
* 상기 내용이 포함된다면, 기관 상황과 면접 상황에 맞추어 별도 양식 활용 가능

4. 면접 목표 달성에 대한 평가

5. 실습생 의견

6. 다음 면접 계획

(18) 가족상담 기록서

가족상담 기록서는 상담을 의뢰한 과정부터 문제 상황 등 기록서 안에 있는 내용들을 기록한다.

표 10-34 가족상담 기록서

가족상담 기록서

클라이언트		성별		연령	
날짜		장소		총 회수/ 시간	
실습생명				실습 지도자	

1. 의뢰과정

2. 문제 상황에 대한 가족의 정의

3. 가계도

4. 가족생태도: 가족의 하위 체계 간 관계 등 기록

5. 가족의 사회 자원망

6. 가족생활주기

7. 가족사정 및 이론적 근거

8. 개입 목표와 개입 전략

9. 개입내용 정리

회기	내용	주요 질문과 내담자의 반응

10. 평가 및 사후 관리계획

(19) 사회조사 계획서

조사할 주제를 정하여 문제를 제시하고 문헌자료를 검토, 조사방법을 제시하며 예산 및 기타 필요 사항이 있으면 작성한다.

표 10-35 사회조사 계획서

사회조사 계획서

조사 주제	
조사/ 조사일	
조사자(실습생)명	

1. 문제제기 및 조사 문제의 제시
   1-1 문제의 기술
   1-2 검토될 조사 문제에 대한 진술
   1-3 문제의 중요성과 조사 필요성 제시

2. 조사와 관련한 분헌 자료 검토
   2-1 이론적 역사적 관점
   2-2 문헌에서 파악된 차이점들 검토

3. 조사방법 제시
   3-1 조사 설계와 자료수집 절차
   3-2 표집설계
   3-3 대상에 대한 기술
   3-4 측정방법 기술
   3-5 자료 분석 절차

4. 예산

5. 기타 필요한 사항

6. 부록(관련 참고문헌, 설문지 등 필요한 자료를 첨부할 수 있음)

(20) 사회조사 진행 일지

사회조사 진행 일지는 먼저 조사 주제, 진행일, 조사자명을 작성하고, 조사 진행 단계를 기록한다. 그리고 조사과정에서 보완되어야 할 사항을 기록하고, 마지막으로 추후 조사 진행 계획을 작성한다.

표 10-36 사회조사 진행 일지

사회조사 진행 일지

조사 주제	
조사/ 진행일	
조사자(실습생)명	

1. 조사 진행 단계 기록

2. 조사과정에서 보완되어야 할 사항 기록

3. 추후 조사 진행 계획

(21) 사회조사 분석평가서

사회조사 분석평가서는 첫 번째로 조사주제, 진행일, 조사자명을 작성하고, 문제제기 및 조사문제의 제시에서 문제의 기술과, 검토될 조사문제에 대한 진술, 문제의 중요성과 조사 필요성 제시한다. 두 번째로 조사와 관련한 문헌자료 검토를 위한 이론적 · 역사적 관점과 문헌에서 파악된 차이점을 검토한다. 세 번째로 조사방법 제시에서 조사 설계와 자료수집절차, 표집설계, 대상에 대한 기술, 측정방법 기술, 자료 분석 절차를 작성하며, 네 번째로 조사결과 제시하는데 기술적 분석, 인과적 분석을 한다. 다섯 번째로 논의점이 밝혀진 사항에 대한 설명, 실천에의 함의, 평가의 한계와 약점을 작성하며, 여섯 번째는 참고문헌, 일곱 번째는 부록(설문지 외 조사와 관련된 주요자료 첨부)으로 마무리한다.

표 10-37 사회조사 분석평가서

사회조사 분석평가서

조사 주제	
조사/ 분석일	
조사자(실습생)명	

1. 문제제기 및 조사 문제의 제시
   1-1 문제의 기술
   1-2 검토될 조사 문제에 대한 진술
   1-3 문제의 중요성과 조사 필요성 제시

2. 조사와 관련한 문헌 자료 검토
   2-1 이론적 · 역사적 관점
   2-2 문헌에서 파악된 차이점들 검토

3. 조사방법 제시
   3-1 조사 설계와 자료수집 절차
   3-2 표집설계
   3-3 대상에 대한 기술
   3-4 측정방법 기술
   3-5 자료 분석 절차

4. 조사결과 제시
   4-1 기술적 분석
   4-2 인과적 분석

5. 논의점
   5-1 밝혀진 사항에 대한 설명
   5-2 실천에의 함의
   5-3 평가의 한계와 약점

6. 참고문헌

7. 부록(설문지 외 조사와 관련된 주요 자료 첨부)

(22) 지역탐방 보고서

실습을 하면서 지역을 탐방하고 그에 따른 보고서를 제출하는 것으로 탐방지역, 지역의 주요 사회지표 제시, 지역의 인구사회학적 특성 등을 작성한다.

표 10-38 지역탐방 보고서

지역탐방 보고서

조사자(실습생)명		지역 소개자	

1. 탐방지역

2. 지역의 주요 사회지표 제시

3. 지역의 인구사회학적 특성

(23) 실습 중간평가서

실습 중간평가서는 사회복지현장실습 지침서를 참고하여 실습생 본인이 작성하며, 실습 중간에 실습생 본인이 직접 평가를 한다. 서술 양식으로 작성한 뒤 실습 지도자와 평가회를 갖는 것을 추천한다.

표 10-39 실습 중간평가서

실습 중간평가서

실습생명		기관명	
실습 기간		실습 지도자	
실습평가일		실습 지도교수	

1. 실습 목표와 관련된 실습내용 및 역할에 대한 평가
   1.1. 수행한 실습내용 및 역할의 요약
   1.2. 평가
   1.3. 앞으로의 계획

2. 실습에 임한 자세 및 노력

3. 실습을 통해 배운 점

4. 앞으로 더 필요한 지식과 기술

5. 실습에서 어려웠던 점

6. 기관 및 실습 지도자에게 건의할 점

(24) 실습 종결평가서

실습 종결평가서는 사회복지현장실습 지침서를 참고하여 종결평가내용을 실습 마지막 1주일 동안 실습생 본인이 작성하며, 서술 양식으로 작성한 뒤 실습 지도자와 평가회를 갖는 것을 추천한다.

표 10-40 실습 종결평가서 작성방법

실습 종결평가서

실습생명		기관명	
실습 기간		실습 지도자	
실습평가일		실습 지도교수	

1. 실습 일정에 대한 평가

2. 실습내용 및 역할에 대한 평가

3. 실습 목표에 대한 평가

4. 서비스 실천과정에 대한 평가, 정책 및 행정 실습에 대한 평가

5. 실습생의 자원 활용에 대한 평가(인적, 물적 자원)

6. 실습에 임하는 자세에 대한 평가

7. 전문적 태도에 대한 평가

8. 실습 지도 활용 정도에 대한 평가

9. 기관 이해도에 대한 평가

10. 실습 기간 중 가장 유익했던 내용

11. 실습 기간 중 가장 안 좋았던 내용

12. 실습기관, 실습 지도자, 대학에 대한 건의 사항

13. 기타 하고 싶은 말

(25) 실습 종결 보고서

실습 종결 보고서는 실습을 종결하면서 한 학기 동안 실습한 내용을 요약정리하고 목표 달성 정도와 소감을 간략히 정리하는 보고서이다. 이 종결 보고서는 파일에 정리되어 사무실에 비치되며 다음 실습을 준비하는 학생에게 실습지 선정의 지침이 되는 자료로 활용된다.

표 10-41 실습 종결 보고서

실습 종결 보고서

실습기관		실습 지도자	
실습부서		실습 지도교수	
실습 기간			
실습생		종결 일시	

1. 실습기관 소개

2. 실습 기간 및 시간

1) 실습 목표

(1) 실습생의 목표

(2) 실습기관의 목표

2) 실습내용 소개

(1) 실습 일정

(2) 교육, 참관 사항

(3) 담당 업무

3) 실습 목표와 달성 정도

4) 실습 지도자와 실습 지도내용 소개

3. 실습소감

1) 힘들었던 것

2) 제기되었던 질문들

3) 배운 것

4. 향후 실습을 위한 제언

5. 기타 꼭 하고 싶은 이야기

6. 실습 지도자와 기관에 대한 감사의 내용

제 2 부

사회복지실천 과정 이해

제11장

사회복지실천현장에 대한 이해

1 사회복지실천현장의 개념

2 사회복지실천현장의 분류

3 사회복지시설의 법적 정의 및 종류

4 사회복지실천현장의 주요 분야와 내용

5 사회복지실천현장의 가치와 윤리

6 사회복지 실습기관과 교육기관의 요건과 역할

사회복지서비스를 직 · 간접적으로 제공하는 장으로 점차 세분화되고 있는 사회복지 분야에서 전문지식과 기술을 습득하고 전문성을 높이기 위해서는 사회복지실천현장의 특성을 이해하고 각 현장에 적합한 역할과 기능을 수행하는 것이 필요하다. 사회의 변화에 따라 달라지고 있고 종류도 매우 다양하며 분류방법 또한 복잡하다(김영호 외, 2007; 양옥경 외, 2005; 나동석 외, 2008; 신민선 외, 2020 재구성).

1 사회복지실천현장의 개념

사회복지실천의 현장은 「사회복지사업법」에 의거하여 사회복지서비스를 제공하는 기관 및 시설들을 의미하고, 사회복지실천이 이루어지는 곳을 말하는 것으로서 사회복지실천현장은 단지 장소만을 뜻하는 것이 아니며, 사회복지실천이 행해지는 장(setting), 문제(problem), 대상집단(client)을 포괄하는 개념으로 협의의 사회복지실천현장과 광의의 사회복지실천현장을 나누어 살펴보면 다음과 같다.

1) 협의의 사회복지실천현장

① 협의의 사회복지실천현장은 사회복지기관을 말한다.

② 사회복지서비스를 직접적으로 또는 간접적으로 제공하는 장을 의미한다.

③ 사회복지실천이 이루어지는 '구체적인 장소' 혹은 사회복지서비스를 직접 또는 간접적으로 클라이언트에게 제공하는 장소를 뜻한다.

④ 사회복지기관은 클라이언트의 문제해결 과정에 중요한 영향력을 미치며 사회복지사의 활동을 규정하는 환경으로 이해해야 한다.

2) 광의의 사회복지실천현장

① 광의의 사회복지실천현장은 분야 또는 영역을 말한다.

② 서비스의 초점이 되는 문제 영역을 포괄하는 개념으로 클라이언트에게 서비스를 제공하기 위해 직접적 · 간접적으로 관련되는 모든 현장을 뜻한다.

③ 사회복지서비스를 제공하기 위해 직 · 간접적으로 관련되는 모든 분야를 말한다.

④ 대상은 아동, 청소년, 노인, 여성, 장애인 등이 있다.

⑤ 영역은 의료, 정신보건, 약물남용 등이 있다.

⑥ 서비스 장소는 병원, 학교, 도서관 등으로 분류될 수 있다.

2 사회복지실천현장의 분류

사회복지실천현장을 분류하는 기준은 다양하지만 일반적으로 사회복지기관의 운영목적, 기관을 설립한 주체 및 재원조달방식, 서비스 제공방식, 서비스 내용에 따라 구분할 수 있다.

1) 기관의 운영 목적에 따른 구분

(1) 1차 현장(primary settings)

1차 현장은 기관의 일차적인 기능이 사회복지서비스를 제공하는 것으로 사회복지사들이 중심이 되어 활동하는 실천 현장을 말하며, 예를 들면 지역사회복지관, 노인복지관, 장애인복지관, 지역아동센터, 지역사회종합사회복지관, 사회복귀시설, 건강가정지원센터 등이 있다.

(2) 2차 현장(secondary settings)

2차 현장은 사회복지전문기관은 아니지만 기관의 운영과 서비스의 효과성에 사회복지서비스가 긍정적으로 영향을 미치기 때문에 필요에 의해 부분적으로 사회복지서비스를 제공하는 곳을 말하며, 예를 들면 학교, 병원, 교정시설, 기업, 의료기관, 읍 · 면 · 동 주민자치센터 등이 있다.

2) 기관설립 주체 및 재원조달방식에 따른 구분

(1) 공공기관

정부기관 또는 공공기관은 정부의 지원에 의해 운영되며 사회복지사의 업무도 정부의 규정이나 지침에 의해 지도 · 감독된다. 이들 공공기관의 체계는 계획, 관리, 지원하는 행정 체계로 지원한다. 서비스를 관리 · 지원하는 정부 인력으로는 보건복지부, 시 · 도, 시 · 군 · 구, 읍 · 면 · 동 행정복지센터 등이 있다.

(2) 민간기관

민간기관은 사회복지 관련 사업을 목적으로 사회복지법에 의해 운영되는 것과 사회복지법인이나 재단, 사단법인, 종교단체, 시민사회단체, 자원봉사단체에서 운영하는 비영리기관을 말하며, 민간기관은 기부금이나 후원금, 재단전입금, 기타 서비스 이용료 등을 주요 재원으로 한다. 직접적인 서비스를 제공하는 사회서비스기관과 간접 서비스나 행정 지원을 위해 조직된 협의체로 나누어진다.

3) 서비스 제공(직 · 간접) 여부에 따른 구분

(1) 행정기관

행정기관은 사회복지실천을 위한 지원기관으로 간접적인 실천의 장을 의미하며, 중앙정부, 지방정부의 사회복지행정 조직으로 서비스 전달 체계의 효율적인 운영을 위해 사회복지서비스 전달 체계상의 문제를 개선하고 행정기관과 민관기관 간의 연계, 협의 업무를 담당한다.

공적 부문으로 사회복지 관련법과 정책의 서비스를 효과적으로 전달하기 위한 관련부서로 보건복지부(주무부서), 노동부, 행정안전부 등이 있으며, 관련인력으로 사회복지전담공무원, 아동복지 지도원, 노인복지 상담원 등이 있고, 관련기관으로 사회복지위원회, 장애인복지위원회, 보육위원회 등이 있다. 또한 민간 부문은 특정 대상층의 욕구를 정책에 반영하고 해결방안을 모색하고 있으며, 관련기관으로 사회복지공동모금회, 한국사회복지협의회, 각 협의체 등이 있다.

(2) 서비스기관

서비스기관은 클라이언트에게 직접 서비스를 제공하는 것을 목적으로 하며 주요 대상이나 문제의 영역에 따라 서비스 분야를 나누는데, 첫째, 공적 부문으로 구청, 읍 · 면 · 동 주민자치센터(사회복지전담공무원)으로 나누고, 둘째, 민간 부문으로 대부분의 사회복지서비스 제공기관으로 나눈다.

4) 서비스의 내용에 따른 구분

(1) 이용시설

이용시설은 집에 거주하는 클라이언트를 대상으로 주거 서비스를 제외한 사회복지 관련 서비스를 제공하는 기관을 말한다. 재가노인복지시설, 노인여가복지시설, 노인보호전문기관, 노인일자리지원기관, 아동상담소, 아동전용시설, 지역아동센터, 아동보호전문기관, 가정위탁지원센터, 다함께돌봄센터, 어린이집, 정신재활시설 중 이용시설, 노숙인종합지원센터, 노숙인일시보호시설, 노숙인급식시설, 노숙인치료시설, 쪽방상담소, 사회복지관, 노인복지관, 장애인복지관, 장애인직업재활시설, 장애인지역사회재활시설, 지역자활센터, 사회복귀시설, 다문화가족지원센터, 성매매피해상담소, 성폭력피해상담소, 가정폭력상담소, 한부모가족복지상담소 등이 여기에 해당된다.

(2) 생활시설

생활시설은 주거 서비스를 포함 사회복지 관련 서비스를 제공하는 기관으로 수용 보호적 성격을 지니며, 의 · 식 · 주 등 제반 사회복지서비스를 24시간 제공하는 실천 현장을 의미한다. 노인주거복지시설, 노인의료복지시설, 학대피해노인전용쉼터, 아동양육시설, 아동일시보호시설, 아동보호치료시설, 자립지원시설, 공동생활가정, 정신요양시설, 정신재활시설 중 생활시설, 노숙인자활시설, 노숙인재활시설, 노숙인요양시설, 결핵 · 한센시설, 일반지원시설, 청소년지원시설, 외국인지원시설, 자립지원공동생활가정, 성폭력피해자보호시설, 가정폭력피해자보호시설, 모자가족복지시설, 부자가족복지시설, 미혼모가족복지시설, 일시지원복지시설, 청소년쉼터, 청소년자립지원관, 청소년치료재활센터, 청소년복지시설 등이 있다.

3 사회복지시설의 법적 정의 및 종류

1) 사회복지시설의 법적 정의

사회복지시설이란 「사회복지사업법」 제2조 제1호에 개별 법령에 의한 '사회복지사업'을 행할 목적으로 설치된 시설을 의미하며, 사회복지시설 여부는 시설운영자의 주관적인 목적이 아니라 실질적으로 사회복지사업을 행하는지에 따라 판단된다.

2) 사회복지시설의 종류

(1) 소관 부처에 따른 사회복지시설의 종류

표 11-1 소관 부처에 따른 사회복지시설의 종류

<table>
<tr><th rowspan="2">소관 부처</th><th rowspan="2">시설 종류</th><th colspan="2">세부 종류</th><th rowspan="2">관련법</th></tr>
<tr><th>생활시설</th><th>이용시설</th></tr>
<tr><td rowspan="11">보건복지부</td><td>노인복지시설</td><td>• 노인의료복지시설(노인요양시설, 노인요양공동생활가정)
• 노인주거복지시설(양로시설, 노인공동생활가정), 노인복지주택
• 학대피해노인전용쉼터</td><td>• 재가노인복지시설
• 노인여가복지시설
• 노인보호전문기관
• 노인일자리지원기관</td><td>「노인복지법」</td></tr>
<tr><td>복합 노인복지시설</td><td colspan="2">• 농어촌 지역에 한해 「노인복지법」 제31조 노인복지시설을 종합적으로 배치한 복합노인복지시설을 설치 · 운영 가능</td><td>「농어촌 주민의 보건복지증진을 위한 특별법」</td></tr>
<tr><td>아동복지시설</td><td>• 공동생활가정
• 아동양육시설
• 아동일시보호시설
• 아동보호치료시설
• 자립지원시설</td><td>• 아동상담소
• 아동전용시설
• 지역아동센터
• 아동보호전문기관
• 가정위탁지원센터</td><td>「아동복지법」</td></tr>
<tr><td>장애인복지시설</td><td>• 장애유형별 거주시설
• 중증장애인 거주시설
• 장애영유아 거주시설
• 장애인단기 거주시설
• 장애인공동생활가정
• 피해장애인쉼터</td><td>• 장애인지역사회재활시설
• 장애인직업재활시설
• 장애인의료재활시설
• 장애인생산품판매시설</td><td>「장애인복지법」</td></tr>
<tr><td>어린이집</td><td></td><td>• 어린이집</td><td>「영유아보육법」</td></tr>
<tr><td>정신보건시설</td><td>• 정신요양시설
• 정신재활시설 중 생활시설</td><td>• 정신재활시설 중 이용시설</td><td>「정신건강증진 및 정신질환 복지서비스 지원에 관한 법률」</td></tr>
<tr><td>노숙인시설</td><td>• 노숙인자활시설
• 노숙인재활시설
• 노숙인요양시설</td><td>• 노숙인종합지원센터
• 노숙인일시보호시설
• 노숙인급식시설
• 노숙인진료시설
• 쪽방상담소</td><td>「노숙인 등의 복지 및 자립 지원에 관한 법률」</td></tr>
<tr><td>사회복지관
결핵 · 한센시설</td><td>• 결핵 · 한센시설</td><td>• 사회복지관</td><td>「사회복지사업법」</td></tr>
<tr><td>지역자활센터</td><td></td><td>• 지역자활센터</td><td>「국민기초생활 보장법」</td></tr>
<tr><td>다함께 돌봄센터</td><td></td><td>• 다함께 돌봄센터</td><td>「아동복지법」</td></tr>
</table>

소관 부처	시설 종류	세부 종류		관련법
		생활시설	이용시설	
여성가족부	성매매피해 지원시설	• 일반지원시설 • 청소년지원시설 • 외국인지원시설 • 자립지원공동생활가정	• 자활지원센터 • 성매매피해상담소	「성매매방지 및 피해자보호 등에 관한 법률」
	성폭력피해 보호시설	• 성폭력피해자보호시설	• 성폭력피해상담소	「성폭력방지 및 피해자 보호 등에 관한 법률」
	가정폭력 보호시설	• 가정폭력피해자보호시설	• 가정폭력상담소 • 긴급전화센터	「가정폭력 방지 및 피해자 보호 등에 관한 법률」
	한부모가족복지 시설	• 모자가족복지시설(기본, 공동, 자립) • 부자가족복지시설(기본, 공동, 자립) • 미혼모가족복지시설(기본, 공동) • 일시지원복지시설	• 한부모가족복지상담소	「한부모가족지원법」
	다문화가족 지원센터		• 다문화가족지원센터	「다문화가족지원법」
	건강가정 지원센터		• 건강가정지원센터	「건강가정지원법」
	청소년복지시설	• 청소년쉼터 • 청소년자립지원과 • 청소년치료재활센터 • 청소년복지시설		「청소년복지지원법」

| 출처 | 보건복지부(2021). 사회복지시설관리안내. p. 23.

4 사회복지실천현장의 주요 분야와 내용

(1) 아동복지

요보호아동을 중심으로 한 복지활동과 일반아동의 그 가족을 대상으로 다양한 복지 주체들이 유기적 관련 하에 체계적으로 전개되는 복지활동으로 아동복지의 개념이 가족복지의 개념으로 확대되었다.

(2) 청소년복지

청소년이 정상적 삶을 영위할 수 있는 기본적 여건을 조성하고 조화롭게 성장 발달할 수 있도록 제공되는 사회적 · 경제적 지원이다.

(3) 노인복지

노화로 인해 야기되는 사회생활상의 곤란에 대한 사회복지적 원조라고 할 수 있으며 노인이 인간다운 생활을 영위하면서 자기가 속한 가족 또는 사회에 적응하고 통합될 수 있도록 필요한 자원과 서비스를 제공하는 것과 관련된 공적, 사적 차원에서의 조직적 제반 활동이다.

(4) 여성복지

여성이 국가와 사회로부터 인간의 존엄성과 인간다운 생활을 할 권리를 동등하게 보장받음으로써 건강, 재산, 행복의 조건들이 만족스러워지고 질적인 삶을 실현하기 위한 모든 실천적 활동이다.

(5) 장애인복지

장애인의 완전한 사회 참여를 통한 사회통합을 목적으로 심신의 결함으로 인해 가정생활과 사회생활에서 곤란을 겪게 되는 것을 국가 또는 민간사회복지기관은 그들이 모든 생활에서 곤란을 느끼지 않도록 원조하는 제도적 · 정책적 서비스의 조직적 활동이다.

(6) 교정복지

범죄자나 비행청소년의 재활과 정상인으로서의 사회복귀를 돕고, 지역사회에서의 범죄 및 비행의 예방, 문제해결을 도모하기 위한 전문적 사회복지의 한 분야이다.

(7) 학교사회복지

학생의 심리사회적 문제를 학생, 학교, 지역사회의 연계를 통해 예방하고 해결함은 물론 모든 학생이 잠재력과 능력을 최대한 발휘할 수 있도록 도와주는 교육 기능의 한부분이며 사회복지의 전문 분야이다.

(8) 정신건강사회복지

정신적 · 정서적 장애로 인하여 고통을 받고 있는 사람들의 건강 회복과 정신건강을 촉진하는 활동 즉, 정신건강을 증진하는 활동이다.

(9) 의료사회복지

병원에서 제공하는 의료적 치료를 조정 · 보강하여 질병의 원인 또는 질병치료 과정에 장애가 될 수 있는 사회경제적 · 정서적 문제해결을 돕고 퇴원 후 환자가 그의 가정이나 지역사회에 복귀하여 가장 적절하게 사회적 기능을 발휘하도록 도와주는 활동이다.

(10) 지역사회복지

일정한 지역사회 내에 속한 시민들이 윤택한 삶을 추구할 수 있도록 각종 문제를 해결하고 복지 욕구를 충족시키기 위한 정부의 지원과 민간기관의 다양한 조직적인 활동이다.

5 사회복지실천현장의 가치와 윤리

1) 사회복지실천현장의 가치의 개념

가치(價値)는 일반적으로 좋은 것, 값어치 · 유용(有用) 값을 뜻하며, 인간의 욕구나 관심을 충족시키는 것, 충족시키는 성질, 충족시킨다고 생각되는 것이나 성질을 말한다. 즉, 가치(value)란 '어떤 일과 관련하여 나타나는 신념이나 우선적인 선택의 의지이며, 인간에게 있어서 보다 좋은 것과 보다 바람직한 것에 대한 가설'을 말한다. 가치의 종류와 내용은 | 표 11-2 | 와 같다.

표 11-2 가치의 종류와 내용

구분	내용
궁극적 가치	• 사회나 시대적 상황에 관계없이 인간 존엄성과 사회 정의 등이 여기에 해당한다.
차등적 가치	• 사회문화적인 영향이나 개인적 경험에 따라 찬반이 가능한 가치로서 낙태, 동성애 등에 대한 개인의 가치가 여기에 해당한다.
수단적 가치	• 인간 존엄성과 사회정의와 같은 궁극적 가치를 달성하기 위한 수단이나 방법으로써 행동 지침이나 윤리의 개념이다.
사람 우선 가치	• 전문가나 전문직이 갖추어야 할 기본적 가치관으로 클라이언트를 개별화된 인간으로 보고 그의 능력과 권한을 인정해주는 것이다.
결과 우선 가치	• 서비스를 제공한 후 결과에 대한 가치관으로서 사회가 개인 발전을 위해 개인들에게 사회 참여 기회를 동등하게 제공해야 한다는 사회적 책임에 대한 믿음이다.
수단 우선 가치	• 서비스를 이행하는 방법과 수단에 대한 가치관으로 사회복지실천과정에서 매우 중요한 가치 체계이다.

(1) 사회복지실천 가치의 특성

윌리암스(양옥경 외, 2011)의 기본적인 가치 특성 네 가지를 살펴보면 다음과 같다.

첫째, 가치는 개념적 요소를 갖고 있다.

둘째, 가치는 효과적으로 부과, 잠재적인 감정적 흐름을 대표하는 것을 의미한다.

셋째, 가치는 행동의 구체적 목표가 아니라 목표에 의해 선택된 기준이다.

넷째, 가치는 사소하거나 가벼운 관심 정도가 아니라 매우 중요한 것이다.

(2) 사회복지실천 가치의 분류

① 사회복지실천의 기본적 가치

- 천부적 가치에 대한 신념
- 자유-소극적 자유, 적극적 자유, 심리적 자유
- 평등
- 사회적 연대
- 일반적, 추상적 또는 절대적 가치
- 구체적이고 직접적으로 적용할 수 있는 가치
- 개인을 위한 권리 또는 신을 생각하는 가치
- 인간을 위한 선과 권리를 생각하게 되는 가치
- 정신적 가치
- 합리성, 객관성, 진보성과 비판적 연구를 결정해야 할 것이라고 믿는 가치

② 실천 가치에 우선하는 전문직 가치(양옥경 외, 2011)

- 클라이언트를 개별화된 개인으로 보고 능력을 인정하는 가치
- 서비스를 제공한 후 결과에 대한 가치
- 서비스를 수행하는 방법과 수단에 대한 가치관

③ 상대적 중요성에 따른 가치(양옥경 외, 2004)

- 사회나 시대적 상황에 관계없이 불변하는 가치
- 사회문화적 영향이나 개인의 경험에 의한 가치
- 가치를 달성하기 위한 수단이나 방법으로서의 가치
- 실천 원칙들은 자기결정권, 비밀보장, 수용 등

④ **사회복지사의 차원에 따른 가치**(양옥경 외, 2004)

■ 개인을 위한 선을 생각하는 가치
■ 인간에 대한 선과 원리를 생각하는 가치
■ 기관의 역할, 기능, 책임에 따른 고유한 가치
■ 전문 직업인들이 자기 자신을 맡기는 가치

⑤ **사회복지실천에서 중요시하는 가치**(양옥경 외, 2011)

■ 사회복지실천의 이중적 가치 체계
■ 전미사회복지사협회의 사회복지실천 가치
■ 사람 우선 가치, 결과 우선 가치, 수단 우선 가치

2) 사회복지실천 윤리

(1) 사회복지실천 윤리의 정의

■ 사회복지실천 윤리란 사회복지실천현장에서 경험하는 윤리적 문제 및 갈등 상황에서 전문가로서 전문적 견해와 기술을 바탕으로 사회복지사가 올바른 판단과 결정을 할 수 있도록 하는 근거와 방향을 제시해 줄 수 있는 것을 말한다.

(2) 사회복지실천 윤리의 필요성

■ 사회복지실천방법을 개발하거나 전문가의 전문경력을 발전시키기 위하여
■ 윤리적 갈등을 이해하고 이에 대처할 수 있는 능력을 갖추기 위해서
■ 사회복지의 현재 주류의 가치가 얼마나 정당한가를 반성하기 위해서
■ 시대적 조류에 맞는 가치를 정립하기 위해서 필요

6 사회복지 실습기관과 교육기관의 요건과 역할

1) 사회복지현장실습 지도를 위한 실습기관의 요건

■ 실습을 기관의 공식 업무로 규정하고 있는 기관
■ 실습에 대한 명료한 목적을 전 직원이 공유하고 있는 기관
■ 실습 지도자에 대한 업무 조정이 가능하고 이를 실행하는 기관

- 실습 지도자가 실습 지도를 할 수 있도록 성장의 기회를 제공할 수 있는 기관
- 실습 지도를 위한 공간 확보 및 사무기기의 활용이 가능한 기관
- 자격 있는 실습 지도자가 있는 기관
- 재정적 차원에서 안정성을 갖추고 있는 기관
- 사회복지 전문직의 가치와 윤리에 부합되는 사회복지기관

2) 사회복지현장 실습기관의 역할

(1) 실습기관의 실습을 위한 준비

- 기관의 실습 규정 구비 및 실습 관련 직무 분석
- 실습 지도와 관련된 기관의 기획
- 실습 지도를 위한 자격 있는 실습 지도자 보유
- 실습생 공고 및 실습생 선발
- 실습 시작 전 실습생 대상 사전미팅 진행, 실습계약 및 오리엔테이션 진행
- 실습생의 실습 시 의복 및 태도에 대한 안내

(2) 실습 진행과 관련된 실습기관의 역할

- 실습 계획서 제공 및 계획서에 준한 실습 지도
- 실습에 활용되는 표준화 양식 소개
- 기관, 지역사회, 클라이언트에 대한 이해
- 실습 시 안전수칙 및 실습생의 권리와 의무에 대한 구체적인 안내
- 실습 일지에 대한 피드백 필요
- 정기적인 슈퍼비전 제공
- 실습 시 소요되는 비용에 대한 행정적인 처리방법 안내
- 실습생 근태 관리
- 실습생 소속 교육기관(대학)과의 연계
- 실습 중간평가 진행 및 평가내용 공유, 반영
- 실습 종결평가 진행 및 실습평가서 작성
- 실습평가내용에 대해서 실습생에 대해 피드백을 제공

3) 사회복지현장실습 지도를 위한 교육기관의 요건

- 표준 교과목 지침에 준거하여 운영
- 기초이론교육이 체계화된 교육기관
- 실습 전 실습생의 자세와 역할, 실습동기화 교육을 실시하는 대학
- 실습생의 원활한 지도를 위해 실습기관과 의사소통을 하는 교육기관
- 사회복지사 자격이 있는 전임교원에 의해 실습 지도 및 세미나가 운영되는 교육기관

4) 사회복지현장 교육기관의 역할

- 교육기관은 실습교육을 위한 강의 및 세미나, 토의, 슈퍼비전, 기관 방문 등을 통해 실습의 지도를 진행해야 한다.
- 실습교육 시 실습조교는 실습생을 실습기관에 배치하여 실습기관 및 실습 학생에 대한 연락, 실습 상황 검토, 실습 보고서와 평가서 정리 등의 업무를 처리해야 함
- 실습 지도교수는 실습생을 실습기관에 실습기관 방문, 전화, 온라인 등의 방법으로 실습기관과 관계를 유지해야 함
- 실습 세미나의 경우 교육기관의 상황에 맞춰 수업의 한 형태로 진행해야 함
- 실습 보고서를 통한 실습 지도와 실습생의 실습보고, 세미나 등의 방법으로 진행

제12장

사회복지실천의 전문적 관계 형성과 기록

1 관계 형성의 중요성

2 전문적 관계의 특징

3 관계 형성의 7대 원칙

4 관계 형성의 장애 요인

5 관계 형성 과정

6 기록

사회복지실천에서 사회복지사가 전문적인 지식과 이론을 가지고 효과적인 개입 모델이나 기술을 갖추었다고 하더라도, 클라이언트와의 전문적 관계 및 라포(rapport)가 형성되어 있지 못하면 원조 과정에서 어려움에 직면하게 된다. 즉, 클라이언트와 좋은 관계를 형성한다는 것은 클라이언트의 변화를 가져오기 위한 필수 조건이며, 도움을 제공하기 위한 첫 단계이다. 이러한 관계 형성의 기술은 대인 관계의 기본이며, 클라이언트와 좋은 관계를 맺는 것은 뒤이어질 개입의 기초를 마련하는 중요한 과정이다. 본 장에서는 관계 형성의 중요성과 전문적 관계의 특징, 관계 형성의 7대 원칙, 관계 형성의 장애 요인, 관계 형성 과정 그리고 기록을 알아본다.

1 관계 형성의 중요성

사회복지실천에서 관계 형성은 클라이언트를 효과적으로 도와주기 위한 사회복지사와 클라이언트의 좋은 관계를 의미한다. 사회복지사와 클라이언트가 서로 상호작용하기 위해서는 좋은 관계가 형성되어야 한다. 즉, 사회복지사의 목적, 목표 및 역할이 명확히 드러나야 하고 클라이언트의 목적, 목표, 역할 및 위치가 명확히 드러나서 도움의 과정에 장애물이 없어야 한다. 이를 위해서 사회복지사는 클라이언트의 사소한 모든 면들을 이해하고 배려하여 클라이언트의 저항이 최소가 되도록 하는 기술, 태도 그리고 문제해결을 위한 전문직 지식을 기반으로 신뢰할 수 있는 전문적 원조 관계를 형성해 나가야 한다(최선화, 2020). 펄만(Perlman)은 관계를 정서적인 유대 및 인간적인 도움을 제공하는 수단으로 보았다. 그래서 '관계란 하나의 촉매제로서 문제해결과 도움을 향한 인간의 에너지와 동기를 지지하고 양성하며 자유롭게 하는 원동력이다'라고 표현한다(양옥경 외, 2005).

카두신은 좋은 관계 형성을 위해 다음과 같은 기술을 제시하고 있다(Kadushin, 1990; 엄명용 외, 2009 재인용).

① 클라이언트의 자기결정권 문제에 대해 관심을 갖는다.
② 클라이언트의 문제에 관심을 갖고, 따뜻함을 전하고, 신뢰 분위기를 조성한다.
③ 클라이언트의 개별성에 대해 존경심을 보인다.
④ 클라이언트 개인에 대한 수용의 태도를 보인다.
⑤ 공감적인 이해를 보인다.
⑥ 진실성과 믿음을 보인다.

⑦ 어떤 정보를 비밀로 보장할 것인지 그렇지 않은지에 대한 전문적 판단 능력을 보인다.

또한 밀러는 성공적으로 전문적인 관계가 형성되면 다음과 같은 장점이 있다고 하였다(Miller, 1976; 최경화 외, 2010 재인용).

① 잘 형성된 관계는 문제해결 과정에 생기와 활력을 불어넣는다.
② 힘을 가진 느낌과 행동을 취할 능력이 있다는 느낌을 갖게 한다.
③ 자신과 타인에 대한 이해의 폭을 넓힌다.
④ 자신의 가치를 높이 평가하여 자신감과 능력이 향상된다.
⑤ 타인을 접촉하고 관계를 형성하려는 욕구가 이전보다 강해진다.

이처럼 사회복지사와 클라이언트의 관계가 잘 형성되면 클라이언트가 제시하는 문제해결과 변화에 촉진제 역할을 할 뿐만 아니라 사회복지사나 클라이언트 모두에게 자아성장을 발달시킬 수 있는 기회를 제공하는 중요한 요소가 된다.

2 전문적 관계의 특징

사회복지실천과정에서 사회복지사와 클라이언트가 맺는 관계는 사적인 관계가 아니라 공식적 전문적인 관계이며 그 특징은 다음과 같다.

첫째, 클라이언트와 사회복지사가 관계 형성을 하는 것은 서로 합의한 목적이 있기 때문이며, 합의된 목적은 클라이언트의 좀 더 나은 문제해결을 위한 원조로 의도적인 목적을 가진다.

둘째, 전문적 관계의 목적이 달성되거나 클라이언트의 동기, 능력, 원조자의 자원이 허용하는 한도에 도달하면 종결되는데 이런 의미에서 전문적 관계는 시간 제한적이다. 전문적 관계에서 시간을 두는 것은 역량이 최대한 효율적으로 발휘되기 때문이다.

셋째, 사회복지사는 자신의 이익보다 클라이언트의 이익을 위해 자신을 헌신해야 하는 것으로 전문적 관계는 클라이언트를 위한 것이라 할 수 있다. 무엇보다 타인의 욕구에 민감할 수 있도록 객관성과 자기인식에 기초한 관계를 형성해야 한다.

넷째, 효과적이고 효율적으로 원조하기 위해 원조자 자신과 원조의 내용 및 방법에 대해 통제하는 것으로 전문적 관계는 통제된 관계라 볼 수 있다. 즉, 사회복지사와 클라이언트가 맺는 관계는 객관성을 유지하고 사회복지사 자신의 감정, 반응, 충동을 자각하고 책임을 진다는 의미에서 통제된 관계이다.

다섯째, 사회복지사는 특화된 지식 및 기술 그리고 전문직 윤리강령에서 비롯되는 권위를 지닌다는 의미로 전문적 관계는 권위를 지닌다고 볼 수 있다.

여섯째, 사회복지사는 관계의 전반적인 과정에 전문적 책임을 진다는 의미로 전문적 관계는 언제나 클라이언트의 입장에서 출발해야 한다.

1) 전문적 관계에 필요한 요소 혹은 사회복지사의 능력과 자질

(1) 헌신과 의무

전문적 관계에 필요한 헌신과 의무에는 첫째, 사회복지사의 헌신과 의무, 둘째, 클라이언트의 헌신과 의무로 볼 수 있으며, 그 내용을 살펴 보면 다음과 같다.

① 사회복지사의 헌신과 의무

첫째, 자신의 문제와 상황, 문제에 대처하는 태도에 대해 정직하고 개방적으로 제시하는 것

둘째, 전문적 원조 관계에서 최소한의 절차상 조건에 따르는 것

셋째, 전문 관계를 맺을 때 절차상 필수적인 조건에는 시간 약속을 지키는 것

넷째, 클라이언트의 문제에 대해 초점을 유지하는 것

다섯째, 성장과 변화를 가져오는 관계를 유지하는 것 등

② 클라이언트의 헌신과 의무

첫째, 클라이언트가 자신의 문제를 정직하고 솔직하게 표현하는 것

둘째, 전문적 관계에서 요구되는 시간 약속 등을 지키는 것 등

(2) 클라이언트에 대한 관심과 도우려는 의지

첫째, 클라이언트에 대한 관심으로 그에게 진심 어린 관심을 가지고 그의 감정과 교류할 수 있는 능력이며, 원조 관계에서의 관심에는 책임감, 배려, 존중, 타인에 대한 이해 및 그들의 더 나은 삶에 대한 바람, 클라이언트의 삶과 욕구에 대한 조건 없는 긍정적 인정 등으로 볼 수 있다.

둘째, 도우려는 의지로는 클라이언트가 자신의 삶을 스스로 선택하고 통제할 수 있는

능력을 가지도록 도와주려는 자세와 의지가 있다.

(3) 권위와 권한

사회복지사가 전문 지식과 경험을 갖추고 지위를 얻음으로써 클라이언트에게 영향력을 행사하는 것을 권한이라고 하며, 사회복지사는 전문 지식과 다양한 경험을 통해 클라이언트에게 영향력을 미칠 수 있는 권한을 가지는 것은 권위이다. 사회복지사는 전문지식, 기술, 윤리강령에서 비롯되는 권위를 갖는데, 이 권위는 클라이언트와 기관에 의해 사회복지사에게 위임된 권한이다. 즉, 도움을 청하는 사람은 지식과 기술 면에서 권위를 가진 사람을 필요로 하는데, 클라이언트가 사회복지사를 권위 있는 사람으로 인식하게 되면 클라이언트는 안전과 보호의 느낌을 갖게 된다.

(4) 진실성과 일치성

첫째, 진실성은 사회복지사가 자신의 진실된 반응을 신뢰하고, 그러한 감정 또는 반응을 전달하는 능력으로 사회복지사는 자기 인식을 바탕으로 감정과 반응을 있는 그대로 클라이언트에게 전달한다. 사회복지사의 감정과 생각을 무조건 모두 개방함을 의미하지는 않으며, 원조 과정에 도움이 된다고 판단될 때에만 자신의 감정이나 경험을 적절히 개방한다.

둘째, 일치성은 사회복지사가 클라이언트와 관계를 맺을 때, 일관성 있고 정직한 개방성을 유지하며, 대화의 내용과 행동이 항상 일치하면서도 전문가로서의 자아와 가치 체계에 부합해야 한다.

셋째, 진실성과 일치성을 갖기 위해 필요한 요소는 사회복지사 자신에 대한 정확한 자기인식과 사회복지사와 클라이언트에게 동일한 의미로 작용하는 전문가의 역할, 기관의 절차 및 정책에 대한 인식, 위의 두 가지 인식을 포함한 타인에 대한 관심, 수용, 헌신 등 전문적 관계 기본 요소에 대한 내면화 등이다.

(5) 수용

수용은 클라이언트의 감정 존중, 클라이언트에 대한 신뢰, 말을 경청하는 태도, 감정에 대한 민감한 반응, 흥미와 관심을 전달하는 표정, 정중한 예의와 편의 배려, 사회복지사의 비심판적인 태도를 말하며, 사회복지사는 비심판적인 태도를 유지함과 동시에 클라이언트를 능동적으로 이해해야 하며 공포, 분노, 기쁨, 성장, 발전, 변화를 자유롭게 표현할 수 있는 존재로 받아들여야 하는 것이다.

(6) 정서

정서란 정서 또는 감정이라는 기본적인 관계에서 주고받는 가운데서 형성하는 것으로 관계 형성 초기에는 언어보다는 비언어적 · 정서적 상호작용이 빈번하게 일어나기 때문에 정서가 중요하다.

(7) 감정이입

감정이입은 다른 사람의 감정을 깊이 느낄 수 있는 능력인 동시에 그 감정에서 분리되어 객관적 지식을 활용할 수 있는 능력으로, 감정이입을 하기 위해서는 클라이언트의 말을 적극적으로 경청하고 지속적으로 주의를 기울이면서 비언어적 표현에 대해 민감성을 유지해야 한다. 또한, 사회복지사에게 감정이입은 자신의 관점을 유지하면서 클라이언트의 느낌과 경험에 몰입할 수 있는 능력이면서, 클라이언트 입장에서 보고 느낄 수 있는 능력인데, 즉, 클라이언트에게 감정이입을 하면서도 문제 자체와 그 해결 가능성을 객관적으로 분석하고 이성적으로 행동해야 한다.

(8) 민감성

민감성은 특정한 단서 없이도 클라이언트의 내면세계를 감지할 수 있는 능력으로, 사회복지사가 새로운 상황에 대한 개방성과 변화에 대한 준비를 갖추고 있는지를 보여준다.

(9) 사회복지사의 자기노출

자기노출(self disclosure)은 사회복지사 원조 과정에서 필요하다고 생각되는 사회복지사 자신의 경험이나 감정을 클라이언트에게 말하는 것으로 자기노출을 통해 클라이언트와 신뢰를 가질 수 있고, 클라이언트는 자신의 문제에 대한 새로운 시각을 가질 수 있다. 자기노출은 감정을 노출하는 것과 경험을 노출하는 것으로 나눌 수 있다. 예를 들면 "○○ 씨에게 이러한 변화가 생겨서 저도 너무 기뻐요(감정노출).", "저도 결혼 초에 그런 문제를 겪은 적이 있었어요(경험 노출의 예)." 등이 있다.

① 자기노출을 할 때 사회복지사가 유의해야 할 사항

첫째, 사적인 대화 혹은 역전이가 유발되지 않도록 주의해야 한다.

둘째, 자기노출의 초점을 사회복지사에게 맞추면 안 된다.

셋째, 불안정한 성격, 무능력 등 지나치게 솔직한 자기노출은 피한다.

넷째, 클라이언트가 보이는 반응을 고려하면서 자기노출의 양과 형태를 조절한다.

다섯째, 자기노출의 긍정적인 면과 부정적인 면 모두를 균형 있게 사용한다.

여섯째, 자기노출의 내용과 감정은 일치해야 한다.

(10) 사회복지사의 자아인식

자아인식(self awareness)은 자신과 목표에 관하여 심사숙고하고 자신을 믿고 존중하며, 한 발 물러선 입장에서 자신의 원조활동에서 중요한 부분으로 관찰할 수 있는 능력이다. 자아인식을 갖는다는 것은 자신의 신념, 태도, 행동습관을 알고 있으며, 이는 클라이언트와의 관계 및 사회복지실천에 어떤 영향을 미칠지 정확하게 인식하고 있음을 의미한다.

① 자아인식이 중요한 이유

사회복지사는 클라이언트와의 관계 형성에서 사회복지사의 자아인식을 기본 전제로 해야 한다. 자아인식을 통해 자신의 상태와 반응이 성격 탓으로 발생한 것인지, 아니면 클라이언트와의 상호작용에 대한 반응 탓으로 발생한 것인지를 구별할 수 있어야 한다. 자아인식이 제대로 되지 않을 경우 사회복지사는 슈퍼비전을 받거나 상담을 받아야 하며, 사회복지사의 자아인식은 클라이언트 중심의 실천을 가능하게 한다.

(11) 직면 혹은 대응

클라이언트의 이야기와 행동 사이에서 모순점이나 불일치한 점을 사회복지사는 발견하고 클라이언트에게 말해주면 클라이언트는 자기모순을 직시한다. 직면은 클라이언트의 상황에 대한 공감과 이해를 바탕으로 그의 행동을 명확히 검토, 분석하여 적절히 대면하게 함으로써 클라이언트로 하여금 자신의 행동, 사고 그리고 행동 속에 포함된 왜곡 내지 이들 상호 간에 존재하는 모순을 극복하도록 도와주는 능력을 말한다.

(12) 공감

공감적 의사소통은 클라이언트의 감정을 정확하고 민감하게 감지하고 그 순간 클라이언트가 경험한 것을 적절하게 표현함으로써 사회복지사의 이해를 전달하는 능력이다. 즉, 클라이언트의 입장으로 클라이언트의 눈으로 세상을 보는 것을 말한다.

예 공감은 '~하기 때문에 ~한 느낌이 드는군요'로 표현할 수 있다.
클라이언트: 선생님, 저는 마음을 터놓고 이야기할 친한 친구가 한 명도 없어요.
사 회 복 지: 마음을 터놓고 이야기할 만한 친구가 없어서 마음이 좀 쓸쓸하고 외로워 하는구나!
(혹은 "마음에 맞는 친구가 생겨서 친구와 우정을 나누고 싶구나.")

(13) 문화적 민감성, 문화적 다양성, 다문화 역량

문화적 민감성, 문화적 다양성, 다문화 역량이란 문화의 차이와 다양성에 대해 이해하고 그러한 특성에 따라 실천할 수 있는 능력을 말하고, 상이한 문화적 · 인종적 배경을 가지고 있거나 서로 다른 몇 개의 문화가 공존하는 실천 현장에서 클라이언트와 효과적으로 활동할 수 있는 능력이다. 또한 서로 다른 개인이나 집단의 언어, 문화, 행동을 이해하고 이에 적절하게 행동하는 것, 문화적 역량을 향상시킨다는 것은 클라이언트와의 관계에서 타문화뿐만 아니라 자기문화에 대해 개방성, 수용성, 인식, 융통성과 같은 태도와 가치를 갖으며, 다양한 문화집단에 대해 지식을 갖추며 이를 활용할 수 있는 기술을 습득하는 것을 말한다. 그리고 문화적 다양성에 대해 유능하고 효과적으로 대처하기 위하여 문화적 민감성에 바탕을 둔 다문화 역량과 실천 기술은 사회복지사가 갖출 필요성이 있다.

(14) 무조건적 긍정적 존중

사회복지사는 클라이언트가 현재 갖고 있는 모든 것을 긍정적인 시각으로 보면서 존중해야 하며, 클라이언트의 장점과 단점, 긍정적인 정서와 부정적인 정서, 건설적인 행동과 파괴적인 행동 등 클라이언트의 특성을 있는 그대로 이해하면서도, 한 인간으로서의 존엄성이나 인격에 대한 가치를 인정하고 클라이언트에 대한 존중과 호감을 지속적으로 유지해 나가야 한다. 또한 '만약 ~ 하면'이라는 조건을 달지 않고, 클라이언트에 대해 관심과 보살핌, 호의, 수용, 온정, 존중 등을 표현해야 한다. 그리고 무조건적 긍정적 존중을 사회복지사가 보이면, 클라이언트는 부정적이고 자기패배적인 순환 과정의 고리를 끊을 수 있다.

(15) 온화함

사회복지사는 클라이언트의 편안과 행복을 위하여 언어 혹은 비언어적인 방법으로 보살핌과 관심을 전달하는 것이라 할 수 있다.

3 관계 형성의 7대 원칙

사회복지사와 클라이언트의 전문적 원조 과정에서의 관계 형성은 매우 중요하며, 이는 의사소통을 통해서 이루어진다. 비에스텍(Biestek)은 긍정적인 관계를 형성하기 위해『개별사회사업의 관계(Casework Relationship)』(1961)라는 책에서 도움을 구하는 모든 사람들에게는 공통적인 기본 감정 및 태도 유형이 존재한다고 보았다(김현호 외, 2019 재인용). 비에스텍은 사회복지사와 클라이언트와의 태도 및 감정의 상호작용이 사회복지실천의 관계 형성에 기본이 된다고 하면서 다음과 같이 7대 원칙을 제시하고 있다.

1) 개별화

개별화(individualization)의 원칙은 모든 인간은 누구나 각각의 개별적인 욕구를 가지고 있는 독특한 개인으로 인정해야 된다는 인간의 원리에 기초한 것이다. 따라서 이러한 원칙은 각각의 클라이언트에 대한 감정, 사고, 행동, 경험 그리고 독특한 생활 양식 등을 있는 그대로 인정하고 이해하여 개별적으로 대우해주어야 한다(김현호 외, 2019).

개별화의 원칙으로 클라이언트를 대할 때 사회복지사의 역할은 첫째, 사회복지사는 클라이언트에 대한 편견이나 선입견이 없어야 한다. 둘째, 사회복지사는 인간행동과 발달에 관한 전문지식에 근거하여 클라이언트를 이해해야 한다. 셋째, 사회복지사는 클라이언트의 언어표현 내용과 표정, 몸짓, 침묵 등 비언어적 표현에 대한 경청과 관찰 능력이 있어야 한다. 넷째, 사회복지사는 클라이언트에게 보조를 맞추면서 움직이는 능력이 있어야 한다. 다섯째, 사회복지사는 클라이언트의 감정에 대해 민감하게 반응하며 그의 감정과 경험을 사회복지사 자신의 경험으로 받아들여 이해해야 한다. 여섯째, 사회복지사는 클라이언트가 속한 환경을 포함한 전체 상황을 이해하고 관여할 수 있어야 한다. 또한 사회복지사는 클라이언트를 개별화하기 위해 여러 가지 수단과 방법을 활용할 수 있는데, 그 예는 첫째, 사회복지사는 클라이언트에 대한 세심한 배려, 둘째, 사회복지사는 면접에서의 비밀 보장, 셋째, 사회복지사는 면접 시간을 정하는 데 있어서 클라이언트의 상황에 맞게 약속을 정하는 것 등이 수단으로 이용될 수 있다(김현호 외, 2019).

2) 의도적인 감정표현

클라이언트가 자신의 감정뿐만 아니라 부정적인 감정까지 자유롭게 표현하도록 하는 것이 의도적인 감정표현(purposeful expression of feeling)의 원칙이다. 클라이언트가 스트레스나 긴장으로부터 해방되고, 자신의 문제를 보다 명확하고 객관적으로 인식할 수 있도록 감정을 자유롭게 표현하도록 원조하는 데 목적이 있다(엄명용 외, 2020). 이러한 원칙에 입각한 사회복지사는 클라이언트가 자신의 마음을 내놓을 수 있도록 환경과 여건을 조성해 주어야 한다.

따라서 클라이언트가 감정을 표현하도록 원조하는 사회복지사의 역할은 첫째, 클라이언트에 대해 허용적인 태도와 편안한 분위기를 조성해야 한다. 둘째, 정서적 지지를 제공한다. 셋째, 클라이언트의 감정과 행동의 차이점을 인식하고 감정표현을 자유롭게 할 수 있도록 지원한다. 넷째, 면접 시 정신적 · 시간적 여유를 가지고 감정을 표현할 수 있도록 해야 한다(김현호 외, 2019).

3) 통제된 정서적 반응

사회복지사는 클라이언트의 감정에 대해서 민감하게 반응하고, 정확하게 이해하고, 적절하게 반응하는 것이 통제된 정서적 반응의 원칙이다. 클라이언트의 정서적 감정을 파악하는 것은 사회복지사의 의사소통을 기초로 한 면접을 통해 이루어진다.

따라서 클라이언트의 감정이 내포된 정서적 반응에 대처하기 위해 사회복지사의 역할은 첫째, 클라이언트의 언어적 · 비언어적 의사소통에 민감하게 반응해야 하고, 둘째, 클라이언트의 언어, 표정, 행동 등을 신중하게 반응해주어야 한다. 셋째, 클라이언트가 표현한 감정의 의미와 클라이언트에게 어떠한 영향을 미칠 것인지를 클라이언트의 입장에서 이해한다.

4) 수용

클라이언트의 있는 그대로를 이해하고 존중해주는 것이 수용(acceptance)의 원칙이다. 수용한다는 것은 클라이언트의 이탈적인 태도나 행동을 허용하고 부도덕적이고 반사회적인 행동을 받아들인다는 의미가 아니라, 여러 약점을 가진 인간 자체를 편견이나 선입견 없이 있는 그대로를 받아들인다는 것이다(김현호 외, 2019).

따라서 클라이언트를 대할 때 수용의 원칙에 입각한 사회복지실천에서 사회복지사의 역할은 다음과 같다.

① 클라이언트와 상호 신뢰 관계를 갖고 클라이언트를 완전히 이해한다.

② 클라이언트와 사회복지사 간의 가치관이나 태도의 차이를 극복하는 노력과 서로의

다양성을 인정하는 노력을 해야 한다.

③ 사회복지사는 클라이언트의 저해 요인을 줄여가려는 노력이 필요하다.

〈클라이언트의 저해 요인〉

- 사회복지사가 자기인식이나 자기수용이 부족하여 자신의 감정을 클라이언트에게로 향하는 역전이 현상이 일어날 수 있다.
- 사회복지사의 고정관념에 의한 편견이나 선입견으로 일어날 수 있다.
- 사회복지사가 인간행동에 대한 지식 특히 심한 스트레스 상황에 처한 인간의 정서적 반응이나 방어기제 및 행동 패턴에 대한 지식이 충분하지 못한 경우에 생길 수 있다.
- 사회복지사가 클라이언트에 대한 존경이 결여된 경우에 일어날 수 있다

④ 사회복지사는 클라이언트의 수용과 동의의 차이를 인식할 필요가 있다.

5) 비심판적 태도

클라이언트의 문제나 욕구의 원인이 그의 잘못으로 인한 내적인 요인뿐만 아니라 외부환경에 의한 것이라 할지라도 그 원인에 대한 책임, 클라이언트의 특성 및 가치관 등에 대해 심판이나 비난을 받고 싶어하지 않는 비심판적 태도(nonjudgemental attitude)의 원칙이다. 사회복지사는 많은 클라이언트들이 개인적인 실패나 문제를 가진 사람들이라는 것을 인지하여 자신의 기준으로 판단하는 것이 아니라 그들의 문제나 욕구를 해결하도록 도와주기 위한 사람이라는 것을 알아야 한다.

따라서 사회복지사의 역할은 클라이언트를 대할 때 비심판적 태도의 원칙에 의해 첫째, 상호 간에 신뢰를 형성하여 비심판적 태도가 클라이언트에게 전달되도록 노력해야 하고, 둘째, 클라이언트의 행위와 진술에 대한 편견과 선입견을 갖지 않고, 셋째, 성급하게 결론을 내리지 않으며 다른 사람과 비교하지 않는 노력이 필요하다.

6) 클라이언트의 자기 결정

모든 인간은 자기 삶에 대한 결정 주체이기를 원한다는 것에 기반을 두고 사회복지실천의 개입 과정에서 클라이언트는 자신의 삶에 대해 스스로 선택하고 결정할 수 있는 권리와 욕구가 있다는 것이 클라이언트의 자기 결정의 원칙이다. 이러한 원칙은 사회복지사는 클라이언트를 위해 무엇을 해주는 것이 아니라 클라이언트의 문제 및 욕구를 함께 해결해 나가려는 전문적 관계의 동반자라는 의식을 강조한다.

따라서 사회복지실천과정에서 클라이언트 자기 결정의 원칙에 입각한 사회복지사의 역할은 첫째, 클라이언트에게 자신의 문제 및 욕구를 전체적인 관점에서 이해할 수 있도록 지원한다. 둘째, 클라이언트에게 지역사회 내에 있는 활용 가능한 자원(공식적·비공식적 자원)이 있음을 알려준다. 셋째, 클라이언트 자신의 잠재적인 자원의 활용을 적극적으로 활성화할 수 있도록 자극을 준다. 넷째, 클라이언트에게 사회복지실천의 전 과정에 적극적으로 참여할 수 있도록 지원 및 격려하여 스스로 자신에 문제에 대해서 이해할 수 있도록 원조해야 한다(김현호 외, 2019).

다음의 클라이언트는 자기 결정의 원칙에 한계가 있을 수 있다. 예를 들어, 아동 및 치매노인, 정신질환자 등과 같은 클라이언트의 지적 · 정신적 · 신체적 장애로 인해 스스로 결정할 능력이 없는 경우, 클라이언트의 결정이 법적이나 도덕적으로 규범에 어긋나는 경우 그리고 클라이언트가 도움을 청한 사회복지기관의 규정에 어긋날 경우 등은 자기 결정이 제한될 수 있는데, 이러한 경우 클라이언트의 자기결정권이 최소한으로 침해되면서 덜 파괴적이고 더 기능적인 방향으로 결정을 내릴 수 있도록 도와주어야 한다(길귀숙 외, 2010; 김현호 외, 2019).

7) 비밀보장

클라이언트의 기본 권리에 기초하는 것으로 전문적인 관계를 통해 밝혀지는 클라이언트에 관한 정보를 치료 목적 외에 타인이나 다른 용도로 사용해서는 안 된다는 것이 사회복지실천에서 비밀보장의 원칙이다. 이는 사회복지사의 윤리적인 의무이고, 성공적인 사회복지실천 관계 유지를 위해 반드시 필요하지만 비밀보장에는 한계가 있다. 예를 들어, 타인이나 클라이언트 자신의 생명을 위협하는 경우는 생명보호가 우선되므로 비밀보장이 어렵다. 또한 클라이언트의 문제해결을 위해 여러 가지 서비스를 전달할 경우 기관 내 · 외의 다른 전문가와 필요한 정보를 공유할 때 비밀보장이 어려울 수도 있다.

따라서 클라이언트의 비밀보장의 원칙에 입각한 사회복지사의 역할은 첫째, 학습, 도움 및 원조를 위해 불가피하게 클라이언트의 개인적인 사항이라든지 현재의 상황에 대해 정보를 제공해야만 하는 경우에는 최소한의 정보 제공이어야 하고, 클라이언트에 대한 동의가 선행되어야 한다. 둘째, 어떠한 사항이 다른 사람에게 절대로 알려지지 않을 것임을 사전에 언어적 혹은 비언어적으로 표현되었다면 그 비밀은 어떠한 이유를 막론하고서라도 지켜져야 한다.

4 관계 형성의 장애 요인

사회복지실천은 가난한 사람에게 구호의 도움을 주고 이주자들의 정착에 도움을 주는 우애방문원의 모델로 시작됐다. 그들을 돕는 데 이론이 결핍하여 초기의 사회복지사들은 도움이 필요한 사람들과 만나고 관계를 확립함으로써 도움을 제공했다. 메리 리치먼드(Mary Richmond, 1861~1928)는 우애방문원과 도움을 받는 가족 간의 관계를 언급하였다. 개별사회사업(case work)과 기술 및 사회복지실천 전문성의 확립에 중요한 기여를 한 『사회진단(Social Diagnosis)』(1917)이란 저서를 쓴 리치먼드가 관계는 마음에 대한 마음으로 가능하다고 하였다. 또한 리치먼드는 1800년대 말과 1900년대 초에 자선조직협회의 발전에 중요한 역할을 했다. 이러한 사회복지실천현장에서 마주치는 클라이언트들은 여러 유형이 있다. 약속을 하고 찾아와서 상담을 받는 경우도 있지만 지나가다 불쑥 들르기도 하고, 불만을 품고 찾아와서 다짜고짜 사회복지사에게 공격적으로 나오는 사람도 있고, 들어오면서부터 우는 사람도 있다. 또는 아주 불쌍한 사람처럼 행동하며 동정을 바라는 사람도 있고 술에 취해서 찾아오는 경우도 있다. 약속을 하고 절차를 거쳐서 찾아오는 경우는 사회복지실천기술에서 배운 방식대로 개입하면 되지만 그렇지 못한 유형의 클라이언트들은 면담 이전에 먼저 다루어져야 하는 요소들이 있는데 클라이언트의 변화를 방해하는 관계 및 대처행동에 대해 알아보도록 하겠다.

1) 변화를 방해하는 관계 및 대처행동

사회복지사와 클라이언트의 전문적 관계를 방해하는 장애 요인으로는 클라이언트의 불신, 전이, 역전이, 저항, 양가감정, 미숙하거나 부적절한 사회복지사의 태도, 변화에 대한 반대 다루기, 긍정적인 해석, 성장의 기회로 문제 재규정, 직면하기 등이 있는데 자세하게 살펴보도록 하겠다.

① 사회복지사에 대한 클라이언트의 불신

어린 시절 격려와 인정받을 기회가 적었던 클라이언트의 경우는 타인에게 의지하는 것을 꺼려하거나 비난 또는 상처를 미리 예상하여 방어적 태도를 보이는데 사회복지사는 인내하고 참아야 하며 클라이언트의 방어적 행동 뒤에 숨어 있는 두려움과 맞설 수 있도록 돕는 것이 전문적 관계 형성에 도움이 될 수 있다.

② 전이

전이는 이전에 알았던 사람(예 부모, 부모를 대신하는 사람, 형제자매 등)과 현재의 사람을 동일시하여 이전에 느꼈던 감정을 현재의 사람에게 옮기는 현상이다. 이러한 전이는 사회복지사와 클라이언트 간의 전문적 관계 형성에 장애 요인이 될 수 있다. 이러한 현상이 나타날 경우 사회복지사에 대한 감정을 과거에 다른 사람에게도 느낀 적이 있는지를 알아보고 그 근원에 대해 클라이언트가 깨닫도록 도와주어야 한다. 그러나 과거에 지나치게 초점을 두는 것은 역효과를 일으키며 현재의 문제 해결 노력을 다른 데로 돌리도록 하며 불필요하게 치료를 연장하게 만든다.

③ 역전이

역전이란 사회복지사가 과거에 다른 사람에게 가졌던 감정을 현재의 클라이언트에게서 느끼는 현상을 의미한다. 즉, 역전이는 전이의 반대 개념으로 사회복지사의 클라이언트 간의 전문적 관계 형성에 장애 요인이 될 수 있다. 역전이로 인해 관계를 지속할 수 없을 경우에는 클라이언트에게 사회복지사 자신의 문제로 인해 관계를 지속할 수 없음을 알리고 다른 사회복지사에게 의뢰해야 한다.

④ 저항

저항이란 클라이언트의 행동으로 사회복지사와 클라이언트의 관계에서 변화를 방해하는 즉, 치료의 목적에 상반되는 태도를 보이는 것을 의미한다. 저항이 나타나는 원인은 다양하지만 일반적으로 갈등과 고통을 피하기 위해서이다. 저항을 부정적인 것으로만 받아들이지 않고, 변화의 자연스런 과정으로 생각하도록 해야 한다. 저항의 유형으로 침묵, 주제와 관련 없는 무력한 태도, 문제를 축소하거나 마술적 해법을 기대하거나, 저항을 행동화(예 약속 시간 지각, 안절부절, 지루해하기 등)하기도 한다. 저항의 하나로 클라이언트가 침묵을 할 때는 침묵에 여러 가지 의미가 있기 때문에 침묵의 의미를 파악하고, 클라이언트에게 공유할 내용을 선택하고 생각을 정리할 여유를 준다. 저항의 진행은 갈등–방어–해결–통합 단계로 보여지며, 저항의 원인으로 양가감정으로 나타나기도 한다.

⑤ 양가감정

양가감정은 클라이언트가 변화를 원하여 도움을 청하면서도 동시에 익숙한 것을 버리고 새로운 행동을 해야 하는 것에 대한 두려움을 느껴 사회복지사의 제안에 위협을 느끼게 되는 감정을 의미한다. 즉 변화를 원하는 것과 원하지 않는 마음이 동시에 공존하는 것이다.

양가감정은 자연스러운 것임을 클라이언트에게 알려주어 양가감정을 수용하고 자유롭게 표현하도록 돕는다.

⑥ 미숙하거나 부적절한 사회복지사의 태도

부정적인 감정을 낳을 수 있는 행동으로 클라이언트를 무시하거나, 어려운 과제를 주는 것, 클라이언트의 감정을 이해하지 못하고 중요한 정보를 기억하지 못하는 것 등이 있다.

병리적이거나 서투른 사회복지사로 반복적인 실수를 저질러 되돌릴 수 없는 해를 끼치거나, 클라이언트에게 정신적 피해를 입히는 사회복지사도 있는데 고테쉘트와 리버만(Gottesheld & Lieberman, 1979; 임안나 외, 2011 재인용)은 그러한 사회복지사를 병리적이라고 언급하였고, 그 특징은 다음과 같다.

- 인품이 나쁘고 독선적이고 지배적이다.
- 판단적이고 요구하는 태도를 보이며 엄격하다.
- 약속에 습관적으로 늦으며, 성적으로 난잡하고 선심을 쓰듯 돌봐준다.

⑦ 변화에 대한 반대 다루기

첫째, 반대 다루기의 첫 단추 '지금 그리고 여기'의 관점으로 토론한다.

둘째, 공감, 따뜻함, 수용은 클라이언트의 왜곡된 감정 제거에 효과적이다.

셋째, 클라이언트의 감정 노출에 대한 두려움 · 감정 이입적 초점이다.

넷째, 민감성, 공감, 진실성은 클라이언트의 자기개방이다.

⑧ 긍정적인 해석

첫째, 클라이언트의 바람직하지 못한 행동, 부정적인 행동을 긍정적인 의도로 보는 것이다.

둘째, 클라이언트의 방어를 최소화하고 자존심의 상처에서 보호하며 강점 관점에서 행동하게 하는 것이다.

셋째, 클라이언트가 자신의 문제와 감정을 노출한 후에도 체면과 자존심을 보호할 수 있도록 해주는 기술이다.

⑨ 성장의 기회로 문제 재규정

첫째, 클라이언트가 자기 문제에 대해 부정적인 요소뿐만 아니라 긍정적인 요소도 있다는 관점에서 조망하도록 돕는다.

⑩ 직면하기

첫째, 직면은 클라이언트의 자기인식을 고양시키고 변화를 촉진하는 도구이다.

둘째, 클라이언트를 한 인간으로서 관심 갖지 않고 직면을 오용 또는 남용하면 비윤리적이며 비효과적이다.

셋째, 클라이언트가 자신의 문제 원인 또는 문제에 영향을 미치는 사고 또는 감정 등에 대면하게 한다.

5 관계 형성 과정

관계 형성 단계는 접수 단계(intake)라고도 하나 최근에는 사회복지실천은 사회복지사와 클라이언트의 관계가 형성됨으로써 실천으로 연결되어지며, 이러한 관계 형성이 계획된 변화 과정을 가지게 하는 초석이 된다는 시각에서 관계 형성 단계라고 한다.

일반적으로 관계 형성 단계는 클라이언트의 욕구가 무엇인지, 그 욕구를 기관에서 충족시킬 수 있는지의 여부와 기관에서 클라이언트의 욕구가 충족될 수 없다면 클라이언트를 타기관에 의뢰하는 과정이 이루어지게 된다. 따라서 클라이언트를 타기관에 의뢰하게 될 경우에 관계 형성을 종결이라는 과정에 이르게 되는 것이고, 클라이언트에게 적절한 서비스가 진행될 수 있다면 관계 형성을 통하여 전문적 원조 관계가 성립되는 것이다.

1) 클라이언트와의 긍정적 관계 형성

클라이언트와 첫 만남에서 사회복지사는 클라이언트에게 자신의 문제를 충분히 내놓을 수 있도록 편안하고 지지적인 환경을 제공할 수 있어야 한다.

또한 첫 만남에서 클라이언트가 비교적 솔직하게 자신의 감정과 문제에 대하여 표현한다면 실천 과정은 순조롭게 진행될 것이지만 클라이언트는 사회복지사에게 두려움이나 양가감정(모순감정)과 같은 저항을 표출할 수 있다. 따라서 사회복지사는 클라이언트에게 격려, 지지 등을 통하여 클라이언트의 저항을 다룰 수 있어야 한다.

2) 클라이언트의 문제 확인 및 욕구와 기대 확인

초기 과정에서 클라이언트의 문제에 대한 욕구와 기대와 클라이언트가 사회복지기관이나 사회복지사에게 가지는 기대를 확인하는 것은 매우 중요하다. 이는 클라이언트에 대한 개입 과정에서 목표 설정과 관련이 되며, 목표 설정은 클라이언트의 문제를 해결하는 데 중요한 방향성을 제시해주기 때문이다.

3) 기관 서비스에 대한 정보 제공

사회복지사는 소속 사회복지기관이 클라이언트에게 어떤 서비스가 주어질 것인가를 정확하게 설명하여 클라이언트가 서비스를 선택할 수 있는 기회를 제공하여 스스로 자기 결정을 통해 문제해결 노력을 할 수 있는 능력을 배양하며, 이는 클라이언트에게 비현실적인 기대를 가지지 않도록 하기 위함이다.

4) 서비스 수혜 여부의 결정

클라이언트가 서비스에 대한 충분한 정보를 제공받은 후에 서비스에 대한 수혜 여부를 최종적으로 결정짓는 것은 클라이언트이다. 사회복지현장에서는 실제로 사회복지사가 전문가적 고집, 전문성, 실천적 경험에 기반을 두어 일방적으로 서비스 여부와 종류를 결정하기도 한다. 사회복지사는 클라이언트의 자발적인 결정을 존중해야 할 것이며, 클라이언트는 스스로 결정할 수 있는 권한을 가지고 있음을 인식하여야 한다.

5) 서비스 수혜 과정에 대한 오리엔테이션

클라이언트의 서비스 수혜에 대한 결정이 이루어진 후에는 서비스 수혜 과정과 절차에 대한 규칙과 조건을 설명해주어야 한다. 즉, 서비스 수혜에 대한 클라이언트의 수행역할과 사회복지사의 역할에 대하여 설명해주어야 한다. 다음으로 서비스 수혜에 대한 관련서식을 작성하는 것으로 접수 과정을 마무리하게 된다. 사회복지기관에서는 초기 면담 기록지를 사용하고 있으며, 이것에는 클라이언트와 관련된 기본정보와 주요 문제, 가족 관계, 오게 된 경위, 이전의 서비스 수혜 여부 및 종류 등이 포함된다.

6 기록

사회복지실천과정에서 기록은 서비스 전달의 중요한 기술이라 할 것이다. 사회복지실천에서의 기록은 서비스 제공과 관련한 초기(클라이언트의 발견) 과정부터 종결과 사후 지도까지 전 과정을 객관적으로 서술하는 것을 말한다. 이러한 기록을 통하여 클라이언트의 서비스에 대한 적절성을 평가할 수 있으며, 이러한 평가를 통하여 더욱 효과적인 개입방법을 모색하게 된다.

1) 기록의 목적

사회복지실천과정에서 기록의 목적은 정보를 문장화해서 다른 사람들에게 전달하고 공유하여 좋은 서비스를 클라이언트에게 제공하는 것이다.

또한 사례검토와 사례연구의 활력이 된다든지, 법률에 저촉되는 문제가 발생했을 때 행정의 감사 등 중요한 자료가 되기도 한다. 사회복지실천에 있어서 보고의 목적은 정보의 포인트를 잡아서 적절하게 다른 사람에게 전달하는 것이다. 기록에서 주의해야 할 점은 주관적인 것과 객관적인 것을 구별하여 사실적으로 기록하여야 하며 주관적인 의견과 감정의 개입은 주의해야 한다. 이러한 기록의 목적을 캐글(Kagle, 1991; 권육상 외, 2008 재인용)은 다음과 같이 제시하였다.

(1) 클라이언트의 욕구 확인

관심의 초점이 되는 것이 무엇인지를 분명히 알게 해주는 것이 기록이다. 또한 기록은 다양한 서비스와 클라이언트가 연결될 때 클라이언트의 세부적인 사항과 욕구를 확인할 수 있도록 도와준다.

(2) 서비스 내용 보고

서비스가 진행된 사항과 과정에 대한 기록은 과정에서의 주요한 사건을 알게 해주고 서비스가 클라이언트의 욕구에 적절한 것인가를 검토할 수 있는 자료로 활용한다.

(3) 전문가 사이의 의사소통의 활성화

팀 접근을 사용하는 케어 서비스 영역에서 볼 때 다양한 전문가의 사례회의나 토론을 대신하여 기록이 사례에 관한 의사소통의 도구로 활용되어 집단적 의사 결정을 도울 수 있다.

(4) 클라이언트의 정보 공유

클라이언트에게 어떤 개입방법을 실천하고 있는가를 기록하여 클라이언트와 그를 둘러싼 중요한 사람에게 기록을 보여주기도 하고 때로는 그것에 대해 토론할 수도 있다.

(5) 지도감독 및 자문, 교육과 훈련의 자료

사회복지실천과정에 대한 지도감독을 받거나 다른 전문가들로부터 자문을 구하게 된다. 이럴 경우 기록을 보면서 개입이 적절했는지 아닌지를 구체적으로 교육받을 수 있다.

또한 실습생들의 경우에도 실습 일지나 기록을 통해서 실천에 대한 교육과 자문을 받게 된다.

(6) 조사연구 자료 및 통계 보고서 활용

사회복지실천현장에서의 기록은 현장에서 어떤 일들이 일어나고 있으며, 어떤 어려움이 있는지를 생생하게 보여주는 자료가 된다. 또한 새롭게 요구되는 기술이나 정책이 무엇이며 실천의 기술과 이론들이 어떻게 적용되는지를 검증할 수 있는 자료로 활용되고 있다.

(7) 클라이언트와 정보를 공유하고 서비스의 과정과 결과평가

기록을 통해서 클라이언트에 관한 정보를 공유하고 서비스가 어떻게 진행되고 있으며 어떤 결과를 가져왔는지 평가할 수 있다. 이론 측면에서 기록은 서비스 제공자가 바뀌는 경우 타 부서와의 연계, 서비스의 적절성 등을 파악하고 평가하는 자료가 된다.

2) 기록의 방법

기록은 사례의 종류, 기관의 기능, 사회복지실천상의 실제적 조건, 기록을 활용하는 사람에 따라 기록의 방법이 달라질 수 있다. 다양한 형태의 기록 체계가 존재하지만 여기에서는 최소 기본 기록, 과정 기록, 요약 기록, 이야기체 기록에 대하여 알아보고자 한다.

어떤 기록 양식을 취하든 간에 클라이언트가 요청하는 문제의 성격, 클라이언트가 자신의 문제 상황에 대해 무엇을 생각하고 어떻게 느끼고 있는가? 또는 과거에 원조를 받은 경험이 있는가 여부, 문제에 대한 사회복지사의 생각, 클라이언트와 관계있는 가족, 집단, 지역사회 조건 등을 명확히 기록해야 한다.

(1) 최소 기본 기록

최소 기본 기록(minimum basic recording)은 먼저 기본적인 신상정보 즉 클라이언트의 이름, 주소, 전화번호, 직업과 수입, 가족이나 친척의 주소와 전화번호를 포함한다. 그리고 면접 날짜와 주요한 클라이언트의 문제, 목적, 개입 계획, 클라이언트의 반응, 탐색이 필요한 영역, 필요한 자원, 클라이언트를 위해 필요한 행동, 종결 상태를 기록한다.

(2) 과정 기록

과정 기록은 사회복지실천과정에서 일어난 모든 내용을 대화 형태로 그대로 기록하는 것이다. 이러한 기록은 교육 및 지도 감독에는 매우 유용하게 사용되나 시간과 비용이 많이 들며 시간이 소모적이라는 문제로 거의 사용되지 않고 있다.

최근에는 녹음이나 비디오 촬영 등 다양한 방법들이 활용되고 있으나 이는 사전에 클라이언트의 동의를 얻어야 하며, 또한 사회복지실천과정을 철저히 분석할 수 있다는 장점이 있어 교육용으로 그 활용도가 높다.

(3) 요약 기록

요약 기록은 서비스 실천 과정을 전체적으로 요점을 정리하여 기술하는 방식으로 압축 기록이라고 한다. 이것은 시간이 허락된다면 단계별로 요약해 두는 것이 좋다.

(4) 이야기체 기록

이야기체 기록(narrative recording)은 시간대별로 할 수 있고 요약해서 할 수 있다.

시간대별 서술은 일지형식과 비슷하며, 사건이 있을 때마다 기록을 한다. 그러므로 서비스의 연속성과 전문가 간의 의사소통 면에서 매우 유용하다.

제13장

사회복지실천과정에 대한 이해

1 사회복지실천과정에 대한 이해

1 사회복지실천과정에 대한 이해

사회복지실천과정은 사회복지실천론에서 가장 중요하고 핵심적인 부분으로 사회복지실천과정을 크게 3단계, 5단계 혹은 7단계로 세분화하기도 한다. 본 장에서는 5단계에 따라 접수, 자료수집 및 사정, 계획, 개입, 종결 및 평가를 다루고자 한다.

1) 사회복지실천과정

사회복지를 실천하는 과정은 '도움이 필요한 개인, 가족, 집단에 대해 전문적 지식과 기술을 갖춘 사회복지사가 계획된 원조를 단계적으로 제공하여 문제해결을 돕는 과정'이다. 사회복지실천과정을 3단계나 5단계 혹은 7단계로 구분하기도 하는데 각 과정은 서로 겹치거나 순환되기도 한다. 본 장에서는 사회복지실천과정을 접수, 자료수집 및 사정, 계획, 개입, 종결 및 평가라는 5단계로 구분하여 알아보도록 한다. | **그림 13-1** | 과 같이 나타난다.

그림 13-1 사회복지실천과정의 5단계

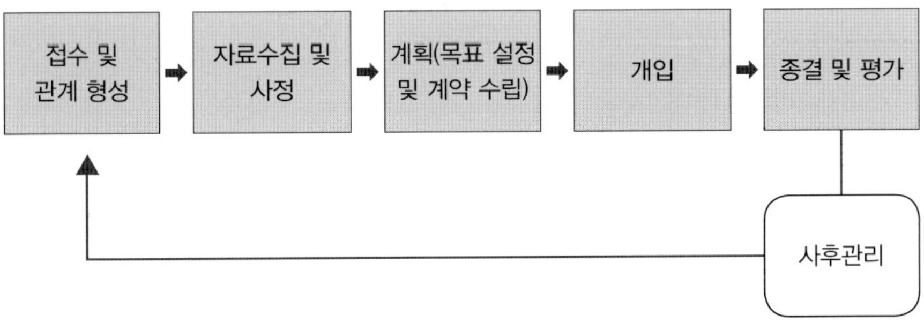

| **출처** | 도광조(2021). 사회복지실천론. p. 169.

2) 사회복지실천과정에 요구되는 기술

(1) 접수 및 관계 형성

접수(intake)란 문제나 욕구를 가진 사람이 사회복지관이나 사회복지시설을 찾아왔을 때, 사회복지사가 그의 문제나 욕구를 기관이 제공하는 서비스나 정책을 통해서 해결될 수 있는지를 판단하는 과정이다. 기관에서 서비스를 제공할 수 있다고 판단하면 기관을 찾아온 사람은 비로소 클라이언트가 되며 적합한 서비스를 받게 될 수 있다.

접수 시 사회복지사의 과제로 문제를 확인하고 의뢰 여부를 결정하며, 관계 형성, 양가감정 수용과 저항감 해소, 동기화 등을 가지고 있다. 접수과정을 살펴보면 다음과 같다(김융일 외, 1995).

첫째, 문제 확인은 잠재적 클라이언트의 문제와 욕구, 기관에 기대하는 바가 무엇인지 확인하는 것이다. 문제에 대해 심층적으로 분석하기보다 표면적으로 나타나거나 호소하는 사안을 통해서 현재 드러난 문제와 욕구 파악에 초점을 둔다.

둘째, 의뢰 여부 결정에서 의뢰(referral)는 잠재적 클라이언트인 신청자가 원하는 서비스를 해당기관에서 제공할 수 없을 때 서비스를 받도록 다른 기관을 소개하고 연결해주는 일이다. 클라이언트가 요구하거나 기대하는 바가 해당기관의 기능과 정책에 맞지 않으면 서비스를 제공할 수 없는 이유를 충분히 설명하고, 그 서비스를 받을 수 있는 다른 기관에 의뢰한다. 의뢰를 할 때는 클라이언트의 동의를 얻은 후 의뢰를 결정하며, 의뢰되는 기관의 이름, 전화번호, 위치, 찾아가는 방법, 그 기관에 가서 만나야 할 사람의 이름을 알려준다. 또한 클라이언트가 있는 자리에서 의뢰되는 기관의 담당자와 전화를 하고, 가능하면 클라이언트와 기관 담당자가 직접 통화할 기회를 제공하면 좋다. 그리고 의뢰되는 기관에서 받게 될 서비스의 내용과 한계를 정확하게 알려주어 모든 문제가 해결될 것이라는 비현실적 기대를 갖지 않도록 하는 것이 바람직하다. 클라이언트가 다른 기관이나 다른 전문가에게 의뢰되는 것에 거부감을 느끼거나 버림받았다는 느낌을 갖지 않도록 배려한다. 또한 의뢰된 기관에서 클라이언트가 서비스를 적절히 받았는지 사후에 확인한다.

셋째, 관계 형성(=라포 형성)에서 사회복지사는 사회복지기관을 방문한 클라이언트가 초기에 경험할 수 있는 두려움, 불안, 양가감정 등을 해소하기 위해 사회복지사와 클라이언트 간에 긍정적인 친화 관계를 형성하는 것을 라포 형성이라고도 한다. 관계 형성을 통해 클라이언트는 자신의 문제를 솔직하게 표현하고 개입 과정에 적극적으로 참여하게 된다. 즉, 관계 성립은 사회복지사와 클라이언트는 분명한 목적을 가지고 제한된 시간 내에 활동하는 특수한 관계를 형성해야 하며, 이러한 관계는 사회복지사가 전문가로서 전문적 이론과 지식에 기초해서 도움을 제공하는 전문적 관계로 활동 전반에 걸친 과정에 대해서 전문적인 책임을 지게 된다.

비에스텍(Biestek)은 클라이언트를 이해하고 전문적인 관계를 형성하기 위해서 요구되는 사회복지사와 클라이언트 간의 전문적 관계의 기본 원칙들을 포괄적으로 **| 표 13-1 |** 과 같이 제시한다.

표 13-1 비에스텍(Biestek)의 관계의 7가지 원리

관계의 요소	관계의 기본 원칙
개별화	• 모든 클라이언트는 개별적인 욕구를 가진 존재로 개별화해야 함
의도적 감정표현	• 클라이언트가 감정을 자유롭게 표현하도록 해야 함
통제된 정서적 관여	• 클라이언트의 감정에 민감성과 이해로써 반응해야 함
수용	• 클라이언트를 있는 그대로 인정하고 받아들여야 함
비심판적 태도	• 클라이언트를 심판하거나 비난하지 않아야 함
클라이언트의 자기 결정	• 클라이언트의 자기 결정을 최대한 존중해야 함
비밀보장	• 클라이언트의 비밀을 보장해야 함

넷째, 양가감정 수용과 저항감 해소에서 양가감정(ambivalence)이란 '변화를 원하는 마음과 변화를 원하지 않는 마음이 동시에 공존하는 마음 상태'를 의미하는데, 변화에 앞서 누구나 양가감정을 가질 수 있으므로 사회복지사는 클라이언트의 양가감정을 수용해야 한다. 사회복지사는 클라이언트의 양가감정을 받아들이며, 클라이언트에게 '양가감정을 갖는 것이 자연스럽다'고 인지하게 하여 그가 이를 표현할 수 있도록 한다. 또 저항감 해소는 '변화에 대한 저항감'은 '변화를 하지 않으려는 마음' 혹은 '도움을 수용하기 꺼리는 마음'을 의미하는데, 저항감은 변화에 대한 두려움과 변화가 불가능하리라는 생각에서 비롯되며 개입 과정에서 비협조적인 태도나 행동 등으로 표현된다. 사회복지사가 클라이언트의 양가감정을 수용해주면 클라이언트의 저항감이 해소될 수 있다.

다섯째, 동기화는 클라이언트가 변화하고자 하는 동기나 의지가 없다면 사회복지실천의 개입은 성공하기 어려우며, 클라이언트가 스스로 변화할 수 있다는 믿음과 용기를 가질 수 있도록 사회복지사는 적극적으로 동기를 부여해야 한다. 접수내용을 간단하게 정리하면 다음과 같다.

① 사회복지사와 클라이언트 간의 관계를 성립한다.
② 사회복지사는 클라이언트에게 기관의 서비스에 대해 소개한다.
③ 클라이언트의 욕구를 파악한다.
④ 클라이언트의 욕구와 기관의 서비스 내용이 관련성이 적거나 없을 경우, 클라이언트에게 적절한 기관으로 의뢰한다.

(2) 자료수집 및 사정

자료수집과 사정은 함께 하게 되는데 먼저 자료수집을 살펴본다.

1 자료수집

자료수집이란 클라이언트의 문제를 이해하고 해결하는 데 필요한 자료를 모으는 활동으로 클라이언트의 문제를 면밀하게 이해하기 위해 다양하고 자세한 정보를 얻기 위함이다. 자료수집의 특성, 자료수집 단계에서 사회복지사의 과제, 자료수집의 내용, 자료수집에 사용되는 정보의 출처 등에 대해 자세히 살펴보고자 한다.

첫째, 자료수집 특성으로 실천 과정 내내 지속되지만 이 단계에서 더 집중적으로 진행되는데, 사정을 위해 먼저 수행하기도 하고, 사정을 진행하면서 추가적으로 수행하기도 한다. 즉, 자료수집과 사정은 거의 동시에 순환적으로 일어난다.

둘째, 자료수집 단계의 사회복지사의 과제로 개입 가능성을 판단하고 개입에 도움이 될 수 있는 자료를 모으고, 이를 통해 사회복지사는 클라이언트의 문제와 욕구를 더 명확히 이해할 수 있다.

셋째, 자료수집의 내용으로 클라이언트의 문제와 욕구, 문제에 영향을 미친 요인 등을 파악하고, 클라이언트의 현재 상황과 클라이언트가 기관에 오기 전까지의 상황, 과거에 이와 비슷한 문제에 대해 대처했던 방법 등을 파악한다. 또한 개인력은 클라이언트가 살아온 역사로 유아기, 학령기, 청소년기, 노인기 등 발달주기에 따른 인간 관계, 생활사건 등의 정보를 파악하며, 클라이언트의 가족 상황과 가족 관계, 현재의 가족구성, 클라이언트의 기능 수준 즉 지적 · 정서적 · 행동적 · 신체적 기능 및 대인 관계 능력, 업무 능력, 문제해결 능력 정도 등 클라이언트의 전반적인 기능 수준, 문제해결에 활용할 수 있는 클라이언트의 강점, 클라이언트의 한계, 클라이언트의 환경으로 사람 및 문제를 둘러싸고 있는 환경에 대한 정보, 클라이언트를 둘러싼 환경 특성에 관한 자료, 친밀한 관계 및 이웃과 지역사회에 대한 정보, 사회적 관계망, 주요 사회제도 및 서비스 프로그램에 대한 수혜경험, 차별 및 소외 경험, 클라이언트가 현재 이용하고 있는 서비스, 활용 가능한 자원, 클라이언트를 둘러싼 환경 속에 있는 한계 등을 파악한다.

넷째, 자료수집에 사용되는 정보의 출처로 클라이언트가 직접 작성하고 이야기한 내용이 클라이언트를 이해하는 일차적 정보로 활용되지만, 클라이언트 주변 사람 및 전문가의 검사결과 등도 이차적 자료로 활용된다. 한 가지 자료만 가지고는 클라이언트를 제대로 이해하는 데 한계가 있고, 각 자료들을 각각 장 · 단점이 있으므로 다양한 방법을 활용하여 수집하는 것이 좋다. 예를 들어 보면 첫째, 클라이언트가 작성한 양식이 있고, 둘째, 클라이언트가 직접 이야기한 내용, 셋째, 사회복지사가 관찰한 내용 및 클라이언트와의 직접적 상호작용 경험, 넷째, 클라이언트와 관련된 사람들로부터 수집한 정보, 다섯째, 심리 검사나 평가도구의 결과, 여섯째, 그 밖의 자료로 클라이언트 사례와 관련된 신문 자료, 투서 또는 소문 등이 있다.

이를 정리하면 다음과 같다. 자료수집이란 클라이언트와 클라이언트가 가진 문제를 이해하기 위하여 필요한 사실들을 수집하는 것을 의미한다. 사회복지사는 사정하기에 앞서 신뢰할 수 있는 자료의 확보를 위해 가능한 모든 노력을 기울여야 한다.

자료수집의 범주는 문제, 인간, 환경으로 크게 나누어 볼 수 있다.

첫째, '문제'는 사회복지사와 접촉 체계에 의해 자료수집 및 개입의 대상으로 식별된 욕구, 관심사, 이슈 혹은 어려움 등을 의미한다. 충족되어야 할 욕구가 무엇인가 혹은 제일 먼저 어떤 문제를 다루어야 하는가를 결정하기에 앞서 사회복지사와 지속 기간과 심각성에 대하여 분명히 이해할 필요가 있다.

① 문제의 범위를 분석함

- 문제의 원인과 결과에 얼마나 많은 사람들이 연관되어 있는가?
- 이 문제를 겪고 있는 다른 체계들은 없는가?
- 문제를 가지고 있는 사람들과 그렇지 않은 사람들 간의 확실한 구분이 가능한가?

② 문제의 지속 기간을 분석함

- 언제 시작된 것인가?
- 얼마나 오랫동안 지속되고 있는가?
- 지속적인가 아니면 일시적인가?

③ 문제가 얼마나 심각한가에 대하여 탐구함

둘째, 자료수집의 범주에서 인간이다.

① 관심의 중심은 문제를 지니고 있는 개인의 대처 능력

- 문제를 겪고 있는 개인이 어느 정도까지 기능을 유지 혹은 증진시킬 수 있는가?
- 현재의 문제 혹은 이와 유사했던 과거의 문제에 대하여 어떻게 대처하고 또 대처할 수 있었는가?
- 그 개인은 문제와 관련하여 어느 정도의 육체적, 심리적, 지적, 경제적 그리고 정신적 힘을 가지고 있는가?

② 대처 능력에 더하여, 사회복지사는 문제 해결을 향해 개인의 동기화된 정보를 나타내주는 표시를 찾는다.

- 그들은 환경의 변화 혹은 문제의 극복을 향한 갈망을 표현하는가?
- 그들은 여건이 변화될 수 있다는 희망을 가지고 있는가?
- 문제와 직접적으로 관련된 그리고 동시에 변화의 추동력이 될 수 있는 긴장, 열망, 공포, 혹은 억압 등의 감정을 느끼고 있는가?
- 어디에서부터 시작하기를 바라고 있는가?
- 어떤 특정한 환경이 변화될 수 있으리라는 희망을 가지고 있지 않다면 그 이유는 무엇인가?
- 이러한 개인을 어떻게 동기화할 수 있는가?
- 개인이 가치를 두고 있으며 또 원하는 것은 무엇인가?

셋째, 환경이다. 환경 안의 무엇이 인간-문제-환경 간의 관계를 가능케 하는 것일까? 환경적 요인, 특질, 체계는 자원의 형태로 나타날 수도 있으며, 일반적으로 인간은 인식 또는 이해의 부족으로 인해, 거부의 두려움으로 인해 이러한 자원들을 활용하지 않고 있을 수도 있다.

① 공식적-비공식적 자원의 식별을 위하여 사회복지사는 클라이언트 체계에서 뿐만 아니라 환경 내의 체계에서도 정보를 수집한다.

- 지금까지 무엇을 시도해 보았는가?
- 지금까지 이 문제에 대한 도움을 구하기 위하여 누구 혹은 어딘가를 찾은 적이 있는가?

2 사정

사정은 수집된 정보를 바탕으로 클라이언트의 문제 및 욕구의 성격과 원인을 규명하고, 개입을 위한 함의를 도출해내는 실천활동이며, 또한 클라이언트의 문제가 무엇인지, 그 원인은 무엇인지, 문제를 해결하거나 감소시키기 위해 무엇이 변화되어야 하는지에 대해 답을 하며, 사정은 클라이언트의 문제와 강점 및 약점, 자원을 이해하며 문제에 영향을 주는 환경을 파악하고 클라이언트와 환경 간의 상호교류를 이해하는 과정이다. 그리고 과정으로서의 사정은 사회복지사와 클라이언트 간에 발생하는 것으로 클라이언트의 욕구와 강점에 관해 간결하면서도 체계적인 파악이 가능하도록 정보를 수집, 분석, 종합화하는 과정이기도 하다. 결과로서의 사정은 클라이언트의 문제, 자원, 관련 요소에 대한 이해를 통해 만들어진 문서화된 결과이다. 사정은 수집된 정보에 근거하여 클라이언트의 문제 및 욕구의 성격과 원인을 규명하고, 클라이언트의 문제에 대해 전문적인 평가를 내리는 실천활동이다. 즉, 사정은 클라이언트와 관련되어 수집된 인간–문제–환경에 관한 정보를 분석하고 종합하여 문제가 무엇이고 어떤 원인 때문인지 그리고 그 문제를 해결하기 위해 무엇이 변화되어야 하는지에 대해 추론하여 전문가적인 판단을 하는 과정이다.

첫째, 사정의 특성은 개입 과정 내내 계속되는 지속적 과정과 인간과 환경에 대한 이중 초점을 갖고, 클라이언트와 사회복지사의 상호작용 과정과 사고의 전개 과정이 요구된다. 수평적 탐색과 수직적 탐색 과정을 중시하며, 사정은 지식에 근거해야 하고, 클라이언트의 문제를 규명하며, 클라이언트의 강점을 발견하며, 클라이언트의 문제와 욕구에 따라 개별화하며, 사정 단계에서는 판단이 요구되며, 마지막으로 사정은 한계성이 있다.

둘째, 사정 단계에서 사회복지사의 과제로 클라이언트가 제시한 문제에 초점을 두고 시작하여 제반 문제에 대해 탐색을 통해 문제를 발견하고, 자료수집과 사정은 동시적이며 순환적으로 문제를 심층적으로 이해하기 위해 정보를 계속 수집한다. 자료를 수집한 정보를 분석하여 사회복지사가 전문적인 시각에서 문제를 판단하는 과정으로 문제 형성이라고도 하는데, 클라이언트가 호소한 문제와 충족되지 못한 욕구, 욕구 충족을 방해하는 요인을 고려하여 문제를 규정하는데, 이때 '충족되지 못한 욕구가 무엇인가?'라고 질문하는 것이 중요하다. 클라이언트가 제시한 문제를 '충족되지 못한 욕구'로 바꾸어 재진술한다. 예를 들어, 아내에 대한 남편의 무관심(문제) → 남편에게 존중받고 싶은 욕구(충족되지 못한 욕구), 남편의 일중독(문제를) → 남편에게 중요한 존재임을 느끼고 싶어 함(클라이언트의 욕구로 바꾸어 진술)

셋째, 사정 시 활용되는 질문으로 문제에 대한 질문이 있고, 클라이언트에 대한 질문, 자원에 관한 질문으로 나누어 살펴보면 다음과 같다.

① 문제에 대한 질문

- 문제는 무엇인가?
- 어디서, 얼마나, 언제부터 문제가 발생했나?
- 주로 언제 그런 일이 생기는가?
- 문제는 얼마나 심각한가?
- 누가 이 문제에 관여되어 있는가?
- 그런 일이 생길 때 주로 어떻게 했는가?
- 그 일로 가장 큰 영향을 받는 사람은 누구인가?

② 클라이언트에 대한 질문

- 클라이언트는 어떤 사람인가 ?
- 클라이언트는 자신의 문제를 무엇이라고 생각하는가?
- 클라이언트는 문제에 어떤 의미를 부여하는가?
- 클라이언트의 반응은 어떠한가?
- 문제에 대해 클라이언트는 어떤 노력을 해왔으며 효과는 있었는가?
- 클라이언트의 강점과 약점은 무엇인가?

③ 자원에 관한 질문

- 문제를 해결하는 데 필요한 혹은 동원 가능한 자원은 무엇인가?

넷째, 사정도구로 개인 또는 가족 사정도구로 사회적 관계망 표와 생활력 도표, 생활주기표, 가계도, 생태도, 가족조각, 사회도(소시오그램)는 집단 차원의 사정도구 사용 등이 있는데 이 사정도구들을 사용하면 이미 수집된 자료를 쉽게 분석 및 이해할 수 있고, 다른 자료를 수집하는 것도 가능해질 수 있다. 도구들 중 가계도와 생태도 등을 살펴보면 다음과 같다.

① 가계도

- 가계도란 2~3세대에 걸쳐 가족 구조를 도표로 묘사하고, 가족 및 가족 관계의 정보를 클라이언트와 함께 기록하는 것이다.
- 각 구성원들은 성에 따라 남성은 ㅁ, 여성은 ○로 나타낸다.
- 중심인물은 이중의 네모나 원(▣, ◎)으로 표시한다.
- 사망한 사람은 기호 속에 ×를 표시한다.
- 결혼한 두 사람은 내려 그은 선을 서로 연결, 남편은 왼쪽, 부인은 오른쪽에 둔다.
- 연결된 결혼선 위에는 결혼년도를 기입한다.
- 결혼선 위에 한 개의 사선(/)은 별거, 두 개의 사선(//)은 이혼을 의미한다.
- 함께 동거하고 있는 가족 구성원들은 점선으로 묶어 연결하여 표시한다.
- 3세대 이상으로 확대된 가계도에서는 조상은 ×를 그려 넣지 않는다.
- 결혼을 여러 번 한 경우에는 각각의 결혼을 오래된 순으로 왼쪽에서 오른쪽으로 나열하는 것이 일반적인 원칙이다.
- 각각의 배우자가 과거에도 여러 번 결혼하여 자녀도 있을 경우 현재의 관계를 중앙에 놓고 각 배우자의 이전 배우자를 좌우에 나누어 그릴 수 있다. 가계도 상징은 | **그림 13-2** | 와 같다.

그림 13-2 가계도 상징

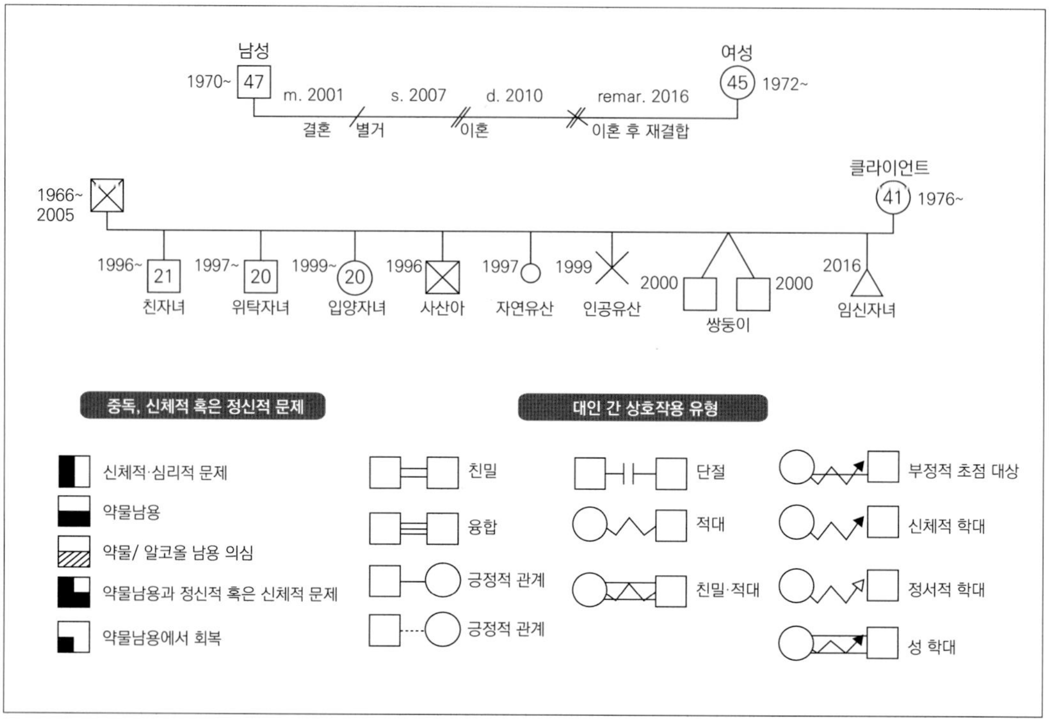

② 생태도

- 생태도(eco-map)는 생태학적 관점에서 가족을 바라본다.
- 생태학적 체계 모델은 사회복지실천에서 필요로 하는 다양하고 방대한 양의 자료들을 정리하는 데 도움을 준다.
- 생태학적 관점에서 응용된 생태도는 다양한 관점에서 복잡한 상호작용의 양상을 탐색할 수 있는 능력을 증대시켜 준다.
- 생태도란 가족이나 클라이언트의 삶에 영향을 미치는 체계들과의 관계적 의미를 사회복지사가 클라이언트와 함께 그림으로 표현하는 것이다.
- 생태도는 가족이 지역사회에서 얼마나 많은 외부 체계들과 관계를 맺고 있는지, 고립의 정도는 어떠한지, 관계의 질은 어떠한지를 보여줌으로써 가족 내부에 대한 이해와 함께 외부와의 연결과 적응 정도를 파악 할 수 있게 도와준다. 생태도는 | **그림 13-3** | 과 같다.

그림 13-3 생태도

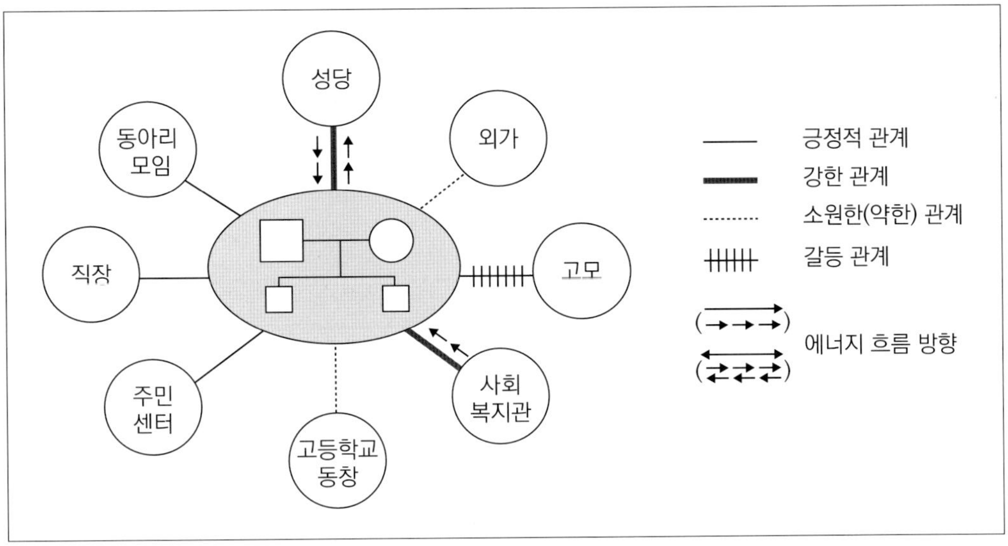

자료수집과 사정을 정리하면 다음과 같다.

① 클라이언트의 욕구와 관련된 정확한 정보를 수집한다.

② 클라이언트의 상황과 관련된 심리 · 사회적 요인을 수집한다.

③ 관련된 사회 체계에 대해 정확하게 관찰하고 이해한다.

④ 클라이언트의 심리 · 내적, 대인 관계적, 환경적 요소에 대해 명확하게 이해하고 이들 간의 상호작용에 대해 이해한다.

⑤ 클라이언트의 지각적 · 인지적 · 감정적 요인에 대해 평가한다.

(3) 계획(목표 설정 및 계약 수립)

접수와 자료수집, 사정이 끝나면 계획 수립 단계가 시작되는데, 클라이언트가 호소하는 일련의 문제들, 클라이언트의 능력, 강점, 자원, 클라이언트의 기대와 동기들을 모두 파악 및 이해하고 나서 사회복지사와 클라이언트는 구체적인 목표를 세운다. 이렇듯 사정은 수집된 모든 자료를 종합하는 작업으로 마무리되며, 종합된 사정을 토대로 하여 이루어지는 작업은 계획 단계의 과제인 개입 목표의 설정과 계약 두 가지 활동으로 구성이 된다.

목표를 설정하려면 먼저 표적 문제를 선정하고, 그 다음으로 개입 목표를 설정한다. 즉

계획 수립 단계에서는 첫째, 표적 문제 선정하기, 둘째, 개입 목표 설정하기, 셋째, 계약하기의 세 가지 활동이 순차적으로 이루어지는데 이를 자세하게 살펴보고자 한다. 이 내용을 정리하면 | 표 13-2 | 와 같다.

표 13-2 계획 수립 단계의 세부 절차

목표 설정하기			
문제 규정	표적 문제 선정	개입 목표 설정	계약하기
사정 단계	계획 수립 단계	계획 수립 단계	계획 수립 단계

1 표적 문제 선정하기

표적 문제는 클라이언트의 여러 가지 문제 중에서 가장 중요하고 시급히 해결해야 할 문제이다. 클라이언트의 여러 복잡한 문제를 다 해결할 수는 없고, 그 문제 중에서 가장 중요하고 시급히 해결해야 할 문제를 선택한다. 표적 문제를 선정하는 것은 개입 목표를 설정하기 전에 수행하는 사전 작업으로, 클라이언트가 이해하기 쉬운 용어로 기술되는 것이 바람직하다.

2 개입 목표 설정하기

개입 목표는 '문제가 해결된 상태' 또는 '개입을 통해 일어나기를 바라는 변화'이다. 사정 단계에서 무엇이 문제인지 규명이 끝나면, 그 문제를 해결하기 위해 개입의 목표를 설정한다. 개입 목표를 설정할 때는 SMART 형식에 따라 설정하는데 즉, 구체성(Specific), 측정 가능성(Measurable), 성취 가능성(Achievable), 현실성(Realistic) 및 결과 지향성(Result-oriented), 시기 적절성(Timely) 및 시간 구조화(Time frame)의 형식에 따라 설정한다. 개입 목표 설정에 대한 내용을 다시 한 번 정리하면 다음과 같다.

① 목표는 개입을 통해 이루어지기를 바라는 변화를 의미하며, 효과적인 개입이 되기 위해서는 명확히 정의된 목표가 있어야 한다.

② 목표가 모호하게 설정되거나 비현실적으로 높게 설정되면 방향을 잃거나, 낙담과 좌절 등을 경험한다.

③ 사회복지사는 클라이언트를 목표 설정 과정에 참여시킨다.

④ 사회복지사는 클라이언트로 하여금 효과적인 관계에 동참하도록 하기 위해서 가능

한 빠른 시간 안에 만족할 만한 욕구의 충족을 경험하도록 해야 한다.

⑤ 만약 사회복지사와 클라이언트의 목표가 일치되지 않으면, 합의될 때까지 기다려야 한다.

⑥ 목표 설정 시의 지침이다(Hepworth & Larsen, 2006). 목표는 반드시 클라이언트가 바라는 바와 같이 연결되어야 하며, 목표는 명백하게 측정 가능한 형태로 진술되어야 하고 목표는 달성 가능해야 하며, 목표는 사회복지사의 지식과 기술에 상응하는 것이이야 한다. 또 목표는 성장을 강조하는 긍정적 형태여야 하며, 목표가 사회복지사의 중요한 권리, 가치에 맞지 않으면 동의하지 않아야 한다. 목표는 반드시 기관의 기능과 일치해야 한다.

3 계획 수립 단계

계약(contract)은 문제의 정의, 목표, 클라이언트와 사회복지사의 역할, 시간, 장소, 비용, 개입 기법, 평가방법 등 개입 계획에 대해 사회복지사와 클라이언트가 합의하는 것이다. 계약 과정을 통해 사회복지사와 클라이언트는 개입 단계 동안 달성해야 할 목표를 분명히 인식하게 되고, 사회복지사와 클라이언트의 역할과 과제, 개입에 대한 시간적 조건 및 비용, 기타 조건을 명확하게 알 수 있으며, 여기에는 서면계약, 구두계약, 암묵적 계약 등이 있으며, 각각 장 · 단점이 있다. 그 내용을 요약하면 다음과 같다. 클라이언트의 욕구와 사정에 기초하여 달성 가능한 목표를 설정한다. 목표 달성을 위해 클라이언트의 능력과 동기에 기초하여 개입전략을 수립한다. 클라이언트에게 도움이 되는 자원 및 사회 체계와 연결한다. 사회복지실천지식에 기초한 개입전략을 수립한다. 개입전략에 대해 클라이언트와 합의하여 수정 · 보완한 뒤 계약을 수립한다.

① 계획 수립 시 주의점

- 클라이언트의 참석 하에 작성하거나 계획을 최종 확정하기 전에 클라이언트와 검토해야 한다.
- 사회복지사와 누가 할 것이며, 언제 할 것인가에 대한 계획을 세운다.
- 식별된 문제와 그에 상응하는 목적을 개념화하고 언어화하는 것에 많은 노력을 기울여야 한다.
- 과업은 식별되는 것에 그치는 것이 아니라 시간적 순서에 따라 배열된다.

- 사회복지사와 클라이언트 간의 대화를 통해 어떤 과업이 선행되어야 하는가를 고려해야 한다.
- 각각의 과업에 대한 논의는 그것이 실행에 옮겨졌을 때 예상되는 가능한 결과의 고찰로 이어진다.
- 어떤 과업을 누가 수행할 것인가를 결정하는 데에는 신중한 계획이 필요하다.
- 기본적인 원칙은 '가능한 한 스스로 하도록 한다.' (가용할 다른 자원을 가지고 있지 않음이 분명한 경우에만 클라이언트의 과업을 대신 수행함)
- 사회복지사와 클라이언트는 접촉해야 할 사람과 변화의 대상을 분명히 해야 한다.
- 설정된 목표와 관련하여 사회복지사는 대변자, 중개자, 사례 관리자, 교육자, 상담가와 이론적 접근방법 또는 전략을 결정해야 한다.

(4) 개입 수행

개입 단계는 사회복지사와 클라이언트가 합의한 문제(표적 문제)를 해결하기 위한 계획(목표와 계약)을 구체적인 행동을 통해 의도적인 변화가 일어나도록 지원하는 단계로 사회복지실천과정에서 가장 핵심적인 부분이다. 개입 기법을 통해 사회복지사는 클라이언트의 변화를 유도하며, 의도한 변화가 일어나고 있는지 점검한다. 다음으로 개입 단계에서 사회복지사의 과제로 클라이언트의 변화를 만들어내고, 변화 정도를 점검(모니터)한다. 개입에는 직접 개입과 간접 개입이 있는데 그 내용을 살펴보면 다음과 같다.

1 직접 개입

① 직접 개입의 목적

클라이언트가 계획된 과업을 수행하는 과정에 지속적인 지원을 하는 것과 클라이언트 내의 변화를 일으킬 수 있도록 원조하는 것이다.

② 사회복지사와 클라이언트의 관계 및 문제해결

개입 단계에서 사회복지사와 클라이언트의 관계는 매우 중요하며, 직접 개입 과정에서 사회복지사는 반응하며, 지도하고, 해석하고, 감정을 명확히 하는 등의 관계 기술을 사용할 수 있으며, 문제해결 기술, 욕구 식별, 자료수집, 사정, 문제의 우선 순위 결정, 목표 설정 및 계약, 계획 그리고 평가하는 과정에도 이러한 관계가 추가되거나 변화될 수 있다. 만약 클라이언트 내에서의 변화가 필요하다면, 사회복지사는 바람직하지 않는 행동, 사고, 또는 감정을 즉각적으로 통제할 수 있는 특정한 행동 기법을 사용할 수 있어야 한다.

2 간접 개입

① 통합방법론의 개입 단계에서 클라이언트에게 영향을 주는 체계들과 상호작용을 의미한다.

② 사회복지사는 클라이언트에게 필요한 변화를 유도하고 목적을 달성하기 위하여 이러한 체계에 개입한다.

③ 클라이언트의 문제를 해결하는 데 체계 외의 다른 사람의 변화가 필요할 경우가 있을 경우 사회복지사는 체계 외부에 있는 사람을 직접(클라이언트의 일부로) 혹은 간접(표적 체계)으로 개입에 포함시켜야 할 필요가 있다. 예를 들어 김씨 부인이 남편의 음수 문제 해결을 원한다면, 이러한 문제는 김씨 부인에 대한 직접적 개입만으로는 해결하기 힘든 경우이다.

④ 간접 개입은 다양한 규모와 형태로 이루어질 수 있고, 사회복지사와 클라이언트는 개인, 가족, 집단, 지역사회, 조직, 또는 시설 차원에서의 거부나 저항으로 인하여 목적을 달성하지 못할 수도 있다. 종종 사회복지사는 다양한 전문직을 대표하는 표적 체계를 대상으로 간접 개입을 함으로써 클라이언트에게 서비스를 제공하게 된다. 그리고 대상별 기법들을 정리하면 **| 표 13-3 |** 과 같다.

표 13-3 개입 기술의 범주와 구체적 기술의 예

구분	변화 대상	범주	구체적 기술
개인에 대한 직접 개입	정서, 인지	의사소통 기법	• 격려, 재보증, 일반화, 환기법, 초점화, 직면, 재명명, 정보 제공, 조언, 인지 재구조화, 재구성 등
	행동	행동변화 기법	• 모델링, 타임아웃, 강화, 소거와 처벌, 체계적 둔감법, 역할연습, 행동조성 등
개인 간 관계에 대한 직접 개입	의사소통	의사소통을 효과적으로 하는 기법	• 나-전달법, 경청, 공감하기 등
	관계에 대한 인식과 통찰	인식과 통찰 향상 기법	• 가족조각, 가족그림, 빈 의자 기법, 사이코드라마, 자조집단활동, 역할 전환 등
환경에 대한 간접 개입	환경		• 서비스 조정에 관련된 활동, 프로그램 계획과 개발을 위한 활동, 환경조작, 옹호활동 등

- 클라이언트와 함께 설정한 개입 목표를 달성하도록 사회복지사와 전문적인 활동을 수행한다.
- 클라이언트에게 도움이 되는 자원 및 사회 체계와 연결한다.
- 개인상담, 집단상담, 가족 개입, 역할극, 사이코드라마, 자조집단활동 등 다양한 전략과 활동을 활용할 수 있다.
- 사회복지사는 클라이언트가 자신의 문제를 해결하거나 자신이 수립할 목표를 달성할 수 있는 능력이 있음을 믿고 클라이언트를 격려하며, 모든 변화의 주된 책임은 클라이언트에게 있음을 명심한다.
- 계획 단계에서 설정한 목표나 개입방법 등은 개입수행 기간 동안 보완될 수 있다.

(5) 종결 및 평가

종결은 계획에 따라 사회복지사의 개입활동을 마무리하는 것으로 사회복지사와 클라이언트 간 관계를 공식적으로 끝내는 것이다. 성공적인 실천은 클라이언트의 긍정적 변화가 개입 이후에도 유지되는 것이므로 종결 단계에서는 개입하는 동안 클라이언트가 긍정적인 성취를 얻어 원조 관계가 만족스럽게 끝날 수 있도록 해야 한다. 종결 단계의 목표는 개입을 통한 클라이언트의 변화를 확인하고 원조 과정에서 성취한 것을 유지할 수 있도록 준비시키는 것이다.

① 종결의 유형

종결의 유형으로는 기관에 의한 종료와 목표가 달성되었을 때, 개입활동의 중단이 되었을 때로 구분된다.

② 종결 시기의 결정

개입 목적의 달성 정도, 서비스의 시간 내 제공 완료 여부, 클라이언트 문제 상황의 해결 정도, 사회복지사와 기관의 시간, 에너지, 기술의 투여 정도, 앞으로 클라이언트와 사회복지사의 만남에서 얻어질 이익이 있는지, 클라이언트가 사회복지사나 기관에 의존성이 있는지, 클라이언트에 대한 다른 기관이나 전문가에게 의뢰하는 것이 적합한지에 따라 종결 시기를 결정해야 한다.

③ 정서적 반응의 해결

정서적 반응의 해결로 클라이언트는 종결을 두려워하는 나머지 종결을 부정하거나 이전의 단계로 후퇴하여 사회복지사에 대한 의존욕구를 증대하는 퇴행을 보여주거나 지속적인 관계에 대한 욕구를 나타내기도 한다. 이때 사회복지사는 이러한 행동에 당황하지 말고 그 감정을 수용하면서 클라이언트가 진실된 감정을 직접 표현할 수 있도록 도와주어야 한다.

④ 사후 관리

사후 관리로 종결이 이루어진 후 클라이언트와 단절하지 않고 관심을 가지고 관계를 유지하는 과정이며, 사후 관리를 통해 클라이언트의 이후 지속적인 노력에 대한 확인과 격려를 해줄 수 있고, 필요한 경우 사회복지사는 추가적인 원조를 제공할 수도 있다.

다음으로 평가는 사회복지실천활동이 효과적이었는지, 효율적이었는지를 판단하며, 사회복지실천과정에서 어떠한 일들이 발생했고 그러한 일들이 결과에 어떠한 영향을 미쳤는지를 조사하는 활동이다.

① 평가의 목표

평가의 목표는 서비스의 책임성 향상을 위해, 프로그램이 목적을 얼마나 효과적으로 달성하였는지 알기 위해, 프로그램을 재구성하거나 더 효과적으로 만들 수 있는 필요한 정보를 얻기 위해, 프로그램을 다른 사람이나 기관이 이용할 수 있게 하기 위해, 프로그램을 효과적으로 시행하기 위해서는 어떤 자질을 갖춘 직원들이 필요한지 알기 위해, 클라이언트의 입장에서 보았을 때 프로그램이 얼마나 좋은 것이었는지 그리고 수정할 점은 무엇인지 알기 위해, 홍보와 기금을 조성하기 위해, 프로그램이 계속적으로 지원을 받기 위한 것이다.

② 평가의 유형

평가의 유형으로 총괄평가와 형성평가, 합리적 평가가 있는데, 총괄평가는 개인의 결과 즉 전반적 효과성과 효율성에 대한 것이고, 형성평가는 개입의 과정을 보는 것이며, 합리적 평가는 어느 한 유형에 치우치지 않고 두 가지 유형을 균형 있게 실시하는 것이다.

③ 평가의 주체

평가의 주체로는 클라이언트, 참여자, 사회복지사이다.

④ 평가의 기술과 방법

평가의 기술방법으로 가장 보편적인 방법은 단일사례설계로 AB설계, ABA설계, ABAB설계이며, A는 개입 전의 기초선이며 B는 개입을 말한다. 즉 한 번의 측정을 하느냐, 반복측정을 하느냐에 따라 설계방법이 여러 가지가 있을 수 있으며, 개입의 결과를 그래프로 나타냄으로써 시각화하여 쉽게 평가할 수 있다는 것이 장점이다. 다른 방법으로는 클라이언트 만족도 설문을 통한 평가방법 등이 있다.

- 사회복지사와 클라이언트가 설정한 목표가 달성되었는가?
- 사회복지사의 개입태도 및 방법은 적절하였는가?
- 클라이언트의 변화를 위한 태도와 노력은 적절하였는가?

제14장

사회복지 프로그램 및 프로포절

1 사회복지 프로그램의 개념

2 프로포절의 의미와 중요성

1 사회복지 프로그램의 개념

현대사회에서 사회복지는 부자와 가난한 자 모두를 포함한 다양한 연령 대상의 사회적 기능을 향상시키기 위하여 사람들의 사회적·경제적·건강적 욕구(need)뿐만 아니라 여가적 욕구를 충족시켜 주고자 노력하는 것을 의미한다(Zastrow, 2009). 사회복지에 대한 인간의 욕구 즉, 문제를 해결하기 위해 자원이 필요한데, 자원은 항상 한정되어 있다. 한정된 자원을 가지고 인간의 욕구를 충족하고 사회문제를 해결하여 만족한 상태에 이르기 위해서는 체계적이고 조직적인 활동이 필요하다. 이러한 체계적이고 조직적인 활동을 전문적으로 계획하고 실행하는 수단이 사회복지 프로그램이다. 이런 맥락에서 사회복지 프로그램은 이상적인 복지상태를 달성하기 위한 하나의 실천방법이라고 할 수 있다. 즉, 사회변화 등 제반 사회적 프로그램을 총칭할 경우 전 연령대에 걸친 사람들의 신체적·사회적·경제적·심리적·정신적·영적 욕구를 충족시켜 줄 제반 프로그램이 사회복지 프로그램의 범주에 속한다고 할 수 있으며, 저소득층을 대상으로 하는 프로그램이 일반적이기는 하지만 사회복지 범주의 확대에 따라 중산층의 여가 혹은 사회교육적 욕구를 충족시키는 프로그램도 사회복지 프로그램에 포함시킨다(정무성, 2017).

1) 프로그램의 정의

우수명(2018)은 프로그램에 대한 사전적 정의에서 프로그램을 목록, 순서, 계획, 예정 등으로 유사하게 정의하고, 사회복지 사전에서는 프로그램을 '해야 할 일에 관한 계획과 지침'이라고 정의하며, 일반적 프로그램의 개념은 특정 목적을 성취하기 위한 계획된 활동들이라고 할 수 있다. 사회복지 영역에서 프로그램에 대한 정의를 보면, 사회복지 프로그램이란 '개인과 사회를 변화시키기 위한 의도적이고 조직적인 활동'이라고 정의한다. 특히 사회복지 프로그램은 사회복지 조직에서 일상적으로 제공되는 서비스가 우연적으로 형성되는 것이 아니라 의도를 가지고 체계적으로 형성되는 조직화된 활동을 말한다(신원식 외, 2013). 포퍼(Popper, 1959)는 사회복지 프로그램을 '희망하는 성과를 생산해내는 일련의 활동'으로 설명한다. 황성철(2011)은 '진술된 목적과 목표를 성취하기 위해 설계된 사전에 조정된 일련의 활동'으로 정의한다.

첸(Chen, 2005)은 프로그램이란 복지기관의 목적을 달성하기 위한 일련의 상호적 활동이며 보다 구체적으로는 규명된 욕구충족 또는 문제해결을 목적으로 지속적인 사회과정에 개입하려는 의도적이며 조직화된 노력이라고 정의한다.

랩과 포트너(Rapp & Poertner, 1992)는 프로그램을 '특정 목표를 달성하기 위한 활동의 집합체'로 규정한다. 요크(York, 1983)의 정의도 비슷한 맥락에서 '목표를 달성하기 위한 일련의 상호 의존적인 활동'들로 규정한다. 스미스(Smith, 1989)는 프로그램이란 '특정 목표를 달성하기 위하여 만들어진 조직적인 활동'이라고 정의하며, 프로그램에 있어서 조직적인 활동이란 임시적인 활동이 아니라 어떤 문제를 해결하기 위하여 설계된 계획적인 활동을 의미함을 강조한다. 또한 스위스(Swiss, 1991)는 프로그램을 '조직적 활동의 집합을 단일 그룹의 산출로 나타내는 것'이라고 정의한다. 한편 와인바흐(Weinbach, 2010)는 프로그램을 구성하는 요소를 중심으로 설명하였는데 프로그램이란 '목표, 정책, 절차, 규칙, 예산 등을 포함하는 조직의 구성 요소'라고 정의한다. 따라서 국내외 학자들을 종합하면 '사회복지조직에서 특정 목표를 달성하기 위하여 모든 과정을 마칠 때까지 요구되는 내용의 선정과 조직, 활동목표 체계, 시설, 인력, 예산, 지원 체계, 기간 등과 관련된 전반적인 과정'이라 정의하고 있다.

즉, 사회복지 프로그램은 '사회복지관련 목적을 달성하기 위해 자원과 기술이 투입되어 일정한 절차에 따라 수행되는 조직의 계획적인 모든 활동의 집합체'로 정의하며, 여기에 목적(문제), 자원과 기술, 계획된 활동 등이 기본적 구성 요소로 포함하고 있다 .

2) 프로그램 구성 요소

프로그램의 기본적 구성 요소는 학자들에 따라 다양하게 제시되었다. 황성철(2011)이 제시한 프로그램의 기본적 구성 요소, 즉 목적, 자원과 기술, 계획된 활동을 적용하여 설명하고자 한다.

(1) 목적(mission)

프로그램은 특정 목적을 달성하기 위해 의도적으로 계획된 활동들을 의미한다. 프로그램의 목적은 사회복지조직와 기관의 설립이념, 사명의 달성을 위한 방법으로 제시된다. 일반적으로 사회복지기관들이 개인, 가족, 집단, 지역사회 국가 전체 등이 경험하는 문제를 해결하거나 특정 문제나 욕구를 가지고 있는 클라이언트 집단의 삶의 질 향상에 관련하여 설립목적을 설정한다는 점에서 프로그램의 목적도 결국 이러한 목적달성을 위한 방향성으로 제시된다(이민홍 외, 2020).

(2) 자원과 기술(resources and technology)

프로그램 수행에 필요한 자원은 인적 자원과 물적 자원, 사회복지 기술이 필요하다. 사회복지조직에서 인적 자원은 관리자(슈퍼바이저), 사회복지사, 자원봉사자, 외부자문가(전문가) 등이 해당되며, 프로그램을 수행하는 인적 자원은 담당 사회복지사와 담당 사회복지사를 지도 및 감독할 수 있는 슈퍼바이저로 구분된다. 프로그램을 효과적이고 효율적으로 수행하기 위해서 사회복지조직 외부에서 가져오는 인적 자원이 자원봉사자나 외부자문가(전문가)이다. 그리고 물적 자원은 재원과 실행 장소 및 시설, 설비(장비/ 도구)를 말하며, 재원은 인적 자원과 물리적 환경을 조성할 수 있는 실제적 예산을 말하며, 예산의 확보가 선행되어야 프로그램을 수행할 수 있다. 프로그램 실행 장소 및 시설, 설비(장비/ 도구)는 기관 자체적으로 보유한 물리적 시설 및 장비를 활용할 수도 있으며, 외부 자원을 통해 연계하여 효율적으로 확보할 수 있다. 또한 프로그램을 수행하기 위해 사회복지 기술이 필요한데, 사회복지 기술은 넓은 의미로 사회복지실천이론과 기법을 포괄한다(황성철, 2011). 사회복지 프로그램에서 표적집단에 해당되는 클라이언트, 가족, 조직, 지역사회 등의 문제 해결이나 욕구 충족을 위해서 실천이론이나 기법들이 활용되어진다. 예를 들어, 아들에게 학대피해를 당한 노인을 대상으로 하는 프로그램에서는 위기개입 모델을 활용할 수 있다. 이 과정에서 사회복지사는 사회복지 조사 기술, 평가 기술, 면접 기술, 기록 기술 등을 사용한다(이민홍 외, 2020).

(3) 계획된 활동(planned activities)

프로그램은 특정 목적을 달성하기 위해 조직 차원에서 계획된 활동들의 집합체이다. 프로그램에서 어떠한 활동들을 할 것이며, 어떠한 순서에 의해 제공될 것인지를 프로그램 기획 단계에서 철저하게 고려한다. 또한 프로그램에서 제공된 활동들이 의도된 목표를 달성했는지를 프로그램 제공 후 평가를 통해 재확인하는 절차를 가진다(이민홍 외, 2020).

황성철(2011)은 프로그램에서 수행되는 활동들을 크게 세 가지로 나누어 설명했는데 살펴보면 클라이언트의 문제해결이나 욕구충족을 위해 제공되는 서비스 활동, 조직 내부에서 효과적으로 진행시키기 위한 행정활동, 조직 외부에서 자원을 확보하거나 정당성을 얻는 지역사회활동 등으로 구분하였다.

3) 사회복지 프로그램 기획의 개념 및 필요성

(1) 프로그램 기획의 개념

프로그램 기획(program planning)은 프로그램과 기획의 합성어로 프로그램을 수행하기 위해서 계획을 세우는 것이다. 기획의 의미는 아이디어 및 계획(plan)을 통합적으로 이해해야 한다. 기획은 계획을 세워나가는 활동과 과정을 말하며 계속적 행동과정이라면, 계획은 이러한 계속적 행동과정을 통해서 얻어진 결과로 볼 수 있다(황성철, 2011).

기획의 개념을 사회복지 프로그램의 기획으로 적용해보면 기획 단계에서 수행되어야 하는 구체적 활동은 다음과 같다.

첫째, 프로그램과 관련된 기본적 상황조사와 아이디어를 창출한다.

둘째, 사회복지 프로그램 개발이 왜 필요한가에 대해 구체적으로 답한다. 새로운 사회복지 프로그램의 개발은 표적 체계가 되는 개인, 가족, 집단, 조직, 지역사회, 국가 등에서 발생하는 문제를 해결하거나 욕구를 충족하기 위함에서 시작함으로써 이에 대한 근거를 제시하도록 사회문제 분석이나 욕구조사가 수행되어야 한다.

셋째, 사회복지 프로그램 개발은 누구를 대상으로 할 것이며, 달성할 수 있는 결과물(목적)은 무엇인가이다. 프로그램 개발을 통해서 가져올 수 있는 성과에 대해서 제시해야 한다.

넷째, 사회복지 프로그램에서 무엇을 할 것인가이다. 달성하고자 하는 목표나 기대효과를 도출하기 위해 어떠한 개입활동을 할 것인지에 대해 구체화해야 한다. 따라서 사회복지 프로그램 기획의 주요활동은 상황분석과 아이디어 설정, 사회문제, 분석과 욕구조사, 참여자 선정, 목적 및 목표와 개입전략 설정으로 압축할 수 있다.

(2) 프로그램 기획의 필요성

사회복지 프로그램 기획은 미래지향적인 활동으로 사회복지조직의 설립이념이나 목적을 실천해 나가기 위한 구체적인 활동들을 미리 준비할 수 있고, 사회문제나 욕구에 대해 수동적으로 대처해 나가기보다는 보다 능동적이며 적극적인 형태로 대응할 수 있는 수단을 제공한다. 프로그램 기획은 합리성을 증진시킬 수 있다. 프로그램 기획은 사회복지조직의 효과성과 효율성을 증대시킨다. 기획은 사회복지조직이나 프로그램의 책임성을 확보하게 해준다. 프로그램 기획은 협동적 성격을 가지고 있어 클라이언트 집단의 동기부여와 사회복지조직 구성원들의 사기 진작을 유도한다(이민홍 외, 2020).

2 프로포절의 의미와 중요성

1) 프로포절의 개념

최근 사회복지공동모금회, 기업복지재단, 민간 기금, 정부 등에서 프로그램 공모를 통해 기금을 지원하는 사례가 늘어나면서 프로포절 작성에 대한 관심이 높아지고 있다. 프로포절이란 사회복지기관들이 수행하고자 하는 프로그램의 내용을 설명하는 사업제안서를 의미한다. 이 사업제안서는 경쟁력을 높임으로써 사회복지서비스의 질을 개선하고, 기금 배분의 투명성을 확보하기 위해서 대부분의 기금주들이 기본적으로 요구하는 서류이다. 사회복지 프로포절은 마치 건축물을 지을 때 설계도와 같은 것으로 사회복지 프로그램의 성패가 좌우될 수 있는 중요한 의미를 지닌다. 또 경우에 따라서는 프로그램의 전문성 여부, 자원 동원 수단, 목적 달성의 여부 등이 포괄적으로 담겨 있는 정부 사회복지기관이나 민간 사회복지기관이 사회복지조직에서 수행하려는 본질적인 기능인 사회복지실천의 골격이 반영된다.

그러나 무엇보다 중요한 것은 사회복지기관의 입장에서 보면 프로포절은 하나의 경쟁이다. 자원이 부족한 사회복지기관의 입장에서 프로포절은 사업수행에 필요한 재원을 확보하는 유용한 수단이 되기 때문이다. 따라서 많은 사회복지시설이나 기관들이 프로포절을 통해 자원을 확보하는 비율이 높아지고 있다. 프로포절을 어떻게 작성하느냐에 따라 예산 확보에 크게 영향을 미치기 때문에 프로포절을 작성하는 요령에 대한 지식과 기술을 갖추어야 한다(신원식 외, 2009).

2) 프로포절 목적

프로포절 제출의 1차적 목적은 사업수행에 필요한 재원을 확보하기 위함이며, 실제로 미국의 경우 민간 사회복지시설 총 예산의 30% 가량이 제출한 프로포절의 승인을 통해 얻어지고 있다. 우리나라의 경우도 프로그램 공모 방식이 확대되면서 많은 사회복지시설이나 기관들이 프로포절을 통해 재원을 확보하여 복지율이 높아지고 있으며, 정부로부터 제한적인 사회복지 자원에 의존하는 복지차원에서 벗어나 사회복지기관이나 시설에서 실시하거나 실시 예정인 사업이나 프로그램에 대한 외부 자원을 유도하는 측면에서 활성화되고 있다.

3) 프로포절의 중요성

① 복지기관의 다양한 펀드를 조성한다.

② 대상자의 욕구에 맞는 특화 프로그램 실시의 기반을 마련한다.

③ 복지기관의 예산 문제로 제공하지 못하는 서비스를 실시할 수 있다.

④ 지역사회와 함께 하는 지역 네트워크를 강화한다.

⑤ 새로운 프로그램 계획을 통한 복지 기획이다.

⑥ 기관에서 다루고자 하는 문제의 심각성 및 해결의 필요성이다.

⑦ 구체적 프로그램의 수행을 통한 기관의 문제해결 능력이다.

4) 프로포절의 내용

프로포절은 접수기관에 따라 다를 수 있지만 대부분 별도의 정해진 양식이 있다.

크게 앞부분은 신청기관(소속 복지기관)에 관한 부분과 작성한 프로그램에 관한 부분으로 나누어 구성되는데, 기관에 관한 부분은 법인의 특성, 연혁, 조직표 등으로 구성된다. 이미 구조화되어 정해져 있는 내용이기 때문에 프로포절 작성자들이 소홀히 하기 쉬운 부분이지만 경쟁이 치열한 상황에서는 세심한 부분까지도 타기관과 차별화할 필요가 있다.

특히 연혁을 작성할 경우는 신청하는 프로그램과 관련된 실적을 강조하여 제시할 필요가 있다. 표지의 내용은 프로포절의 내용을 함축적으로 언급할 필요가 있다. 이는 마치 취업 준비를 위한 서류 작성에서 경력을 증명하는 것과도 같다.

만일 노인의 우울증 예방 프로그램에 대한 프로포절을 준비했다면, 동일 혹은 유사 프로그램까지는 아니더라도 정신건강과 연관지을 수 있는 프로그램을 내세운다거나 노인 대상 프로그램 추진 실적을 언급함으로써 당 기관의 프로그램 수행 잠재력에 대한 확신을 심어주는 것이 필요하다.

5) 프로포절 작성방법

프로포절 작성 방법에는 첫째, 사업명칭(제안하는 사업의 모든 것을 함축할 수 있는 명칭), 둘째, 사업의 필요성, 셋째, 사업 대상, 넷째, 사업목적 및 목표, 다섯째, 사업내용, 여섯째, 예산 계획, 일곱째, 향후 운영 계획으로 나누어진다.

(1) 사업명칭(표지)

프로포절의 사업명칭(표지)은 대개 정해진 양식이 제공되며, 사업개요로서 전형적인 한 장의 기획서이다. 즉, 교부금을 신청하는 기관의 명칭, 주소, 위치, 전화번호 등과 함께 프로그램 대상, 목적, 방법이 기관을 명료하게 제시한다.

표 14-1 공식적인 명칭만을 활용한 사례

다문화 학부모 및 청소년	문화체험활동을 통한	가족기능 향상	프로그램
(대상)	(방법)	(목적)	
지적장애 아동을 둔 엄마의	임파워먼트를 통한	가족기능 향상	프로그램
(대상)	(방법)	(목적)	

표 14-2 공식명칭과 별칭을 적절하게 잘 활용한 사례

장애 · 비장애아동의	또래통합을 위한	지역 네트워크 형성	'똑같은 우리'
(대상)	(목적)	(방법)	(별칭)

표 14-3 부제로서 별칭을 잘 사용하면 더욱 매력적인 사업으로 표현 가능

다문화 가정의 초등학생 아동을 위한 방과후 프로그램 '우리 둥지'

표 14-4 사업명칭으로 부적절한 사례

가출청소년 지원사업
장애인 역량강화를 통한 지역사회 공헌 프로그램
자립을 향한 발걸음

(2) 사업의 필요성

사업을 기획하고 프로그램을 수행해야 하는 근본적인 이유에 해당되는 것으로, 사업에서 다루고자 하는 지역사회 문제와 그 문제를 가진 집단의 욕구 등을 정확하게 파악하여 기술하는 것이 사업 계획서나 프로포절에서 '사업의 필요성' 영역이다. 이 영역에 실천방

법이나 개입방법이 필요한 이유를 설명한다(이민홍 외, 2020). 사업의 필요성은 사회복지실천가가 직면해야 할 클라이언트와 지역사회의 문제와 욕구를 해결하거나 충족시키는 가장 중요한 실천의 지향점이 되어야 하며, 문제나 욕구의 결과 측면에 대한 파악과 아울러 추가적으로 파악되어야 할 내용으로 프로그램이 해결하고자 하는 문제의 원인이나 배경을 정확하게 파악하는 것도 중요하다. 즉, 사업의 필요성은 조사된 대상자의 문제나 욕구에 대한 객관적인 자료를 활용하여 개인, 가족, 집단, 지역사회 등 클라이언트 체계의 문제나 욕구를 기술한다. 지역사회 내 빈곤으로 어려움을 겪고 있는 사례에서 그 원인이 다양할 수 있는데, 예를 들면 한부모 가정으로 주 수입원인 여성가장의 수입이 낮기 때문일 수도 있고, 가장인 부부가 모두 장애인이고 소득이 낮아서, 자녀가 희귀 난치질환으로 지속적인 치료를 받아 이로 인해 의료비 지출이 높아 빈곤할 수도 있다. 또한 가장이 갑작스럽게 실직을 당해 경제적 어려움을 겪는 경우일 수도 있다. 이런 문제를 정확하게 진단하고 그 문제의 원인을 정확하게 이해하는 것은 추후 프로그램의 궁극적인 목표가 되는 성과 목표를 도출하는 데 아주 중요한 단서가 될 수 있는데, 이는 프로그램의 성과 목표는 문제가 해결된 상황이며, 문제가 해결되는 것은 물론 그 문제의 원인이 제거된 상황도 우리는 성과 목표로도 볼 수 있기 때문이다.

사업의 필요성은 선행연구, 이론적 근거, 통계자료, 욕구조사, 언론보도 내용 등과 같은 객관적인 근거를 통해 보다 논리적이고 객관화시켜 기술해야 한다. 특히 특정 지역사회를 기반으로 한 프로그램의 경우는 그 지역의 객관적인 수치를 반드시 제시하는 것이 중요하다.

공동모금회 등 다양한 공모사업의 프로포절 양식은 사업의 필요성이라는 큰 타이틀 아래에 소타이틀로 첫째, 대상자 욕구 및 문제점, 둘째, 지역 환경적 특성, 셋째, 경험적 근거, 넷째, 본 사업과 관련된 지역복지 자원 현황 등을 활용하도록 요구한다. 이 내용을 사례를 통해 살펴보고자 한다(이민홍 외, 2020 재인용).

표 14-5 학교부적응 빈곤 청소년의 진로준비행동 향상을 위한 진로설계 프로그램

지역사회 내 관련 통계자료, 지역사회 주요 정보제공자인 유관기관의 실무자나 전문가의 의견을 인용하는 방식, 실태조사 보고서나 연구논문도 프로포절에서 매우 유용하고 합리적인 의견을 도출하는 데 도움을 주는 방식이다.

1) 대상자의 문제 및 욕구

(1) 지역 내 저소득청소년의 비중이 높음

〈표 1〉에서 보는 것처럼 지역 내 연계된 2개의 고등학교에 재학 중인 A 고등학교 전교생은 948명 B 고등학교 전교생은 955명이고, 기초생활수급자, 다문화 부모, 차상위가정 등 저소득가정의 청소년의 숫자가 각각 157명(전교생의 16.6%), 149명(전교생의 15.6%)으로 비교적 높은 비중을 차지하고 있음을 알 수 있다. 이들이 진로설계를 적절하게 할 수 있도록 지역사회 내에서 지원 체계가 필요함을 보여주는 통계 수치이다.

〈표 1〉 복지관 연계 학교 저소득청소년 비율

학교명		A 고등학교	B 고등학교
전교생		948명	955명
저소득청소년	기초생활수급자	40명	30명
	다문화 부모	43명	28명
	차상위	74명	91명
	합계	157명(16.6%)	149명(15.6%)

(2) 지역 내 저소득청소년의 진로체험 기회 부족

〈표 2〉와 같이 복지관 인근 고등학교의 진로상담교사와의 인터뷰 내용을 토대로 할 때 지역 내 저소득가정의 청소년들에 대응할 수 있는 학교 차원의 체계적이고 전문적인 진로 지도가 힘들고 대체로 직업체험의 기회가 별로 없어서 미래가 불투명해 이들에 대한 직업체험의 기회가 적절하게 필요함을 알 수 있다.

〈표 2〉 ○○고등학교 진로상담교사와의 인터뷰 내용

우리 아이들과 다양한 직업체험을 가고 싶은데, 일일이 직업체험업체를 발굴하기가 쉽지 않네요. 아이들은 직접 현장에 나가서 체험해보고 직접 눈으로 보는 것을 좋아하는데, 일일이 직업체험 업체를 찾아낼 수 없고, 학생들 가운데 학업에 관심이 없고 벌점이 많은 학생들이 상담을 하게 되면 대부분의 학생들이 진로에 대해서 생각을 아예 하지 않는다거나 관심이 있는 분야가 있더라도 직접 경험을 해보고 싶은데 그러한 경험을 할 수 있는 곳이 없어서 그냥 될 대로 되라는 포기식으로 말하는 학생들이 많아요. 저희 학교는 경제적으로 어려운 가정환경의 아이들이 많다보니 가정의 돌봄에서 많이 소외되어 있어 체험의 기회도 어렵고, 학교가 아닌 밖으로 나가는 것은 위험에 많이 노출되어 있어요. 학교는 자원이나 인력이 한정되어 있어 지역사회의 기관과 연계되어 체계적인 프로그램이 계획된다면 우리 아이들의 미래에 아주 많은 도움이 될 겁니다.

(3) 저소득청소년의 재학 중 근로로 인한 미래 준비 부족 현상 심화

청소년기의 교육을 통한 직업능력개발은 전 생애를 걸친 고용 가능성 및 직업경력 발전에 매우 중요한 영향을 미치고 있으며 청소년의 미래 사회경제적 지위를 결정하는 중요한 요인으로 작용한다.

① 여유진(2007)의 연구에서 소득이 낮거나 빈곤한 청소년은 재학 중 근로를 할 확률이 높고, 재학 중 근로경험은 교육 성취를 낮출 가능성이 있다고 보고한다.

우리나라 청소년의 아르바이트 경험률은 20% 정도로 보고되어 있고, 2020년 고용노동부 청소년 아르바이트 실태조사를 살펴보면 학년이 높을수록 아르바이트 경험이 높고, 고 3인 경우 47.4%로 다소 높게 나타났다고, 2020년 여성가족부 발표 자료에 보고되었다. 특히, 부모의 소득이 최하위층의 청소년일 경우 53.3%의 아르바이트 경험은 일반적인 청소년의 20%보다 2배 이상이 높게 나타나며, 이는 가정의 사회경제적 지위와 청소년의 아르바이트 경험은 밀접한 영향으로 나타났다. 또한 부모님이 모두 계시지 않을 경우에는 75.8%가 아르바이트를 하며, 부모님과 별거하는 경우에도 53.3%로 아르바이트 경험이 매우 높은 것으로 나타났다.

2020년 고용노동부에서 발간한 청소년 아르바이드 실태조사 보고서를 살펴보면 아르바이트를 하고 있는 고등학생들을 조사했을 때 그 중 25%가 이미 중학교 연령기에 아르바이트를 처음 시작한 것으로 보고되고 있다. 이와 같은 결과는 이미 상당수의 중학교 학령기의 청소년들이 아르바이트를 시작하는 것으로 볼 수 있으며 아르바이트로 유입되는 초기 진입기의 개입이 중요함을 시사하고 있다.

참고도서

여유진(2007). 교육 불평등과 빈곤의 대물림. 서울: 한국보건사회연구원.

정영순(2002). 한국과 영국의 청소년 고용증진정책 비교연구 – 직업훈련 중심. 한국사회복지학, 49. 95–128.

표 14-6 영구임대아파트 도박 중독 · 알코올 고위험군 주민을 위한 원예활동 프로그램

클라이언트의 욕구나 지역사회 문제를 클라이언트나 지역 주민이 직접 언급하는 방식은 프로포절에서 매우 유용하고 주목을 끌 수 있는 방식이다.

1) 대상자의 문제 및 욕구

① 현재 ○○시 ○○단지 영구임대아파트 입주민들을 위한 휴식공간은 총 8개소로 되어져 있다. 그 공간 대부분이 주간에는 소수 어른들의 도박, 음주, 노숙 장소로 이용되고 있고, 이러한 문제는 1991년 ○○단지 영구임대아파트의 집단 빈곤문화를 형성하고 있다. 어린이 공원을 이용하는 학부모 임○○씨(남, 40세, 딸 6세)는 "어른들이 자주 공원에서 술과 도박을 하니까 아이들을 내보내기가 겁이 나요. 더욱이 딸이니까 성추행 같은 일이 있을까봐 겁나죠."라고 말을 하고 있다. 그리고 캠페인을 통해 수렴된 주민의 의견은 〈표 1〉과 같다.

〈표 1〉 어린이공원 환경개선캠페인 주민 의견 수렴 주요 내용

- 공원은 어린이들의 주로 놀이를 하는 장소인데, 술 취한 사람과 도박하는 사람들이 많이 보입니다. 이런 점으로 볼 때 공원은 여러 가지로 개선되었으면 합니다.
- 어린이와 주민을 위한 공원입니다. 현재 도박장을 방불케 하는 사람들로 인한 공원의 이미지가 되어서는 안 된다고 생각합니다. 술 취한 사람들과 도박하는 사람들이 퇴치되어야 하고 깨끗한 환경을 조성해야 하며 맑고 쾌적하고 건전한 주민을 위한 공원이 조성되어야 한다고 생각합니다.
- 놀이터가 '놀이터'가 아니라 어른들이 술 드시고 담배 피우고 욕설이 난무하며 이 나라의 새싹이라는 어린이에게 어른들이 보이는 모습이 너무 심하고 어린이가 보는 어른들의 모습이 너무 아니어서 제발 어린이들이 어른들의 모습을 보고 배울 수 있도록 도와주세요.
- 중·고등학생이 밤늦게까지 담배 피고 술 마시며 시끄럽게 하여 잠을 못 잘 정도입니다.

표 14-7 영구임대아파트 도박 중독 · 알코올 중독 고위험군 주민을 위한 원예활동 프로그램

클라이언트의 욕구나 지역사회 문제를 클라이언트나 지역 주민이 직접 언급하는 방식과 기관이 수행한 욕구조사보고서 내용을 인용하는 방식은 프로포절에서 매우 유용하고 주목을 끌 수 있는 방식이다.

1) 대상자의 문제 및 욕구

① 영구임대아파트 단지 내 빈곤문화(도박, 알코올 중독, 배회) 존재

현재 ○○시 ○○단지 영구임대아파트 입주민들을 위한 휴식공간은 총 8개소로 조성되어져 있다. 그 공간 대부분이 주간에는 소수 어른들의 도박, 음주, 노숙 장소로 이용되고 있으며, 이러한 문제는 1991년 ○○단지 영구임대아파트의 집단 빈곤문화를 형성하고 있다.

또한 〈표 1〉과 같이 2020년에 복지관에 실시된 주민욕구조사 결과를 볼 때도 ○○시 ○○동에서 우선적으로 해결해야 할 문제에 대한 응답으로 복지시설 부족, 문화 및 체육시설 부족, 편의시설 부족, 알코올 및 도박 중독문제, 쓰레기, 매연 등 환경오염, 지역주민의식 부족 등이 높은 순위로 나타나 있어 2021년 현재에도 여전히 알코올 및 도박 중독문제는 해결되지 못한 지속적인 문제로 남아 있음을 알 수 있다.

〈표 1〉 지역사회 해결해야 할 문제

구분	1순위	2순위
복지시설 부족	53(13.6)	8(4.4)
문화 및 체육시설 부족	48(12.3)	26(6.7)
편의시설 부족	24(6.2)	28(7.2)
알코올 및 도박 중독문제	13(3.3)	17(9.7)
쓰레기, 매연 등 환경오염	6(1.5)	10(2.6)
지역주민의식 부족	24(6.2)	23(5.9)
해결해야 할 문제가 별로 없다.	60(15.4)	63(16.2)

(3) 사업 대상

프로포절은 그 사업을 통해 영향을 미치고 변화되는 대상이 누구인가를 명확하게 제시하며, '사업의 필요성'에서 제시된 문제와 욕구를 가진 집단을 구체적으로 기술하는 것으로 결국 문제와 욕구를 가진 집단의 문제를 해결하고 욕구를 충족시키겠다는 것을 강조하는 측면과 특정 집단에 대한 책임성을 적극적으로 표명하는 측면이 강하다.

공동모금회는 2018년부터 변경된 사업 계획서 양식에서는 '사업 대상'이라는 용어를 '사업 참여자'라는 표현을 활용한다.

대상집단(클라이언트)의 숫자를 산출하기 위해 보통 4개 집단으로 구분하여 추정한다. 가장 큰 집단부터 좁혀나가면서 첫째, 일반집단(general population), 둘째, 위험집단 또는 위기집단(at-risk population), 셋째, 표적집단(target population), 넷째, 클라이언트집단(client population)으로 구분하며, 마지막 집단인 클라이언트집단은 프로포절에서 책임져야 할 실인원을 의미한다. 사례는 프로포절 작성의 예와 같다.

프로포절 작성 시 많이 놓치는 부분인데, 위험집단을 기술을 할 때 반드시 '일반집단 중에서 ~'라는 표현을 언급해야 한다. 마찬가지로 표적집단을 기술할 때도 '위험집단 중에서 ~'라는 표현을 반드시 언급해야 한다. 클라이언트집단도 '표적집단 중에서 ~'라고 언급해야 한다.

표 14-8 프로포절 작성 예

대상 구분	서비스 대상자 산출근거	단위 수(명)
일반 대상	• 기관이 위치한 서울시 ○○구의 주부	○○명
위기 대상	• 일반집단 중 한부모여성 가장	○○명
표적 대상	• 위험집단 중 경제적 자립이 필요한 저소득 한부모여성 가장	○○명
클라이언트 수	• 표적대상 중 본 기관의 인근에 거주하고 프로그램 참여 의향이 있는 한부모여성 가장	○○명

(4) 사업목적 및 목표

① 목적

목적은 프로그램의 사명에 대한 의도적인 표현으로 추구하고자 하는 사업 방향을 의미한다. 목적의 특성은 첫째, 관념적이고 철학적이며 이상적인 요소가 강하다는 것, 둘째, 반드시 측정 가능하거나 성취 가능할 필요는 없다는 것, 셋째, 프로그램의 방향성을 제시하는 것이다.

② 목표

목표는 위계구조를 갖고 있어 상위 목표와 하위 목표로 표현하기도 하고, 목표와 세부 목표라고 표현하기도 한다. 사례를 표로 살펴보면 다음과 같다.

〈세부 목표의 기준: SMART〉
- Specific(구체적이고)
- Measuralbe(측정 가능하게)
- Attainalbe(실현 가능하게)
- Result-oriented(결과 지향적으로)
- Time frame(시간 구조를 갖도록)

표 14-9 세부 목표 기술방법

목적	목표	세부 목표
한부모 자신을 삶의 주체자로서 인식하고 삶을 재명명함으로써 역량강화를 도모한다.	1. 자아정체감을 갖게 된다.	1-1. 나와 가족에 대한 긍정적인 이해를 증진한다.
		1-2. 긍정적이고 적극적인 미래상을 형성한다.
	2. 대인관계 기술을 향상한다.	2-1. 실질적인 의사소통 기술을 향상한다.
		2-2. 다양한 인간관계에서 감정조절능력을 증진한다.
	3. 문제해결능력을 증진한다.	3-1. 긍정적이고 합리적인 사고능력을 증진한다.
		3-2. 현실적인 생활관리 기술을 향상한다.

표 14-10 보호 아동의 가족 유대감 증대 프로그램

목적	산출 목표	성과 목표
1. 저소득층 야간 방임아동의 안전증대 및 정상적인 성장 지원	1-1. 저소득층 야간 방임아동 20명 안전보호	보호아동의 야간 안전사고율 감소
	1-2. 20명 아동에 대한 무료 석식, 간식 제공, 건강 체조 프로그램 시행	평균 신체발달지수 향상
	1-3. 주 5회 숙제 지도 및 주 2회 기초학습 지도	기초학습능력 향상
2. 저소득층 야간 방임아동 가정의 가족 관계 강화를 통한 가족유대감 증대	2-1. 월 1회 보호자와 함께하는 프로그램 시행	보호아동의 가족 유대감 증대
	2-2. 월 1회 보호자/ 자녀 상담을 통한 심리적 유대감 형성	

(5) 사업내용

사업내용은 세부사업내용, 사업평가, 담당인력 구성, 사업 진행 일정, 홍보 계획, 지역 자원 활용 계획 등으로 나누어진다.

① 세부사업내용

목표를 달성하기 위해 구체적으로 실천가들이 어떻게 활동해야 할지, 어떻게 개입해야 할지, 어떤 전략을 수립해야 할지를 구체적으로 제시하는 영역이다. 예는 **|표 14-11|** 과 같다.

표 14-11 저소득가정 아동 야간보호 프로그램

성과 목표	프로그램	활동(수행방법)	시행 시기	수행인력	참여 인원	시행횟수 시간
보호아동의 야간 안전 사고율 감소	야간아동 보호 및 안전귀가 동행 서비스	• 복지관 방과후교실 오후 1~10시까지 운영(야간 시간대 오후 6~10시) • 아동보호자 귀가 시간에 따라 귀가 일정 조정 • 보호자가 동행귀가를 하지 못하는 경우, 복지관 차량을 통한 귀가 서비스 제공(운전자, 귀가 지도교사 동승)	연간	복지사 1명 봉사자 1명 운전자 1명	20명	• 보호(1일, 4시간) 주 5회 • 귀가(1일, 1시간) 주 5회
평균 신체발달 지수 향상	무료석식 간식 제공 및 건강체조	• 야간보호아동에 대한 무료급식 제공(자체 급식 시설 운영) • 야간보호아동에 대한 무료 저녁 간식 제공(비타민 공급을 위한 과일 위주의 간식 제공) • 매일 1시간 스트레칭과 근육 이완 체조 진행	연간	복지사 1명 봉사자 2명	20명	• 1일(1시간), 주 5회
기초학습 능력 향상	기초학습 지도	• 자체 자원봉사 대학생을 활용한 기초학습(국어, 영어, 수학) 지도 • 자체 자원봉사 대학생을 활용한 숙제 지도, 매일 숙제 알림장 점검	연간	복지사 1명 봉사자 2명	20명	• 1일(1시간), 주 5회
보호아동의 가족 유대감 증대	가족관계 개선 프로그램	• 월 1회 가족관계 개선 프로그램 시행(가족음식 만들기, 가족나들이, 가족체육대회, 영화보기 등) • 상담전공자를 통한 가족상담시행(해결 중심 기법 활용)	연간	복지사 2명 봉사자 2명	40명	• 월 1회 (4시간) • 월 20회, 회당 30분

② 사업평가

평가방법은 목표 설정과 밀접한 관련이 있기 때문에 "평가할 수 없는 목표는 목표가 아니다."라고 말할 수 있다. 평가방법의 예는 **|표 14-12|** 와 같다.

표 14-12 목표에 대한 평가방법

성과 목표	목표에 대한 평가방법			
	성과 지표	자료원	자료수집방법	자료수집 시기
보호아동의 야간 안전사고율 감소	• 야간 안전 사고 발생건수/ 비율 (※ 수 혹은 %)	복지관 자체조사	• 아동 상태 관찰 • 보호자 수시 연락 • 안전사고 일지	분기별
평균 신체발달지수 향상	• 동일연령 아동의 소아발육표준치 기준에서의 향상률 (※ 변화량)	복지관 자체조사	• 실제 신체지수 측정(학교 건강발달 사항) • 정보협조(질병 관리) • 본부 자료 참조	상 · 하반기
기초학습 능력 향상	• 학교 숙제 완성한 빈도의 증가량 (※ 빈도 Y 프로그램 개입 후 학교 성적이 좋아진 아동의 수/ 비율) (※ 수 혹은 %)	학교 담임교사 알림장, 성적점수	• 알림장 매일 점검 • 학교 담임교사와 연락 • 성적점수 점검	학기 초 (3월) 학기 말 (11월)
보호아동의 가족 유대감 증대	• Y 가족들의 놀이 모임 수 증가량 (※ 빈도) • Y 보호자/ 자녀 관계척도점수의 유의미한 차이 정도(※ 변화량) • Y 가족과의 1주 평균 대화 횟수의 변화(※ 변화량)	프로그램 참여자 (아동, 가족)	• 참여자가 제출한 과제물	과제 제출 시기

③ 담당인력 구성

담당인력은 사업을 수행할 인력의 전문성을 판단하는 영역으로 **| 표 14-13 |** 과 같다.

표 14-13 사업 주담당자와 슈퍼바이저만 기재

이름	담당부서 및 직위	경력(년)	사업 내 역할	할당시간 (단위: 1주일)	자격증 (신청사업 관련)
김○○	가족복지팀, 부장	○○○복지관 5년 ○○복지관 3년	프로그램 운영 슈퍼비전	5시간	사회복지사 1급
임○○	가족복지팀, 대리	○○공부방 1년 ○○복지관 2년	프로그램 주 담당자	20시간	사회복지사 1급

④ 사업 진행 일정

사업 진행 일정과 관련해서는 사업내용에서 제시한 활동을 중심으로 실행시기를 도표에 채워 넣는 방식으로 하는데 그 예는 **| 표 14-14 |** 와 같다.

표 14-14 사업 진행 일정 표기

내용 \ 기간	20○○년 12월	20○○년 1월	2월	3월	4월	5월	6월	7월	8월	9월	10월	11월	12월	1월
사업 세부 계획 수립	■													
대상자 선정/ 보호자 동의		■												
야간아동보호		■	■	■	■	■	■	■	■	■	■	■	■	
안전귀가동행 서비스		■	■	■	■	■	■	■	■	■	■	■	■	
기초학습 지원/ 숙제 지도		■	■	■	■	■	■	■	■	■	■	■	■	
가족관계 개선 프로그램		■	■	■	■	■	■	■	■	■	■	■	■	
사업평가, 보고서 작성														■

⑤ 홍보 계획

이웃돕기 성금으로 지원된 사업임을 사회적으로 널리 알릴 필요성이 높아져서 프로포절의 항목에 포함시켜 지원받는 기관들이 프로그램을 지역사회를 향해 보다 적극적인 홍보를 수행하도록 공동모금회에서는 요구하고 있는데 그 예는 ㅣ**표 14-15**ㅣ와 같다.

표 14-15 홍보 계획

대상	홍보방법 및 횟수	활용매체	비고
지역사회 주민	• 리플렛 등의 홍보물 제작, 12개동 반상회 참석 사업 소개, 사업 설명회 1회 실시 • 케이블 TV 연계 사례 소개	리플렛, 홍보지, 케이블 TV	
타 복지기관	• 홈페이지 게시판, 이메일로 사업 소개	인터넷	
지자체	• 주민센터 생활 지원과 분기별 방문, 리플렛 수시 제공	수시 제공 리플렛	

⑥ 지역 자원 활용 계획

프로그램의 성공적인 성과를 달성하기 위해 지역 자원을 가지고 어떻게 활용할 수 있는지를 구체적으로 기입하도록 하는데 그 예는 ㅣ**표 14-16**ㅣ과 같다.

표 14-16 지역자원 활용 계획

자원명	활용 계획	비고
A, B 종합사회복지관 및 C 가정폭력상담소	• 서비스 발굴 및 공유, 아동사례 연계(3case)	
○○대학교 사회복지학과	• 대학생 자원봉사자 연계(4명)	
D 자원봉사센터	• 차량 지원 자원봉사자 추천 및 확보(4명)	
E 주민자치센터 및 F 구청	• 본 사업에 대한 홍보 및 클라이언트 추천 통로로 이용	

(6) 예산 계획

프로그램 예산은 프로그램의 사업내용을 재무적인 관점을 표현한 것으로 사업내용에 없는 예산이 추가로 구성되어서는 안 된다. 예산 계획은 사업내용을 요약하여 작성하며, 목은 인건비, 사업비, 관리운영비로만 구분(해당 목이 없을 경우 삭제 후 작성), 세목에는 해당 사업에 필요한 프로그램 편성(각각의 세목에 포함되는 항목은 내용을 참고하여 작성), 산출 근거는 구체적으로 어떠한 내역으로 예산이 지출되었는지 실제 단가, 수량, 인원수, 건수, 횟수 등을 구체적으로 기록한다. 예산조달 계획에는 신청금액 및 자부담 금액을 기입하며(프로그램 사업의 경우 자부담이 없어도 신청 가능함), 신청금액에 대한 비율은 신청금액 대비 각 항목이 차지하는 비율을, 자부담의 경우에는 전체 자부담 대비 해당 자부담의 비율을 산출하여 기입하며, 자부담 재원은 자체예산과 외부 지원(지원처), 수익금(참가비 등) 등으로 구분하여 기입한다. 예산 계획 작성하는 방법과 예는 아래와 같다.

〈정사례〉

프로그램 단위로 세목을 설정한 경우

세목	계	산출 근거
나들이 프로그램	300,000	• 버스 1대 대여(25인승)
	165,000	• 도시락/ 다과 5,500원×30개
	60,000	• 입장료 2,000원×30명
계	525,000	

〈오사례〉

개별 활동별로 세목을 설정한 경우

세목	계	산출 근거
나들이버스 대여	300,000	• 버스 대여비(25인승)
도시락/ 다과	165,000	• 5,500원×30개
입장료	60,000	• 2,000원×30명
계	525,000	

※ 세목은 너무 구체적으로 작성하거나 포괄적으로 작성하기보다는 프로그램 단위별로 작성하는 것이 추후 예산변경 등의 업무 처리에 있어 효율적이다.

예산 계획은 다음 | 표 14-17 | 과 같이 제시하였다.

표 14-17 예산 계획

<table>
<tr><th>관</th><th colspan="8">사업비</th></tr>
<tr><th>항</th><th colspan="8">사회복지 공동모금회 '저소득층 아동 야간보호' 사업비</th></tr>
<tr><th rowspan="2">목</th><th rowspan="2">세목</th><th rowspan="2">계</th><th rowspan="2">산출 근거</th><th colspan="5">예산조달 계획</th></tr>
<tr><th>신청
금액</th><th>비율(%)</th><th>자부담</th><th>비율(%)</th><th>자부담
재원</th></tr>
<tr><td colspan="2">총계</td><td>16,000,000</td><td></td><td>13,100,000</td><td>100</td><td>2,900,000</td><td>100</td><td></td></tr>
<tr><td rowspan="2">인건비</td><td>담당인력
야근수당</td><td>4,800,000</td><td>담당인력 2명×
1시간 5,000원×1일
4시간×월 10일×12개월</td><td>4,800,000</td><td></td><td></td><td></td><td></td></tr>
<tr><td>소계</td><td>4,800,000</td><td></td><td>4,800,000</td><td></td><td></td><td></td><td></td></tr>
<tr><td rowspan="5">사업비</td><td>야간귀가
차량유행</td><td>2,000,000</td><td>주 5회 x 10,000원 x 40주</td><td></td><td></td><td>2,000,000</td><td></td><td>자체
예산</td></tr>
<tr><td rowspan="2">기초
학습 지도
프로그램</td><td rowspan="2">2,600,000</td><td>학습교재비(국/ 영/ 수)×연간
6권×5,000원×20명</td><td>600,000</td><td></td><td></td><td></td><td></td></tr>
<tr><td>자원봉사자 교통비 대학생 2인
×주 5회×5,000원×40주</td><td>2,000,000</td><td></td><td></td><td></td><td></td></tr>
<tr><td>가족관계
개선
프로그램</td><td>4,800,000</td><td>상담 및 특별활동 프로그램
(니들이, 체육대회, 요리,
영화보기) 20가족×가족 당
20,000원×12개월</td><td>4,800,000</td><td></td><td></td><td></td><td></td></tr>
<tr><td>소계</td><td>9,400,000</td><td></td><td>7,400,000</td><td></td><td>2,000,000</td><td></td><td></td></tr>
<tr><td rowspan="3">관리
운영비</td><td>야간난방비</td><td>900,000</td><td>월 150,000원×6개월
(1~3월, 10~12월)</td><td></td><td></td><td>900,000</td><td></td><td>자체
예산</td></tr>
<tr><td>전기료</td><td>900,000</td><td>야간전기 사용료
월평균 50,000원×12개월
냉방비(에어컨)
월평균 100,000원×3개월</td><td>900,000</td><td></td><td></td><td></td><td></td></tr>
<tr><td>소계</td><td>1,800,000</td><td></td><td>900,000</td><td></td><td>900,000</td><td></td><td></td></tr>
</table>

(7) 향후 운영 계획

향후 운영 계획은 지원 종료 시 사업 지속성에 따른 자구 방안 노력 및 계획 정도, 차년도 주요 사업 계획 및 이에 따른 예산, 인력 확보 계획 등을 기입한다.

6) 프로포절 기관

① 사회복지공동모금회(http://www.chest.or.kr/)
② 이랜드복지재단(http://www.elandwelfare.or.kr/)
③ 삼성복지재단(http://welfare.samsungfoundation.org/)
④ KT&G 복지재단(http://www.ktngwelfare.org/)
⑤ 한국지엠한마음재단(http://www.gmkorea-foundation.or.kr/)
⑥ 한국타이어나눔재단(http://kr.hankooktire.com/)
⑦ LG공익재단(http://foundation.lg.or.kr/)
⑧ 아산사회복지재단(http://www.asanfoundation.or.kr/)
⑨ 파라다이스복지재단(http://paradise.or.kr/)
⑩ 아시아복지재단(http://www.asia1945.org/)
⑪ SK행복나눔재단(http://www.skhappiness.org/main.do)

제15장

사례관리

1. 사례관리의 개념과 특징
2. 사례관리의 과정 및 사례 관리자의 역할

1 사례관리의 개념과 특징

1) 사례관리의 개념

사례관리란 한 마디로 정의하기는 어려우며, 많은 학자와 사회복지실천가가 사례관리에 대해 정의를 내리면서 사례관리가 무엇인지 설명하고 있으며, 우선 사례관리를 다양하게 설명하는 표현을 한 번 알아보면 다음과 같다.

① 복합적인 문제를 지닌 클라이언트의 욕구를 충족시키기 위하여 다양한 서비스를 제공하는 실천적 활동과 다양한 사회적 자원을 동원하는 활동, 서비스를 점검하는 활동까지 행정적 활동과 실천적 활동을 모두 일컫는 종합적인 서비스이다.

② 복합적인 욕구를 가진 사람들의 기능화와 복지를 위해 공식적 · 비공식적 지원과 활동의 네트워크를 조직 · 조정 · 유지하는 활동이다.

③ 복합적인 욕구를 가진 대상자에게 다양한 서비스를 효과적으로 전달하기 위한 실천 전략이다.

④ 다양하고 복합적인 욕구를 지닌 클라이언트를 대상으로 사례 관리자 또는 사례관리 팀이 공식적 · 비공식적 지원망과 클라이언트의 기능과 복지를 최대화하기 위해 고안된 활동을 조직하고 조정하며 유지하는 활동이다.

⑤ 사회 기능상의 문제를 가진 개인이 기능 회복 및 기능 증진을 이룰 수 있도록 개인과 주변 환경을 변화시키기 위해 지속적이고 통합적으로 개입하는 방법이다.

⑥ 복합적이고 장기적인 욕구가 있는 클라이언트와 가족의 사회적 기능 회복을 위해 서비스 운영 체계를 확립하고 이를 기반으로 체계적 사정과 지역사회의 다양한 지원을 활용하여 지속적이고 효과적인 사회복지서비스를 제공하는 통합적 실천방법이다.

(1) 사례관리의 정의

사례관리란 복잡하고 다양한 문제나 장애를 가진 개인과 그 가족에게 효과적으로 서비스를 제공하기 위해 제안된 통합적 접근 모델이다.

사례관리의 본질적인 목적은 문제해결에 있는데, 문제해결이란 지속적인 서비스를 제공하고, 서비스 체계의 경직성, 분산된 서비스, 서비스나 시설접근의 어려움 등을 극복함으로써 이루어지는 것을 말한다.

사례관리에 대한 학자들의 다양한 정의를 살펴보면 다음과 같다. 클라이언트 차원에서 사례관리는 클라이언트에 대한 특정한 서비스의 필요성과 그 필요한 서비스를 받을 수 있도록 하는 클라이언트 중심의 목적 지향적인 과정으로 정의한다. 한편, 사례관리는 제공자 간의 부적절한 것의 조정, 스텝의 교체, 스텝의 이동 및 서비스 분열로부터 발생하는 문제들을 최소한으로 줄이도록 하는 중요한 방법으로 여겨지고 있다(이철수 외, 2009)고 정의하며, 사회사업 대백과사전(NASW; 김만두 외, 1999)는 복잡하고 다양한 문제와 장애를 가진 서비스 대상자(클라이언트)가 시기적절한 때에 적절한 방법으로 필요로 하는 서비스를 포괄적으로 제공 받을 수 있도록 보장하는 서비스 접근방법이라고 정의하며, 전미사회복지사협회(NASW, 2013)에서는 '사례관리란 서비스 전달 체계의 요소들을 연결하고 조정하여 개인의 보호를 위한 욕구를 충족시킬 수 있는 포괄적인 프로그램을 확실히 제공할 수 있도록 하기 위한 하나의 기제다'라고 정의한다.

사례관리는 복합적인 문제를 가진 클라이언트를 대상으로 그들의 문제를 해결하기 위해 포괄적인 서비스 계획을 개발하고, 각종 서비스에 대한 클라이언트의 접근을 용이하게 하는 옹호활동을 하며, 적절하고 효과적인 서비스가 전달되고 있는지 점검하고 평가하는 활동을 하며, 지역사회의 다양한 자원을 활용하여 지속적이고 효과적인 사회복지서비스를 제공하는 통합적 실천방법이다(권진숙, 2004). 목슬리(Moxley, 1989)는 복합적인 욕구(need)를 가진 사람들의 기능화와 복지를 위해 공식적 · 비공식적 지원과 활동의 네트워크를 조직 · 조정, 공유하는 것으로 정의하며, 바커(Barker, 1995)는 클라이언트의 이익을 위해 다양한 기관과 직원들로부터 제공받을 서비스를 계획하고 추구하며 검토하는 일련의 절차이며, 이는 기관 내의 혹은 타기관에 속한 실천가가 전문적인 팀워크를 통해 클라이언트에게 제공될 서비스를 조정하고, 필요한 서비스의 제공을 확대할 수 있게 해주는 것이며, 클라이언트의 욕구가 필요로 하는 전문 서비스의 진전을 점검하고 평가하며 재사정하는 것을 포함한다고 정의한다. 사례관리를 한 마디로 표현하면 사례관리는 복합적인 문제를 가진 클라이언트를 대상으로 그들의 문제를 해결하기 위해 포괄적인 서비스 계획을 개발하고, 가족 서비스에 대한 클라이언트의 접근을 용이하게 하는 옹호활동을 하며, 적절하고 효과적인 서비스가 전달되고 있는지 점검하고 평가하는 활동이다. 그러므로 지역사회의 다양한 자원을 활용하여 지속적이고 효과적인 사회복지서비스를 제공하는 통합적 실천방법이다.

(2) 사례관리의 목적

사례관리의 목적은 다양한데 일반적으로 다음과 같은 내용을 제시한다. 이는 사례관리의 목적으로 분류되기도 하며, 사례관리의 특징으로 분류되기도 한다. 이러한 목적을 갖는 것 자체가 기존의 사회복지실천과는 조금 다른 측면이 있기 때문에 사례관리의 특징이 되는 것이다.

① 클라이언트의 역량 강화

사례관리를 하는 궁극적인 목적은 클라이언트가 자신의 삶을 스스로 살아갈 수 있는 역량을 갖추게 하는 것이다. 클라이언트의 역량 강화는 클라이언트가 자신이 원하는 자원을 얻을 수 있는 힘을 갖추는 과정인데 사례관리를 통해 클라이언트가 역량을 기를 수 있도록 지원한다.

② 보호의 연속성 보장

클라이언트의 욕구가 충족되도록 하기 위해서는 일정한 기간 동안 서비스를 지속적으로 제공해야 한다. 이를 위해 사례관리의 대상은 쉽게 해결될 수 없는 만성적이고 복합적인 욕구를 지니고 있기 때문에 어떤 일정한 장소나 장기적인 지원 등 연속적 보호와 서비스를 제공하는 것이 필요하다.

③ 서비스의 통합성 증진

다양한 기관이 서비스를 제공하지만 이 서비스와 자원이 서로 연계되고 조정될 수 있도록 통합적으로 관리가 이루어져야 한다. 사례관리는 파편화되거나 중복되는 서비스 간 조정을 통해 통합성을 증진시킨다. 즉, 복합적이고 변화하는 이용자의 욕구 해결을 위해 기관과 지역사회의 자원과 서비스를 통합적으로 확보하는 것이 필요하다.

④ 서비스의 접근성 증진

일반적으로 클라이언트가 자신이 활용할 수 있는 자원에 대한 정보가 부족하거나 서비스 제공의 복잡성 때문에 서비스에 대한 접근성이 좋지 않은 경우가 많다. 서비스의 접근성을 증진시키는 것은 서비스 이용자의 자격, 규정, 절차 등에 관련된 장애 요인을 없애 서비스에 쉽게 접근할 수 있도록 한다. 사례관리는 이를 위해 찾아가는 서비스 혹은 정보 제공과 의뢰와 같은 방법을 통해 클라이언트의 서비스 접근성을 높인다.

⑤ 사회적 책임의 증진

사례관리는 한정된 자원으로 많은 효과를 거둘 수 있도록 효율적인 서비스를 제공해야 할 사회적 책임이 있다. 전문성을 높이고, 높은 수준의 보호를 제공하고, 지속적 개선 등을 통해 효과적이고 효율적으로 서비스를 제공하는 것이 사례관리의 중요한 목적이다.

⑥ 성과 관리

서비스의 효과성과 효율성을 중요시하는 사례관리는 성과 관리를 중요한 목적으로 삼는다. 사례관리의 전 과정을 통해 평가가 중요시되는데, 클라이언트에게 적절하게 서비스가 제공되고 있는지, 서비스 제공 과정에 문제는 없는지, 서비스가 클라이언트의 삶에 변화를 가져왔는지 등 과정과 결과는 모두 평가의 대상이 된다.

2) 사례관리의 등장배경

전통적인 사회복지방법론과 전혀 다른 새로운 것은 아니지만 사례관리가 등장한 후에는 그 전과 부분적으로는 다른 방식으로 서비스를 제공하기 시작했다. 사례관리가 등장한 시대적, 사회적 배경, 사례관리가 등장하도록 영향을 미친 요인은 다음과 같다.

(1) 탈시설화

탈시설화(Deinstitutionalization)는 '시설화'의 반대말로, 장애인을 시설에 보호하지 않고 장애인이 태어나고 자란 지역사회에 거주하면서 사회적응과 재활에 필요한 서비스를 받게 하는 것을 말한다. 탈시설화 운동 혹은 탈시설화 정책은 1960년대 미국에서 시작되었는데 미국은 그 당시 대규모 주립정신병원에 수용되어 있던 장애인을 퇴원시켜 지역사회로 돌려보내는 탈시설화 운동을 실시하였다. 당시 주립정신병원의 설립 목적은 적절한 치료를 받지 못하고 방치되는 정신 장애인에게 전문적이고 질적으로 우수한 서비스를 제공하려는 것이었으나 병원의 규모가 커지면서 서비스의 질은 낮아지고 획일적으로 제공하는 것 등이 문제가 되었다. 입원 기간이 길어질수록 사회로 복귀할 가능성은 낮아지고, 정부는 막대한 사회적 비용을 부담해야 하는 처지에 놓이게 되었다. 이에 대규모 정신병원을 없애고 정신 장애인을 지역사회로 돌려보내 지역에서 적절한 치료와 보호를 받게 하는 탈시설화 운동이 시작되었다. 이에 1967년 미국 캘리포니아 주의 경우 침상 수가 3만 7천여 개에서 1984년에는 5천 개 내외로 감소하였지만, 탈시설화로 인해 지역사회로 돌아간 다수의 정신 장애인은 막상 제대로 된 서비스를 받지 못했다. 생계비 보조, 직업재활, 정기검진 등 다양한 서비스가 필요했지만 어디에서 어떤 서비스를 받아야 하는지에 관한 정보가 부족하고 기관에 대한 접근성도 떨어져서 장애인의 증상은 오히려 나빠졌다. 이와 더불어 가족에게 전적인 책임을 돌렸기 때문에 가족이 과도한 부담을 느끼게 되면서 장애인은 다시 방치되는 위험에 놓였다. 이에 사례관리의 필요성이 대두하기 시작했다.

여기서 '탈시설화'란 지역사회와 분리된 수용시설에서 제공되던 서비스 제공방식에 많은 문제점을 드러내자 수용시설에 격리되어 있던 장애인들을 시설로부터 가정과 지역사회로 돌려보낸 것을 말한다. 탈시설화 정책의 영향으로 한꺼번에 많은 수의 클라이언트가 지역사회에 거주하게 되었고 그 결과 분산되어 통합하는 관리 체계가 필요했다.

(2) 복잡하고 분산된 서비스 체계

1970년대 미국에서는 사회복지서비스 제공이 연방정부에서 주정부나 지방정부로 이관되므로 지역사회는 서비스 간 통합을 위한 장치나 서비스 사이의 조정을 위한 장치를 거의 갖추지 못한 채 이러한 변화를 맞게 됨으로써 서비스 중복을 막기 위해 다양한 서비스를 조정하고 연계하는 기능이 필요했으며, 분산되고 단편화된 서비스를 조직화하고 통합하여 클라이언트의 욕구를 충족시킴으로써 지방분권화에 따른 부정적 측면을 해소하기 위해 사례관리가 등장하게 됐다.

(3) 클라이언트와 그 가족에게 부과되는 과도한 책임

탈시설화로 인해 다수의 클라이언트가 지역사회로 돌아왔고, 인구사회학적 변화로 복합적 욕구와 문제를 가진 클라이언트들이 증가했으며, 이들이 지역사회 내에서 이용할 수 있는 자원은 매우 부족했고 이들을 보호해야 하는 가족은 보호의 부담이 아주 커졌다. 이러한 클라이언트와 가족을 위해 자원을 개발하고 연결할 수 있도록 돕는 서비스 기능이 필요했다.

(4) 복합적인 문제와 욕구를 가진 클라이언트의 증가

다양한 사회 문제의 발생, 인구사회학적인 변화 등으로 인해 복합적 문제와 욕구를 가진 클라이언트가 증가했는데, 대표적으로 노인과 장애인을 들 수 있다. 지역사회에 거주하는 신체 및 정신장애인 등 복합적인 문제와 욕구를 가진 클라이언트가 증가하면서 지역사회에 적응하는 데 필요한 서비스를 조직하고 욕구를 충족시킬 수 있는 활동이 필요하게 된다. 그러나 기존의 서비스는 특정 서비스를 한정된 범위에서 특정 사람에게만 제공되었기 때문에 서비스가 단편적이고 세분화되어 있어 복합적인 문제와 욕구를 가진 클라이언트의 욕구를 충족시키기는 어려웠다.

(5) 서비스 비용 억제의 필요성 증대

사회복지서비스에 대한 정부의 개입이 점차 지방지치단체와 민간기관으로 옮겨가는 혼합복지가 이루어지게 되므로 대규모 사회복지시설은 서비스를 제공하기 위해 많은 비용이 지출되었고, 정부 입장에서는 불필요한 시설 입소를 줄이고, 상대적으로 비용이 저렴한 서비스를 지역사회에서 받을 수 있도록 하는 재가 서비스를 확대하였다. 이에 따라 사례관리의 필요성은 더욱더 증가하게 되었으며, 서비스 간 중복을 피하여 동일한 자원에 대해 많은 효과를 볼 수 있도록 서비스 간 조정과 클라이언트에 대한 체계적 관리를 통해 서비스 비용을 줄이고자 하였는데, 사례관리를 통한 조정과 클라이언트에 대한 관리를 강화함으로써 이를 달성하였다.

(6) 기존 서비스의 단편성

복잡하고 다양한 욕구를 가진 클라이언트가 존재하고 증가하는 반면 기존의 서비스들은 범주로 분류되어 단편적인 서비스를 제공하는 한계를 가지게 되었으며, 클라이언트의 욕구가 충족되지 못하는 상황이었기 때문에 사례관리의 필요성이 요구되었다.

(7) 사회적 지원 체계와 지원망의 중요성에 대한 인식 증가

대인복지 서비스에서 클라이언트의 삶의 질을 높이기 위한 사회적 지원 체계와 지원망의 영향이 매우 크다는 인식이 확산되었으며, 정부 중심의 공적인 기관이 제공하는 서비스와 비공식적인 사회적 지원 체계가 공급하는 서비스에는 양적 혹은 질적 차이가 존재함을 알게 되었고, 공식적이고 전문적인 서비스와 비공식적인 지원 체계와 지원망을 조정하고 통합하는 사례관리가 필요하게 되었다.

3) 사례관리의 특징

사례관리는 과거부터 수행되었던 사회복지실천과는 전혀 다른 새로운 것인가? 아니면 예전부터 존재해왔던 실천방법인가? 어떤 점에서 비슷하고 어떤 점에서 다른가? 사례관리의 특징을 읽어보면서 사례관리에 대해 좀 더 깊이 이해해 보고자 한다.

① 클라이언트 욕구에 초점을 두고 기관 내 서비스로 한정하지 않는다.

사례관리가 기존의 전통적 개별 사회복지실천과 다른 점은 기관의 서비스와 프로그램에 기초하여 서비스를 제공하지 않는다는 점인데, 즉 클라이언트의 욕구에 초점을 두고 기관의 범위를 넘어서 지역사회 차원에서 좀 더 적극적으로 서비스를 제공하며, 특정기관에서 제공하지 않는 어떤 서비스가 클라이언트에게 필요하다면 사례 관리자는 다른 기관을 통해 서비스를 받도록 연결해야 한다.

② 단편화되고 파편화된 서비스를 통합적으로 관리한다. 공식적 또는 비공식적 자원을 연계하고 조정한다. 자원 체계 간 연결, 조정 등의 활동을 한다.

클라이언트를 위한 원조활동의 조정 절차는 기관 내의 많은 사회복지사로 하여금 전문적인 팀워크를 통하여 클라이언트에게 제공하려는 서비스를 조정할 수 있게 함으로써 필요한 서비스의 범위를 넓혀준다.

③ 서비스의 접근성을 향상시킨다.

복잡한 프로그램, 자격조건 등이 다르거나 까다로워서 서비스 접근에 어려움이 있는 경우 클라이언트는 서비스를 받지 못하는 경우가 많았다. 그러나 사례관리는 좀 다르다. 사례 관리자는 서비스 제공자와 접촉하여 중개역할을 하면서 클라이언트가 자원이나 서비스에 접근하기 쉽도록 서비스의 접근성을 향상시킨다.

④ 투입과 과정에 대한 평가를 한다.

사례관리는 사례를 발견하고, 종합적이고 다차원적으로 평가하고, 빈번하게 재평가하는 과정을 포함한다. 특히 서비스 제공 계획이 제대로 진행되고 있는지, 서비스의 이행과 전달에 대해 지속적으로 감독하고 평가한다. 클라이언트의 욕구를 사정한 후 서비스를 제공하고(투입), 클라이언트의 문제가 어떠한 변화를 보이는지(과정)를 지속적으로 평가한다. 사례 관리자는 클라이언트와 서비스 제공자들을 직접 접촉하면서 이러한 과정을 점검하고 진행 과정을 논의한다.

⑤ 복합적인 문제를 가진 개인의 자원 획득 및 활용 능력을 강화한다.

사례관리는 클라이언트 자신의 생활 기술을 증진시킴으로써 서비스와 자원을 이용할 수 있는 능력을 강화한다. 이는 사례관리의 목적과도 연관된다. 클라이언트의 사회적 기능을 향상시키기 위해 사회적 망과 관련 대인복지서비스 제공자들의 능력을 발전시키도록 한다.

⑥ 서비스의 중복 가능성을 낮춰 자원을 효율적으로 사용한다.

지역사회 내에서는 비슷한 서비스가 다양한 기관에서 제공되므로 사례관리를 통해 서비스의 중복 제공을 낮춰 자원을 효율적으로 사용한다.

⑦ 임상적 욕구를 가진 클라이언트에게는 치료적 상담을 실시한다.

사례관리의 중요한 기능 중 하나는 임상실천적 기능으로 이는 클라이언트에 대한 교육, 지지, 위기 상황에 대한 개입, 상담 등 직접적 서비스를 제공하는 것이다. 따라서 치료, 교육 등 직접적 서비스 제공을 원하는 즉 임상적 욕구가 있는 클라이언트에게 치료적 상담을 실시한다.

⑧ 클라이언트의 가족과 일차집단의 클라이언트에 대한 보호 능력을 확대시킨다.

사례관리의 등장 배경에는 사회복지서비스의 비용에 대한 국가 및 정부의 부담이 크다는 점을 들 수 있는데, 이러한 부담을 완화하기 위해 클라이언트의 가족과 친지 같은 일차집단이 제공하는 사회적 지지 등을 활용하고자 하였다. 따라서 사례관리는 클라이언트의 가족과 일차집단의 클라이언트에 대한 보호 능력을 확대시키려고 한다.

4) 사례관리 개입 원칙

사례관리의 개입 원칙에는 서비스의 개별화, 서비스 제공의 포괄성, 클라이언트의 자율성 극대화, 서비스의 지속성(연속성), 서비스의 연계성, 서비스의 접근성, 서비스의 체계성 등이 있다.

(1) 서비스의 개별화

사례관리는 클라이언트의 개별적인 욕구와 상황에 맞는 맞춤형 서비스를 제공하는데, 즉, 클라이언트 개개인과 그가 갖고 있는 욕구를 적절하게 계발하여 서비스를 제공해야 한다. 따라서 클라이언트마다 서로 다른 욕구와 강점이 있으므로 서비스 계획도 그에 맞게 수립해야 한다.

(2) 서비스 제공의 포괄성

클라이언트의 다양한 욕구가 여러 분야에서 충족될 수 있도록 포괄적인 서비스를 제공하며, 클라이언트의 다양한 욕구를 충족시키기 위해 사례 관리자는 광범위한 자원을 연결하고 조정하며 서비스가 제대로 전달되고 있는지 점검해야 한다.

(3) 클라이언트의 자율성 극대화

사례관리에서는 클라이언트가 다양한 서비스를 받을 수 있도록 서비스와 자원을 연결하고 조정하지만 그렇다고 해서 사례 관리자가 클라이언트를 대신하여 모든 것을 선택하고 결정하는 것은 아니며, 오히려 사례관리에서는 다양한 자원과 서비스에 대해 클라이언트가 선택할 자유를 최대화하고 클라이언트의 자기결정권을 보장해야 한다.

클라이언트가 가능한 한 자립할 수 있도록 돕는 데 초점을 두며, 클라이언트가 자신의 서비스와 관련된 판단을 하는 데 자기결정 능력을 최대화하도록 해야 한다.

(4) 보호의 연속성 혹은 서비스의 지속성

사례관리는 클라이언트의 욕구를 점검하여 지속적으로 서비스를 제공하며 클라이언트가 어떤 일정한 장소나 기간 내에서 계속적으로 서비스를 받을 수 있도록 보호의 연속성을 보장한다. 따라서 시간의 경과에 따라 변화하는 클라이언트의 욕구를 지속적으로 사정하고 서비스를 제공해야 한다.

(5) 서비스의 연계성

사례관리는 복잡하고 분리되어 있는 서비스 전달 체계를 연결하며, 지역사회에 분산되어 있는 서비스 정보를 제공하고 서비스들을 서로 연결하여 서비스의 효과성을 높인다.

(6) 서비스의 접근성

사례 관리자는 클라이언트의 인종, 성별, 계층 등을 이유로 이용자격 및 절차 등에서 어려움을 겪지 않고 서비스를 쉽게 이용할 수 있도록 서비스의 접근성을 향상시킨다. 예를 들면, 클라이언트가 서비스를 이용하는 데 장애가 되는 심리적 조건이나 물리적 요소 혹은 사회문화적, 경제적 요소들이 존재하는지 점검하고, 이러한 과정에서 클라이언트에 대한 옹호활동을 하기도 한다.

(7) 서비스의 체계성

유사한 서비스 간 중복을 줄이고 서비스 비용을 효율적으로 관리하기 위해 서비스와 자원들을 조정함으로써 서비스의 체계성을 증진시키며, 사례 관리자는 서비스를 제공하는 공식적 지원 체계 간 조정뿐만 아니라 가족이나 친구, 혹은 친지 같은 비공식적 지원 체계를 통합하고 기능적으로 연결하여 다양하고 체계적인 지지망을 구축해야 한다.

5) 사례관리의 대상

사례관리 대상으로는 장애인복지, 지역사회정신보건, 노인복지, 의료, 보건사업, 아동, 정신 장애인, 발달 장애 등과 같은 인간을 대상으로 하는 서비스에 두루 쓰이는 실천 양식으로 지역사회 세팅 내에서 만성 장애인이나 중증 장애 클라이언트에게 차츰 확대되고 지속적인 보호를 제공하는 수단으로 여겨지고 있다. 특히 노인, 아동, 장애인, 정신 장애인과 같이 복합적인 욕구나 만성적인 장애를 가진 대상에게 더욱 효과적으로 적용된다.

2 사례관리의 과정 및 사례 관리자의 역할

1) 사례관리의 과정

사례관리도 사회복지실천의 한 방법으로 단지 접수와 정보수집이 생략되었는데 이 단계를 거치지 않는다는 것이 아니고, 사정 단계 전에 '아웃리치'가 있어, 기본적으로 수행하기 때문에 표현에서 생략되었고, 다음과 같이 5단계로 나누어진다.

(1) 사정

사정(Assessment)은 클라이언트의 복합적인 욕구와 문제, 기능, 강점과 잠재력, 공식적 및 비공식적 지원 체계 등에 대해 자료를 수집하고 종합적으로 분석하는 사례관리의 과정 중 하나이다.

클라이언트 개인의 심리적 · 사회적 기능뿐만 아니라 사회적 지지망과 지역사회 내에서 활용 가능한 자원까지 포함하여 다차원적으로 접근한다. 즉, 클라이언트의 욕구 및 문제, 클라이언트가 문제를 해결하는 데 유용하게 활용할 수 있는 자원, 자원을 활용하는 데 장애물, 비공식적 체계(예 가족, 친구, 종교집단 등), 공식적 체계(예 사회복지기관, 정부기관 등)의 능력을 파악하는 데 그 내용은 다음과 같다. 클라이언트의 능력과 대인 서비스 욕구에 대한 사정, 클라이언트의 사회적 관계망과 관계망 구성원이 클라이언트의 욕구에 부응하는 능력에 대한 사정, 대인 서비스 제공자와 이러한 제공자가 클라이언트의 욕구에 부응하는 능력에 대한 사정 등이 있다.

예를 들어, 인터넷 중독 정도를 알아보기 위해 청소년 자녀에게 인터넷 중독 검사를 실시하고, 아버지의 폭력 정도를 알아보기 위해 자녀와 면담하는 것, 가계도 및 생태도 그리기 등이 있다.

(2) 계획

계획은 사정에서 수집한 정보를 클라이언트에게 도움이 되도록 하는 활동을 전환하는 과정으로 클라이언트의 욕구 충족 및 문제해결을 위해 서비스를 구체화하는 과정이다. 또한 사례관리에서 정의하는 계획도 어떠한 방법으로 서비스를 제공하면 클라이언트의 문제가 해결될 수 있을지에 대해 논리적, 실천적 근거가 확보된 개별화된 서비스의 제공 계획을 의미한다. 사정에서 얻은 자료를 바탕으로 포괄적이고 구체적인 서비스를 어떻게 제공할 것인지 계획하며, 기관 내의 팀이나 직원들과 서비스를 계획하고, 다른 기관들과의 사례조정회의를 계획하거나 참석한다.

(3) 개입

개입 단계는 계획된 서비스를 실행하는 단계로서 클라이언트에게 필요하고 유용한 서비스를 연결하고, 직접 개입을 통하여 서비스를 제공하는 단계로서 일반적으로 직접 개입과 간접 개입 등 두 가지 유형으로 나타난다.

① 직접 개입

직접 개입은 개인, 가족, 소집단 등 클라이언트 체계 자체를 변화시킴으로써 클라이언트의 문제가 해결되도록 원조하는 개입방법이며, 사례관리의 개입 과정에서 직접 개입하는 방법은 클라이언트와 상담하거나 클라이언트에게 정보를 제공하거나 교육을 수행하는 것 등이 있다. 클라이언트의 안전을 위협하는 위기가 발생했을 때 직접 개입하여 클라이언트에게 서비스를 제공하는 위기 개입, 클라이언트의 문제해결 역량을 강화하기 위해 실시하는 다양한 교육 훈련, 정보 제공, 상담 등이 이에 속한다. 이때 사례 관리자는 상담가, 교육자, 훈련가 등의 역할을 할 수 있다.

② 간접 개입

간접 개입은 클라이언트 주변 체계의 변화를 유도함으로써 클라이언트의 문제가 해결되도록 원조하는 개입방법이며, 클라이언트와 직접 접촉하여 서비스를 제공하지는 않지만 클라이언트가 욕구 해결을 위해 자원을 획득하도록 중개하거나 의뢰하는 것, 외부 서비스 제공자와 클라이언트를 연결하는 것, 서비스의 중복과 누락을 방지하기 위해서 조절하는 것, 클라이언트를 옹호하는 것 등의 활동이 사례관리에서 일컫는 간접 개입이다. 간접 개입에서 사례 관리자는 중개자, 연결자, 옹호자의 역할을 할 수 있다.

(4) 점검과 재사정

점검은 서비스가 제대로 클라이언트에게 전달되고 있는지, 클라이언트에게 변화가 일어나고 있는지를 사례 관리자가 검토하는 것이며, 재사정은 클라이언트의 욕구 변화를 다시 사정하는 것이다.

사례 관리자는 서비스 계획이 적절하게 실행되고 있는지, 서비스와 지원 계획 목표를 어느 정도 성취했는지, 서비스와 사회적 지지를 어느 정도 산출했는지, 클라이언트의 욕구 변화를 점검해서 서비스 계획을 바꾸어야 하는지 등을 검토해야 한다. 계획대로 진행되지 않고 있다면 개입 계획을 수정하거나 문제해결 전략을 바꿀 수도 있으며, 클라이언트에게 새로운 욕구가 발생했는지, 기존 욕구가 달라졌는지 등 욕구 변화를 재사정하여 서비스 계획의 변화 여부를 검토한다.

점검 단계와 이후의 사례 관리자 과업으로 개입의 진행 정도를 파악하고, 개입 계획의 수정 여부를 검토하며, 필요 시 문제해결 전략을 수정하고, 점검이 끝나면 클라이언트의 욕구 변화를 재사정한다.

(5) 평가

평가는 서비스 계획, 구성 요소, 활동 등이 클라이언트 삶에 어떤 영향을 미치는지 측정하는 활동이며, 사례 관리자는 서비스를 제공함으로써 클라이언트에게 어떠한 변화가 일어났는지, 개입의 목표가 달성되었는지 등을 평가한다.

서비스와 개입 계획에 관한 평가, 목적 달성에 대한 평가, 전반적인 사례관리 서비스 효과에 관한 평가, 클라이언트 만족도에 관한 평가를 해야 하며, 계획은 효과적이었는지, 계획대로 수행한 결과가 클라이언트의 기능 향상과 삶의 질 향상에 영향을 미쳤는지, 클라이언트의 사회적 지지 체계가 활성화되었는지, 서비스를 받는 과정에서 클라이언트는 만족했는지 등이 주요 평가 질문이다.

2) 사례 관리자의 역할

사례 관리자는 일반적으로 클라이언트의 욕구를 사정하고 적절한 서비스를 계획하거나 배치하고, 클라이언트를 여러 자원에 연결하며, 목표를 성취하기 위한 과정을 점검하고 평가하는 활동을 수행한다.

사례 관리자는 매우 다양한 역할을 하는 데 클라이언트의 욕구에 의해 사례 관리자의 역할이 결정된다. 사례 관리자가 수행하는 주요한 역할은 다음과 같다.

(1) 조정가/ 조정자(coordinator)

조정가는 지역사회에 흩어져 있는 다양한 서비스가 중복되거나 누락되지 않도록 정리하는 역할을 말하며, 조정가로서의 사회복지사는 한 사례를 담당하여 그 사례가 종결될 때까지 제공하는 서비스를 총괄하면서 서비스가 중복되거나 누락되지 않도록 서비스를 조정한다.

예를 들어, 사례 관리자 김○○은 홀로 사는 어르신 클라이언트에게 방문 서비스가 중복해서 제공되는 문제를 발견한 후 지역 내 재가 서비스 기관 회의를 통해 서비스가 중복되지 않도록 처리했다.

(2) 중개자(broker)

중개자는 클라이언트가 필요로 하는 자원이나 서비스를 연결해주는 역할을 말하는데, 이에 사례 관리자는 지역사회 내 다양한 기관과 자원에 대한 정보를 많이 알고 있어야 한다.

예를 들어, 알코올 중독인 중년 남성이 치료를 받고 재활할 수 있도록 지역사회 내 병원, 직업훈련시설, 자활후견기관, 단주 모임(○○) 등을 안내하여 차례로 서비스를 받도록 연결하였다.

(3) 옹호자(advocate)

자신 스스로가 자신을 대변하고 옹호하는 능력이 부족한 클라이언트를 대변하여 클라이언트의 요구 사항을 구체화시키고, 가능한 한 자원이 클라이언트에게 적절히 공급될 수 있도록 옹호활동을 한다. 사례관리의 대상이 되는 클라이언트는 대부분 자원에 대한 접근성이 낮고 자신의 권리를 주장하는 목소리가 약한 경우가 많은데, 서비스 및 자원으로부터 부당하게 배제되는 경우도 있으므로, 사례 관리자는 클라이언트를 옹호하고 대변하여 이들이 자신의 권리를 찾고 정부와 지역사회의 자원을 이용할 수 있도록 원조한다. 또한 클라이언트를 대신하여 그들이 지속적으로 자원과 서비스를 받을 수 있도록 원조하고, 클라이언트가 필요로 하는 서비스가 제공될 수 있도록 사회적 행동을 제안한다. 예를 들면, 여성 노숙인들의 욕구를 반영하며 자원을 개발하거나 서비스 질을 향상시키도록 국가에 대책을 요구하는 활동이다.

또한 장애인 차별 문제에 대해 차별금지법률 제정 운동하기, 공식적으로 민원 제기하기, 외부 권위에 항의하기, 결혼 이주 여성의 적응 문제를 사회적으로 이슈화하기, 기관의 정책이 클라이언트에게 불리하다고 판단될 때 기관의 정책에 도전하는 옹호역할을 수행하는 것 등을 말한다.

(4) 기획자/ 계획가(planner)

클라이언트를 위한 프로그램이나 서비스, 정책 등을 기획하는 역할을 말하며, 클라이언트의 욕구를 충족시키기 위해 사례 계획, 치료, 서비스 통합, 기관의 협력 및 서비스 네트워크 등을 설계한다.

예를 들어, 클라이언트의 욕구와 문제해결에 필요한 개별 서비스 및 치료 계획을 개발했다.

(5) 중재자(mediator)

중재자는 미시, 중범위, 거시 체계 사이의 논쟁이나 갈등을 해결하는 역할을 말하며, 사례관리 과정에서 중재자 역할은 기관 간, 기관 내 등 체계 간 의사소통이나 갈등을 조정하는 것을 말한다.

(6) 서비스 제공자

사례 관리자는 가장 적절한 서비스를 클라이언트에게 제공하는 역할을 하며, 다양한 서비스 중 비용이 적으면서 적절한 서비스를 식별하여 획득하고, 획득된 서비스를 검토하고 조정하여 서비스를 제공해야 한다.

(7) 교육자

사례 관리자는 클라이언트가 알아야 할 것을 교육함으로써 클라이언트의 역량을 강화한다.

3) 사례관리 과정 작성 방법 예시

사례관리 과정 작성 방법 예시는 **| 표 15-1 |** 사례관리 접수 사례 예, **| 표 15-2 |** 사례관리 사정 사례 예, **| 표 15-3 |** 사례관리 기획 사례 예, **| 표 15-4 |** 사례관리 실행 사례 예, **| 표 15-5 |** 사례관리 점검 사례, **| 표 15-6 |** 사례관리 평가 사례, **| 표 15-7 |** 사례관리 계획서(예시 1), **| 표 15-8 |** 사례관리 계획서(예시 2), **| 표 15-9 |** 사례관리 계획서(예시 3), **| 표 15-10 |** 사례관리 계획서(예시 4) 순으로 제시한다.

(1) 접수

사례관리는 클라이언트를 중심으로 기록하되, 가족과 관련된 사항들도 기록해야 하는데, 그 예는 아동발달센터 사회복지사가 장애인복지관에 의뢰한 것으로 클라이언트가 자폐성장애인으로서 다양한 치료가 필요하며, 어머니가 갑상선기능항진증으로 지속적인 의료서비스가 필요하고, 클라이언트가 초등학교 특수학급에서 제대로 적응하지 못하는 상태에 있으며, 동생도 학업이 지체되어 학교생활에서 제대로 적응하지 못하고 있다. 그와 동시에 아버지의 수입으로는 가정생활에 어려움이 있기 때문에 어머니의 취업이 필요하며, 클라이언트에 대한 아버지의 관심도 필요하다. 따라서 이러한 사례는 사례관리 서비스 대상으로 직격하다고 할 수 있다.

접수과정에서 장애인의 사례는 클라이언트의 장애유형, 장애 정도, 장애의 치료, 건강상태, 가족 간의 관계, 가족의 경제상태 등이 간략하게 기록되어야 하며, 클라이언트나 가족이 당면한 욕구와 문제가 무엇인지 명확하게 기록해야 한다. 생활력은 다른 사례들과 마찬가지로 클라이언트와 가족의 생활사에 대해 적격성 여부를 판단하는 데 도움이 될 수 있는 아주 중요한 사실들만 간략하게 서술해야 한다. 한편 장애인의 사례관리에 대한 기록은 클라이언트에게 낙인감과 상처를 주지 않도록 언어와 용어의 선정에 있어 세심한 배려를 해야 한다(박지영 외, 2011). 사례관리 접수 사례 예인 **| 표 15-1 |** 을 살펴보도록 한다.

표 15-1 사례관리 접수 사례 예

<table>
<tr><td>성명</td><td colspan="5">임○○ (여)</td><td>면접자명</td><td colspan="2">송○○ ㊞</td></tr>
<tr><td>주소</td><td colspan="5">경기 군포시 ○○로 ○○</td><td>면접일자</td><td colspan="2">20○○년 ○○월 ○○일</td></tr>
<tr><td>생년월일</td><td colspan="5">2008년 3월 15일</td><td>전화번호</td><td colspan="2">031-○○○-○○○○</td></tr>
<tr><td>면접경로</td><td colspan="8">○○아동발달센터에서 △△장애인복지관에 의뢰함</td></tr>
<tr><td rowspan="5">가족사항</td><td>성명</td><td>관계</td><td>연령</td><td>학력</td><td>직업</td><td>소득(월)</td><td>건강상태</td><td>비고</td></tr>
<tr><td>임○○</td><td>부</td><td>42</td><td>고졸</td><td>회사원</td><td>250만원</td><td>양호</td><td></td></tr>
<tr><td>김○○</td><td>모</td><td>40</td><td>고졸</td><td>–</td><td>–</td><td>허약</td><td></td></tr>
<tr><td>임△△</td><td>본인</td><td>13</td><td>초재</td><td>학생</td><td>–</td><td>허약</td><td>자폐성장애</td></tr>
<tr><td>임ㅁㅁ</td><td>동생</td><td>11</td><td>초재</td><td>학생</td><td>–</td><td>양호</td><td>학습지체</td></tr>
<tr><td>당면한 욕구와 문제</td><td colspan="8">자폐성장애의 치료, 초등학교 특수학습에서의 부적응, 클라이언트에 대한 부의 무관심, 경제적 욕구, 모의 취업욕구, 동생의 학습지체</td></tr>
<tr><td rowspan="2">경제상태</td><td>월소득</td><td colspan="4">250만원</td><td>직업유무</td><td colspan="2">회사원(부)</td></tr>
<tr><td>소득원</td><td colspan="7">정기적인 직장 소득</td></tr>
<tr><td>건강상태</td><td colspan="8">자폐성장애 외에 특별한 질병은 없으나 허약한 상태임</td></tr>
<tr><td>정서상태</td><td colspan="8">변화에 대해 쉽게 짜증을 많이 내는 편임</td></tr>
<tr><td>주거 상황</td><td colspan="8">다세대주택(17평)에 거주하며, 주거환경이 다소 열악한 편임</td></tr>
<tr><td>생활력</td><td colspan="8">2008년 군포 시에서 출생하여 2세에 자폐성장애가 있는 것으로 판명되었음. 자폐성장애를 치료하기 위해 노력하였지만, 약간의 상태의 호전은 있었으나 크게 진전된 것이 없음. 자폐성장애 2급으로 현재 ○○초등학교 특수학급에 재학 중임. 부는 회사원으로 재직하고 있지만 수입이 적은 편이며, 모는 직업이 없이 갑상선기능항진증이 있으며 전업주부로서 자녀들을 돌보고 있음. 부는 장남에 대해 관심이 적으며, 모는 장남에게 집중적인 관심을 보여 동생이 다소 불만이 많은 편이며, 동생은 학습이 지체되고 학교생활에 제대로 적응하지 못함</td></tr>
<tr><td>적격성 심사</td><td colspan="8">적격 (○) 부적격 (※ 부적격 사유:)</td></tr>
<tr><td>서비스 동의</td><td colspan="4">동의 (○) 비동의 ( )</td><td colspan="2">개인정보 열람</td><td colspan="2">동의 (○) 비동의 ( )</td></tr>
<tr><td>계약자명</td><td colspan="8">김○○ (모) ㊞</td></tr>
</table>

표 15-2 사례관리 사정 사례 예

클라이언트명		임○○(여)	사정일자	20○○년 ○○월 ○○일
사정자명		송○○	사정참여자	사례관리자, 언어치료사, 의사, 특수교사, 사회복지사
클라이언트와 가족의 욕구	의료(건강)		자폐성장애의 치료를 위한 서비스 및 모의 갑상선기능항진증의 치료를 위한 서비스가 필요함	
	소득(경제)		부가 직장에 다니지만 가족이 생활하고 클라이언트나 모의 치료비로 지출하기에 수입이 적은 편임	
	교육		동생의 학업지체로 방과후 학습과 생활 지도가 필요함	
	고용(취업)		모의 취업교육이나 취업알선을 통한 취업이 요망됨	
	주택(주거)		건물이 노후화되어 화장실, 벽지 등의 보수가 필요함	
클라이언트의 문제	학교부적응		○○초등학교 특수학급에 다니고 있지만 학교생활에 제대로 적응하지 못하고 있으며, 동생도 산만하고 학습이 지체되어 학교생활에 제대로 적응하지 못하고 있음	
클라이언트의 기능	신체적 기능		신체적으로 다소 허약한 편이며 운동기능에 장애를 가지고 있음	
	정서적 기능		정서적으로 안정이 되어 있지 못하며, 변화에 대해 쉽게 짜증을 내는 경향이 있음	
	인지적 기능		지각장애, 사회성장애 및 언어장애가 있음	
클라이언트와 가족의 능력	재산		부동산(다세대주택, 1억 5천만원 상당)이 있으나, 저축이 전혀 없고 그 외의 동산도 없음	
	교육 수준		부와 모는 고등학교를 졸업하였음	
	취업경험		부는 유통회사 등에서 11년간 근무하였으며, 모는 5년간 회사 경리로 근무한 경험이 있음	
	사업경험		부나 모 모두 사업경험은 없음	
	면허		부가 운전면허 1종 보통 소유	
	자격증		부나 모 모두 특별한 자격증이 없음	
사회 자원	비공식 지원 체계	가족	어머니와 여동생 2명 있으나, 직접적인 도움은 어려우며, 정서적·정신적 원조는 가능함	
		이웃	이웃들과 별다른 교류가 없는 편임	
		교회	모가 교회를 다니므로 약간의 물질적 도움과 정서적 지원이 가능할 것으로 보임	
		자조 집단	자폐성장애아동 부모모임에 가입하여 상호 정보교류 및 정서적 지지가 가능할 것임	
		자원 봉사자	장애인복지관 자원봉사자가 동생의 학업능력 향상을 위해 지도가 가능할 것임	
	공식 지원 체계	주민 센터	장애아동 재활치료 바우처사업의 신청을 통해 지원받음	
		아동발달 센터	언어치료와 미술치료를 받고 있으며, 보다 다양한 치료를 받을 수 있을 것임	
		장애인 복지관	놀이치료 및 운동치료를 받고 있으며, 자원봉사자의 서비스를 받을 수 있을 것임	
		병원	모의 갑상선기능항진증 치료를 지속적으로 받고 있음	
		하교	초등학교 특수학급에서 교육을 받고 있으며, 동생의 학습증진에도 기여할 것임	
		지역아동 센터	동생의 학습증진과 생활 지도에 도움을 줄 것임	

<table>
<tr><td colspan="2">가계도</td><td>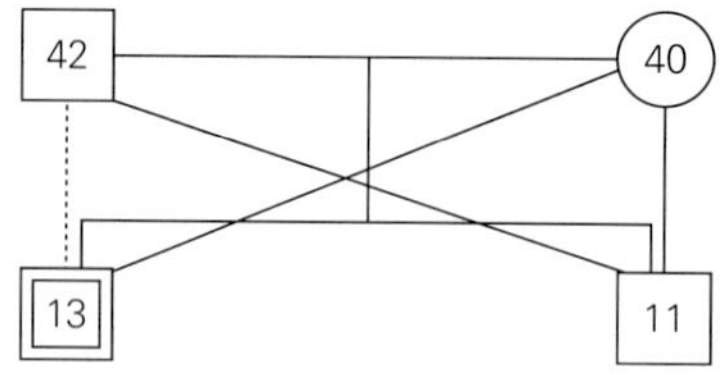
</td></tr>
<tr><td colspan="2">생태도</td><td>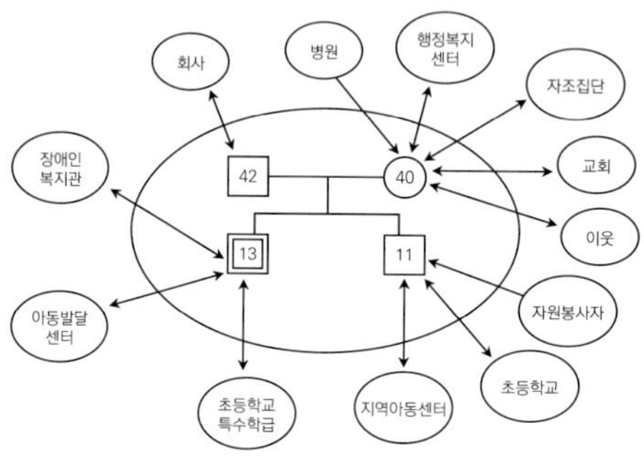
</td></tr>
<tr><td rowspan="3">사례회의</td><td>일시</td><td>2021년 1월 16일</td></tr>
<tr><td>참여자</td><td>사례관리자, 언어치료사, 인지치료사, 의사, 특수교사, 사회복지사, 클라이언트의 모</td></tr>
<tr><td>회의내용</td><td>클라이언트의 자폐성장애의 지속적인 치료가 필요하며, 모의 갑상선기능항진증의 치료가 필요함. 부의 소득만 가지고는 생활비와 클라이언트의 치료비 및 모의 의료비 충당에 어려움이 있으므로 소득의 보충이 필요함. 클라이언트의 초등학교 특수학급에서의 적응과 동생의 학교생활 적응을 위한 학교사회복지사의 상담 서비스가 필요함. 동생의 학업능력 향상과 생활 지도가 필요함. 가족의 소득 보충을 위한 모의 취업알선이나 취업교육을 통한 취업이 필요함</td></tr>
</table>

표 15-3 사례관리 기획 사례 예

클라이언트명	임○○(여)	작성일자	20○○년 ○○월 ○○일		
기획자명	송○○	기획참여자	사례관리자, 언어치료사, 의사, 특수교사, 사회복지사		
욕구와 문제내용	의료(치료), 학교생활 부적응, 교육, 정서(심리), 고용(취업)				
목표	결과 목표	자폐성장애의 치료와 가족기능 강화			
	세부 목표	① 자폐성장애의 치료 ② 모의 갑상선기능항진증 치료 ③ 클라이언트와 동생의 학교생활 적응 ④ 동생의 학습능력 향상 ⑤ 모의 정서적 안정과 취업			
서비스명	제공자	제공내용	제공일자	제공기간 (제공횟수)	제공비용
의료적(치료적) 지원	○○아동발달센터	언어치료 미술치료	20○○년 2월	월 8회	월 8만원
	○○장애인 복지관	놀이치료 운동치료	20○○년 2월	월 8회	월 8만원
	○○병원	갑상선기능항진증 치료	20○○년 2월	6개월	120만원
학교생활 적응	○○초등학교	특수교사의 상담 서비스	20○○년 3월	주 2회 총 6회	–
	○○초등학교	학교사회복지사의 상담 서비스	20○○년 3월	주 1회 총 4회	–
방과후 지도	○○지역아동센터	학습, 생활 지도	20○○년 3월	주 3회	–
	○○종합 사회복지관 자원봉사자	학습 지도	20○○년 3월	주 1회	–
정서적 지지	○○교회	정서적 안정	20○○년 2월	주 1회	–
고용(취업)	○○동 행정복지센터	취업알선	20○○년 3월	–	–
서비스 동의	상기의 모든 서비스의 제공에 대해 클라이언트의 모가 서비스 내용과 서비스 비용에 대해 동의함				
사례회의	일시	20○○년 1월 23일			
	참여자	사례관리자, 언어치료사, 인지치료사, 의사, 특수교사, 사회복지사, 클라이언트의 모			
	회의내용	클라이언트의 자폐성장애의 치료를 위해 ○○아동발달센터와 ○○장애인복지관의 지속적인 치료가 필요하며, 모의 갑상선기능항진증의 치료를 위해 ○○병원에서 6개월간의 치료가 필요함. 클라이언트의 ○○초등학교 특수교사의 상담 및 동생의 ○○초등학교 학교사회복지사의 상담 서비스가 필요함. 동생의 학업능력향상과 생활 지도를 위해 ○○지역아동센터의 서비스가 필요하며, ○○동행정복지센터 사회복지담당공무원을 통한 모의 취업알선이나 취업교육을 통한 취업이 필요함			

표 15-4 사례관리 실행 사례 예

<table>
<tr><th>클라이언트명</th><td>임○○(여)</td><th>실행자명</th><td>송○○</td></tr>
<tr><td rowspan="6">서비스 연결과 이행</td><td>서비스명</td><td colspan="2">연결과 이행내용</td></tr>
<tr><td>의료적(치료적) 지원</td><td colspan="2">① ○○아동발달센터에서 클라이언트가 언어치료와 미술치료를 총 월 8회 월 8만원의 비용으로 받고 있음
② ○○장애인복지관에서 클라이언트가 놀이치료와 운동치료를 총 월 8회 월 8만원의 비용으로 받고 있음
③ ○○병원에서 2020년 2월 2일부터 모가 갑상선기능항진증 치료를 받고 있으며, 6개월의 치료가 필요함</td></tr>
<tr><td>학교생활 적응</td><td colspan="2">① ○○초등학교 특수학급의 특수교사가 20○○년 3월 9일부터 클라이언트에게 상담 서비스를 제공함
② ○○초등학교 학교사회복지사가 20○○년 3월 11일부터 동생에게 상담 서비스를 제공함</td></tr>
<tr><td>방과후 지도</td><td colspan="2">① 2020년 3월부터 ○○지역아동센터의 사회복지사를 통해 동생의 학습 지도와 생활 지도를 위한 멘토링을 시작함
② ○○종합사회복지관 자원봉사자가 2020년 3월 9일부터 동생에게 주 1회 학습 지도를 제공함</td></tr>
<tr><td>정서적 지지</td><td colspan="2">① 2020년 2월 2일부터 매주 일요일 모가 ○○교회에 출석하여 정서적 지지를 받도록 함</td></tr>
<tr><td>고용(취업)</td><td colspan="2">① ○○동행정복지센터에 모의 고정적인 일자리 마련을 위한 취업상담과 취업을 위한 신청을 하였음</td></tr>
<tr><td>서비스 조정</td><td colspan="3">① ○○아동발달센터의 클라이언트에 대한 치료와 ○○장애인복지관의 치료가 서로 중복되지 않고 서로 다른 분야의 치료를 적절히 받을 수 있도록 조정함
② ○○지역아동센터의 동생에 대한 학습 지도가 ○○종합사회복지관 자원봉사자의 학습 지도와 중복이 될 가능성이 있으므로 과목별, 분야별로 적절히 조정함</td></tr>
</table>

표 15-5 사례관리 점검 사례

클라이언트명	서○○ (남)		점검일자	20○○년 ○○월 ○○일		
점검자명	김○○		점검방법	① 전화 ② 면접 ③ 점검표 ④ 가정방문		
점검 대상	클라이언트		서비스 제공자			
	목표 달성 노력	서비스의 적합성	서비스 계획 이행 정도	서비스의 적당성	서비스의 적시성 연속성	
의료적 (치료적) 지원	재활치료	비교적 성실히 임함	① ② ③ ❹ ⑤	월 8회 이행함	① ② ③ ❹ ⑤	지속적으로 제공됨
	갑상선 치료	치료에 협조적임	① ② ③ ❹ ⑤	치료가 잘 이행됨	① ② ③ ❹ ⑤	지속적으로 제공됨
학교생활 적응	특수학급 적응	적응노력이 부족함	① ② ❸ ④ ⑤	주 2회 상담 실시	① ② ❸ ④ ⑤	지속적인 치료 요망
	초등학교 적응	적응노력이 부족함	① ② ❸ ④ ⑤	주 1회 상담 실시	① ② ❸ ④ ⑤	지속적인 상담 요망
방과후 지도	지역아동 센터의 지도	동생이 센터에 잘 다님	① ② ③ ④ ❺	주 3회 멘토링 실시	① ② ③ ④ ❺	지속적인 멘토링 실시
	자원봉사자의 지도	학업능력 향상을 위해 노력함	① ② ③ ❹ ⑤	주 1회 학습 지도	① ② ③ ❹ ⑤	지속적인 학습 지도 실시
정서적 지지	정서적 지원	교회에 잘 나감	① ② ③ ❹ ⑤	주 1회 교회에 나감	① ② ③ ❹ ⑤	지속적으로 교회 출석
고용 (취업)	취업	일을 하고 싶어함	❶ ② ③ ④ ⑤	취업처를 아직 못 구함	❶ ② ③ ④ ⑤	지속적인 구직 노력
재사정	1) 동생의 학업능력 향상을 위해 ○○종합사회복지관 자원봉사자의 학습 지도를 현재 주 1회에서 주 2회 이상으로 확대할 필요가 있음 2) 부의 클라이언트에 대한 적극적인 관심과 치료에 대한 참여를 높이기 위한 다각적인 노력이 요망됨 3) 주거환경 개선을 위해 화장실 벽지 천장 등의 수리가 필요하며 보일러 교체가 시급함					

표 15-6 사례관리 평가 사례

<table>
<tr><td colspan="2">클라이언트명</td><td colspan="2">서○○(남)</td><td>평가일자</td><td colspan="3">20○○년 ○○월 ○○일</td></tr>
<tr><td colspan="2">평가자명</td><td colspan="2">김○○</td><td>평가참여자</td><td colspan="3">사례관리자, 언어치료사, 의사, 특수교사, 사회복지사, 학교사회복지사, 클라이언트의 모</td></tr>
<tr><td colspan="2" rowspan="2">평가 대상</td><td colspan="2">클라이언트</td><td colspan="4">서비스 제공자</td></tr>
<tr><td>결과 목표 달성</td><td>서비스의 효과성</td><td>서비스 만족도</td><td>서비스 계획 적절성</td><td>서비스의 효율성</td><td>자원활용의 적절성</td></tr>
<tr><td rowspan="2">의료적 (치료적) 지원</td><td>재활치료</td><td>①②③❹⑤</td><td>①②❸④⑤</td><td>①②③❹⑤</td><td>①②③❹⑤</td><td>①②③❹⑤</td><td>①②③④❺</td></tr>
<tr><td>갑상선 치료</td><td>①②③❹⑤</td><td>①②③❹⑤</td><td>①②③❹⑤</td><td>①②③❹⑤</td><td>①②③❹⑤</td><td>①②③④❺</td></tr>
<tr><td rowspan="2">학교생활 적응</td><td>특수학급 적응</td><td>①②❸④⑤</td><td>①②❸④⑤</td><td>①②❸④⑤</td><td>①②③❹⑤</td><td>①②❸④⑤</td><td>①②③❹⑤</td></tr>
<tr><td>초등학교 적응</td><td>①❷③④⑤</td><td>①❷③④⑤</td><td>①②❸④⑤</td><td>①②❸④⑤</td><td>①②③❹⑤</td><td>①②③❹⑤</td></tr>
<tr><td rowspan="2">방과후 지도</td><td>지역아동 센터의 지도</td><td>①②③❹⑤</td><td>①②③❹⑤</td><td>①②③④❺</td><td>①②③❹⑤</td><td>①②③❹⑤</td><td>①②③❹⑤</td></tr>
<tr><td>자원 봉사자의 학습 지도</td><td>①②③❹⑤</td><td>①②③❹⑤</td><td>①②③❹⑤</td><td>①②③❹⑤</td><td>①②③❹⑤</td><td>①②❸④⑤</td></tr>
<tr><td>정서적 지지</td><td>정서적 지원</td><td>①②③❹⑤</td><td>①②③❹⑤</td><td>①②③❹⑤</td><td>①②③❹⑤</td><td>①②③④❺</td><td>①②③❹⑤</td></tr>
<tr><td>고용(취업)</td><td>취업</td><td>❶②③④⑤</td><td>❶②③④⑤</td><td>❶②③④⑤</td><td>①②❸④⑤</td><td>❶②③④⑤</td><td>①❷③④⑤</td></tr>
<tr><td colspan="2">종결</td><td colspan="6">1) 정서적 지지는 종결하고 그 외의 서비스는 지속적으로 제공될 필요가 있으며, 클라이언트 모의 갑상선기능항진증의 지속적인 치료가 요망되며, 치료비 마련을 위한 노력이 필요함
2) 가족의 능력향상을 위해서 클라이언트 모의 취업을 위한 취업처의 적극적인 개발이 필요함</td></tr>
<tr><td colspan="2">사후관리</td><td colspan="6">1) 클라이언트 모의 건강이 더욱 악화되거나, 동생의 학교생활 적응이 더욱 어려울 때는 언제든지 서비스를 요청할 수 있도록 하며 클라이언트의 모가 취업하여 가족의 경제적 능력을 향상시킬 수 있도록 지속적으로 관리해야 할 것임</td></tr>
<tr><td rowspan="3">사례 회의</td><td>일시</td><td colspan="6">2019년 7월 22일</td></tr>
<tr><td>참여자</td><td colspan="6">사례관리자, 언어치료사, 의사, ○○초등학교 특수교사, 사회복지사, ○○초등학교 학교사회복지사, 클라이언트의 모</td></tr>
<tr><td>회의내용</td><td colspan="6">클라이언트의 재활치료와 모의 갑상선기능항진증의 치료는 비교적 효과적이지만, 클라이언트의 ○○초등학교에서의 적응과 동생의 ○○초등학교에서의 적응이 미흡한 수준임. ○○지역아동센터의 학습 지도와 생활 지도 및 ○○종합사회복지관 자원봉사자의 학습 지도가 매우 효과적이며, 지속적으로 더욱 자주 서비스를 제공할 필요가 있음. 클라이언트 모의 취업은 제대로 이루어지지 못하였으며, 취업처를 발굴하여 가족의 경제적 능력 향상에 도움이 될 수 있도록 해야 할 것임</td></tr>
</table>

표 15-7 사례관리 계획서(예시 1)

<table>
<tr><td>실습생명</td><td colspan="6">김○○</td></tr>
<tr><td>클라이언트명</td><td>하○○</td><td>성별</td><td>여</td><td>연령</td><td colspan="2">83</td></tr>
<tr><td>조사일</td><td>20○○년 ○○월 ○○일</td><td>작성일</td><td>20○○. 12. 1.</td><td>전화번호</td><td colspan="2">031-389-○○○○</td></tr>
<tr><td>주소</td><td colspan="6"></td></tr>
<tr><td rowspan="3">학력</td><td rowspan="3">무</td><td rowspan="3">직업</td><td rowspan="3">무</td><td rowspan="3">경제상태</td><td>일반</td><td></td></tr>
<tr><td>저소득</td><td></td></tr>
<tr><td>수급자</td><td>○</td></tr>
<tr><td>의뢰 경위</td><td colspan="6">클라이언트는 남편과 미혼인 아들을 먼저 보내고 우울증에 빠져 있는 상태로 자살 위험이 있어 주변에서 의뢰 요청이 들어와서 의뢰하게 되었다.</td></tr>
</table>

1. 일반적인 사항
   - 가족 상황, 경제 상황, 건강 상황, 일상생활 및 주거 상황, 사회 심리적 상황, 자원 활용 상황
2. 클라이언트에 관한 사항
   - 신체, 인지, 정서, 행동 기능면/ 클라이언트 강 · 약점
3. 욕구 진술
   - 클라이언트는 남편과 아들의 죽음으로 인해 자살 위험이 있는 상태
   - 클라이언트의 가사 지원 및 밑반찬 지원과 정서와 상담 지원이 필요하다.
4. 개입 계획

<table>
<tr><th>욕구</th><th>결과 목표</th><th>세부 목표</th><th>표적 체계</th><th>개입전략 및 수행방법</th><th>비고</th></tr>
<tr><td>가사 지원</td><td>신체적</td><td>주 1회 가사 지원</td><td>클라이언트</td><td>자원봉사자 파견</td><td>자원봉사자 2명</td></tr>
<tr><td>밑반찬 지원</td><td>정신적</td><td>주 2회(화, 금) 지원</td><td>클라이언트</td><td>자원봉사 지원</td><td>자원봉사자</td></tr>
<tr><td>정서(우애)</td><td>경제적</td><td rowspan="2">월 2회 사회복지사 방문</td><td>클라이언트</td><td rowspan="2">관계 형성을 통한 사회복지사 방문</td><td rowspan="2">사회복지사</td></tr>
<tr><td>상담 지원</td><td>부담 경감</td><td>클라이언트</td></tr>
</table>

5. 서비스 일정표

날짜	담당	서비스 목표	서비스 내용	준비물	비고
20○○. 10. 3.	최○○	식생활 개선(건강)	밑반찬 지원	밑반찬	
20○○. 11. 1.	최○○	가사활동 부담 해소	밑반찬, 가사 지원	밑반찬	
20○○. 11. 5.	최○○	경제적 · 정서적 안정 모드	정서 지원(말벗), 상담, 밑반찬 지원	밑반찬	
20○○. 11. 10.	최○○	가사활동 부담 해소	밑반찬, 가사 지원	밑반찬	

표 15-8 사례관리 계획서(예시 2)

<table>
<tr><td>실습생명</td><td colspan="6">김○○</td></tr>
<tr><td>클라이언트명</td><td>박○○</td><td>성별</td><td>남</td><td>연령</td><td colspan="2">10살</td></tr>
<tr><td>조사일</td><td>20○○년 ○○월 ○○일</td><td>작성일</td><td>20○○. ○○. ○○.</td><td>전화번호</td><td colspan="2">031-○○○-○○○○</td></tr>
<tr><td>주소</td><td colspan="6">경기도 ○○시 ○○구 ○○로 123-45</td></tr>
<tr><td rowspan="3">학력</td><td rowspan="3">초등 재학</td><td rowspan="3">직업</td><td rowspan="3">초등학생</td><td rowspan="3">결제상태</td><td>일반</td><td></td></tr>
<tr><td>저소득</td><td></td></tr>
<tr><td>수급자</td><td>V</td></tr>
<tr><td>의뢰 경위</td><td colspan="6"></td></tr>
</table>

1. 일반적인 사항
   ① 가족 상황: 엄마만 계시는데 양육을 할 수 없는 상황
   ② 경제 상황: 기초 수급권자
   ③ 건강 상황: 면역력이 약해 잔병이 많음
   ④ 일상생활 및 주거 상황: 일상생활을 하는 데 큰 어려움이 없음
   ⑤ 사회 심리적 상황: 심리적으로 불안하면 손톱을 물어뜯는 버릇이 있음
   ⑥ 자원 활용 상황: 태권도 학원에 다니고 있음

2. 클라이언트에 관한 사항
   ① 신체: 또래에 비해 왜소하고 까만 피부를 가진 아이
   ② 인지: 또래에 비해 인지 능력이 뛰어나고 한 번 배운 것은 잘 기억함
   ③ 정서: 심리적으로 불안하면 손톱을 물어뜯는 버릇이 있음
   ④ 행동: 또래와 비슷한 행동을 보임
   ⑤ 기능면/ 클라이언트 강 · 약점: 면역력이 약한 것이 약점, 인지 능력이 뛰어난 것이 강점

3. 욕구 진술
   ○○○ 아동은 수면 시간에 잠을 자라는 말을 하면 울음을 터뜨린다. 그리고 친구가 마음에 안 드는 행동을 하면 '바보'라는 말을 한다. 또한 심리적으로 불안함을 느끼면 손톱을 물어뜯는 버릇이 있다.

4. 개입 계획

욕구	결과 목표	세부 목표	표적 체계	개입전략 및 수행방법	비고
놀이시설 방문	사회적 상황에 대한 해석력 향상으로 또래와의 공감적 놀이	• 생각을 말로 표현하기 • 하고 싶은 것을 하지 못할 때 대안방법 찾기 • 어려움이 있을 때 도움 요청하기	아동	• 클라이언트를 옹호하고 있음을 끊임없이 인지시킴 • 사회적 상황에서 갈등이 발생했을 때 중개자로서 개입하여 해결방법을 찾도록 도움 • 세부 목표대로 행동했을 때 칭찬스티커를 발행하고 스티커가 10개 모이면 정해진 날짜에 놀이시설을 방문함	놀이시설 방문 주 1회

욕구	결과 목표	세부 목표	표적 체계	개입전략 및 수행방법	비고
어머니와의 교류	어머니로부터의 심리적 지지를 바탕으로 한 정서적 안정	• 자녀교육 학습을 통한 올바른 양육관 확립 • 아동과의 정기적 만남으로 모자 관계 향상	어머니	• 온라인과 오프라인에서 실행되는 부모교육을 안내하고 이수를 독려함 • 클라이언트와의 만남 후 전화 상담을 통해 양육활동을 격려하고 고무함	어머니와의 만남 주 3회
한글 익히기	동화책으로 글자에 대한 흥미 유발 촉진	• 동화책의 재미를 알기 • 글자의 편리함을 알기	아동	• 구연을 통한 동화책 읽기 • 쪽지편지와 낱말 카드를 활용한 단어 익히기	동화책 읽기 매일 30분
외상 후 스트레스치료를 위한 놀이상담 치료	또래들과 같은 정서발달	• 놀이상담 치료	클라이언트	• 놀이치료 상담센터를 등록하여 상담을 받고 아이의 정서발달과 인지 능력을 향상시킨다.	공동생활가정 내 국가 지원금으로 운영
무서운 꿈을 꾸지 않고 푹 자기	안정적인 수면 시간	• 병원에 방문하여 상담 치료 처방	클라이언트	• 불면증에 대해 병원 진료를 받고 상담과 처방을 받는다.	공동생활가정 내 국가 지원금으로 운영
학교생활에 집중하기	수업 시간에 방해되지 않도록 행동하기	• 병원 방문과 상담 및 처방	클라이언트	• 산만함의 원인을 파악하고 필요한 치료를 진행한다.	공동생활가정 내 국가 지원금으로 운영
또래 친구 사귀기	또래 친구와의 대화방법이나 상황에 대한 이해 등 또래 정서를 이해	• 학교생활과 친구관계에 대한 대화 상담 진행	클라이언트와 친구	• 학교 담임선생님과 협력하여 반 친구를 소개해주고 함께 놀 수 있도록 격려해준다.	

5. 서비스 일정표

날짜	담당	서비스 목표	서비스 내용	준비물	비고
○○○○. ○○. ○○. (개시일)	○○○ 사례 관리자	공감 능력과 배려심 키우기	• 실내놀이터 활용	칭찬 스티커	서비스 대상 (아동)
○○○○. ○○. ○○. (개시일)	○○○ 사례 관리자	올바른 양육관 확립	• ○○ 온라인 평생학습센터의 부모교육 프로그램 이수	수강 전 회원가입	서비스 대상 (어머니)

날짜	담당	서비스 목표	서비스 내용	준비물	비고
○○○○. ○○. ○○. (개시일)	○○○ 사례 관리자	글자에 대한 흥미 유발	• 구연동화 활동	그림 동화책	서비스 대상 (아동)
주 1회 매주 금요일 13~15시	○○지역 놀이치료 상담센터	외상 후 스트레스 치료와 정서적 안정	• 주 1회 놀이상담 치료를 통해 클라이언트에게 안정적 정서환경을 제공		
매달 1일	○○병원 상담사	악몽에 대한 두려움과 불면증의 해소	• 수면을 취할 수 있는 약을 복용하고 꿈에 대한 두려움을 없애기 위한 상담 진행		
상시	학교 담임선생님	또래문화 이해와 교류	• 사회적 상황에 대해 도움과 배려를 받을 수 있는 친구를 통해 사회성을 발달시킴		

| **표 15-8** | 에 제시된 사례관리 계획서의 설명은 다음과 같다.

클라이언트와의 라포 형성과 욕구 파악이며, 클라이언트는 아동으로 상담에서 '손톱이 아프지 않았으면 좋겠다'고 했고, 클라이언트가 손톱이 아픈 이유는 불안할 때마다 손톱을 깨물기 때문으로, 여기서 '손톱이 아프지 않았으면 좋겠다'는 것은 요구이고, '불안감의 완화'가 욕구가 된다.

클라이언트의 또 하나의 요구는 '잠을 자다가 울면서 깨고 싶지 않다'이며, 클라이언트는 잘 때 트라우마로 인한 악몽을 꾼다. 이때 욕구는 '악몽을 꾸지 않고 싶은' 심리적 안정을 말한다. 이처럼 사례관리를 함에 있어 클라이언트의 욕구를 정확히 파악하는 것은 지속적이고 세심한 관심과 라포 형성이라고 할 수 있으며, 사례관리란 클라이언트를 중심으로 한 가족 및 외부환경, 자원 등을 상담을 통해 파악하여 문제를 해결하고, 자원이 없을 경우 외부 자원을 통해 적절히 대처할 수 있도록 돕기 위해 작성한다. 우선 개입을 위해 기본정보 수집 후 계획을 세운 후 개입, 종결을 한다.

표 15-9 사례관리 계획서(예시 3)

1. 개인의 인적 사항

<table>
<tr><td>실습생명</td><td colspan="5">송○○</td></tr>
<tr><td>클라이언트명</td><td>현○○</td><td>성별</td><td>여</td><td>연령</td><td>87</td></tr>
<tr><td>조사일</td><td>20○○. ○○. ○○.</td><td>작성일</td><td>20○○. ○○. ○○.</td><td>전화번호</td><td>010-○○○○-○○○○</td></tr>
<tr><td>주소</td><td colspan="5">경기도 ○○시 ○○로 123-45</td></tr>
<tr><td>학력</td><td>무학</td><td>직업</td><td>상업</td><td>결제상태</td><td>일반</td></tr>
<tr><td rowspan="2">요양보험등급</td><td rowspan="2">3급</td><td rowspan="2">입소 상황</td><td rowspan="2" colspan="2">○○병원</td><td>저소득</td></tr>
<tr><td>수급자</td></tr>
</table>

2. 보호자

이름	관계	나이	연락처	동거 여부	욕구
피○○	딸	45	010-○○○○-○○○○	X	

3. 일반적인 사항

어릴 때부터 경기도에서 거주하셨으며, 남편과 결혼 후 딸 하나를 두셨다. 말씀에 의하면 젊었을 때 그리 가난하게 사시지는 않은 것 같고, 남편분이 일찍 돌아가셔서 혼자 지금까지 살아오신 듯하다. 남편이 자신을 두고 일찍 돌아가신 것에 대해 마음 아파하시며 딸을 많이 아끼고 사랑하신다.

기독교에 대한 믿음이 강하시며, 하나님에게 의지하며 살아가시면 다 도와 주실 것이라 믿는다. 자신은 성격이 내성적이라서 주위에 친구들이 없고, 남자들이 싫다고 하신다.

4. 클라이언트에 관한 사항

현재 어르신은 파킨슨병이 주 질병이시며 그 외에 다른 병을 갖고 계시지는 않는다. 입소 초기와 비교해 보면 지금 건강이 많이 좋아지신 것이라고 한다. 걸음걸이가 불편한 것 외에는 일상생활을 하는 데 크게 문제가 있는 것으로 보이지 않는다. 소변을 남들과 다른 방법으로 보시고, 가지고 싶은 물건에 집착이 있어 말하지 않고 남의 물건을 가지고 가는 모습을 보면 치매 증상이 있기 때문에 보통 사람들이 하지 않는 행동을 하면서 자신 스스로 아무렇지 않게 생각하는 것 같다.

5. 욕구 진술

<table>
<tr><td colspan="2" rowspan="2">기능 영역</td><td colspan="4">기능 수준</td></tr>
<tr><td>자립</td><td>약간 의존</td><td>크게 의존</td><td>완전 의존</td></tr>
<tr><td rowspan="13">신체 및 생활 기능</td><td>식사</td><td>○</td><td></td><td></td><td></td></tr>
<tr><td>세탁</td><td></td><td></td><td>○</td><td></td></tr>
<tr><td>청소</td><td>○</td><td></td><td></td><td></td></tr>
<tr><td>목욕</td><td></td><td>○</td><td></td><td></td></tr>
<tr><td>용변(실금)</td><td>○</td><td></td><td></td><td></td></tr>
<tr><td>세면</td><td>○</td><td></td><td></td><td></td></tr>
<tr><td>이동 · 보행</td><td></td><td>○</td><td></td><td></td></tr>
<tr><td>몸치장</td><td>○</td><td></td><td></td><td></td></tr>
<tr><td>전화걸기</td><td></td><td></td><td></td><td>○</td></tr>
<tr><td>장보기</td><td></td><td></td><td></td><td>○</td></tr>
<tr><td>금진 관리</td><td></td><td></td><td></td><td>○</td></tr>
<tr><td>투약 관리</td><td></td><td></td><td></td><td>○</td></tr>
<tr><td>외출</td><td></td><td></td><td></td><td>○</td></tr>
</table>

구분		기능 수준 및 증상			
		양호	보통	문제 있음	참고 사항
인지 기능	기억			○	
	판단력			○	
	방향감각		○		
	자기표현			○	
	우울		○		
	불안		○		
	치매			○	
소견		치매로 인해 나타나는 증상 외 일상생활은 거의 가능하며 다만 혼자 누워 있는 시간이 많아 활동적인 프로그램 참여가 필요한 것 같다.			

6. 가계도

7. 서비스 일정표

날짜	서비스 내용	비고
9/ 14	• 어르신과의 첫 만남, 말벗 해드리기	
9/ 21	• 프로그램 참여 및 동화책 읽기	
9/ 28	• 동화책 읽기 및 말벗 해드리기, 기억회상	

8. 사례관리 종결 기록서

클라이언트명	현○○				
실습생명	송○○				
서비스 제공 기간	20○○년 9월 14일~28일				

| 표 15-9 |에 제시된 사례관리 계획서(예시 3)에서 제공된 서비스와 사례관리 목표 달성 정도, 사후 지도 계획은 다음과 같다.

① 제공된 서비스

- 말벗 해드리기
- 복지관에서 운영하는 프로그램 함께 참여
- 동화책 읽기
- 기억회상 훈련 및 언어 능력 기르기

② 사례관리 목표 달성 정도

- 말벗 해드리기: 다른 어르신들과 달리 치매 증상이 심하지 않아 대화는 쉽게 할 수 있었으나, 오고가는 대화가 2회 이상을 넘지 못하고 같은 대답을 하신다. 오후에는 계속 방 안에서 누워 계시면서 텔레비전을 보거나 멍하세 있는 시간이 더 많아서 말을 시켜도 큰 반응이 없으셨다. 좀 더 친근감 있게 행동하고 어르신과 많은 얘기를 나누며 과거력, 현재 상황 정도를 파악하려고 했으나 쉽지 않았다(달성 정도 100% 중 40%).
- 프로그램 함께 참여하기: 사탕으로 목걸이 만들기 프로그램은 적극적으로 하셨다. 크고 이쁜 사탕을 좋아하시고 스스로 만든 것에 대해 뿌듯함을 느끼셨다. 하지만 오후 프로그램을 잘 안하시는게 사람들이 자신을 싫어해서 어울리지 못해 함께 나가기 싫다고 하신다. 좀 더 적극적으로 프로그램 진행에 나서지 못한 아쉬운 점이 있다(달성 정도 100% 중 50%).
- 동화책 읽기 & 기억회상 훈련: 어르신이 좋아하는 동화책을 읽어드리며 그림을 보고 이름 맞히기, 기억회상 훈련, 언어 능력 기르기 등을 시도해 보았다. 무학임에도 불구하고 사물을 알아보는 능력이나 그 쓰임새도 잘 아시며, 한참 후 다시 여쭤봐도 몇 가지는 다 기억하시고 대답하셨다. 하지만 여러 가지 도구를 준비하여 어르신의 회상 능력이나 말이 끊어지지 않고 길게 할 수 있도록 해야 했는데 그러지 못해 만족할 수 없다(달성 정도 100% 중 80%).

③ 사후 지도 계획

- **말벗 만들어 주기 프로그램:** 남의 물건을 가져가는 어르신의 행동을 천천히 고쳐나가 다른 놀이나 행동에 즐거움을 느끼도록 해야 하며, 어르신 스스로도 다른 사람들이 자신을 싫어한다는 걸 아신다. 다른 어르신들과 친밀감, 정을 느낄 수 있도록 말벗 만들어주기 프로그램을 만들어 진행하면 좋을 것 같다.
- **동화책 읽기 프로그램:** 방에 있는 시간이 많으므로 틈을 이용해 지능과 기억력을 되살릴 수 있는 프로그램 진행

표 15-10 사례관리 사례(예시 4)

클라이언트명	조○○	성별 및 연령	여(38세)
사례 분류	통합형 사례	사례 관리자	김○○

1. 사례 요약

1) 개인정보

① 이름: 조○○(38세)
② 접수 경로: 다문화가족지원센터에서 의뢰
③ 주소: ○○시 ○○로 ○○번길
④ 세대 유형: 결혼이주민 여성(한부모세대)
⑤ 거주 형태: 월세
⑥ 수급 사항: 생활기초수급자
⑦ 기타: 남편이 양육비를 주지 않음

2) 가계도

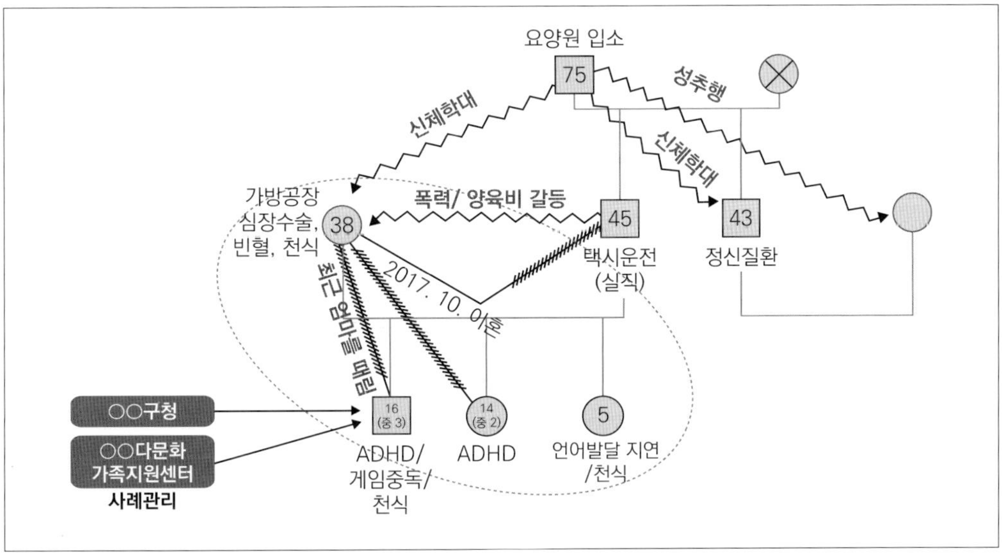

3) 현재 상황

(1) 경제 상황

- 현재 클라이언트는 남편과 합의 이혼을 하고 세 자녀와 함께 살고 있으며, 심장수술을 하여 건강이 좋지 않아 어려운 일도 제대로 할 수 없으나, 남편이 양육비를 지원해주지 않아 직장 생활하며 양육을 병행하는 것에 대한 상당한 부담이 있음
- 자녀들은 아직 중학생 2명(16세, 14세), 5세로 계속 교육비가 들어가야 하는 상황이다.

(2) 가족 상황

① 1남은 16세로 중학교 3학년에 재학 중이고, ADHD, 게임 중독, 천식을 가지고 있다.
② 2녀는 14세로 중학교 2학년에 재학 중이고, ADHD를 가지고 있다.
③ 3녀는 5세로 언어발달 지연, 천식을 가지고 있다.

(3) 사회적 지지 자원

가방공장 월급 + 한부모 양육 지원금

2. 클라이언트 욕구

① 자식들과의 갈등: 첫째 아들, 둘째 딸의 일방적 행동과 스마트폰 사용으로 인한 지속적 갈등. 최근에 첫째 아들이 스마트폰 문제로 갈등을 빚고 엄마를 때림

② 자녀들과 원만한 의사소통과 관계개선을 위한 상담을 원함

3. 사례실천 모델

클라이언트가 현재 일을 하고 있으나 심장을 수술하여 전남편이 양육비도 지원해 주지 않아 어렵게 자녀들을 돌보고, 한국어도 능숙하지 않아 의사소통도 어려운 가운데 직장 다녀오면 피곤하여 잠자기가 바쁜 상태였다. 과제 중심 모델을 활용하여 작은 것부터 과업적으로 이뤄 나간다.

4. 개입 계획

대상자	욕구내용	목표	개입방법	우선 순위
조○○(클라이언트)	자녀들과 관계 개선	• 관계 계선 → 상담을 통한 자신의 자아존중감 향상 및 한국어 교육 받기	내담자의 적극적인 의지가 필요한 상담	1
조○○(큰 아들)	의사소통과 관계 개선	• 의사소통과 관계 개선 회복	청소년 공부방 연계	2

5. 서비스 일정표

현재 다문화센터에서 클라이언트만 상담을 받고 있는 중이다.

참고문헌

강세현(2017). 지역사회복지실천현장의 이론과 사례. 경기: 공동체.

고재욱 · 구재관 · 김재경 · 오정옥 · 정명희 · 정하선 · 조현상(2018). 노인복지론. 경기: 양서원.

공계순(2019). 아동복지론. 서울: 학지사.

권진숙(2004). 사례관리. 서울: 학지사.

권오균 · 김지현 · 김충식 · 나용선 · 남화수(2011). 사회복지실천론. 경기: 공동체.

길귀숙 · 강희숙 · 이재호 · 천덕희 · 김상곤(2010). 사회복지실천론. 서울: 양서원.

김경호(2005). 정신보건사회복지론. 서울: 청목.

김기태 · 박지영 · 김수환 · 김영호(2002). 사회복지실천론. 서울: 양서원.

김만겸(2019). 지역아동센터 운영과 관리에 대한 사례연구. 중앙대학교 대학원 박사학위논문.

김미애(2013). 자원봉사센터의 슈퍼비전이 자원봉사관리자의 임파워먼트에 미치는 영향분석. 경희대학교 대학원 논문.

김보법(2017). 초등미술수업. 서울: 지식프레임.

김성국 · 김정미(2016). (사회복지시설 중심으로 풀어쓴) 사회복지시설 회계실무. 경기: 공동체.

김수미(2005). 슈퍼비전 기능이 지역사회 정신보건 사회복지사의 역할인식 및 수행에 미치는 영향. 서강대학교 대학원 논문.

김연진 · 이상희(2006). 아동복지의 이해. 서울: 태영출판사.

김영호 · 오정옥 · 이은경(2004). 사회복지현장실습의 이해. 서울: 양서원.

김윤나(2012). 사회복지현장실습 가이드북. 서울: 신정.

김융일(1996). 슈퍼비전 일반론, '96 슈퍼바이저 보수교육 교재 1. 한국사회복지사협회.

김융일 · 조흥식 · 김연옥(1995). 사회복지실천론. 서울: 나남출판.

김은혜(2014). 사회복지 슈퍼비전의 적용. 경기: 양서원.

김정우(2011). 사회복지실천기술론. 서울: 청목.

김재춘(2018). 성공하는 모금 제안의 기술. 경기: 나남.

김진우(2018). 사회복지 프로그램 개발과 평가. 서울: EM실천.

김치영 · 최용민(2006). 사회복지행정론. 21세기사.

김태현(2019). 사회복지사라면 김과장의 프로포절처럼. 경기: 어가.

김현호 · 어흥선 · 이용환 · 전대성 · 현영렬(2019). 사회복지실천기술론. 경기: 정민사.

김형식 · 이영철 · 신준섭(2002). 사회복지행정론. 서울: 동인.

김혜란 · 홍선미 · 공계순(2001). 사회복지실천기술론. 서울: 나남.

김혜영 · 석말숙 · 최정숙 · 김성경(2020). 사회복지실천론. 경기: 공동체.
김혜진(2005). 슈퍼비전이 사회복지사 자기효능감지각에 미치는 영향. 연세대학교 사회복지대학원 석사학위논문.
나동석 · 서혜석(2008). 사회복지실천론. 경기: 학현사.
남기민(2004). 사회복지정책론. 서울: 학지사.
도광조(2021). 사회복지실천론. 경기: 양서원.
류종훈(2006). 지역사회복지론. 서울: 동인출판사.
문선하 · 구차순 · 박미정 · 김현옥(2009). 한국사회와 아동청소년복지. 경기: 양서원.
문인숙(1981). 사회사업실습교육제도의 현황 분석 및 효과적 운영방안 연구. 한국문화연구원 논총 39. 229-254.
박수선(2008). 슈퍼비전이 사회복지사의 전문직업적 정체성에 미치는 영향: 서울, 경기 소재 사회복지관을 중심으로. 숭실대학교 사회복지대학원 석사학위논문.
박지영 · 이선영 · 서창현(2011). 노인대상시설 유형별 사례관리 매뉴얼 개발연구(요양시설). 경기개발연구원.
법제처(2019). 「노인복지법」 시행령 시행규칙.
보건복지부(2019). 사회복지시설관리안내. 보건복지부.
보건복지부(2020). 사회복지시설관리안내. 보건복지부.
보건복지부(2021). 사회복지시설관리안내. 보건복지부.
보건복지부 · 한국사회복지사협회(2010a). 사회복지현장실습 매뉴얼. 한국사회복지사협회.
보건복지부 · 한국사회복지사협회(2010b). 사회복지현장실습 지도자교육.
보건복지부 · 한국사회복지사협회(2013). 표준실습교육매뉴얼: 종합사회복지관. 서울: 경성문화사.
보건복지부 · 한국사회복지사협회(2017a). 사회복지현장실습 매뉴얼. 한국사회복지사협회.
보건복지부 · 한국사회복지사협회(2017b). 2017 사회복지사 자격관리 지침. 한국사회복지사협회.
보건복지부 · 한국사회복지사협회(2017c). 사회사업대백과사전. 한국사회복지사협회.
서진환(2001). 사회복지실습의 길잡이. 서울: 학지사.
손홍숙(2006). 재가복지. 경기: 양서원.
수협은행 블로그(2019). 2019년 노인복지정책 어떻게 변할까?
신민선 · 변호순 · 박지영 · 이수춘 · 김남식 · 김남희(2020a). 사회복지현장실습-실습생을 위한 매뉴얼. 경기: 양서원.
신민선 · 김남식 · 김옥례 · 변호순 · 엄미아 · 임봉호 · 조영선(2020b). 사회복지현장실습. 경기: 양서원.
신복기 · 박경일 · 장중탁 · 이명현(2002). 사회복지행정론. 경기: 양서원.
신원식 · 김민주(2009). 사회복지 프로포절 작성의 실제. 경기: 공동체.
신원식 · 김민주(2013). 프로포절 작성의 실제: 사회복지 프로그램 개발과 평가. 경기: 공동체.
신현석(2020). 장애인 복지론. 경기: 공동체.
심상용(2016). 사회복지 윤리와 철학. 서울: 학지사.
안정선 · 최원희(2016). 사회복지슈퍼비전의 이론과 실제. 서울: 신정.

양옥경 · 김미옥 · 김미원 · 김정자 · 남경희 · 박인선 · 신혜령 · 안혜영 · 윤현숙 · 이은주 · 한혜경(2004). 사회복지윤리와 철학. 서울: 나눔의 집.
양옥경 · 김정진 · 서미경 · 김미옥 · 김소희(2005). 사회복지실천론. 서울: 나남.
양옥경 · 김정진 · 서미경 · 김미옥 · 김소희(2011). 사회복지실천론(개정4판). 경기: 나남
양옥경 · 이기연 · 최소연 · 현진희(2010). 사회복지지도감독론. 서울: 양서원.
양옥경 · 최소연 · 이기연(2007). 사회복지현장실습 슈퍼비전. 서울: 양서원.
엄명용 · 김성천 · 오혜경 · 윤혜미(2002). 사회복지실천의 이해. 서울: 학지사.
엄명용 · 김성천 · 윤혜미(2020). 사회복지실천의 이해. 서울: 학지사.
엄명용 · 노충래 · 김용석(2009). 사회복실천기술의 이해. 서울: 학지사.
여유진(2007). 교육 불평등과 빈곤의 대물림. 서울: 한국보건사회연구원.
오병훈 · 차경렬(2007). 노인성치매, 우울증의 성공적 치료. 서울: 하나의학사.
오혜경(2005). 사회복지 윤리와 철학. 서울: 창지사.
오혜경 · 하지영(2010). 사회복지현장실습 매뉴얼. 경기: 양서원.
우수명(2018). 사회복지 프로그램 개발과 평가. 경기: 지식공동체.
원석조(2018). 사회복지개론. 경기: 양서원.
윤운성(2015a). 사회복지개론. 경기: 양서원.
윤운성(2015b). 에니어그램 이해: 나를 찾아 떠나는 여행 1. 서울: 한국에니어그램연구소.
윤찬영(2017). 사회복지의 이해. 경기: 정민사.
윤현숙 · 김기환 · 김성천 · 이영분 · 이은주 · 최현미 · 홍금자(2001). 사회복지실천기술론. 서울: 동인.
이경아 · 서홍란(2011). 사회복지현장실습. 서울: 공동체.
이문국 · 이인재 역(2002). 지역복지 실천전략. 서울: 나눔의집.
이민홍 · 정병오(2020). 사회복지 프로그램 개발과 평가. 경기: 양서원.
이병록(2007). 지역사회복지와 사회복지시설. 서울: 청목출판사.
이세형(2017). 사회복지 행정실무. 경기: 양서원.
이영분 · 김기환 · 윤현숙 · 이원숙 · 이은주 · 최현미 · 홍금자(2001). 사회복지실천론. 서울: 동인.
이원주 · 우병훈(2020). 사회복지현장실습. 경기: 공동체.
이윤정 · 민경희 · 김연주(2019). 낙상예방 프로그램. 늘푸른의료재단 성남시노인보건센터.
이은아(2010). 지역사회복지관의 슈퍼비전이 사회복지사의 직무만족도에 미치는 영향에 관한 연구. 성결대학교 일반대학원 석사논문.
이정미 · 이해경(2016). 사회복지현장실습 이론과 실제. 경기: 정민사.
이철수 · 김경 · 김인숙 · 김치영 · 박봉정 · 박영국 · 배외수 · 송노원 · 안병용 · 염일열 · 위홍복 · 이경남 · 이남순 · 이동춘 · 이승현 · 이은희 · 이재현 · 장인봉 · 최인수 · 최정규 · 황순형 · 황철수 · 홍봉수(2009). 사회복지학사전. 서울: 비상.
임동호(2009). 아동복지론. 경기: 신광문화사.
임인나 · 곽징국 · 장승전 · 임현진 · 신우경(2011). 사회복지실천론. 경기: 공동체

임상록 · 오미희 · 노길희 · 박일연 · 이승현(2009). 사회복지현장실습 매뉴얼. 경기: 양서원.
장수미 · 최정숙 · 박형원 · 김주현 · 홍현미라 · 이혜경 · 이영선 · 한인영(2017). 사회복지실천기술론. 서울: 학지사.
전남련 · 박정란 · 윤기종 · 이효수(2012). 사회복지실천기술론. 경기: 정민사.
전재일 · 이종복 · 조운희 · 이준상 · 이애재 · 이성희(2001). 사회복지실천론. 서울: 형설출판사.
정무성(2005). 사회복지 프로그램 개발론. 서울: 학현사.
정무성(2017). 사회복지 프로그램 개발과 평가. 경기: 정민사.
정문자(2016). 아동상담의 이해. 서울: 학지사.
정순돌(2005). 사례관리 실천의 이해. 서울: 학지사.
정여주(2013). 만다라와 미술치료. 서울: 학지사.
정영순(2002). 한국과 영국의 청소년 고용증진정책 비교연구–직업훈련 중심. 한국사회복지학, 49, 95–128.
정원철(2020). 정신건강사회복지론. 경기: 공동체.
정효신 · 정상문 · 이재풍 · 정완린 · 최현철(2020). 사회복지현장실습. 경기: 양서원.
조성준(2006). 향기치료의 기적. 서울: 세경.
조학래(2013). 집단사회복지실천론. 대전: 침례신학대학교 출판부.
지은구(2005). 프로그램 개발과 평가. 서울: 학지사.
채수훈(2008). 사회복지 행정의 이론과 실제. 경기: 청학.
최경화 · 김재열 · 유인애 · 석재은 · 황성식 · 안성의 · 이형진(2010). 사회복지실천기술론. 서울: 신정.
최선화(2020). 풀어쓴 사회복지실천기술. 경기: 공동체.
최성균 · 이준우(2017). 한국 사회복지실천과 복지경영. 서울: 파란마음.
최영일 · 노정자 · 박영혜 · 배정연 · 백은숙 · 서경원 · 손희란 · 이인영 · 우준택 · 정미선 · 정성순 · 조윤정 · 주민경 · 한윤옥(2015). (교류분석을 활용한) 집단상담 프로그램. 서울: 학지사.
최해경(2017). 사회복지실천론. 서울: 학지사.
통계청(2016). 인구주택총조사 각년도 장래인구 추계.
통계청(2018). 인구 추이 현장. 배포자료.
통계청(2020). 장래인구추계. 배포자료.
한국사회복지사협회(2010). 사회복지현장실습 안내서. 한국사회복지사협회.
한국사회복지사협회(2017). 2017년 사회복지사 보수교육: 사회복지현장실습 지도자 기초교육. 한국사회복지사협회.
한국사회복지교육협의회(2012). 사회복지학 교과목 지침서. 한국사회복지교육협의회.
한국사회복지교육협의회(2020). 2021–2022년 사회복지학 교과목 지침서. 한국사회복지교육협의회.
현외성(2014). 현대 복지국가의 사회복지교육. 경기: 공동체.
황성철(2011). 사회복지 프로그램 개발과 평가. 경기: 공동체.

Barker, R. L. (1995). *The Social Work Dictionary* (3th ed.). Washington, DC: NASW Press.

Biestek, F. P. (1957). *The casework relationship*. Chicago: Loyola University Press.

Caspi, J., & Reid, W. J. (2002). *Educational supervision in social work*. NY: Columbia University Press.

Chen, H. T. (2005). *Practical program evaluation: Assessing and improving planning, implementation, and effectiveness*. Thousand Oaks, CA: Sage publications.

Corey, G. (2012). *Theory and practice of counseling and psychotherapy* (8th ed.). Belmont, CA: Thomson Brooks/Cole; 조현춘 · 조현재 · 문지혜 · 이근배 · 홍영근 역(2016). 심리상담과 치료의 이론과 실제. 서울: 시그마프레스.

Dawson, J. B. (1926). The case supervision in a family agency. *Family 6*, 293–295.

Fortune, A. E. (1994). Field education. In F. G. Reamer (ed.). *The foundations of social work knowledge*, 151 - 194.

Hawkins, P., & Shohet, R. (2006). *Supervision in the helping professions: An Individual, group and organizational approach* (2nd ed.). Philadelphia: Open Univ. Press.

Hepworth, D. H., & Larsen, J. A. (2006). *Direct social work practice: Tbeory and skills* (7th ed.). Pacific Grove, CA: Brooks/Cole.

Kadushin, A. (1976). *Supervision in Social Work*. NY: Columbia University Press.

Kadushin, A. (1990). *The social work intervies* (3rd ed.). NY, Columbia University Press.

Kadushin, A. (1992). *Supervision in Social Work*. NY: Columbia University Press; 조휘일 역(2000). 사회복지실천과 슈퍼비전. 서울: 학지사.

Kahn, S. (1991). *Organizing, a guide for grassroots leaders. Silver Spring,* MD: National Association of Social Workers; 이문국 · 이인재 역(2002). 지역복지실천전략. 서울: 나눔의집.

Kagle, J. (1991). *Social work records* (2en ed.). Belmont, CA: Wadsworth Pub.

Kettner, P., Moroney, R., & Martin, L. (1999). *Designing and managing programs: An effectiveness–based approach*. Thousand Oaks, CA: Sage.

Middleman, R. R., & Rhodes, G. B. (1985). *Competent Supervision: Making Imaginative Judgments*. Englwood Cliffs, NJ: Prentice–Hall.

Miller, J. B. (1976). *Toward a new psychology of women*. Boston: Beacon Press.

Moxley, D. P. (1989). *The Practice of Case Management*. Newbury Park, CA: Sage Publications, Inc.

Munson, C. E. (1983). *An introduction to clinical social work supervision*. NY: The Haworth Press, Inc.

NASW(1999). *Encyclopedia of Social Work*; 이문국 · 김만두 · 김융일 · 박종삼(1999). **사회복지대백과사전**. 서울: 나눔의집

NASW(2013). *Best Practice Standards in Social Work Supervision*. NASW.

Pettes, D. E. (1979). *Supervision in Social Work*. London: Allen & Unwin. 문인숙 역(1980). **사회사업지도감독론**. 서울: 이화여자대학교 출판부.

Popper, K. (1959). *The Logic of Scientific Discovery*. NY: Basic Books.

Rapp, C., & Poertner, J. (1992). *Social Administration: A Client-centered Approach*. New York: Longma.

Reamer, G. F. (2001). *The social work ethics audit: A risk management tool*. Washington, DC: NASW.

Robinson, V. (1949). *The Dynamics of Supervision under Functional Controls*. Philadelphia: Univ. of Pennsylbania.

Shulman, L. (1982). *Skills of supervision and staff management*. Itasca, IL: F. E. Peacock.

Skidmore, R. A. (1990). *Social Work Administration: Dynamic Management and Human Relationships* (2nd ed.). Englewood Cliffs, NJ: Prentice-Hall.

Skidmore, R. A. (1995), *Social Work Administration: Dynamic Management and Human Relationships*. Boston: Allyn and Bacon.

Smith, M. F. (1989). *Evaluability Assessment A Practical Approach*. Norwell, MA: Kluwer.

Swiss, J. (1991). *Public Management Systems*. Englewood Cliffs, NJ: Prentice Hall.

Towle, C. (1954). Role of supervision in the union of sause and function in social work. *Social Service Review, 36*. 396-411.

Weinbach, R. W. (2010). *The social worker as manager: a practical guide to success* (6th ed.). Boston: Pearson.

Yong, P. (1967). *The Student and Supervision in Social Work Education*. London: Routlege & Kegan Paul.

Zastrow, C. (2009). *Introduction to Social Work and Social Welfare* (10th ed.). Belmont, CA: Wadsworth.

저자 소개

김 연 옥

순실대학교 교육대학원 유아교육 석사

상명대학교 정치경영대학원 상담심리 석사

백석대학교 기독교사회복지대학원 사회복지 박사

현) 서울사회복지대학원대학교 교수

박 근 양

한양대학교 공공정책대학원 사회복지 석사

협성대학교 대학원 사회복지 박사

현) 서울사회복지대학원대학교 겸임교수
서울사회복지대학원대학교 평생교육원 주임교수

정 명 섭

서울사회복지대학원대학교 사회복지 석사

한세대학교 대학원 사회복지학 박사

현) 덕성여대 복지경영과 평생교육원 교수

박 민 경

서울사회복지대학원대학교 사회복지 석사

현) 정립전자 장애인근로사업장 직업훈련교사
서울사회복지대학원대학교 평생교육원 교수

사회복지현장실습

초판 1쇄 인쇄 2021년 6월 23일
초판 1쇄 발행 2021년 6월 30일

지은이_ 김연옥 • 박근양 • 정명섭 • 박민경
펴낸이_ 황호철
펴낸곳_ 도서출판 파란마음
주소_ 04315 서울시 용산구 백범로90라길 47 | 전화_ (02) 3275-2110~1 | 팩스_ (02) 3275-2199
홈페이지_ http://paranmaum.co.kr/
등 록_ 2006년 4월 24일 · 제302-2006-00024호

ISBN 979-11-90935-16-6 93330
값 18,000원